方 铭 著

战国诸子概论

学苑出版社

图书在版编目（CIP）数据

战国诸子概论 / 方铭著 . —修订本 . —北京：学苑出版社，2019.8（2024.9 重印）.

ISBN 978-7-5077-5794-1

Ⅰ . ①战… Ⅱ . ①方… Ⅲ . ①先秦哲学—研究 Ⅳ . ① B220.5

中国版本图书馆 CIP 数据核字 (2019) 第 182826 号

责任编辑：战葆红　李蕊沁
出版发行：学苑出版社
社　　址：北京市丰台区南方庄 2 号院 1 号楼
邮政编码：100079
网　　址：www.book001.com
电子邮箱：xueyuanpress@163.com
联系电话：010-67601101（营销部）　010-67603091（总编室）
印　刷　厂：北京建宏印刷有限公司
开本尺寸：880 mm × 1230 mm　1/32
印　　张：13.75
字　　数：320 千字
版　　次：2019 年 8 月北京第 1 版
印　　次：2024 年 9 月北京第 2 次印刷
定　　价：89.00 元

前　言

《战国诸子概论》曾作为子藏工程的一种，由学苑出版社于2012年9月出版，2013年又重印过一次。由于原书校勘错误较多，重印时也未暇校对，只是修改了少数错讹。一直深感愧对读者朋友。

《战国诸子概论》是在我1996年出版的《战国文学史》和2008年出版的《战国文学史论》有关战国诸子研究内容的基础上，增补而成的。之所以要把这一部分单列出来，主要是考虑到《战国文学史》和《战国文学史论》涉及的内容太过驳杂，其中有关战国诸子的内容散见在书中的不同章节，不易让读者有个总体的把握。同时，近年我对战国诸子的某些思考，也促使我下定决心对《战国文学史》《战国文学史论》中有关诸子的内容进行了一些修正补充。

在选择《战国诸子概论》的框架的时候，我曾经把战国时期成书的经学著作如《易传》《礼记》《孝经》纳入其中，因为这些著作成书于孔子后学之手，而这些书的作者或者编者都是战国时期重要的儒家思想家，研究战国儒家，不把这些重要著作纳入其中，似乎是有遗憾的。后来，考虑到这些著作是经学的主要内容，而我也一直想撰写一本以经学为研究内容的《经学通论》，所以，还是把这些内容从本书中删除了。

《汉书·艺文志》列《论语》于六艺略中，因此，《论语》本来也是不应该放在战国诸子之中的，不过，考虑到《论语》在思想史上的重要性，以及《论语》作为成书于战国时期的著作对于说明战国儒家思想的重要性，因此，我还是把《论语》作为本书研究内容的一部分来讨论。这样排列，也只能算是权宜之计。

战国诸子涉及的内容无限丰富，战国诸子的思想，基本就是中国思想史的全部，而我对于战国诸子的研究，只是皮毛而已，因此，本书名为概论，实际只能算是笼统概述而已。对于诸子著作中某些专门问题的论述，只能在以后比较专门的研究著作中体现了。

这次再版，我请原校济南行政学院的陈静博士重新进行了校对，并给引文标注了页码。在此向陈静博士深表谢意。

方　铭

2019年8月21日

目 录

第一章　战国巨变与士人向文人的转变
第一节　周王朝精神价值的崩塌 …………………… 3
第二节　春秋至战国的社会蜕变 …………………… 12
第三节　战国士人向文人的转变 …………………… 23
第四节　战国尊士的社会氛围 ……………………… 31
第五节　战国士人的新士风 ………………………… 38
第六节　诸子与战国的社会变革 …………………… 45

第二章　战国士人的理性精神与著述风气
第一节　战国士人的哲学思考 ……………………… 60
第二节　战国士人的公平理想 ……………………… 68
第三节　战国士人的创新精神 ……………………… 77
第四节　私人著述出现于战国 ……………………… 96
第五节　《汉书·艺文志》所录战国诸子著作 …… 104
第六节　战国诸子著述的现实使命感 ……………… 114

第三章　战国儒家著作
第一节　传世战国主要儒家著作钩稽 ……………… 127

第二节　儒家德治传统的产生 …………………… 135
第三节　《论语》关于仁的思想 …………………… 143
第四节　《论语》关于君子人格建设的思想 ……… 151
第五节　《孟子》的主要思想 ……………………… 166
第六节　《荀子》的主要思想 ……………………… 183
第七节　《晏子春秋》的主要思想 ………………… 188

第四章　战国道家著作
第一节　传世战国主要道家著作钩稽 ……………… 206
第二节　《黄帝四经》等黄老著作的思想 ………… 215
第三节　《老子》的主要思想 ……………………… 221
第四节　杨朱的主要思想 …………………………… 227
第五节　《庄子》的主要思想 ……………………… 232

第五章　法家及战国其他诸子著作
第一节　传世法家及战国其他诸子著作钩稽 ……… 241
第二节　早期法家著作的主要思想 ………………… 248
第三节　《韩非子》的主要思想 …………………… 255
第四节　《墨子》的主要思想 ……………………… 262
第五节　阴阳家与名家的主要思想 ………………… 270
第六节　《吕氏春秋》与杂家及纵横家的思想 …… 279

第六章　战国诸子的文学思想
第一节　战国诸子是战国时期的文学家 …………… 289
第二节　《论语》与孔子的文学思想 ……………… 300
第三节　孔子及儒家的礼乐思想 …………………… 318

第四节　孟子的文学思想 …………………………………… 334
　　第五节　荀子的主要文学思想 ………………………………… 339
　　第六节　《吕氏春秋》的文学思想 …………………………… 349
　　第七节　道家法家与墨子的文学思想 ………………………… 357

第七章　战国诸子的书写技术
　　第一节　表达方式的思辨性特征 ……………………………… 372
　　第二节　叙述方式的形象化特征 ……………………………… 381
　　第三节　追求人物个性的形与神 ……………………………… 392
　　第四节　语言的简洁性与内容的丰富性相统一 ……………… 400
　　第五节　情感的同一性和风格的多样性相统一 ……………… 412

主要参考文献 ……………………………………………………… 418

第一章 战国巨变与士人向文人的转变

习惯上，我们以周元王元年为战国历史的起点，周元王元年即公元前 476 年，至公元前 221 年秦并六国，战国结束。诸子就是生活在这一阶段的文士。

《管子·霸言》云：

> 强国众，合强以攻弱，以图霸；强国少，合小以攻大，以图王。强国众，而言王势者，愚人之智也；强国少，而施霸道者，败事之谋也。夫神圣视天下之形，知动静之时，视先后之称，知祸福之门。强国众，先举者危，后举者利；强国少，先举者王，后举者亡。战国众，后举可以霸；战国少，先举可以王。①

在这里，"战国"指的是处于战争状态的诸侯国。《管子·霸言》的作者认为，在有很多列强的时候，与强国联合，攻击弱小国家，可以成就霸业；而当强国较少的时候，联合小国，发展壮大自己，最后可以消灭很少的强国，因而王天下。强国林立而欲王天下，强国少而谋尊天子以令诸侯的霸道，是愚人之谋，惟能败事。圣人应该根据社会变化，及时调整策略，了解行动的轻重缓急、先后顺序。强国众，先举，则必为强国所图；强国少，后举，必为先举

---

① 戴望《管子校正》卷九，见《诸子集成》，中华书局，1954 年版，第 144 – 145 页。并黎翔凤《管子校注》，中华书局，2004 年版。

者亡。争战之国众,坐山观虎斗,鹬蚌相争,渔翁得利;争战之国少,先发可以制人。

又《管子·乘马数》曰:

> 桓公问管子曰:"有虞策乘马已行矣,吾欲立策乘马,为之奈何?"管子对曰:"战国修其城池之功,故其国常失其地用,王国则以时行也。"①

此处"战国"与"王国"相对举,战国也应该是指处于战争状态的诸诸侯国,而王国则指王天下之有德之国。

最晚在西汉刘向时,战国便逐渐萌生了作为时代概念的意义。早期的过渡,应该是用"战国时"的概念。

《汉书·高帝纪赞》云:"刘向云战国时刘氏自秦获于魏。"②颜师古《汉书·高帝纪注》引文颖之言曰:"六国时,秦伐魏,刘氏随军为魏所获,故得复居魏也。"又云:"春秋之后,周室卑微,诸侯强盛,交相攻伐,故总谓之战国。"③

又刘向《战国策叙》云:

> 臣向以为战国时游士,辅所用之国,为之策谋,宜为

---

① 戴望《管子校正》卷二十一,见《诸子集成》,中华书局,1954年版,第351页。此处断句用黎翔凤《管子校注》,中华书局,2004年版。《管子校正》曰:"故其国常失其地,用王国,则以时行也。"《管子校注》曰:"故其国常失其地用,王国则以时行也。"

② 班固撰,颜师古注《汉书》卷一下,中华书局,1962年版,第81页。

③ 班固撰,颜师古注《汉书》卷一下,中华书局,1962年版,第82-83页。

《战国策》。其事继《春秋》之后,讫楚汉之起,二百四十五年间之事,皆定以杀青,书可缮写。叙曰:……及春秋时,已四五百载矣。……万乘之国七,千乘之国五,敌侔争权,盖为战国。……战国之时,君德浅薄……①

我们注意到,这里所言"战国时"与"六国时"是一个相同的概念。"战国"是战国时代诸战国之共名,若说"战国时",则是指争战诸诸侯国的时代。这样,战国就是"战国"所处之时代的名称了。实际上,以争战为核心事务的齐、楚、燕、韩、赵、魏、秦等战国所处的时代,命名曰"战国",应该是顺理成章的事情。

战国实际上是争战诸国之时代,争战成为这个时代最普遍、最具特征的事情。一方面是传统的春秋强国内部产生了重大分裂或者政变,形成了新的政治实体。同时,由于这些新政治实体的形成,使春秋大国需要重新划分势力范围。春秋之时,大国有四,即齐、晋、秦、楚,而发展至后期,韩、赵、魏分晋,田氏篡齐,燕国跻身七雄,新的政治、军事格局形成,而旧的政治、军事格局被破坏,必然带来人们心理和价值观念的巨大冲撞,在这种激荡之中,就会有新思想和新价值观的萌生和发展。

第一节　周王朝精神价值的崩塌

对于战国开始时期的一些重要事件的发生,在司马迁的《史记》中有详尽的记叙。《史记·六国年表》云:

---

① 缪文远《战国策新校注》(修订本)之《刘向:战国策书录》,巴蜀书社,1987年版,第1—3页。

及田常杀简公而相齐国,诸侯晏然弗讨,海内争于战功矣。三国终之卒分晋,田和亦灭齐而有之,六国之盛自此始。①

又《史记·周本纪》载：

(周敬王)三十九年,齐田常杀其君简公。四十一年,楚灭陈,孔子卒。四十二年,敬王崩,子元王仁立。元王八年,崩,子定王介立。定王十六年,三晋灭智伯,分有其地。二十八年,定王崩,长子去疾立,是为哀王。哀王立三月,弟叔袭杀哀王而自立,是为思王。思王立五月,少弟嵬攻杀思王而自立,是为考王。此三王皆定王之子。考王十五年,崩,子威烈王午立。考王封其弟于河南,是为桓公,以续周公之官职。桓公卒,子威公代立。威公卒,子惠公代立,乃封其少子于巩,以奉王,号东周惠公。威烈王二十三年,九鼎震,命韩、魏、赵为诸侯。二十四年,崩,子安王骄立。是岁盗杀楚声王。安王立二十六年,崩,子烈王喜立。烈王二年,周太史儋见秦献公曰："始周与秦国合而别,别五百载复合,合十七岁而霸王者出焉。"十年,烈王崩,弟扁立,是为显王。显王五年,贺秦献公,献公称伯。九年,致文武胙于秦孝公。二十五年,秦会诸侯于周。二十六年,周致伯于秦孝公。三十三年,贺秦惠王。三十五年,致文武胙于秦惠王。四十四年,秦

---

① 司马迁撰,裴骃集解,司马贞索隐,张守节正义《史记》卷十五,中华书局,1959年版,第685页。

惠王称王,其后诸侯皆为王。四十八年,显王崩,子慎靓王定立。慎靓王立六年,崩,子赧王延立。王赧时东、西周分治,王赧徙都西周。……五十九年,秦取韩阳城负黍,西周恐,倍秦,与诸侯约从,将天下锐师出伊阙攻秦,令秦无得通阳城。秦昭王怒,使将军摎攻西周,西周君奔秦,顿首受罪,尽献其邑三十六,口三万。秦受其献,归其君于周。周君、王赧卒,周民遂东亡,秦取九鼎宝器,而迁西周公于惮狐。后七岁,秦庄襄王灭东(西)周,东、西周皆入于秦,周既不祀。①

又《史记·晋世家》载:

哀公四年,赵襄子、韩康子、魏桓子共杀知伯,尽并其地。十八年,哀公卒,子幽公柳立。幽公之时,晋畏,反朝韩、赵、魏之君,独有绛、曲沃,余皆入三晋。十五年,魏文侯初立。十八年,幽公淫妇人,夜窃出邑中,盗杀幽公②。

---

① 司马迁撰,裴骃集解,司马贞索隐,张守节正义《史记》卷四,中华书局,1959 年版,第 157 – 169 页。
② 《史记索隐》引《竹书纪年》云:"夫人秦嬴贼公于高寝之上。"见司马迁撰,裴骃集解,司马贞索隐,张守节正义《史记》卷三十九,中华书局,1959 年版,第 1687 页。

魏文侯以兵诛晋乱,立幽公子止,是为烈公。① 烈公十九年,周威烈王赐赵、韩、魏皆命为诸侯。二十七年,烈公卒,子孝公顷立。孝公九年,魏武侯初立,袭邯郸,不胜而去。十七年,孝公卒,子静公俱酒立。是岁,齐威王元年也。静公二年,魏武侯、韩哀侯、赵敬侯灭晋侯而三分其地,静公迁为家人,晋绝不祀。②

又《史记·齐太公世家》载:

简公四年春,初,简公与父阳生俱在鲁也,监止有宠焉。及即位,使为政。田成子惮之,骤顾于朝。御鞅言简公曰:"田、监不可并也,君其择焉。"弗听。……庚辰,田常执简公于徐州。公曰:"余蚤从御鞅言,不及此。"甲午,田常弑简公于徐州。田常乃立简公弟骜,是为平公。平公即位,田常相之,专齐之政,割齐安平以东为田氏封邑。平公八年,越灭吴。二十五年卒,子宣公积立。宣公五十一年卒,子康公贷立。田会反廪丘。康公二年,韩、魏、赵始列为诸侯。十九年,田常曾孙田和始为诸侯,迁康公海

---

① 《史记索隐》云:"《系本》云幽公生烈公止。"见司马迁撰,裴骃集解,司马贞索隐,张守节正义《史记》卷三十九,中华书局,1959年版。程金造云:"按《世本》,小司马引作《系本》,则讳唐改之也。其篇中有作《世本》者,当为抄刻者之所改。"见程金造《史记索隐引书考实》卷二史部,中华书局,1998年版。又《史记索隐》云"《年表》云魏诛幽公,立其弟止",与《晋世家》所记有异,按《史记·六国年表》云周威烈王六年,"魏诛晋幽公,立其弟止"。见司马迁撰,裴骃集解,司马贞索隐,张守节正义《史记》卷十五,中华书局,1959年版。

② 司马迁撰,裴骃集解,司马贞索隐,张守节正义《史记》卷三十九,中华书局,1959年版,第1686—1687页。

滨。二十六年,康公卒,吕氏遂绝其祀,田氏卒有齐国,为齐威王,强于天下。①

又皇甫谧《帝王世纪》载:

> 赧王二十七年冬十月,秦昭襄王仍僭号西帝,齐闵王称东帝。十一月,秦、齐各复去帝号为王。四十五年,王如秦,得罪于秦,秦攻周,或说秦王,乃止。王号虽居天子之位,为诸侯所侵逼,与家人无异。多贳于民,无以归之,乃上台以避之,故周人名其台为逃债之台,洛阳南宫谯台是也。五十九年,秦攻韩、魏、赵,大破之,王惧,乃背秦与诸侯合从,将天下锐师出伊阙攻秦,秦昭襄王大怒,使将军摎攻周王。王恐,乃入秦顿首受罪,尽献其邑。秦尽纳其献,使赧王归于周,降为庶人,以寿终。②

战国主要国家有七个,秦之外有六,故称六国。田常于公元前481年杀齐简公,公元前403年,韩、魏、赵始列为诸侯,公元前386年田和始列为诸侯,公元前379年,姜齐绝祀。公元前376年,韩、魏、赵灭晋。这些被认为是颠覆西周建立的礼制伦常,有悖传统道德的行为在晋、齐这样的大国发生了。晋、姜齐的灭亡,虽然有晋、姜齐君主自身无道的原因,但是,社会风气的变化,渐渐形成了强臣弱主的社会现实,而又没有一个强大的力量来对这种社会现象

---

① 司马迁撰,裴骃集解,司马贞索隐,张守节正义《史记》卷三十二,中华书局,1959年版,第1508–1512页。
② 陆吉点校《帝王世纪》,见《二十五别史》,齐鲁书社,2000年版,第48页。

进行阻止,所以,诸侯国的大臣,总是先以弑君作为试探性的政变尝试,看到没有反对的声音以后,自己索性取而代之。"彼窃钩者诛,窃国者为诸侯"①,到了周威烈王和周安王时代,窃国不但没有刑事责任,而且还可以得到周天子的公开授权,这样一来,想要继续西周所形成的礼制秩序,难道是可能的吗?

  周有天下八百年,之所以能享有这么长久的历史,是因为成周创造了自夏、商以来最完善的礼制文明。孔子曰:"周监于二代,郁郁乎文哉,吾从周。"②成周的建立和繁荣,依靠的是优越的礼乐文明。当出现背离礼乐文明的严重事件的时候,周天子自己没有力量去阻止,也没有委托这个时候称伯的秦国君主去替天行道,甚至自己也没有去做道义上的谴责。如果说当春秋来临之时,随着周天子力量的消解,周天子存在的价值,主要是一种道义的责任,是挟天子以令诸侯的霸主们的精神依托,那么,当周天子连道义责任也不愿意承担,甚至带头破坏这种责任所维系的社会制度,那么,周天子作为天下共主的存在价值,也就没有了。所以,周天子的灭亡,也在情理之中了。而秦国君臣消灭西周、东周,就应该看作一件符合天意和民意的合理的事情了。

  从《史记·周本纪》记载的自东周以来围绕着周天子所发生的历史事件看,周天子萧墙之内,兄弟相残,本来也已经不堪为训,一个有着悠久文化传承的政权,他所标榜的道德,只有像孔子这样的民间人士,才有决心和信心去维护,而周天子本身却已经抛弃了。这就充分说明周天子也已经到了异、灭的发展阶段。到了成周只

---

  ① 《庄子·胠箧》,王先谦《庄子集解》卷三,见《诸子集成》,中华书局,1954年版,第159页。
  ② 《论语·八佾》,刘宝楠《论语正义》卷三,见《诸子集成》,中华书局,1954年版,第56页。

剩下两个互相算计的西周君、东周君的时候,你想不让周灭亡,也都是不可能的事情了。

对于周天子在战国初期社会巨变之中应该承担的责任,司马光在《资治通鉴》中有非常深刻的见解,司马光指出:

> 臣闻天子之职莫大于礼,礼莫大于分,分莫大于名。何谓礼?纪纲是也。何谓分?君臣是也。何谓名?公、侯、卿、大夫是也。夫以四海之广,兆民之众,受制于一人,虽有绝伦之力,高世之智,莫不奔走而服役者,岂非以礼为之纪纲哉。是故天子统三公,三公率诸侯,诸侯制卿大夫,卿大夫治士庶人。贵以临贱,贱以承贵。上之使下,犹心腹之运手足,根本之制支叶;下之事上,犹手足之卫心腹,支叶之庇本根。然后能上下相保,而国家治安。故曰:天子之职,莫大于礼也。文王序《易》,以乾、坤为首,孔子《系》之,曰:"天尊地卑,乾坤定矣。卑高以陈,贵贱位矣。"言君臣之位,犹天地之不可易也。《春秋》抑诸侯,尊王室。王人虽微,序于诸侯之上,以是见圣人于君臣之际,未尝不惓惓也。非有桀纣之暴,汤武之仁,人归之,天命之。君臣之分,当守节伏死而已矣。是故以微子而代纣,则成汤配天矣;以季札而君吴,则太伯血食矣。然二子宁亡国而不为者,诚以礼之大节不可乱也。故曰:礼莫大于分也。夫礼,辩贵贱,序亲疏,裁群物,制庶事,非名不著,非器不形,名以命之,器以别之,然后上下粲然有伦,此礼之大经也。名器既亡,则礼安得独在哉。昔仲叔于奚有功于卫,辞邑而请繁缨,孔子以为不如多与之邑,惟名与器不可以假人,君之所司也,政亡则国家从之。

卫君待孔子而为政,孔子欲先正名,以为名不正,则民无所措手足。夫繁缨小物也,而孔子惜之,正名细务也,而孔子先之。诚以名器既乱,则上下无以相保故也。夫事未有不生于微而成于著,圣人之虑远,故能谨其微而治之。众人之识近,故必待其著而后救之。治其微,则用力寡而功多;救其著,则竭力而不能及也。《易》曰:"履霜坚冰至。"《书》曰:"一日二日万几。"谓此类也。故曰:分莫大于名也。呜呼!幽、厉失德,周道日衰,纲纪散坏,下陵上替,诸侯专征,大夫擅政,礼之大体什丧七八矣。然文武之祀犹绵绵相属者,盖以周之子孙尚能守其名分故也。何以言之?昔晋文公有大功于王室,请隧于襄王,襄王不许,曰:"王章也,未有代德而有二王,亦叔父之所恶也,不然,叔父有地而隧,又何请焉?"文公于是惧而不敢违。是故以周之地,则不大于曹、滕,以周之民,则不众于邾、莒,然历数百年宗主天下,虽以晋、楚、齐、秦之强,不敢加者,何哉?徒以名分尚存故也。至于季氏之于鲁,田常之于齐,白公之于楚,智伯之于晋,其势皆足以逐君而自为,然而卒不敢者,岂其力不足而心不忍哉?乃畏奸名犯分而天下共诛之也。今晋大夫暴蔑其君,剖分晋国,天子既不能讨,又宠秩之,使列于诸侯,是区区之名分复不能守而并弃之也。先王之礼,于斯尽矣。或者以为当是之时,周室微弱,三晋强盛,虽欲勿许,其可得乎。是大不然。夫三晋虽强,苟不顾天下之诛,而犯义侵礼,则不请于天子而自立矣,不请于天子而自立,则为悖逆之臣。天下苟有桓、文之君,必奉礼义而征之。今请于天子而天子许之,是受天子之命而为诸侯也,谁得而讨之?故三晋之列于诸侯,非三晋之坏礼,乃天子自坏之也。乌呼!君臣之礼既坏矣,则天下以智力相雄长,遂使圣贤之后为诸侯者,社稷无不泯绝,生民之类,糜灭几尽,岂不哀哉!①

司马光认为,天子作为一个职业领导人,他的重要职责是维护礼的尊严,而礼最重要的是恪守本分,而本分最重要的是名与实副。礼是纪纲,分是君臣,名是公、侯、卿、大夫。人们之所以服从周天子,不是因为天子有高人的智慧和过人的力量,而是为了礼义纲纪和名分的原因。这也是春秋霸主尊天子的原因所在。晋、楚、齐、秦之强而不灭周,季氏之于鲁,田常之于齐,白公之于楚,智伯之于晋,其势都可以逐君而自为,但是都没有这样做,不是因为力有不足或心有不忍,而是担心奸名犯分而天下共诛。到了周威烈王,晋大夫暴蔑其君,剖分晋国,周天子既不能讨,又授予名分,使窃国者列于诸侯,可见周天子连区区之名分也不能固守,并且毫不犹豫地抛弃了自己承担的责任。周天子所赖以存在的理由,就没有了。司马光认为,不能因为当时周室微弱,三晋强盛,虽欲不许,已不可能,来规避周天子的责任。因为三晋虽强,如果他们不担心天下之诛,而犯义侵礼,那么完全可以不请于周天子而自立。不请于周天子而自立,则为悖逆之臣,天下如果有齐桓公、晋文公这样的君主,必然奉礼义而征之。现在晋大夫请于周天子,而周天子许之,这就是受周天子之命而为诸侯了,谁还能讨伐他们?司马光指出,三晋之列于诸侯,非三晋之坏礼,乃周天子自坏之也。因此,对于战国混乱局面的形成,首要责任者,无疑是周天子。

---

① 司马光著,胡三省音注《资治通鉴》卷一《周纪》一,上海古籍出版社,1987年版。

元人胡三省对司马光以威烈王二十三年周天子以晋之三卿为诸侯此事件为《资治通鉴》的开始给予高度评价,他说:

> 此温公书法所由始也。……三家者世为晋大夫,于周则陪臣也。周室既衰,晋主夏盟,以尊王室,故命之为伯。三卿窃晋之权,暴蔑其君,剖分其国,此王法所必诛也。威烈王不惟不能诛之,又命之为诸侯,是崇奖奸名犯分之臣也。《通鉴》始于此,其所以谨名分欤。①

无论是三家分晋,还是田氏篡齐,周天子皆没有站在维护君君臣臣父父子子的立场上加以制止,而事实上,周天子还公开承认这种篡夺的合理性,并提升这些篡夺者加入诸侯行列。无疑,司马光的认识,抓住了春秋战国间社会变化的根源。

第二节 春秋至战国的社会蜕变

关于古代社会的变迁,概括孔子的有关论述,至孔子时,大致可以分为三个蜕变的阶段,即大同、小康、礼崩乐坏的春秋乱世。

《礼记·礼运》载:

> 昔者,仲尼与于蜡宾,事毕,出游于观之上,喟然而叹。仲尼之叹,盖叹鲁也。言偃在侧,曰:"君子何叹?"孔子曰:"大道之行也,与三代之英,丘未之逮焉,而有志焉。大道之行也,天下为公,选贤与能,讲信修睦。故人不独

---

① 司马光著,胡三省音注《资治通鉴》卷一《周纪》一,上海古籍出版社,1987年版。

亲其亲,不独子其子,使老有所终,壮有所用,幼有所长,矜寡孤独废疾者皆有所养,男有分,女有归。货恶其弃于地也,不必藏于己;力恶其不出于身也,不必为己。是故谋闭而不兴,盗窃乱贼而不作,故外户而不闭,是谓大同。今大道既隐,天下为家,各亲其亲,各子其子,货力为己,大人世及以为礼,城郭沟池以为固,礼义以为纪,以正君臣,以笃父子,以睦兄弟,以和夫妇,以设制度,以立田里,以贤勇知,以功为己,故谋用是作,而兵由此起。禹、汤、文、武、成王、周公,由此其选也。此六君子者,未有不谨于礼者也,以著其义,以考其信,著有过,刑仁讲让,示民有常,如有不由此者,在执者去,众以为殃,是谓小康。"[1]

孔子心所神往的大同世界,即《史记·五帝本纪》所载黄帝、颛顼、帝喾、尧、舜之世,远诈谋,民智淳朴,社会平等。至夏禹以后,君臣之位,父死而子及;为人自私,以天下为家;大道隐蔽,圣人以礼义约束人民,因而有谋诈之事,兵革之用。夏禹、商汤、周文、周武、成王、周公六人,虽有亲亲子子、天下为家的私心,但能谨礼、著义、考信、著过,刑仁讲让,示民以常,所以称为"小康"时代。至如孔子之时的鲁国,则违背礼义,"陪臣执国政,是以鲁自大夫以下皆僭离于正道"。[2] 与小康之世相比较,在孔子眼里,无疑又退了一大步,所以孔子难禁忧世之情,喟然叹息。《孟子·滕文公下》云:"世衰道微,邪说

---

[1] 郑玄注,孔颖达疏《礼记正义》卷二十一,见《十三经注疏》,中华书局,1980年版,第1413—1414页。

[2] 《史记·孔子世家》,见司马迁撰,裴骃集解,司马贞索隐,张守节正义《史记》卷四十七,中华书局,1959年版,第1914页。

暴行有作,臣弑其君者有之,子弑其父者有之,孔子惧,作《春秋》。"①春秋时代之不同于小康,也就在于礼义大坏,而乱臣贼子众。孔子作《春秋》,"是非二百四十二年之中,以为天下仪表,贬天子,退诸侯,讨大夫",便是为了纠正君不君、臣不臣、父不父、子不子这种"不通礼义"的社会混乱现象,欲"拨乱世反之正"②。

孔子关于大同、小康、乱世蜕变的观点,是战国时期一种普遍的认识。《战国策·燕策一》载:

> 燕昭王收破燕后即位,卑身厚币以招贤者,欲将以报雠。故往见郭隗先生曰:"齐因孤国之乱而袭破燕,孤极知燕小力少不足以报。然得贤士与共国,以雪先王之耻,孤之愿也。敢问以国报雠者奈何?"郭隗先生对曰:"帝者与师处,王者与友处,霸者与臣处,亡国与役处。诎指而事者,北面而受学,则百己者至;先趋而后息,先问而后嘿,则什己者至;人趋己趋,则若己者至;冯几据杖,眄视指使,则厮役之人至;若恣睢奋击,呴籍叱咄,则徒隶之人至矣。此古服道致士之法也。王诚博选国中之贤者而朝其门下,天下闻王朝其贤者,天下之士必趋于燕矣。"③

郭隗所谓"帝者与师处,王者与友处,霸者与臣处,亡国与役

---

① 赵岐注,孙奭疏《孟子注疏》卷六下,《十三经注疏》,中华书局,1980年版,第 3297 页。

② 《史记·太史公自序》,见司马迁撰,裴骃集解,司马贞索隐,张守节正义《史记》卷一百三十,中华书局,1959 年版,第 3297 页。

③ 《战国策》卷二十九,缪文远《战国策新校注》(修订本),巴蜀书社,1987 年版,第 1050 - 1051 页。

处",其中的"帝者"的时代指五帝大同时期,"王者"的时代指夏、商、周三王时期,"霸者"的时代指孔子所谓礼崩乐坏的乱世。而孔子之后,陵夷至战国,则是所谓的"亡国"时代。

又《史记·商君列传》载:

> 公叔既死,公孙鞅闻秦孝公下令国中求贤者,将修缪公之业,东复侵地,乃遂西入秦,因孝公宠臣景监以求见孝公。孝公既见卫鞅,语事良久,孝公时时睡,弗听。罢而孝公怒景监曰:"子之客妄人耳,安足用邪!"景监以让卫鞅。卫鞅曰:"吾说公以帝道,其志不开悟矣。"后五日,复求见鞅。鞅复见孝公,益愈,然而未中旨。罢而孝公复让景监,景监亦让鞅。鞅曰:"吾说公以王道而未入也。请复见鞅。"鞅复见孝公,孝公善之而未用也。罢而去。孝公谓景监曰:"汝客善,可与语矣。"鞅曰:"吾说公以霸道,其意欲用之矣。诚复见我,我知之矣。"卫鞅复见孝公。公与语,不自知膝之前于席也。语数日不厌。景监曰:"子何以中吾君?吾君之欢甚也。"鞅曰:"吾说君以帝王之道比三代,而君曰:'久远,吾不能待。且贤君者,各及其身显名天下,安能邑邑待数十百年以成帝王乎?'故吾以强国之术说君,君大说之耳。然亦难以比德于殷周矣。①

商鞅游说秦孝公,先"帝道",其次"王道",其次"霸道",最后

---

① 司马迁撰,裴骃集解,司马贞索隐,张守节正义《史记》卷六十八,中华书局,1959年版,第2228页。

是"强国之术"。帝道是大同时代的政治价值,特征是天下为公;王道是小康时代的政治价值,特征是天下为家,但领导人率先垂范,以德治国,忧以天下,乐以天下,先天下之忧而忧,后天下之乐而乐;霸道是春秋时期的政治价值,领导人虽然不能做到忧先天下人,乐后天下人,但却也能善待百姓;强国之术是战国时期的政治价值,领导人强调顺我者昌、逆我者亡的生存哲学。因此,商鞅才说强国之术难以比德殷周。

自黄帝以至舜,为一时期;自夏禹而至西周,又为一时期;平王东迁,周室衰微,孔子作《春秋》,中国社会遂进入春秋时期;自田氏篡齐,三家分晋,又变为战国。《史记·天官书》云:

> 太史公推古天变,未有可考于今者,盖略以春秋二百四十二年之间,日蚀三十六,彗星三见,宋襄公时星陨如雨,天子微,诸侯力政,五伯代兴,更为主命。自是之后,众暴寡,大并小。秦、楚、吴、越,夷狄也,为强伯。田氏篡齐,三家分晋,并为战国,争于攻取,兵革更起,城邑数屠,因以饥馑疾疫焦苦,臣主共忧患,其察禨祥候星气尤急。①

又汉武帝时严安上书,其中论及春秋到战国时期社会的变化,曰:

> 臣闻周有天下,其治三百余岁,成康其隆也,刑错四十余年而不用。及其衰也,亦三百余岁,故五伯更起。五

---

① 司马迁撰,裴骃集解,司马贞索隐,张守节正义《史记》卷二十七,中华书局,1959年版,第1344页。

伯者，常佐天子兴利除害，诛暴禁邪，匡正海内，以尊天子。五伯既没，贤圣莫续，天子孤弱，号令不行。诸侯恣行，强陵弱，众暴寡，田常篡齐，六卿分晋，并为战国，此民之始苦也。于是强国务攻，弱国备守，合从连横，驰车击毂，介胄生虮虱，民无所告愬。①

司马迁、严安的话，可以帮助我们区分春秋与战国社会政治的不同。大致说来，春秋是尊天子的时代，天子虽微，尚有一定影响，齐桓公、晋文公等春秋霸主，皆尊天子以令诸侯，虽礼崩而乐坏，尚不至于绝灭旧有秩序。至战国则诸侯不知有天子，纷纷自立为王，并蚕食周之宗邑，终至灭周。诸侯凌天子，卿大夫篡诸侯，诸侯互灭，弱肉强食，互相攻伐，民不聊生，表现为一种极端混乱状态。这种混乱状态给人心理上和道德上带来的突出变化，就是原有信仰的完全崩溃。

顾炎武论春秋之后战国时代发生的巨大变化，最为详尽，他说：

《春秋》终于敬王三十九年庚申之岁，西狩获麟。又十四年，为贞定王元年癸酉之岁，鲁哀公出奔；二年，卒于有山氏。《春秋左氏传》以是终焉。又六十五年，威烈王二十三年戊寅之岁，初命晋大夫魏斯、赵籍、韩虔为诸侯。又一十七年，安王十六年乙未之岁，初命齐大夫田和为诸侯。又五十二年，显王三十五年丁亥之岁，六国以次称

---

① 《史记·平津侯主父列传》，司马迁撰，裴骃集解，司马贞索隐，张守节正义《史记》卷一百一十二，中华书局，1959年版，第2984–2985页。

王,苏秦为从长。自此之后,事乃可得而纪。自《春秋左氏传》之终以至此,凡一百三十三年,史文阙轶,考古者为之茫昧。如春秋时犹尊礼重信,而七国则绝不言礼与信矣;春秋时犹宗周王,而七国则绝不言王矣;春秋时犹严祭祀,重聘享,而七国则无其事矣;春秋时犹论宗姓氏族,而七国则无一言及之矣;春秋时犹宴会赋诗,而七国则不闻矣;春秋时犹有赴告策书,面七国则无有矣。邦无定交,士无定主,此皆变于一百三十年之间。史之阙文,而后人可以意推者也。不待始皇之并天下,而文武之道尽矣。驯至西汉,此风未改,故刘向谓其"承千岁之衰周,继暴秦之余弊,贪饕险诐,不闲义理"。观夫史之所录,无非功名势利之人,笔札喉舌之辈,而如董生之言正谊明道者不一二见也。盖自春秋之后,至东京,而其风俗稍复乎古。吾是以知光武、明、章果有变齐至鲁之功,而惜其未纯乎道也。自斯以降,则宋庆历、元祐之间为优矣。嗟乎!论世而不考其风俗,无以明人主之功。余之所以斥周末而进东京,亦《春秋》之意也。①

在这里,顾炎武不仅仅指出了春秋和战国的巨大区别,如春秋虽然礼崩而乐坏,但其时代风尚,却仍是以礼乐信义为上。战国不言礼与信,不尊周天子,不严祭祀,不聘享,无宗姓之亲,传统伦理,荡然无存,唯以利益苟合,也不复有赋诗言志的温文尔雅的文明气氛。同时,顾炎武还清楚地认识到这个变化与周天子怂恿韩、魏、

---

① 顾炎武著,黄汝成集释《日知录集释》卷十三《周末风俗》,岳麓书社,1994年版,第467-468页。

赵及田氏之间的密切因果关系。顾炎武认为,战国时期的这一个变化,影响非常深远,只有到了东汉初期,经过光武帝、明帝、章帝复兴儒学的努力,才有一定程度的改观。

春秋到战国的变化,实际就是传统的价值观随着旧的社会秩序的崩溃而渐渐消亡,孟子认为战国时代的特点是"邪说诬民,充塞仁义"。①

刘向《战国策叙》指出:

> 周室至文武始兴,崇道德,隆礼义,设辟雍泮宫庠序之教,陈礼乐弦歌移风之化,叙人伦,正夫妇,天下莫不晓然论孝悌之义,惇笃之行。故仁义之道满乎天下,卒致之刑错四十余年,远方慕义,莫不宾服,雅颂歌咏,以思其德。下及康昭之后,虽有衰德,其纲纪尚明。及春秋时,已四五百载矣,然其余业遗烈,流而未灭。五伯之起,尊事周室。五伯之后,时君虽无德,人臣辅其君者,若郑之子产,晋之叔向,齐之晏婴,挟君辅政,以并立于中国,犹以义相支持,歌说以相感,聘觐以相交,期会以相一,盟誓以相救。天子之命,犹有所行,会享之国,犹有所耻。小国得有所依,百姓得有所息。故孔子曰:"能以礼让为国乎何有?"周之流化,岂不大哉!及春秋之后,众贤辅国者既没,而礼义衰矣。孔子虽论《诗》《书》,定《礼》《乐》,王道粲然分明。以匹夫无势,化之者七十二人而已,皆天下之俊也,时君莫尚之,是以王道遂用不兴。故曰:"非威不

---

① 《孟子·滕文公下》,赵岐注,孙奭疏《孟子注疏》卷六下,《十三经注疏》,中华书局,1980年版,第2714页。

立,非势不行。"仲尼既没之后,田氏取齐,六卿分晋,道德大废,上下失序。至秦孝公,捐礼让而贵战争,弃仁义而用诈谲,苟以取强而已矣。夫篡盗之人,列为侯王;诈谲之国,兴立为强,是以转相放效。后生师之,遂相吞灭,并大兼小,暴师经岁,流血满野,父子不相亲,兄弟不相安,夫妇离散,莫保其命,泯然道德绝矣。晚世益甚,万乘之国七,千乘之国五,敌侔争权,盖为战国,贪饕无耻,竞进无厌,国异政教,各自制断。上无天子,下无方伯,力功争强,胜者为右,兵革不休,诈伪并起。当此之时,虽有道德,不得施谋。[①]

刘向编纂《战国策》,于战国时代思潮,最得深旨。周王朝崇礼教、敦人伦,至春秋,虽过四五百年,其遗风尚存,更兼孔子抗行仁义,教化子弟,传播六艺,王道未废。战国之时,道德大废,上下失序,秦孝公捐礼让而贵战争,弃仁义而用诈谲,诸侯各以强力,互相吞并,父子不亲,兄弟不安,夫妇离散。至战国晚期,诸雄无耻,贪婪竞进,各国政教不同,无天子,无方伯,唯争战功,崇尚兵战之事、奸诡之谋。这个时候,有道德的人反倒没有机会施展自己的主张了。

周王朝的基本道德,在于礼义人伦,孝悌笃敬。及至春秋之时,虽说礼坏乐崩,但贵族君主,还是以提倡礼义为多。甚至在两军交战之际,对于敌对一方之君主,也谨执臣子之礼,如《左传·成公二年》记齐晋鞌之战,晋韩厥误以齐侯之右逢丑父为齐侯,"韩厥执絷马前,再拜稽首,奉觞加璧以进,曰:'寡君使群臣为鲁卫请,

---

[①] 缪文远《战国策新校注》(修订本)之《刘向:战国策书录》,巴蜀书社,1998年版,第11-12页。

曰:无令舆师陷入君地。下臣不幸,属当戎行,无所逃隐,且惧奔辟而忝两君,臣辱戎士,敢告不敏,摄官承乏。'"韩厥面对自己的俘虏,不仅谨行君臣之礼,而且言辞也极卑恭。当逢丑父之假被识破,郤献子欲杀之,逢丑父说:"自今无有代其君任患者,有一于此,将为戮乎?"郤献子以为:"人不难以死免其君,我戮之不祥,赦之以劝事君者。"遂免逢丑父之死。①《左传·成公十六年》记晋侯伐郑,与楚鄢陵大战,曰:"郤至三遇楚子之卒,见楚子必下,免胄而趋风,楚子使工尹襄问之以弓,曰:'方事之殷也,有韎韦之跗注,君子也。识见不谷而趋,无乃伤乎?'郤至见客,免胄承命曰:'君之外臣至,从寡君之戎事,以君之灵,间蒙甲胄,不敢拜命,敢告不宁,君命之辱。为事之故,敢肃使者。'三肃使者而退。"又曰:"晋韩厥从郑伯,其御杜溷罗曰:'速从之,其御屡顾,不在马,可及也。'韩厥曰:'不可以再辱国君。'""郤至从郑伯,其右茀翰胡曰:'谍辂之,余从之乘而俘以下。'郤至曰:'伤国君有刑。'亦止。"又曰:"栾针见子重之旌,请曰:'楚人谓夫旌,子重之麾也。彼其子重也。日臣之使于楚也,子重问晋国之勇,臣对曰:"好以众整。"曰:"又何如?"臣对曰:"好以暇。"今两国治戎,行人不使,不可谓整;临事而食言,不可谓暇,请摄饮焉。'公许之,使行人执榼承饮造于子重,曰:'寡君乏使,使针御持矛,是以不得犒从者,使某摄饮。'子重曰:'夫子尝与吾言于楚,必是故也。不亦识乎?'受而饮之,免使者而复鼓。"②这种在两军激战之时,表现出的君臣之义、礼让忠信,最富雄辩力地证明了春秋时期仁人君子们所欲极力维护礼义严肃性的用心。

---

① 杜预注,孔颖达疏《春秋左传正义》卷二十五,《十三经注疏》,中华书局,1980年版,第1894—1895页。

② 杜预注,孔颖达疏《春秋左传正义》卷二十八,《十三经注疏》,中华书局,1980年版,第1918—1919页。

在春秋时期,对基本道义的尊重,并不因为战争的残酷性而有所改变,甚至有因遵守普遍的道义原则而给自己带来严重伤害,也决不后悔的例子,如《左传·僖公二十二年》记宋襄公与楚战于泓,曰:"宋人既成列,楚人未既济,司马曰:'彼众我寡,及其未既济也,请击之。'公曰:'不可。'既济而未成列,又以告,公曰:'未可。'既陈而后击之,宋师败绩,公伤股。"这是重礼义的极端例子。宋襄公招致国人的指责,他却也振振有辞,曰:"君子不重伤,不禽二毛。古之为军也,不以阻隘也。寡人虽亡国之余,不鼓不成列。"①宋襄公的行为被当时人看作迂腐,但他所体现的"君子"遗风,却闪耀着诱人的光芒。

到战国时,道德大废而上下失序,礼让不存,仁义被弃,社会旧有的等级随着周天子的衰落而衰落,人们崇尚的是实力,而不是等级,胜者王侯,败者为寇。自上而下,所谓贪得无厌,诈伪并起。《吕氏春秋·先己》云:

> 五帝先道而后德,故德莫盛焉。三王先教而后杀,故事莫功焉。五伯先事而后兵,故兵莫强焉。当今之世,巧谋并行,诈术递用,攻战不休,亡国辱主愈众。所事者末也。②

战国时期,竞争原则为君主大臣所乐道,篡盗之人可以为侯王,韩、魏、赵及田齐为社会所承认,使旧秩序旧道德的严肃性被彻

---

① 杜预注,孔颖达疏《春秋左传正义》卷十五,《十三经注疏》,中华书局,1980年版,第1813-1814页。

② 吕不韦著,高诱注《吕氏春秋》卷三《季春纪第三》,见《诸子集成》,中华书局,1954年版,第28页。

底粉碎了。《荀子·大略》云:"诰誓不及五帝,盟诅不及三王,交质子不及五伯。"王先谦《荀子集解》云诰誓是以言辞相诫约。殷人作誓,源于人民有背叛之心。苴牲曰盟,谓杀牲歃血告神以盟约也。"此言后世德义不足,虽要约转深,犹不能固也"①。

可以说,战国时代,随着旧道德、旧秩序的解体,以无道德为道德,以无秩序为秩序,从而在破坏之中,不自觉地建立起了一套新的"道德""秩序",这就是一切为了在竞争中求生存,在竞争中求发展,只要符合生存与发展的目的,就是合于"新道德";只要是凭借实力争来的地位,就是合于"新秩序"。《韩非子·五蠹》指出:"上古竞于道德,中世逐于智谋,当今争于气力。"②《汉书·食货志上》云:"陵夷至于战国,贵诈力而贱仁谊,先富有而后礼让。"③对"诈力""富有"和"气力"的崇尚适应了战国发展的需要,是战国时代新秩序、新道德的基本内容。

第三节　战国士人向文人的转变

士是周代贵族的一个等级,到了战国时期,士的组成与春秋及春秋前,都有很大变化,这种变化,带来了士阶层在社会中重要性的变化。

关于周代贵族等级的大致情况,我们可以从传世的先秦典籍中了解一个大概。如《礼记·王制》云:

---

① 王先谦《荀子集解》卷十九,见《诸子集成》,中华书局,1954年版,第340页。

② 王先慎《韩非子集解》卷十九,见《诸子集成》,中华书局,1954年版,第341页。

③ 班固撰,颜师古注《汉书》卷二十四上,中华书局,1962年版,第1124页。

王者之制禄爵，公、侯、伯、子、男，凡五等。诸侯之上大夫卿、下大夫、上士、中士、下士，凡五等。①

又《左传·桓公二年》载晋人师服曰：

吾闻国家之立也，本大而末小，是以能固。故天子建国，诸侯立家，卿置侧室，大夫有贰宗，士有隶子弟，庶人、工、商各有分亲，皆有等衰。是以民服事其上，而下无觊觎。②

又《左传·昭公七年》载楚人芋尹无宇曰：

天子经略，诸侯正封，古之制也。封略之内，何非君土？食土之毛，谁非君臣？故《诗》曰："普天之下，莫非王土；率土之滨，莫非王臣。"天有十日，人有十等，下所以事上，上所以共神也。故王臣公，公臣大夫，大夫臣士，士臣皂，皂臣舆，舆臣隶，隶臣僚，僚臣仆，仆臣台，马有圉，牛有牧，以待百事。③

---

① 郑玄注，孔颖达疏《礼记正义》卷十一，《十三经注疏》，中华书局，1980年版，第1321页。
② 杜预注，孔颖达疏《春秋左传正义》卷五，《十三经注疏》，中华书局，1980年版，第1743页。
③ 杜预注，孔颖达疏《春秋左传正义》卷四十四，《十三经注疏》，中华书局，1980年版，第2047–2048页。

又《国语·晋语四》云：

公食贡,大夫食邑,士食田,庶人食力,工商食官,皂隶食职,官宰食加,政平民阜,财用不匮。①

又《孟子·万章下》云：

北宫锜问曰："周室班爵禄也,如之何？"孟子曰："其详不可得闻也,诸侯恶其害己也,而皆去其籍。然而轲也尝闻其略也。天子一位,公一位,侯一位,伯一位,子、男同一位,凡五等也。君一位,卿一位,大夫一位,上士一位,中士一位,下士一位,凡六等。天子之制,地方千里；公侯皆方百里；伯七十里；子、男五十里。凡四等。不能五十里,不达于天子,附于诸侯,曰附庸。天子之卿,受地视侯；大夫受地视伯；元士受地视子、男。大国地方百里,君十卿禄,卿禄四大夫,大夫倍上士,上士倍中士,中士倍下士,下士与庶人在官者同禄,禄足以代其耕也。次国地方七十里,君十卿禄,卿禄三大夫,大夫倍上士,上士倍中士,中士倍下士,下士与庶人在官者同禄,禄足以代其耕也。小国地方五十里,君十卿禄,卿禄二大夫,大夫倍上士,上士倍中士,中士倍下士,下士与庶人在官者同禄,禄足以代其耕也。耕者之所获,一夫百亩,百亩之粪,上农夫食九人,上次食八人,中食七人,中次食六人,下食五

---

① 董增龄《国语正义》卷十,巴蜀书社,1985年4月影印本,第814–816页。

人。庶人在官者,其禄以是为差。①

孟子指出,在战国时期,西周的封建次序已经不太明显了。但是,根据《礼记》以及春秋及战国时人的描述,我们还是可以知道,士是西周封建制度中贵族的最低一个等级。士本身又可以分为上士、中士、下士。士作为等级社会贵族阶级的一种表明身份的等级,在春秋之前,是有其固定权利的。士不是食力阶层,他们拥有不动产和仆隶,是一种世袭身份。

到了战国,士的这种世袭状况发生了变化。《白虎通义·爵篇》云:"士者,事也,任事之称也。故《传》曰:'通古今,辩然否,谓之士。'"②《孟子·梁惠王上》云:"无恒产而有恒心者,惟士为能。若民则无恒产因无恒心。"③这里所说的士,已经是指其才能而言了。当强调士的才能的时候,士的天然的身份就变得不太重要了。孟子所谓无恒产而有恒心者只有士可以做到,不是说士皆无恒产,而是说士即使没有恒产,但恒心也是不变的。

金景芳曾经对春秋到战国时期士的变化有过清楚的表述,他指出:

> 春秋时期的所谓士,多是命士,不命之士(庶人在官者)或武士,都是职务的名称,此外无称士者。至战国则不然,只要具有相当的文化水准,就可称士。因此,开始

---

① 焦循《孟子正义》卷十,见《诸子集成》,中华书局,1954年版,第398 – 406页。
② 陈立撰,吴则虞点校《白虎通疏证》,中华书局,1994年版,第18页。
③ 焦循《孟子正义》卷一,见《诸子集成》,中华书局,1954年版,第56页。

产生了仕士、处士的新称谓。①

应该说，到了战国时期，士阶层的流动性特征，表明战国时期的士已经被制度化的保障体系所抛弃，他们需要通过谋求自身能力的提升，来谋得生存机会。正因为他们努力谋求自己生存技能的提升，所以最早适应了社会变化的需要，成为在战国人才市场上叱咤风云的力量。

战国时期，士成为一种特殊势力，他们不受国家、宗族、经济地位和政治地位的限制，只要具有文化知识，有谈说之才能，便可周游列国，不耕而食。其来源也不仅仅限于贵族队伍。《荀子·王制》称：

> 虽庶人之子孙也，积文学，正身行，能属于礼义，则归之卿相士大夫。②

又《荀子·大略》云：

> 子赣、季路，故鄙人也，被文学，服礼义，为天下列士。③

又《吕氏春秋·尊师》云：

---

① 金景芳《中国奴隶社会史》，上海人民出版社，1983年版，第364页。
② 王先谦《荀子集解》第九卷，见《诸子集成》，中华书局，1954年版，第94页。
③ 王先谦《荀子集解》第十九卷，见《诸子集成》，中华书局，1954年版，第334页。

> 子张鲁之鄙家也,颜涿聚梁父之大盗也,学于孔子;段干木晋国之大驵也,学于子夏;高何、县子石,齐国之暴者也,指于乡曲,学于子墨子;索卢参东方之钜狡也,学于禽滑黎。此六人者,刑戮死辱之人也,今非徒免于刑戮死辱也,由此为天下名士显人,以终其寿,王公大人从而礼之,此得之于学也。①

又《吕氏春秋·博志》云:

> 宁越,中牟之鄙人也,苦耕稼之劳。谓其友曰:"何为而可以免此苦也?"其友曰:"莫如学。学三十岁,则可以达矣。"宁越曰:"请以十五岁。人将休,吾将不敢休;人将卧,吾将不敢卧。"十五岁,而周威公师之。②

孔子教学,有教而无类,"欲来者不距,欲去者不止",③开私人讲学风气,弟子之中,多有出身鄙贱者,这就使学文化不仅是贵族子弟的专利,同时,也是鄙人子弟可以拥有的机遇。出身庶人、皂、隶、工、商之贱人,可以通过努力学习而忝列士林,从而使士阶级成为一个流动的富于进取精神的新集团,士便成了智慧和才能的化

---

① 吕不韦著,高诱注《吕氏春秋》卷四《孟夏纪第四》,见《诸子集成》,中华书局,1954年版,第38-39页。
② 吕不韦著,高诱注《吕氏春秋》卷二十四《不苟论第四》,见《诸子集成》,中华书局,1954年版,第314页。
③ 《荀子·法行》,王先谦《荀子集解》卷二十,见《诸子集成》,中华书局,1954年版,第352页。

身。虽无恒产,而有恒心。

战国时期,由于士人的来源广泛了,而这种来源的变化,说明士已经不是一个出身问题,也不再是一个固定不变的等级,其身份更多的是由其本身所具有的才能所决定的,而这个才能,又是后天学习所得到,所以,战国时期的士,更应该认为是一种新兴的职业。

作为职业的战国士人,他们的职业是以文学为其基本特点,所以,战国时期的士,实际已经演变为文士了。

古代之士,居于大夫之下,平民之上,兼有领导平民,而又保卫国家之任务,其才能多以武艺见长。及孔子之时,学术普及,武士学文,则成文士,孔子尔后,孔门弟子渐倾向于文学,而不习武备。顾颉刚论战国之士云:

> 讲内心之修养者不能以其修养解决生计,故大部分人皆趋重于知识、能力之获得,盖战国时有才之平民皆得自呈其能于列国君、相。知识既丰,更加以无碍之辩才,则白衣可以立取公卿。公卿纵难得,显者之门客则必可期也。……宁越不务农,苏秦不务工、商,而惟以读书为专业,揣摩为手腕,取尊荣为目标,有此等人出,其名曰"士",与昔人同;其事在口舌,与昔人异。于是武士乃蜕化而为文士。①

战国时代出现了专事文学之士,这是因为战国时代不仅需要善守战之武士,更需要能出奇谋、具韬略之文士,以满足兼并战争

---

① 顾颉刚《武士与文士之蜕变》,见《史林杂识初编》,中华书局,1963年版,第88页。

云谲波诡的形势需要。

文士的发达,终导致了与武士的分裂,顾颉刚先生又指出:

> 然战国者,攻伐最剧烈之时代也,不但不能废武事,其慷慨赴死之精神且有甚于春秋,故士之好武者正复不少,彼辈自成一集团,不与文士混。以两集团之对立而有新名词出焉:文者谓之"儒",武者谓之"侠";儒重名誉,侠重义气。①

文化之发展,正是缘于文士之崛起,而战国儒之与侠的对立,其区别仅仅在于所从事之事业有文与武之区别,其积极作用于社会,毕竟是一致的。

生活的艰辛,令名的诱惑,是战国士人积极谋求以文学之长取得功名富贵的主要动力。宁越为摆脱耕作劳力之苦,而心之向学。富贵爵禄,在君主之手,君主所器重的人才,必是强国之人,因而士人之长,也在于格外用心于政治。《史记·苏秦列传》苏秦自谓:"且使我有洛阳负郭田二顷,吾岂能佩六国相印乎?"②苏秦学鬼谷之术,以锥刺骨,而游说诸侯,是缘于他没有其他可供谋生之资产。李斯学于荀卿,《史记·李斯列传》引李斯之言曰:"故诟莫大于卑贱,而悲莫甚于穷困。久处卑贱之位,困苦之地,非世而恶利,自托

---

① 顾颉刚《武士与文士之蜕变》,见《史林杂识初编》,中华书局,1963年版,第88页。

② 司马迁撰,裴骃集解,司马贞索隐,张守节正义《史记》卷六十九,中华书局,1959年版,第2262页。

于无为,此非士之情也。"①由于有现实的切身利害,所以,战国士人于游说活动,能竭尽全力;而其主张,也极力欲合于人主之心。李悝、商鞅、吴起、申不害、乐毅、赵奢、苏秦、张仪、陈轸、公孙衍、苏代、苏厉、范雎、蔡泽,以及墨翟、庄周、孟轲、惠施、公孙龙子、驺衍、淳于髡、田骈、接予、慎到、环渊、驺奭、荀卿、段干木、颜斶、鲁仲连,或推行政治改革,或浸淫于战略,或以机辩取卿相,或不治而议论,不仕宦而有高节,都是一时名士。

第四节 战国尊士的社会氛围

战国士人的自强与自尊,士阶层的崛起及强大,以及士本身所代表的智慧,使士成为战国时代政治舞台上最活跃的力量,对战国诸侯国之间的兴亡起着举足轻重的作用,李斯称:"今万乘方争时,游者主事。"②所谓"游者",即游说之士。《论衡·效力》对士的重要性说得更清楚,其云:"入楚楚重,出齐齐轻,为赵赵完,畔魏魏伤。"③战国诸侯认识到这一点,因而纷纷养士,以期富国而强兵;诸侯之重臣为巩固自己的势力,也礼贤下士,以养士、尊士、重士而高自标榜。

战国诸侯尊士之风气,始于魏文侯。《吕氏春秋·察贤》称魏文侯"师卜子夏,友田子方,礼段干木"。④ 而李悝、吴起、商鞅皆居

---

① 司马迁撰,裴骃集解,司马贞索隐,张守节正义《史记》卷八十七,中华书局,1959年版,第2539-2540页。
② 《史记·李斯列传》,司马迁撰,裴骃集解,司马贞索隐,张守节正义《史记》卷八十七,中华书局,1959年版,第2539页。
③ 王充《论衡》,见《诸子集成》,中华书局,1954年版,第130页。
④ 吕不韦著,高诱注《吕氏春秋》卷二十一《开春论第一》,见《诸子集成》,中华书局,1954年版,第179页。

于魏。但战国诸侯得养士之利者，以秦为最显著。

战国的混乱，导致传统道德和秩序的崩溃，以及以竞争争战为特征的新道德、新秩序的产生。因此，儒术之士受到排挤，而奇能异谋之士为社会所重。秦孝公欲强秦国，首先便从征求"奇计"之士开始。《史记·秦本纪》云：

> 孝公元年，河山以东强国六，与齐威、楚宣、魏惠、燕悼、韩哀、赵成侯并。淮泗之间小国十余。楚、魏与秦接界。魏筑长城，自郑滨洛以北，有上郡。楚自汉中，南有巴、黔中。周室微，诸侯力政，争相并。秦僻在雍州，不与中国诸侯之会盟，夷翟遇之。孝公于是布惠，振孤寡，招战士，明功赏。下令国中曰："昔我缪公自岐、雍之间，修德行武，东平晋乱，以河为界；西霸戎翟，广地千里，天子致伯，诸侯毕贺，为后世开业，甚光美。会往者厉、躁、简公、出子之不宁，国家内忧，未遑外事，三晋攻夺我先君河西地，诸侯卑秦，丑莫大焉。献公即位，镇抚边境，徙治栎阳，且欲东伐，复缪公之故地，修缪公之政令。寡人思念先君之意，常痛于心。宾客群臣有能出奇计强秦者，吾且尊官，与之分土。"①

春秋五霸之一的秦穆公，是极有作为的一位君主。但自秦穆公广地益国，东服强晋，西霸戎夷之后，秦日渐式微，与中原绝少交通。秦孝公意欲复兴秦国，不欲中原诸侯之小觑，下令征求"奇

---

① 司马迁撰，裴骃集解，司马贞索隐，张守节正义《史记》卷五，中华书局，1959年版，第203页。

计",以求"强秦"。只要能有奇计使秦国富强,不但要给高官,还要分封爵士,使跻身世袭贵族之列。商鞅也正是听了秦孝公这个命令,西入秦,因景监求见秦孝公,游说孝公变法,内务耕稼,外劝战死之赏罚。其标新立异,虽受到以甘龙、杜挚为代表的大臣之反对,但秦孝公还是任用商鞅,商鞅因此而获尊官分土之赏。商鞅之后,张仪、范雎、吕不韦,皆受封官分土之赏。李福泉《秦国客卿议》一文称秦惟才是举,不重宗室,其客卿制任用早,数量多,权势高,成就大。① 而客卿皆士。秦之强大,是尊士重士的结果。

秦孝公变法之后,秦国日渐强大,蚕食诸侯,诸侯为谋求削弱秦国,也纷纷招贤纳士。贾谊《过秦论》云:

  秦孝公据殽函之固,拥雍州之地,君臣固守而窥周室,有席卷天下,包举宇内,囊括四海之意,并吞八荒之心。当是时,商君佐之,内立法度,务耕织,修守战之备,外连衡而斗诸侯,于是秦人拱手而取西河之外。孝公既没,惠王、武王蒙故业,因遗册,南兼汉中,西举巴蜀,东割膏腴之地。收要害之郡。诸侯恐惧,会盟而谋弱秦,不爱珍器重宝肥美之地,以致天下之士,合从缔交,相与为一。当是时,齐有孟尝,赵有平原,楚有春申,魏有信陵。此四君者,皆明知而忠信,宽厚而爱人,尊贤重士,约从离衡,并韩、魏、燕、楚、齐、赵、宋、卫、中山之众。于是六国之士有宁越、徐尚、苏秦、杜赫之属为之谋,齐明、周最、陈轸、昭滑、楼缓、翟景、苏厉、乐毅之徒通其意,吴起、孙膑、带佗、兒良、王廖、田忌、廉颇、赵奢之朋制其

---

① 见《湖南师范学院学报》(哲学社会科学版),1980年第1期。

兵。常以十倍之地,百万之众,叩关而攻秦。秦人开关延敌,九国之师逡巡遁逃而不敢进。秦无亡矢遗镞之费,而天下诸侯已困矣。于是从散约解,争割地而奉秦。①

战国诸侯,在与秦人的对抗中,认识到了士人对于国家的存亡有非常重要的意义。虽说九国伐秦无功,但责任并不在士。而诸侯为伐秦而致士,君主权臣尊士重士,因而能使士人的队伍不断壮大。

士自觉维护自己的人格尊严,而王公大人也就必须以礼敬士人为当然。《史记·魏世家》说文侯"受子夏经艺,客段干木,过其闾,未尝不轼也"。②而孟尝君、平原君、春申君、信陵君四公子不仅招宾客,供以饮食,并以礼敬,平等相处。《史记·孟尝君列传》载孟尝君田文善士,"招致诸侯宾客及亡人有罪者,皆归孟尝君。孟尝君舍业厚遇之,以故倾天下之士,食客数千人,无贵贱一与文等。孟尝君待客坐语,而屏风后常有侍史,主记君所与客语,问亲戚居处。客去,孟尝君已使使存问,献遗其亲戚。孟尝君曾待客夜食,有一人蔽火光。客怒,以饭不等,辍食辞去。孟尝君起,自持其饭比之。客惭,自刭。士以此多归孟尝君。孟尝君客无所择,皆善遇之。人人各自以为孟尝君亲己"。③孟尝君客中,有所谓鸡鸣狗盗

---

① 《史记·秦始皇本纪》,司马迁撰,裴骃集解,司马贞索隐,张守节正义《史记》卷六,中华书局,1959年版,第278-279页。
② 司马迁撰,裴骃集解,司马贞索隐,张守节正义《史记》卷四十四,中华书局,1959年版,第1839页。
③ 司马迁撰,裴骃集解,司马贞索隐,张守节正义《史记》卷七十五,中华书局,1959年版,第2353-2354页。

之徒,而孟尝君能与之平等相处;客因怀疑存有不平等而竟然辍食而去,这说明士不但自觉地维护自己的人格尊严,而且处于主人地位的君主贵臣也不敢由于供养了士人的衣食而有骄色,而是把士人看作导师或朋友。《史记·平原君虞卿列传》载平原君赵胜有美人笑躄,而引起门客之不满,遂杀以谢士,宾客至者数千人。①《史记·魏公子列传》说魏公子无忌为人"仁而下士,士无贤不肖皆谦而礼交之,不敢以其富贵骄士",有食客三千人。②《史记·春申君列传》说春申君黄歇有客三千人,"其上客皆蹑珠履"。③

  王公大人如此"争相倾以待士"④,正是缘于士人发挥着重要的作用。刘向《战国策叙》云:

> 当此之时,虽有道德,不得施谋。有设之强,负阻而恃固;连与交质,重约结誓,以守其国。故孟子、孙卿儒术之士,弃捐于世,而游说权谋之徒,见贵于俗。是以苏秦、张仪、公孙衍、陈轸、代、厉之属,生从横短长之说,左右倾侧。苏秦为从,张仪为横,横则秦帝,从则楚王,所在国重,所去国轻。……战国之时,君德浅薄,为之谋策者,不得不因势而为资,据时而为[画]⑤,故其谋扶急持倾,为一

---

① 司马迁撰,裴骃集解,司马贞索隐,张守节正义《史记》卷七十六,中华书局,1959年版,第2365—2366页。
② 司马迁撰,裴骃集解,司马贞索隐,张守节正义《史记》卷七十七,中华书局,1959年版,第2377页。
③ 司马迁撰,裴骃集解,司马贞索隐,张守节正义《史记》卷七十八,中华书局,1959年版,第2395页。
④ 《史记·平原君虞卿列传》,司马迁撰,裴骃集解,司马贞索隐,张守节正义《史记》卷七十六,中华书局,1959年版,第2366页。
⑤ "画"字原缺,据别本补。

切之权。虽不可以临国教化，兵革救急之势也。皆高才秀士，度时君之所能行，出奇策异智，转危为安，运亡为存，亦可喜，皆可观。①

显然，战国士人适应了战国时代的需要，他们所拥有的智慧，以及雄辩之才，可以运亡为存，转危为安，其归属足以影响国力的强弱。王公大人之重士、养士，既是出于对士人所具的奇谋异智的尊敬，更是基于维护自身生存的现实利益之考虑。

战国时代，以官府养士而形成制度，并对学术发展影响深远的，应推齐国稷下学宫。据载，进入稷下学宫活动的文士高潮时达千百人，而这些人的学养，又非孟尝君、平原君、信陵君、春申君等人所豢养的食客可以比拟。《史记·田敬仲完世家》云：

> 宣王喜文学游说之士，自如驺衍、淳于髡、田骈、接予、慎到、环渊之徒七十六人，皆赐列第，为上大夫，不治而议论。是以齐稷下学士复盛，且数百千人。②

又《史记·孟子荀卿列传》云：

> 自驺衍与齐之稷下先生，如淳于髡、慎到、环渊、接子、田骈、驺奭之徒，各著书言治乱之事，以干世主，岂可胜道哉！……自如淳于髡以下，皆命曰列大夫，为开第康

---

① 缪文远《战国策新校注》（修订本）之《刘向：战国策书录》，巴蜀书社，1987年版，第2—3页。
② 司马迁撰，裴骃集解，司马贞索隐，张守节正义《史记》卷四十六，中华书局，1959年版，第1895页。

庄之衢,高门大屋,尊宠之。览天下诸侯宾客,言齐能致天下贤士也。①

齐国稷下学宫之士人,从事形而上的为现实目的的"治乱事"研究,站得高,看得远。像齐国稷下学宫这样大的文人聚集地的建立,不但可以为齐国的君主提供有利于国家繁荣富强的建议,而且,可以使这些无衣食之忧的人无拘无束地发表"议论",切磋学术,著书立说。战国时诸子著作,其中有不少即出自稷下学者之手。

《史记·孟子荀卿列传》载孟子也曾游说齐宣王,荀子五十岁游学齐国,襄王时"最为老师"。② 张秉楠在《稷下学宫与百家争鸣》一文中指出:

稷下开办以后,先后来此活动的文人学士是很多的,高潮时达千百余人。其中有道家、儒家、法家、名家、阴阳家。从墨学对稷下的影响来看,墨者也可能到过这里。总之,大体战国各大学派都在稷下留有印记。凡来此者,无论学术观点、政治倾向以及国别、派别、年龄、资历如何,都可自由发表意见。由于所学不同,相互争辩是不可避免的,其中许多人都是雄辩家。他们相聚一堂,携徒属而演道术,穷事理而互致诘难,大大促进了学术思想的交

---

① 司马迁撰,裴骃集解,司马贞索隐,张守节正义《史记》卷七十四,中华书局,1959年版,第2346-2348页。
② 司马迁撰,裴骃集解,司马贞索隐,张守节正义《史记》卷七十四,中华书局,1959年版,第2348页。

流与发展。①

稷下学者,生活受到优待,又有很高的地位,他们虽未躬亲政务,但不忘举事谋缺,针砭时弊。也正因为他们不在其位,所以无当局者之迷失,而有较为清醒的认识。

第五节　战国士人的新士风

战国时期的士人,作为一个新独立的阶层,他们对自己的角色很有认同感。他们之中虽然不乏为了功名利禄而谋取利益的人群,但是,其中的大多数人却更多地表现出一种理想主义的倾向,因为他们更多的是从孔子那里传承了自己的社会责任,所以,他们都有一套自己的修身处世的方针,这就形成了一种新的士风。

新士风的开启,始于孔子及其门人。孔子及其弟子,教学对答,往往以成为"士""志士""士之仁者"而自勉。在这方面,孔子及其门人有很多精彩的话语,给我们描绘了一个新士人所应该具有的才德。孔子云:

士志于道,而耻恶衣恶食者,未足与议也。②

这是说士应该追求道,而不要对衣食耿耿于怀。

---

① 见《历史研究》,1990 年第 5 期,第 80 页。
② 《论语·里仁》,刘宝楠《论语正义》卷五,见《诸子集成》,中华书局,1954 年版,第 78 页。

又云:

> 行己有耻,使于四方,不辱君命,可谓士矣。……宗族称孝焉,乡党称弟焉。……言必信,行必果,硁硁然小人哉,抑亦可以为次矣。①

这是说士应该有良好的政治才能和道德修养。

又云:

> 切切偲偲,怡怡如也,可谓士矣;朋友切切偲偲,兄弟怡怡。②

这是说士应该与朋友和兄弟有一个融洽和谐的关系。

又云:

> 士而怀居,不足以为士矣。③

这是说士应该有远大的理想。

又云:

---

① 《论语·子路》,刘宝楠《论语正义》卷十六,见《诸子集成》,中华书局,1954年版,第293页。
② 《论语·子路》,刘宝楠《论语正义》卷十六,见《诸子集成》,中华书局,1954年版,第298页。
③ 《论语·宪问》,刘宝楠《论语正义》卷十七,见《诸子集成》,中华书局,1954年版,第300页。

> 志士仁人,无求生以害仁,有杀身以成仁。①

这是说士应该对仁有执著追求。
又云:

> 友其士之仁者。②

这是说士应该以仁人为友。
又孔子的高足弟子曾子云:

> 士不可以不弘毅,任重而道远。仁以为己任,不亦重乎?死而后已,不亦远乎。③

这是说士应该培养自己远大的理想,担负起实践仁的重任,死而后已。
又孔子的弟子子张云:

> 士见危致命,见得思义,祭思敬,丧思哀,其可已矣。④

---

① 《论语·卫灵公》,刘宝楠《论语正义》卷十八,见《诸子集成》,中华书局,1954年版,第337页。
② 《论语·卫灵公》,刘宝楠《论语正义》卷十八,见《诸子集成》,中华书局,1954年版,第337页。
③ 《论语·泰伯》,刘宝楠《论语正义》卷八,见《诸子集成》,中华书局,1954年版,第159-160页。
④ 《论语·子张》,刘宝楠《论语正义》卷二十二,见《诸子集成》,中华书局,1954年版,第401页。

这是说士应该见义勇为,廉洁真诚。

可以看出,在孔子及其门人弟子的心目中,"士"应具有学识、志向、道德、仁义忠信、勇敢之品质,同时,又有使于四方的外交家之政治才能。士的志向就是以天下为己任,救民于水火,对天下具有强烈责任心,同时又注意自身才能智慧的培养。

士不但应该有良好的才德,而且,作为智能之士的群体,身处战国剧变之时代,其人格的独立是至为重要的。《孟子·尽心上》云:

> 古之贤王好善而忘势。古之贤士何独不然?乐其道而忘人之势,故王公不致敬尽礼,则不得亟见之。见且由不得亟,而况得而臣之乎!①

在孟子看来,贤士与贤王一样具有好善忘势之品格,士不是君主的附属,不对社稷存亡承担责任,他们为知己者用,如果不能受到王公大人的礼敬,不但不愿为人臣,甚至连与王公大人会面也是所不欲的。孟子这里所说的古之士人,实际就是他自己心目中的士人典范。

又《荀子·大略》载:

> 子夏贫,衣若县鹑。人曰:"子何不仕?"曰:"诸侯之骄我者,吾不为臣;大夫之骄我者,吾不复见。"②

---

① 焦循《孟子正义》卷十三,见《诸子集成》,中华书局,1954年版,第523—524页。

② 王先谦《荀子集解》卷十九,见《诸子集成》,中华书局,1954年版,第337页。

子夏宁肯贱在布衣，衣食不足，但能非礼不进，非义不受，以为只有与诸侯、大夫平等相与，才是进仕之前提。这种对自我尊严的维护，正是孟子所标榜的"忘人之势"的贤士之道。

又《新序·杂事二》载：

> 昔者邹忌以鼓琴见齐宣王，宣王善之。邹忌曰："夫琴所以象政也。"遂为王言琴之象政状及霸王之事。宣王大悦，与语三日，遂拜以为相。齐有稷下先生喜议政事，邹忌既为齐相，稷下先生淳于髡之属七十二人皆轻忌，以谓设以辞，邹忌不能及，乃相与俱往见邹忌。淳于髡之徒礼倨，邹忌之礼卑。淳于髡等曰："狐白之裘，补之以弊羊皮，何如？"邹忌曰："敬诺，请不敢杂贤以不肖。"淳于髡曰："方内而员釭，如何？"邹忌曰："敬诺，请谨门内不敢留宾客。"淳于髡等曰："三人共牧一羊，羊不得食，人亦不得息，何如？"邹忌曰："敬诺，减吏省员，使无扰民也。"淳于髡等三称，邹忌三知之如应响。淳于髡等辞屈而去。邹忌之礼倨，淳于髡等之礼卑。①

邹忌是战国时期的士人，对于宣王来说，他是士，但是对于淳于髡等人来说，他又是执政者，淳于髡等人自以为水平高于邹忌，正体现了战国士人的自信心。而淳于髡在率徒属以隐语诘问邹忌时，倨傲不恭，邹忌则谦辞应对，无有怠慢。这样的场景，无疑

---

① 刘向著，赵善诒疏证《新序疏证》卷二，华东师范大学出版社，1989年版，第39页。

体现了淳于髡等人的自尊和自信。同样,当淳于髡等人失败以后,邹忌体现出的倨傲,不是宰相的倨傲,同样是士人自尊和自信的体现。

又《孟子·梁惠王下》载:

> 孟子谓齐宣王曰:"王之臣,有托其妻子于其友而之楚游者,比其反也,则冻馁其妻子,则如之何?"王曰:"弃之。"曰:"士师不能治士,则如之何?"王曰:"已之。"曰:"四境之内不治,则如之何?"王顾左右而言他。①

孟子看待君民关系,已经有了契约意识,认为君主治国,就是接受了要约,应该让四境之内安宁,如果不能做到这一点,就应该被抛弃。在这里,孟子责问齐宣王,以四境之内不治而隐含可以罢黜宣王之意,宣王只好"顾左右而言他",无言以对。这说明孟子认为可以批评和罢免不称职的君主。

又《战国策·齐策四》载:

> 先生王斗造门而欲见齐宣王,宣王使谒者延入,王斗曰:"斗趋见王为好势,王趋见斗为好士,于王何如?"使者复还报。王曰:"先生徐之,寡人请从。"宣王因趋而迎之于门,与入,曰:"寡人奉先君之宗庙,守社稷,闻先生直言正谏不讳。"王斗对曰:"王闻之过。斗生于乱世,事乱君,焉敢直言正谏。"宣王忿然作色,不说。有间,王

---

① 焦循《孟子正义》卷二,见《诸子集成》,中华书局,1954年版,第83-84页。

斗曰:"昔先君桓公所好者,九合诸侯,一匡天下,天子受籍,立为大伯。今王有四焉。"宣王说,曰:"寡人愚陋,守齐国,唯恐失抎之,焉能有四焉?"斗曰:"否。先君好马,王亦好马。先君好狗,王亦好狗。先君好酒,王亦好酒。先君好色,王亦好色。先君好士,是王不好士。"宣王曰:"当今之世无士,寡人何好?"王斗曰:"世无骐骥、騄耳,王驷已备矣。世无东郭俊、卢氏之狗,王之走狗已具矣。世无毛嫱、西施,王宫已充矣。王亦不好士也,何患无士。"王曰:"寡人忧国爱民,故愿得士以治之。"王斗曰:"王之忧国爱民不若王爱尺縠也。"王曰:"何谓也?"王斗曰:"王使人为冠,不使左右便辟而使工者何也?为能之也。今王治齐,非左右便辟无使也,臣故曰不如爱尺縠也。"宣王谢曰:"寡人有罪国家。"于是举士五人任官,齐国大治。①

王斗见齐王,要齐王"趋而迎之于门",齐王也欣然而从命。并且,王斗对齐王的批评,也是非常激烈的。从这个记载,我们可以知道齐国稷下学宫的士风及社会风气,表现了战国时代士人的自觉及自尊。

---

① 缪文远《战国策新校注》卷十一,巴蜀书社,1987年版,第402—403页。

第六节　诸子与战国的社会变革

战国时代，随着秩序的重建和道德的重构，如何使政治、经济、军事政策更适应于现实竞争，即怎样全面、彻底、迅捷地建立新的战略战术方针，是战国诸侯国所面临的首要任务。要建立适应新时代的政治、经济、军事政策，只有改革。战国的政治家们及时地认识到了这一点，而战国诸子参与了这场社会变革。

战国时代的改革风潮，首先是从魏国开始的。魏文侯先后用魏成子、翟璜、李悝为相国，用吴起为西河守，西门豹为邺令，对魏国的政治、经济、军事、民俗进行了一系列改革。其中以李悝新政最为著名。《汉书·食货志上》云：

> 李悝为魏文侯作尽地力之教，以为地方百里，提封九万顷，除山泽邑居参分去一，为田六百万亩，治田勤谨则亩益三升，不勤则损亦如之。地方百里之增减，辄为粟百八十万石矣。又曰籴甚贵伤民，甚贱伤农；民伤则离散，农伤则国贫。故甚贵与甚贱，其伤一也。善为国者，使民毋伤而农益劝。①

李悝惟行"尽地力之教"的政策，以使土地面积和单位产量得到极大的增加；而其平籴的思想，既能不因伤民而使民心离散，又可不伤农而使国家富强。

在法制方面，李悝著有《法经》，见于明人董说《七国考》卷十二

---

① 班固撰，颜师古注《汉书》卷二十四上，中华书局，1962年版，第1124－1125页。

引桓谭《新书》①。《汉书·艺文志》有《李子》三十二篇②，不传。根据桓谭《新书》，《法经》分正律、杂法、减法三部分。李悝《法经》，体现出对君主集权的维护，盗符、盗宝、越城、群相居，议论国家法令都被视为严重犯罪，不仅本人处死，而且族夷乡亲。对言辞、"盗心"、逾制的处置，也充分反映出该法的残酷性，以及试图在混乱之中建立秩序尊严的迫切心理。在法律面前，除太子、丞相有特例以外，犀首以下，已趋于平等。

吴起任魏国西河守，及魏文侯死，魏武侯立，被谗逃亡楚国，为楚悼王令尹，推行新法，《史记·孙子吴起列传》概括吴起的变法内容曰：

> 明法审令，捐不急之官，废公族疏远者，以抚养战斗之士。要在强兵，破驰说之言从横者。③

据《韩非子·和氏》载，吴起认为，楚国之俗，"大臣太重，封君太众，若此则上逼主而下虐民，此贫国弱兵之道也"，主张"不如使封君之子孙，三世而收爵禄，绝灭百吏之禄秩，损不急之枝官，以奉选练之士"。④《吕氏春秋·贵卒》则载吴起建议楚王"令贵人往实广虚之地"⑤。吴起变革的矛头，直指世袭奴隶主贵族，通过减少爵

---

① 董说著，缪文远订补《七国考订补》，上海古籍出版社，1987年版。
② 班固撰，颜师古注《汉书》卷三十，中华书局，1962年版。
③ 司马迁撰，裴骃集解，司马贞索隐，张守节正义《史记》卷六十五，中华书局，1959年版，第2168页。
④ 王先慎《韩非子集解》卷四，见《诸子集成》，中华书局，1954年版，第67页。
⑤ 吕不韦著，高诱注《吕氏春秋》卷二十一《开春论第一》，见《诸子集成》，中华书局，1954年版。

禄、禄秩、枝官,开垦土地,以达到富国强兵之目的。

韩昭侯时,曾任用申不害为相,推行变革政策。《史记·韩世家》赞其"修术行道,国内以治,诸侯不来侵伐"①。《韩非子·外储说左上》引申不害之言曰:"法者见功而与赏,因能而受官。"②《韩非子·定法》曰:"申不害言术,而公孙鞅为法。术者,因任而授官,循名而责实,操杀生之柄,课群臣之能者也,此人主之所执也。"③申不害之变革,其实质也是通过选能授官,严格赏罚,以加强君主集权,增强国家实力。

齐、燕、赵也有许多变革举措。《史记·滑稽列传》载齐威王"朝诸县令长七十二人,赏一人,诛一人",④所诛为阿大夫,所赏为即墨大夫。《史记·田敬仲完世家》云:

> 威王初即位以来,不治,委政卿大夫,九年之间,诸侯并伐,国人不治。于是威王召即墨大夫而语之曰:"自子之居即墨也,毁言日至。然吾使人视即墨,田野辟,民人给,官无留事,东方以宁。是子不事吾左右以求誉也。"封之万家。召阿大夫语曰:"自子之守阿,誉言日闻。然使使视阿,田野不辟,民贫苦。昔日赵攻甄,子弗能救。卫取薛陵,子弗知。是子以币厚吾左右以求誉也。"是日,烹

---

① 司马迁撰,裴骃集解,司马贞索隐,张守节正义《史记》卷三十九,中华书局,1959年版,第1869页。

② 王先慎《韩非子集解》卷十一,见《诸子集成》,中华书局,1954年版,第213页。

③ 王先慎《韩非子集解》卷十七,见《诸子集成》,中华书局,1954年版,第304页。

④ 司马迁撰,裴骃集解,司马贞索隐,张守节正义《史记》卷一百二十六,中华书局,1959版,第3197页。

阿大夫,及左右尝誉者皆并烹之。遂起兵西击赵、卫,败魏于浊泽而围惠王。惠王请献观以和解,赵人归我长城。于是齐国震惧,人人不敢饰非,务尽其诚。齐国大治。诸侯闻之,莫敢致兵于齐二十余年。①

齐威王不仅通过赏罚以励精图治,而且还招致贤才,如邹忌等,格外提擢,位至卿相;如淳于髡等人,生活优渥,拾遗补阙,教导邹忌"谨事左右","谨自附于万民","谨择君子,毋杂小人其间","谨修法律而督奸吏"②。

燕王哙则欲法古圣王之道,《韩非子·说疑》载其"不安子女之乐,不听钟石之声,内不湮汙池台榭,外不罼弋田猎","亲操耒耨,以修畎亩"③。其极端之事例,则是以国家政权交付子之,《战国策·燕策一》云"子之南面行王事,而哙老不听政,顾为臣,国事皆决子之"④。

赵国之欲强,则是向胡人学习,《史记·赵世家》载赵武灵王"胡服骑射以教百姓",赵武灵王指出:"今中山在我腹心,北有燕,东有胡,西有林胡、楼烦、秦、韩之边,而无强兵之救,是亡社稷,奈

---

① 司马迁撰,裴骃集解,司马贞索隐,张守节正义《史记》卷四十六,中华书局,1959年版,第1888－1889页。
② 《史记·田敬仲完世家》,司马迁撰,裴骃集解,司马贞索隐,张守节正义《史记》卷四十六,中华书局,1959年版,第1890页。
③ 王先慎《韩非子集解》卷十七,见《诸子集成》,中华书局,1954年版,第313页。
④ 缪文远《战国策新校注》(修订本)卷二十九,巴蜀书社,1987年版,第1046页。

何?夫有高世之名,必有遗俗之累,吾欲胡服。"①胡人善战,胡服骑射,其意义绝不在于服饰之改变,而是通过效法胡人的生活习惯,以适应争战的需要。

战国诸侯之变革,以秦孝公时商鞅之变法最为彻底,且富于效果。《晋书·刑法志》云:"秦汉旧律,其文起自魏文侯师李悝,悝撰次诸国法,著《法经》。以为王者之政莫急于盗贼,故其律始于《盗》《贼》。盗贼须劾捕,故著《网》《捕》二篇。其轻狡、越城、博戏、借假不廉、淫侈、逾制,以为《杂律》一篇,又以《具律》具其加减。是故所著六篇而已,然皆罪名之制也。商君受之以相秦。"②

又据《史记·商君列传》,商鞅变法内容,包括整顿户籍、奖励军功、奖励农业生产、开郡县、废井田、统一度量衡等,"令民为什伍,而相牧司连坐,不告奸者,腰斩;告奸者与斩敌首同赏,匿奸者与降敌同罚。民有二男以上不分异者,倍其赋。有军功者,各以率受上爵;为私斗者,各以轻重被刑大小。僇力本业,耕织致粟帛多者,复其身;事末利及怠而贫者,举以为收孥。宗室非有军功者,不得为属籍。明尊卑爵秩等级,各以差次名田宅,臣妾衣服以家次。有功者显荣,无功者虽富无所芬华"。"集小都乡邑聚为县,置令、丞,凡三十一县;为田开阡陌封疆,而赋税平;平斗桶权衡丈尺"。商鞅变法内容涉及政治、经济、军事诸方面,其推选法令之手段,也极其严厉。商鞅以左庶长变法,"行之十年,秦民大说,道不拾遗,山无盗贼,家给人足,民勇于公战,怯于私斗,乡邑大治"。后迁为大良造,"居五年,秦人富强,天下致胙于孝公,诸

---

① 司马迁撰,裴骃集解,司马贞索隐,张守节正义《史记》卷四十三,中华书局,1959 年版,第 1806 页。

② 房玄龄等《晋书》卷三十,中华书局,1974 年版,第 922 页。

侯毕贺"。①

商鞅之后,穰侯魏冉继续执行商鞅变法政策,《史记·穰侯列传》称:"穰侯,昭王亲舅也,而秦所以东益地,弱诸侯,尝称帝于天下,天下皆西向稽首者,穰侯之功也。"②穰侯之功,推本溯源,与商鞅之变革分不开。秦国最终实现了统一中国的使命,就在于它是最彻底的改革者。虽然秦国统一中国后,很快亡国,但秦国在战国之际适应变革的需要,不惧世人之非议,轻仁义而重法治,却仍然是成功的经验。

《韩非子·五蠹》论社会变化云:

> 上古之世,人民少而禽兽众,人民不胜禽兽虫蛇,有圣人作,构木为巢,以避群害,而民悦之,使王天下,号之曰有巢氏。民食果蓏蚌蛤,腥臊恶臭,而伤害腹胃,民多疾病,有圣人作,钻燧取火,以化腥臊,而民说之,使王天下,号之曰燧人氏。中古之世,天下大水,而鲧禹决渎。近古之世,桀纣暴乱,而汤武征伐。今有构木钻燧于夏后氏之世者,必为鲧禹笑矣。有决渎于殷周之世者,必为汤武笑矣。然则今有美尧舜汤武禹之道于当今之世者,必为新圣笑矣。是以圣人不期修古,不法常可,论世之事,因为之备。宋人有耕者,田中有株,兔走触株,折颈而死,因释其耒而守株,冀复得兔,兔不可复得,而身为宋国笑。今欲以先王之政,治当世之民,皆守株之类也。古者丈夫

---

① 司马迁撰,裴骃集解,司马贞索隐,张守节正义《史记》卷六十八,中华书局,1959年版,第2230-2232页。

② 司马迁撰,裴骃集解,司马贞索隐,张守节正义《史记》卷七十二,中华书局,1959年版,第2330页。

不耕,草木之实足食也;妇人不织,禽兽之皮足衣也。不事力而养中,人民少而财有余,故民不争,是以厚赏不行,重罚不用,而民自治。今人有五子不为多,子又有五子,大父未死而有二十五孙,是以人民众而货财寡,事力劳而供养薄,故民争,虽倍赏累罚而不免于乱。①

人的价值观念的变化,是与生存环境的变化相联系的。韩非揭示此颠扑不破的真理,强调因时变法的必要性。他的这种观点,也是战国许多有识之士,譬如李悝、商鞅、吴起等人的共同呼声,因为"古今异俗,新故异备,如欲以宽缓之政,治急世之民,犹无辔策而御駻马,此不知之患也"。②

变法就是改革,战国之际,随着社会环境的变化,如何在群雄争霸的形势下,保存并发展自己,是首要的任务。而要保存并发展自己,就需要实现削弱或消灭他人的目的。有的人主张沿用传说中的三皇五帝的德政策略,如儒家的仁政、墨家的兼爱,欲通过道德的积累教化天下,感化众生,使本国的民众同心,使敌国的民众归顺,以至强大,并实现王天下的计划。而法家则认为旧的法宝已不灵了,《韩非子·五蠹》举例说:

今儒墨皆称先王兼爱天下,则视民如父母。何以明其然也?曰:"司寇行刑,君为不举乐;闻死刑之报,君为之流涕。"此所举先王也。夫以君臣为如父子,则必治,推

---

① 王先慎《韩非子集解》卷十九,见《诸子集成》,中华书局,1954年版,第339-340页。

② 《韩非子·五蠹》,王先慎《韩非子集解》卷十九,见《诸子集成》,中华书局,1954年版,第342页。

是言之,是无乱父子也。人之情性莫先于父母,父母皆见爱而未必治也。君虽厚爱,奚遽不乱？今先王之爱民不过父母之爱子,子未必不乱也,则民奚遽治哉？且夫以法行刑而君为之流涕,此以效仁,非以为治也。夫垂泣不欲刑者仁也,然而不可不刑者法也。先王胜其法,不听其泣,则仁之不可以为治亦明矣。且民者固服于势,寡能怀于义。仲尼天下圣人也,修行明道以游海内,海内说其仁,美其义,而为服役者七十人,盖贵仁者寡,能义者难也。故以天下之大,而为服役者七十人,而仁义者一人。鲁哀公下主也,南面君国,境内之民莫敢不臣,民者固服于势,势诚易以服人,故仲尼反为臣,而哀公顾为君。仲尼非怀其义服其势也,故以义则仲尼不服于哀公,乘势则哀公臣仲尼。今学者之说人主也,不乘必胜之势,而务行仁义,则可以王,是求人主之必及仲尼,而以世之凡民皆如列徒,此必不得之数也。①

儒墨欲行爱民之主张,而游说诸侯以仁义兼爱,韩非则认为仁义虽好,但世上好仁义之人少,而服于势的人多,所以孔子只有七十余徒众,并屈于哀公而为人臣。如果行仁义而能成为统一天下的天子,必然假设诸侯王能赶得上天下独一无二的孔子圣人的"仁义",而天下百姓,要如孔门七十余学徒那样,服仁义而不服势。事实上,这种假设是不可能成立的。韩非并且指出,即使是被称为典范的先王,其所表现出的爱民的父母之行为,也只是欲效仁而已,

---

① 王先慎《韩非子集解》卷十九,见《诸子集成》,中华书局,1954年版,第343页。

并不是以仁为治。若果欲以仁义治国,则何必用刑法?这充分说明仁义治国的不可靠。

《韩非子·五蠹》又云:

> 古者文王处丰、镐之间,地方百里,行仁义而怀西戎,遂王天下;徐偃王处汉东,地方五百里,行仁义,割地而朝者三十有六国,荆文王恐其害己也,举兵伐徐,遂灭之。故文王行仁义而王天下,偃王行仁义而丧其国,是仁义用于古而不用于今也。①

上古、中世、当今时代不同,形势异流,如果在争于气力的时代,而欲以仁义达到王天下的目的,无疑等同于痴人说梦。徐偃王之亡国,正是最有说服力的例证。如果没有强有力的"气力"支持,从而实现"无事则国富,有事则兵强"的"王资",②最终必然导致灭亡的命运。这说明变革既为大势所趋,而如何变革以适应新形势,也是关乎存亡的问题。魏、楚、韩、齐、赵、秦诸国之变革,皆取得了成果,唯燕王哙之法古让国,使子之治国,三年而"燕国大乱,百姓恫怨",③终于为齐所破。

在历史发展过程中,有的时候并不总是正义取胜。应该说,除了燕国以外的六国的变革,都具有破坏礼制传统的性质,这样的变

---

① 王先慎《韩非子集解》卷十九,见《诸子集成》,中华书局,1954年版,第341页。
② 《韩非子·五蠹》,王先慎《韩非子集解》卷十九,见《诸子集成》,中华书局,1954年版,第347页。
③ 《战国策·燕策一》,缪文远《战国策新校注》(修订本)卷二十九,巴蜀书社,1987年版,第1047页。

革,落实到具体治国措施上,便是不断侵蚀人民的利益,而专制主义的氛围越来越浓郁了。但是,这样的一种变革,竟然可以成为制胜的法宝,而燕王哙公天下的治国理想,却以失败告终。

燕王的失败,不是燕王所追求的禅让理想出了问题,而是燕王没有把握孔子大同理想所称赞的禅让制实现的前提条件。刘向《说苑·至公》载六国灭亡、天下统一后,秦始皇与群臣讨论国体问题的一段对话:

  秦始皇既吞天下,乃召群臣而议,曰:"古者五帝禅贤,三王世继,孰是?将为之。"博士七十人未对,鲍白令之对曰:"天下官则禅贤是也,天下家则世继是也。故五帝以天下为官,三王以天下为家。"秦始皇仰天而叹曰:"吾德出于五帝,吾将官天下,谁可使代我后者?"鲍白令之对曰:"陛下行桀、纣之道,欲为五帝之禅,非陛下所能行也。"秦始皇大怒,曰:"令之前,若何以言我行桀、纣之道也?趣说之,不解则死。"令之对曰:"臣请说之,陛下筑台干云,宫殿五里,建千石之钟,立万石之簴,妇女连百,倡优累千,兴作骊山,宫室至雍,相继不绝。所以自奉者,殚天下,竭民力,偏驳自私,不能以及人。陛下所谓自营,仅存之主也,何暇比德五帝,欲官天下哉。"始皇暗然无以应之,面有惭色,久之曰:"令之之言,乃令众丑我。"遂罢谋,无禅意也。①

---

① 刘向撰,赵善诒疏证《说苑疏证》卷十四,华东师范大学出版社,1985年版,第388-389页。

这个故事告诉我们,禅让制并不是在什么条件下都可以实现的。燕国禅让制的失败,不是大同理想的失败,而是操作程序的错误。燕王哙没有理解孔子实现大同理想的渐变理论的核心,孔子主张由乱世而恢复周礼,在实现小康以后,再进而向大同时代发展。燕王把渐变理论变成了突变,缺少了天时、地利与人和,最终必然导致失败。

孔子的渐变理论,与公羊学所谓三世学说相类似。康有为把何休在解说《春秋公羊传》时提到的"公羊三世"与"大同""小康"之说联系起来,认为"三世为孔子非常大义,托之《春秋》以明之。'所传闻世'为据乱,'所闻世'托升平,'所见世'托太平。乱世者,文教未明也;升平者,渐有文教,小康也;太平者,大同之世,远近大小如一,文教全备也。……此为《春秋》第一大义。自伪《左》灭《公羊》而《春秋》亡,孔子之道遂亡矣"。① 在孔子看来,先有大同,其次小康,其次乱世,这是一个社会自觉退化的必然环节,而要拯救退化的社会,不可能直接由乱世实现太平,而应该以渐变的步骤,通过克己复礼实现小康,再至太平。孔子欲由乱世而至小康,再由小康而至大同,是一种科学的符合人类内心诉求,符合现代人文精神的社会发展理想。康有为清楚地体会到了孔子的用心,而认为专制主义必将走向立宪政治,最后走向共和政治,实现人类真正的人权、平等、自由、博爱、独立。孔子思想的这个重要内容,在《左传》取代《春秋公羊传》的地位后,被人们有意识地遗忘了。

事实上,法家的主张,对于它的倡导者来说,也不认为是上上

---

① 《春秋董氏学》卷二《三世》,《康有为全集》第 2 册,上海古籍出版社,1990 年版,第 671 页。

之选。如《史记·商君列传》商鞅曰:"吾说君以帝王之道比三代,而君曰:'久远,吾不能待。且贤君者,各及其身显名天下,安能邑邑待数十百年以成帝王乎?'故吾以强国之术说君,君大说之耳,然亦难以比德于殷、周矣。"又载:

> 孝公既用卫鞅,鞅欲变法,恐天下议己。卫鞅曰:"疑行无名,疑事无功,且夫有高人之行者,固见非于世;有独知之虑者,必见敖于民。愚者暗于成事,知者见于未萌。民不可与虑始而可与乐成。论至德者不和于俗,成大功者不谋于众。是以圣人苟可以强国,不法其故;苟可以利民,不循其礼。"孝公曰:"善。"甘龙曰:"不然。圣人不易民而教,知者不变法而治。因民而教,不劳而成功;缘法而治者,吏习而民安之。"卫鞅曰:"龙之所言,世俗之言也。常人安于故俗,学者溺于所闻。以此两者居官守法可也,非所与论于法之外也。……"①

商君本来所追求的,首先是帝道,然后是王道,然后是霸道,最后才是为了追求游说的成功,而取下下之强国之术。同时,商鞅自己也明白,他的这种强国之术,连殷、周的道术尚有不足。秦孝公虽然急于速成,但是,对任用商鞅变法,还是有所顾虑,顾虑的原因就是他担心成了历史罪人。商鞅既然已经知道了秦孝公的真实想法,也知道他的主张虽然得秦孝公的喜欢,但是并不被天下众人所接受,所以,他就用各种说辞来蛊惑秦孝公,即使有甘龙等人的反

---

① 司马迁撰,裴骃集解,司马贞索隐,张守节正义《史记》卷六十八,中华书局,1959年版,第2229页。

对,商鞅也在所不惜了。

《韩非子·和氏》云:

> 昔者吴起教楚悼王以楚国之俗,曰:"大臣太重,封君太众,若此,则上逼主而下虐民,此贫国弱兵之道也,不如使封君之子孙三世而收爵禄,绝灭百吏之禄秩,损不急之枝官,以奉选练之士。"悼王行之。期年而薨矣,吴起枝解于楚。商君教秦孝公以连什伍,设告坐之过,燔诗书而明法令,塞私门之请,而遂公家之劳;禁游宦之民,而显耕战之士。孝公行之,主以尊安,国以富强。八年而薨,商君车裂于秦。楚不用吴起而削乱,秦行商君法而富强,二子之言也已当矣,然而枝解吴起而车裂商君者何也?大臣苦法而细民恶治也。①

韩非子通过吴起和商鞅的遭遇,实际上告诉我们,吴起、商鞅等人推行的严酷的刑罚,实际上既没有大臣的支持,也对普通民众没有丝毫益处。一个没有多数人受益的改革,就只能成为专制主义君主蹂躏人民的工具。

实际上,就是变法的积极倡导者商鞅,在他生命的最后时刻,对自己所推行的法律,还是有一定的反省。《史记·商君列传》载:

> 后五月而秦孝公卒,太子立,公子虔之徒告商君欲反,发吏捕商君。商君亡至关下,欲舍客舍。客人不知其

---

① 王先慎《韩非子集解》卷四,见《诸子集成》,中华书局,1954年版,第67—68页。

是商君也,曰:"商君之法,舍人无验者坐之。"商君喟然叹曰:"嗟乎!为法之敝一至此哉。"①

商鞅自己在面临困境的时候,切实感受到了他的法律的不便。但是,如果他没有逃亡的旅程,是不是能有这样的觉悟,就很难说了。孔子云:"夫仁者,己欲立而立人,己欲达而达人。能近取譬,可谓仁之方也。"②又云:"己所不欲,勿施于人。"③法家距离仁者,又何止千万里。司马迁感叹商君云:

  商君,其天资刻薄人也。迹其欲干孝公以帝王术,挟持浮说,非其质矣。且所因由嬖臣,及得用,刑公子虔,欺魏将卬,不师赵良之言,亦足发明商君之少恩矣。余尝读商君开塞耕战书,与其人行事相类。卒受恶名于秦,有以也夫!④

又《史记集解》云:

  《新序》论曰:"秦孝公保崤、函之固,以广雍州之地,东并河西,北收上郡,国富兵强,长雄诸侯,周室归籍,四方来贺,为战国霸君,秦遂以强,六世而并诸侯,亦皆商君之谋也。夫商

---

① 司马迁撰,裴骃集解,司马贞索隐,张守节正义《史记》卷六十八,中华书局,1959年版,第2236-2237页。
② 《论语·雍也》,刘宝楠《论语正义》卷七,见《诸子集成》,中华书局,1954年版,第134页。
③ 《论语·卫灵公》,刘宝楠《论语正义》卷十八,见《诸子集成》,中华书局,1954年版,第343页。
④ 《史记·商君列传》,司马迁撰,裴骃集解,司马贞索隐,张守节正义《史记》卷六十八,中华书局,1959年版,第2237页。

君极身无二虑,尽公不顾私,使民内急耕织之业以富国,外重战伐之赏以劝戎士,法令必行,内不阿贵宠,外不偏疏远,是以令行而禁止,法出而奸息。故虽《书》云'无偏无党',《诗》云'周道如砥,其直如矢',《司马法》之励戎士,周后稷之劝农业,无以易此。此所以并诸侯也。故孙卿曰:'四世有胜,非幸也,数也。'然无信,诸侯畏而不亲。夫霸君若齐桓、晋文者,桓不倍柯之盟,文不负原之期,而诸侯畏其强而亲信之,存亡继绝,四方归之,此管仲、舅犯之谋也。今商君倍公子卬之旧恩,弃交魏之明信,诈取三军之众,故诸侯畏其强而不亲信也。藉使孝公遇齐桓、晋文,得诸侯之统将,合诸侯之君,驱天下之兵以伐秦,秦则亡矣。天下无桓、文之君,故秦得以兼诸侯。卫鞅始自以为知霸王之德,原其事不谕也。昔周召施善政,及其死也,后世思之,'蔽芾甘棠'之诗是也。尝舍于树下,后世思其德,不忍伐其树,况害其身乎?管仲夺伯氏邑三百户,无怨言。今卫鞅内刻刀锯之刑,外深铁钺之诛,步过六尺者有罚,弃灰于道者被刑,一日临渭而论囚七百余人,渭水尽赤,号哭之声动于天地,畜怨积仇比于丘山,所逃莫之隐,所归莫之容,身死车裂,灭族无姓,其去霸王之佐亦远矣。然惠王杀之亦非也,可辅而用也。使卫鞅施宽平之法,加之以恩,申之以信,庶几霸者之佐哉!"①

司马迁和《新序》之言,虽然是针对商鞅的功过进行论述,但如果把这个结论用在一般的法家身上,也是再公允不过了。

---

① 《史记·商君列传集解》,司马迁撰,裴骃集解,司马贞索隐,张守节正义《史记》卷六十八,中华书局,1959年版,第2238页。

第二章　战国士人的理性精神与著述风气

战国时代,随着旧传统的瓦解,人们对旧传统所倡导的种种主张,以及自然界和社会发展的历史产生了浓厚兴趣,纷纷以自己的心得来解释自然、社会现象,提出自己的社会主张,而不肯盲从他人。这种倾向可以称为理性精神。

第一节　战国士人的哲学思考

战国士人的理性精神,首先就表现在对天地原始及人类起源问题的哲学思考方面。

《史记·孔子世家》指出:"孔子晚而喜《易》、序《彖》《系》《象》《说卦》《文言》,读《易》,韦编三绝,曰:'假我数年,若是,我于《易》则彬彬矣。'"①《论语·述而》云:"子曰:'加我数年,五十以学《易》,可以无大过矣。"②孔子到了晚年,喜欢《周易》,并且为《周易》序《彖》《系》《象》《说卦》《文言》等,应该就是他给弟子讲授《周易》的教科书。到了孔子去世以后,孔子门人弟子及后学根据孔子有关言论的基本精神,把孔子所序内容整理成现在的传世文本。今天所见《彖》《系》《象》《说卦》《文言》《杂卦》以及《序卦》,其中《彖》上下、《象》上下,《说卦》《杂卦》以及《序卦》,应该是孔子对弟子讲授《周易》的讲稿,而根据《文言》《系辞》等有大量引用孔

---

① 司马迁撰,裴骃集解,司马贞索隐,张守节正义《史记》卷四十七,中华书局,1959年版,第1937页。
② 刘宝楠《论语正义》,见《诸子集成》,中华书局,1954年版,第144页。

子言论的情况,我们推断这些著述当然未必一定是孔子所亲定,但其基本思想,应该与孔子一致,其成书当在孔子之后的战国。具体说,特别是《系辞》《文言》《序卦》《杂卦》《说卦》,应该是战国时期的著作。马王堆汉墓帛书有帛书《易传》,其主要思想,与传世《易传》中的《文言》《系辞》内容接近。说明《易传》的成书不能晚到汉代。①

《易传》有大量篇幅讨论天地原始等问题,如《序卦》曰:"有天地然后万物生焉,盈天地之间者唯万物。"又云:"有天地然后有万物,有万物然后有男女,有男女然后有夫妇,有夫妇然后有父子,有父子然后有君臣,有君臣然后礼义有所错。"②也就是说,自然界以物质的形态存在,人类社会的发展是在天地产生之后,先有了男女,而后才依次产生夫妇、父子、君臣、礼义。《说卦》云:"神也者,妙万物而为言者也。"③这是说神作为世界万物变化之称,并不具有人格。《说卦》《序卦》还以物质释八卦,乾、坤、震、巽、坎、离、艮、兑分别代表天、地、雷、风、水、火、山、泽,认为这八种物质存在变化以成万物,《系辞上》曰:"是故易有太极,是生两仪,两仪生四象,四象

---

① 参见廖名春等《周易研究史》第一章第三节云:"《易传》各篇的时代基本不会晚于战国中期,《说卦》《象传》《彖传》是战国前期以前的作品,《系辞》《文言》成于七十子之世,亦即战国初期;《序卦》具体成书年代虽然还欠清楚,但它肯定也是战国的作品;《杂卦》虽然和《易传》其他诸篇来源不同,但成书肯定不会晚于战国初。"湖南出版社,1991年版,第48页。廖名春《帛书〈易传〉初探》,台湾文史哲出版社,1999年版。

② 王弼、韩康伯注,孔颖达疏《周易正义》卷九,《十三经注疏》,中华书局,1980年版,第95 – 96页。

③ 王弼、韩康伯注,孔颖达疏《周易正义》卷九,《十三经注疏》,中华书局,1980年版,第94页。

生八卦。"两仪即天地,四象即春夏秋冬。① 又释八卦曰:"古者包牺氏之王天下也,仰则观象于天,俯则观法于地,观鸟兽之文,与地之宜,近取诸身,远取诸物,于是始作八卦,以通神明之德,以类万物之情。"②肯定八卦之创造,缘于对天地、鸟兽、人物等自然和社会现象的观察,是人对世界万物的摹仿、比拟。

《易传》对天地原始及人类原始的看法,无疑具有理性内涵。而屈原《天问》,自遂古以下,呵而问焉,曰:

> 遂古之初,谁传道之?上下未形,何由考之?冥昭瞢暗,谁能极之?冯翼惟象,何以识之?明明暗暗,惟时何为?阴阳三合,何本何化?圜则九重,孰营度之?惟兹何功,孰初作之?斡维焉系?天极焉加?八柱何当?东南何亏?九天之际,安放安属?隅隈多有,谁知其数?天何所沓?十二焉分?日月安属?列星安陈?出自汤谷,次于蒙汜。自明及晦,所行几里?夜光何德,死则又育?厥利维何,而顾菟在腹?女岐无合,夫焉取九子?伯强何处?惠气安在?何阖而晦?何开而明?角宿未旦,曜灵安藏?③

屈原以遂古宇宙和自然现象的变化为审视的目标,对宇宙中存在的一些自然现象,如宇宙怎么产生,怎么演变,后人是怎么了

---

① 虞翻曰:"四象,四时也。两仪,谓乾坤也。"见李道平撰,潘雨廷点校《周易集解纂疏》卷八,中华书局,1994年版,第601页。
② 王弼、韩康伯注,孔颖达疏《周易正义》卷七,《十三经注疏》,中华书局,1980年版,第282页。
③ 洪兴祖《楚辞补注》第三,中华书局,1983年版,第85-89页。

解的等等问题,提出质疑。这表明屈原是有意识地思考这些问题,并以探索和怀疑的立场,重新审视流传于世的各种各样对天地万物及其起源的神秘主义解释。

战国时期,对人的重视,也是理想精神支持下的重要主张。而对人的重视,首先体现在人与神的关系上,重视人的存在价值。这其中最重要的是孔子的有关论述。孔子一生所追求,是要求领导人能时刻考虑人民的意志,能全心全意地为人民服务,所以,他不希望领导人舍本逐末。《论语·雍也》孔子曰:"务民之义,敬鬼神而远之,可谓知矣。"①又《论语·述而》曰:"子不语怪力乱神。"②又《论语·先进》孔子曰:"未能事人,焉能事鬼?"又云:"未知生,焉知死?"③孔子"畏天命"④,但于鬼神怪力,却抱着敬而远之的态度。原因就在于他把人放在最核心的位置上。

战国之际,以《道德经》为代表的道家学者认为天道自然无为,这是他所强调的领导人用无为的方式统治人民的重要理论根据,所以,他主张向天学习,认为天"生而不有,为而不恃,长而不宰",又说:"天地不仁,以万物为刍狗。"⑤这个思想,客观上有否定天道有所谓意志的认识,这也是对神化天的思想的否定。

荀子是战国重要思想家,他对天人关系,有更深刻的见解,《荀

---

① 刘宝楠《论语正义》卷七,见《诸子集成》,中华书局,1954年版,第126页。

② 刘宝楠《论语正义》卷八,见《诸子集成》,中华书局,1954年版,第146页。

③ 刘宝楠《论语正义》卷十四,见《诸子集成》,中华书局,1954年版,第143页。

④ 《论语·季氏》孔子曰:"君子有三畏:畏天命,畏大人,畏圣人之言。"刘宝楠《论语正义》卷十九,见《诸子集成》,中华书局,1954年版,第359页。

⑤ 王弼《老子注》,见《诸子集成》,中华书局,1954年版,第3页。

子·礼论》肯定"天地合而万物生,阴阳接而变化起",①即认为自然界的发生及变化是天地阴阳对立变化的结果。《荀子·天论》认为"天有常道矣,地有常数矣"②,"天行有常,不为尧存,不为桀亡"③,"天不为人之恶寒也辍冬,地不为人之恶辽远也辍广","强本而节用,则天不能贫","本荒而用侈,则天不能使之富"。④《荀子·荣辱》曰:"知命者不怨天。"⑤强调人的主观能动性的作用。

韩非子为荀子学生,他是全心全意为领导人寻找发展自己的理论基础和统治方法的学者,所以,他认为天地也不具有意志,只有依靠领导人自己,才能无往而不胜。《韩非子·扬权》认为:"若天若地,孰疏孰亲。"⑥即天不具有亲疏之能。《韩非子·亡征》曰:"用时日,事鬼神,信卜筮而好祭祀者,可亡也。"⑦《韩非子·饰邪》认为:"龟策鬼神,不足举胜……然而持之,愚莫大焉。"又云:"越王勾践恃大朋之龟,与吴战而不胜,身臣入宦于吴;反国弃龟,明法亲

---

① 王先谦《荀子集解》卷十三,见《诸子集成》,中华书局,1954年版,第243页。

② 王先谦《荀子集解》卷十一,见《诸子集成》,中华书局,1954年版,第208页。

③ 王先谦《荀子集解》卷十一,见《诸子集成》,中华书局,1954年版,第205页。

④ 王先谦《荀子集解》卷十一,见《诸子集成》,中华书局,1954年版,第208页。

⑤ 王先谦《荀子集解》卷二,见《诸子集成》,中华书局,1954年版,第49页。

⑥ 王先慎《韩非子集解》卷二,见《诸子集成》,中华书局,1954年版,第33页。

⑦ 王先慎《韩非子集解》卷五,见《诸子集成》,中华书局,1954年版,第78页。

民以报吴,则夫差为擒。"①这是说鬼神是靠不住的,如果依靠鬼神,正是亡国之道。

对人的重视,在庄子思想中也有突出的表现。庄子致力于研究怎么样在一个昏上乱相之世,让被统治者可以用无为的方式躲避领导人的迫害,所以强调摆脱现实名利的束缚,《庄子·德充符》云:"道与之貌,天与之形,恶得不谓之人。"②意即人作为一种自然的存在,有其自身的存在价值,不会因为占有名利资源多寡的不同而有所不同。

战国时强调人之价值,同时也与否定君主的重要性结合在一起,也就是说,在君民关系上,民的重要性超越了君主。因为君主是权力的化身,更多的是权力的符号,强调君的重要性,更多的是强调某个人拥有君主权力以后,他的观念和意志的重要性,一旦他的君主位置被颠覆,他作为君主的重要性就不存在了。而强调民的重要性,则更多的是指某一个个体生命所具有的生命权利,不因为他的职业的变化,贫富的变化而有所改变,所以,民与君相比较,民就有了更多的人的含量。

在君民关系上重视民的重要性,这是战国时期一种符合现代价值的成熟表述。而战国时期,强调弱势人群的存在价值的观点,以杨朱的学说最为代表。《韩非子·显学》云:"今有人于此,义不入危城,不处军旅,不以天下大利易其胫一毛,世主必从而礼之,贵

---

① 王先慎《韩非子集解》卷五,见《诸子集成》,中华书局,1954年版,第89页。
② 王先谦《庄子集解》卷二,见《诸子集成》,中华书局,1954年版,第36页。

其智而高其行,以为轻物重生之士也。"①这里不以天下大利易其胫一毛的观点,正是杨朱拔一毛而利天下不为也的思想。《吕氏春秋·不二》云:"阳生贵己。"②阳生即杨朱,"贵己"即"为我"。《孟子·尽心上》云:"杨子取为我,拔一毛而利天下不为也。"③《孟子·滕文公下》云:"杨氏为我,是无君也。"④杨朱贵己为我,所以不欲轻生为君,被孟子指为"无君"。杨朱"为我",似乎有个人主义之嫌,但是,考虑到在一个君主专制的时代,君主集天下人的利益,为一己之私利服务,这样的"有君",反倒不如"无君"。因此,杨朱为我,实际上是为民。以为"我"的形式排斥为君,正是尊重每一个个体生命价值的思想。这种思想,无疑是应该肯定的。

但是,我们肯定杨朱的观点,并不是说反对杨朱观点的人缺乏尊重人的价值的思想,以尊君来达到轻民的目的。事实上,如果认真地说,虽然说孟子批判杨朱之"无君",但孟子本人,也持民贵君轻之论,《孟子·尽心下》称:"民为贵,社稷次之,君为轻。"⑤因而倡导仁政。人民关乎君主之存亡,社稷之兴衰。民心向背,是最值得关注的事情。孟子虽不至于有杨朱舍君而为我的主张,但他也清醒地认识到了民众之重要性。

---

① 王先慎《韩非子集解》卷十九,见《诸子集成》,中华书局,1954年版,第353页。

② 吕不韦著,高诱注《吕氏春秋》卷十七《审分览第五》,见《诸子集成》,中华书局,1954年版,第223页。

③ 焦循《孟子正义》卷十四,见《诸子集成》,中华书局,1954年版,第539页。

④ 焦循《孟子正义》卷六,见《诸子集成》,中华书局,1954年版,第269页。

⑤ 焦循《孟子正义》卷十四,见《诸子集成》,中华书局,1954年版,第573页。

对民的重视,在墨家兼爱、节用、节葬、非乐等主张中,就是君主要体现对人民的爱。如《墨子·法仪》云:

> 天必欲人之相爱相利,而不欲人之相恶相贼也。奚以知天之欲人之相爱相利,而不欲人之相恶相贼也?以其兼而爱之,兼而利之也。奚以知天兼而爱之,兼而利之也?以其兼而有之,兼而食之也。今天下无小大国,皆天之邑也;人无幼长贵贱,皆天之臣也。此以莫不刍牛羊,豢犬猪,洁为酒醴粢盛,以敬事天,此不为兼而有之,兼而食之邪?天苟兼而有食之,夫奚说不欲人之相爱相利也?故曰:爱人利人者,天必福之。恶人贼人者,天必祸之。曰杀不辜者,得不祥焉。夫奚说人为其相杀而天与祸乎?是以知天欲人相爱相利,而不欲人相恶相贼也。昔之圣王禹、汤、文、武,兼爱天下之百姓,率以尊天事鬼,其利人多,故天福之,使立为天子,天下诸侯皆宾事之。暴王桀、纣、幽、厉,兼恶天下之百姓,率以诟天侮鬼,其贼人多,故天祸之,使遂失其国家,身死为僇于天下,后世子孙毁之,至今不息。故为不善以得祸者,桀、纣、幽、厉是也;爱人利人以得福者,禹、汤、文、武是也。爱人利人以得福者有矣,恶人贼人以得祸者亦有矣。①

墨子在这里不但寻找到以天为法的理论根据,而且,以历史上

---

① 孙诒让《墨子间诂》卷一,见《诸子集成》,中华书局,1954 年版,第 12—13 页。其中部分引文有异文,此处只有"刍羊"根据毕沅的意见改为"刍牛羊",其余未作改正。

圣王和暴君不同的历史境遇,告诉我们,只有爱民,才是唯一正确的选择。

我们注意到,法家的基本主张是强调统治者对人民加强控制的,但是,即使如商鞅之法家,也强调"利民"之重要。《史记·商君列传》载商鞅在动员孝公变法时说:"苟可以利民,不循其礼。"①虽然这个表述不能说明商鞅认为君主没有人民重要,但是,起码他也意识到执政者要重视民,要以利民为行政的目标。

第二节　战国士人的公平理想

中国古代社会之面貌,因无可靠证据,战国前人多语焉不详,到了战国时期,随着文化的民间化特点,普通士人对古代社会的状况有了很多描述,而这些描述,体现了他们的理想。

《庄子·胠箧》历数帝王世系,以为"至德之世",有所谓容成氏、大庭氏、伯皇氏、中央氏、栗陆氏、骊畜氏、轩辕氏、赫胥氏、尊卢氏、祝融氏、伏羲氏、神农氏,云:

> 子独不知至德之世乎?昔者,容成氏、大庭氏、伯皇氏、中央氏、栗陆氏、骊畜氏、轩辕氏、赫胥氏、尊卢氏、祝融氏、伏羲氏、神农氏,当是时也,民结绳而用之,甘其食,美其服,乐其俗,安其居。邻国相望,鸡狗之音相闻,民至老死而不相往来。若此之时,则至治已。今遂至使民延颈举踵曰:某所有贤者。赢粮而趣之,则内弃其亲而外去其主之事,足迹接诸侯之境,车轨结乎千里之外,则是上

---

① 司马迁撰,裴骃集解,司马贞索隐,张守节正义《史记》卷六十八,中华书局,1959年版,第2229页。

好知之过也。①

庄子这里所说的这种世系,因为不见于历史记载,包括《世本》②《竹书纪年》③《帝王世纪》④等,都没有这样一个世系的记载,所以,当代人当然可以怀疑其可靠性。但我们想象庄子个人杜撰的可能性并不是很大。庄子在历数古代世系的时候,所赞扬的是古代社会的公平至治特点。

《礼记·礼运》载有孔子关于论三代大同、天下为公、选贤与能之说法。⑤而在《论语》中,孔子也提到了尧、舜之间的禅让故事,如《论语·尧曰》云:

> 尧曰:"咨尔舜,天之历数在尔躬,允执其中。四海困穷,天禄永终。"舜亦以命禹。⑥

孔子把尧、舜看作圣君的最高代表,他们爱民,重视人才,大公无私,时刻想着真诚而全心全意地为人民服务。所以,孔子在与弟子讨论怎么样可以对人民更多关怀的时候,经常以"尧舜其犹病

---

① 王先谦《庄子集解》卷三,见《诸子集成》,中华书局,1954年版,第61页。
② 周渭卿点校《世本》,见《二十五别史》,齐鲁书社,2000年版。
③ 张杰、戴和冰点校《古本竹书纪年》,见《二十五别史》,齐鲁书社,2000年版。
④ 陆吉点校《帝王世纪》,见《二十五别史》,齐鲁书社,2000年版。
⑤ 郑玄注,孔颖达疏《礼记正义》卷二十一,《十三经注疏》,中华书局,1980年版。
⑥ 刘宝楠《论语正义》卷二十三,见《诸子集成》,中华书局,1954年版,第411页。

诸"来说明实现这个事情的不容易。

又《论语·雍也》云：

> 子贡曰："如有博施于民,而能济众,何如？可谓仁乎？"子曰："何事于仁！必也,圣乎！尧舜其犹病诸。夫仁者,已欲立而立人,已欲达而达人,能近取譬,可谓仁之方也已。"①

又《论语·泰伯》云：

> 子曰："大哉！尧之为君也。巍巍乎唯天为大,唯尧则之；荡荡乎,民无能名焉。"②

> 舜有臣五人而天下治。武王曰："予有乱臣十人。"孔子曰："才难,不其然乎！唐虞之际,于斯为盛,有妇人焉,九人而已。三分天下有其二,以服事殷,周之德,其可谓至德也已矣。③

> 子曰："禹,吾无间然矣。菲饮食,而致孝乎鬼神；恶衣服,而致美乎黻冕；卑宫室,而尽力乎沟洫。禹,吾无间

---

① 刘宝楠《论语正义》卷七,见《诸子集成》,中华书局,1954年版,第133－134页。

② 刘宝楠《论语正义》卷九,见《诸子集成》,中华书局,1954年版,第166页。

③ 刘宝楠《论语正义》卷九,见《诸子集成》,中华书局,1954年版,第167－168页。

然矣。"①

又《论语·宪问》云:

> 子路问君子,子曰:"修己以敬。"曰:"如斯而已乎?"曰:"修己以安人。"曰:"如斯而已乎?"曰:"修己以安百姓。修己以安百姓,尧舜其犹病诸。"②

而近年出土的郭店楚简有《唐虞之道》,对尧、舜禅让的故事,也有很多颂扬。如云:

> 唐、虞之道,禅而不传。尧、舜之王,利天下而弗利也。禅而不传,圣之盛也。利天下而弗利也,仁之至也。故昔贤仁圣者如此。身穷不贪,没而弗利,穷仁矣。必正其身,然后正世,圣道备矣。故唐虞之[道,禅]也。
>
> ……
>
> 尧舜之行,爱亲尊贤。爱亲故孝,尊贤故禅。孝之施,爱天下之民。禅之传,世亡隐德。孝,仁之冕也。禅,义之至也。六帝兴于古,皆由此也。爱亲忘贤,仁而未义也。尊贤遗亲,义而未仁也。古者虞舜笃事瞽盲,乃戴其

---

① 刘宝楠《论语正义》卷九,见《诸子集成》,中华书局,1954 年版,第 169－170 页。
② 刘宝楠《论语正义》卷十七,见《诸子集成》,中华书局,1954 年版,第 329 页。

孝;忠事帝尧,乃戴其臣。爱亲尊贤,虞舜其人也。禹治水,益治火,后稷治土,足民养生。[夫唯]顺乎脂肤血气之情,养性命之政,安命而弗夭,养生而弗伤,知[天下]之政者,能以天下禅矣。

  古者尧之与舜也:闻舜孝,知其能养天下之老也;闻舜弟,知其能事天下之长也;闻舜慈乎弟[象□□,知其能]为民主也。故其为瞽盲子也,甚孝;及其为尧臣也,甚忠;尧禅天下而授之,南面而王天下,而甚君。故尧之禅乎舜也,如此也。古者圣人二十而冠,三十而有家,五十而治天下,七十而致政,四肢倦惰,耳目聪明衰,禅天下而授贤,退而养其生,此以知其弗利也。

  《虞诗》曰:"大明不出,万物皆暗。圣者不在上,天下必坏。"治之至,养不肖。乱之至,灭贤。①

  郭店楚简的作者是孔子的孙子子思等人,他们对尧、舜禅让的记述使我们认识到,在原始儒家看来,尧、舜的最精华、最核心的问题是禅让,而不是传子,之所以能这样做,原因在于尧、舜把利天下看作第一位的,而不自利。把利天下看作第一位的,而不自利是最大的仁,禅让而不传子,是圣的最高境界。圣人只有先正自身,然后才能正世,所以,在政治制度上,实行禅让,就是实现圣治的前提和基础。

  值得注意的是,郭店楚简把禅让和"孝"统一在一起,郭店楚简的

---

① 此处引文依据李零《郭店楚简校读记》(增订本),北京大学出版社,2002年版,第95-96页。

作者认为,尧、舜的禅让之行,体现了爱亲尊贤的特点。爱亲所以孝,但孝不是世袭。爱亲必须和尊贤联系在一起,尊贤就要实行禅让。爱亲需要扩展到他人之亲,这才是真正的爱亲,所以,真正的孝应该是爱天下之民。由禅让而变为传子,是社会的倒退,道德之堕落。孝,是实现仁的前提。禅让,是义之最高境界。古之帝王之兴,皆由禅让。如果爱亲忘贤,虽有仁而无义。尊贤遗亲,则有义而无仁。虞舜事亲孝,为臣忠。所以说,虞舜爱亲尊贤。禹治水,益治火,后稷治土,足民养生。所以,只有顺乎脂肤血气之情,养性命之正,安命而不夭,养生而不伤,知天下之政的人,都是能以天下禅让贤者的人。尧闻舜孝,知他能养天下之老;闻舜悌,知他能事天下之长;闻舜对弟慈,知他能为民主。所以,舜为瞽盲子,甚孝;为尧臣,甚忠。尧禅天下而授舜,舜南面而王天下,而甚有君道。

  郭店楚简的作者还从人的生理方面来肯定禅让制的优越性,当圣人到了七十岁,他也会和常人一样,精神聪明衰退,当此之际,若果为民考虑,就应该禅让贤者。尧、舜能在老年以后,禅天下而授贤,退而养其生,就说明他们没有把天下看作自己的私产。

  郭店楚简的作者还指出了不实行禅让制的危害,安定的天下,应该是圣者在上位,如果反其道而行之,天下就要混乱了。治世的顶点,是不肖者能逐渐改良;乱世的极点,是贤能的人被消灭。至治之世有不肖者的生存空间,至乱之世没有贤者的生存机会。

  孔子及其后学强调禅让的优越性,所指实际上就是要实现社会的公平与正义。

  孟子对尧、舜也是赞不绝口,强调为政应该向尧、舜学习,并认为尧、舜禅让,体现了天意和民意。而天是不能表达意见的,所谓天意,落到实处,也就是民意。如《孟子·滕文公上》云:

滕文公为世子,将之楚,过宋,而见孟子。孟子道性善,言必称尧舜。①

又云:

当尧之时,天下犹未平,洪水横流,泛滥于天下,草木畅茂,禽兽繁殖,五谷不登,禽兽逼人,兽蹄鸟迹之道交于中国。尧独忧之,举舜而敷治焉,舜使益掌火,益烈山泽而焚之,禽兽逃匿;禹疏九河,瀹济、漯而注诸海,决汝、汉,排淮、泗而注之江,然后中国可得而食也。当是时也,禹八年于外,三过其门而不入。虽欲耕,得乎?②

又云:

尧以不得舜为己忧,舜以不得禹、皋陶为己忧。夫以百亩之不易为己忧者,农夫也。分人以财谓之惠,教人以善谓之忠,为天下得人者谓之仁。是故以天下与人易,为天下得人难。孔子曰:"大哉尧之为君,惟天为大,惟尧则之,荡荡乎民无能名焉,君哉!舜也,巍巍乎有天下而不与焉。"尧、舜之治天下,岂无所用其心哉,亦不用于

---

① 焦循《孟子正义》卷五,见《诸子集成》,中华书局,1954年版,第186页。
② 焦循《孟子正义》卷五,见《诸子集成》,中华书局,1954年版,第219-221页。

耕耳。①

又《孟子·离娄上》云：

孟子曰："离娄之明,公输子之巧,不以规矩,不能成方员。师旷之聪,不以六律,不能正五音。尧舜之道,不以仁政,不能平治天下。今有仁心仁闻,而民不被其泽,不可法于后世者,不行先王之道也。故曰：徒善不足以为政,徒法不能以自行。"②

又云：

孟子曰："规矩,方员之至也；圣人,人伦之至也。欲为君,尽君道；欲为臣,尽臣道。二者皆法尧、舜而已矣。不以舜之所以事尧事君,不敬其君者也。不以尧之所以治民治民,贼其民者也。孔子曰：道二。仁与不仁而已矣。暴其民甚则身弑国亡,不甚则身危国削,名之曰幽、厉,虽孝子慈孙,百世不能改也。《诗》云：'殷鉴不远,在夏后之世。'此之谓也。"③

---

① 焦循《孟子正义》卷五,见《诸子集成》,中华书局,1954年版,第229－230页。
② 焦循《孟子正义》卷七,见《诸子集成》,中华书局,1954年版,第279－284页。
③ 焦循《孟子正义》卷七,见《诸子集成》,中华书局,1954年版,第288－289页。

又《孟子·万章上》云：

> 万章曰："尧以天下与舜，有诸？"孟子曰："否。天子不能以天下与人。""然则舜有天下也，孰与之？"曰："天与之。""天与之者，谆谆然命之乎？"曰："否。天不言，以行与事示之而已矣。"曰："以行与事示之者如之何？"曰："天子能荐人于天，不能使天与之天下。诸侯能荐人于天子，不能使天子与之诸侯。大夫能荐人于诸侯，不能使诸侯与之大夫。昔者，尧荐舜于天而天受之，暴之于民而民受之，故曰天不言，以行与事示之而已矣。"曰："敢问荐之于天而天受之，暴之于民而民受之，如何？"曰："使之主祭而百神享之，是天受之。使之主事而事治，百姓安之，是民受之也。天与之，人与之，故曰天子不能以天下与人。舜相尧二十有八载，非人之所能为也，天也。尧崩，三年之丧毕，舜避尧之子于南河之南，天下诸侯朝觐者不之尧之子而之舜，讼狱者不之尧之子而之舜，讴歌者不讴歌尧之子而讴歌舜，故曰天也。夫然后之中国，践天子位焉。而居尧之宫，逼尧之子，是篡也，非天与也。《泰誓》曰：'天视自我民视，天听自我民听。'此之谓也。"①

在战国时期，有些学者对孔子所描述的尧舜禅让制度表现出极大怀疑，如古本《竹书纪年》云："舜囚尧，复偃塞丹朱，使不与父

---

① 焦循《孟子正义》卷九，见《诸子集成》，中华书局，1954年版，第379－381页。

相见。"又说舜代尧而有天下,"筑丹朱城,俄又夺之"。① 丹朱为尧之子,以孟子的说法,尧之死,舜避丹朱于南河之南,但天下的诸侯万民朝觐讴歌,不好不"之中国,践天子位焉"。又《韩非子·说疑》云:"舜逼尧,禹逼舜,汤放桀,武王伐纣,此四王者,人臣弑其君者也,而天下誉之。"②《荀子·正论》也反对禅让之说,认为是"浅者之传,陋者之说"。③ 这种否定尧、舜、禹三王禅让的观点,体现的是战国后期专制主义势力渐渐强盛下的统治者的权力意志,是为专制主义者寻求理论支持的专制文化观。考之古希腊、古罗马社会的演变史,我们相信,孔子、子思、孟子等人所描述的大同社会,在中国古代的存在,是合理的。

第三节 战国士人的创新精神

战国时期,由于旧有的传统受到排斥,因此,反对传统,就成为这个时代的一大特点。《竹书纪年》、韩非子、荀子等人否定尧、舜所建立的禅让传统,正体现了这个时代反传统的特点。他们试图以当代社会现实来诠释古代历史,就他们的出发点而言,未尝不觉得自己在为恢复历史本来面目而思考,但是,他们的立场建立在性恶的基点上,所以,否认尧、舜时代人们自觉追求善的动力。

当然,有的时候,人们对历史的反思,也并不是一无是处,如屈原《天问》曰:

---

① 张杰、戴和冰点校《古本竹书纪年》,见《二十五别史》,齐鲁书社,2000年版,第1页。
② 王先慎《韩非子集解》卷十七,见《诸子集成》,中华书局,1954年版,第311页。
③ 王先谦《荀子集解》卷十二,见《诸子集成》,中华书局,1954年版,第224页。

> 不任汩鸿,师何以尚之?佥曰何忧,何不课而行之?鸱龟曳衔,鲧何听焉?顺欲成功,帝何刑焉?永遏在羽山,夫何三年不施?伯禹愎鲧,夫何以变化?纂就前绪,遂成考功。何续初继业,而厥谋不同?洪泉极深,何以窴之?地方九则,何以坟之?河海应龙,何尽何历?鲧何所营?禹何所成?①

鲧在尧时,窃帝息壤以堙洪水,帝令祝融杀之于羽郊,而由其子禹踵武其迹,治水成功。但在屈原眼里,鲧无异于盗火的普罗米修斯,而遭圣帝之杀。并对鲧、禹之治水细节,提出疑问。这种怀疑精神,正是战国时期士人独立自由思想的重要体现形式,是一种重新审视历史的独立意识。

战国思想家在战国时期所面对的传统,就是孔子所建立的以《诗》《书》《礼》《乐》《易》《春秋》六经为代表的历史和现实相结合的礼制传统。这个传统适宜于建立一个如成周那样的相对的和谐社会。按照孔子的设想,通过恢复周礼,实现一个君民互相爱护的和谐社会,然后,通过君主的自我约束,逐渐可以过渡到一个天下为公的体现社会公正的大同世界。但是,这却是当时急于扩张领土的诸侯以及急于改善私人处境、建立名利空间的士大夫所不愿意看到的,所以,相对于孔子思想的异端邪说不断地冒了出来。孟子对这样的现象忧心如焚。《孟子·滕文公下》云:

> 圣王不作,诸侯放恣,处士横议,杨朱、墨翟之言盈天

---

① 洪兴祖《楚辞补注》第三,中华书局,1983年版,第89—91页。

下,天下之言不归杨则归墨。杨氏为我,是无君也;墨氏兼爱,是无父也。无父无君,是禽兽也。公明仪曰:"庖有肥肉,厩有肥马,民有饥色,野有饿莩。此率兽而食人也。"杨、墨之道不息,孔子之道不著,是邪说诬民充塞仁义也。①

孟子作为儒家代表人物,是遵从孔子所倡导的以六经为核心的传统价值观的学者,他之所以指责杨朱、墨翟之学说,就在于他认为杨朱、墨翟之学有无父无君之嫌,在本质上有否定仁义之倾向。杨朱以个人主义抛弃君臣义务,而墨子以博爱主义取代亲亲之等差原则,在孟子看来,这显然与儒家标榜的以六经为中心的价值体系背道而驰。

但是,孟子把批判的矛头对准杨朱和墨子,实际上是他犯了一个重大的错误。因为无论是杨朱,还是墨子,他们的思想在细节上虽然和孔子的思想有重大差别,但是从根本上,却是一致的。即他们都立足于弱势群体,目的在限制君主的胡作非为。他们的这种共同性,我们在以后的篇章中还会论述到。而在孟子当时,他可能还没有认识到对中国未来社会真正构成威胁的,实际是法家,只是当时法家更多的是在几个国家发挥着局部的作用,孟子生活的环境,可能还没有感受到法家所构成的重大威胁。但是,孟子生活的时代,实际上法家思想已经广泛地在战国的大地上开花结果。在孟子之前,著名的法家包括李悝、吴起、申不害,而商鞅的时代大致和孟子同时,慎到则小孟子四十岁左右,但孟子老寿,其去世,已是

---

① 焦循《孟子正义》卷六,见《诸子集成》,中华书局,1954年版,第269页。

慎到壮年。① 法家之严而少恩,不别亲疏,不殊贵贱,一断于法,无亲亲尊尊之情,以及权、术、势相结合的政治策略,对孔子所倡导的传统,是彻底颠覆的。

和儒家思想不同的,当然还有道家思想中黄老学派之主张道法权术,庄子道家之欲绝去礼学仁义,阴阳家之神秘鬼神,名家之诡辩,纵横家崇尚诈奸,杂家之综合主义,农家之主张君臣并耕,皆与儒家恪守传统精神,倡导光明正大、仁义礼智、敬鬼神而远之、德治为尚、利民实用、以民为本、道德感化的精神不符。这表明诸子之思想,是对传统价值观念的革命。孟子欲以传统精神矫正时世,发不得已之辩,却仍阻挡不住时代之大势。

关于战国时期背离传统的现象,刘向有深刻阐述,《战国策叙》云:

> 仗于谋诈之弊,终于信笃之诚。无道德之教,仁义之化,以缀天下之心。任刑罚以为治,信小术以为道,遂燔烧《诗》《书》,坑杀儒士,上小尧舜,下邈三王。……其比王德,岂不远哉。②

刘向指出战国之世儒术、儒术之士受排挤乃至遭杀害,而背弃儒术的新主张,受到了士大夫、诸侯王的欣赏,这是战国时期不争的事实。也就是说,战国时代是一个崇尚有利于君主的实用主义的时代,而孔子思想因其立足于人民本位,强调君主为人民服务,

---

① 钱穆《先秦诸子系年》附表第三《诸子生卒年世先后一览表》,商务印书馆,2005年版,第627页。
② 缪文远《战国策新校注》(修订本)之《刘向:战国策书录》,巴蜀书社,1987年版,第2-3页。

而求得人民的拥护,反对暴力和暴政,被有权势的人认为是不合时宜的。而诸子也正是看到了孔子思想所陷入的困境,便以新思想、新观念的创造者的身份出现,谋求获得功名利禄,孔子曰:"古之学者为己,今之学者为人。"①所谓为己,就是立足于修身。《礼记·大学》云:

> 大学之道,在明明德,在亲民,在止于至善。知止而后有定,定而后能静,静而后能安,安而后能虑,虑而后能得。物有本末,事有终始,知所先后,则近道矣。古之欲明明德于天下者,先治其国;欲治其国者,先齐其家;欲齐其家者,先修其身;欲修其身者,先正其心;欲正其心者,先诚其意;欲诚其意者,先致其知。致知在格物。物格而后知至,知至而后意诚,意诚而后心正,心正而后身修,身修而后家齐,家齐而后国治,国治而后天下平。自天子以至于庶人,壹是,皆以修身为本。其本乱而末治者否矣。其所厚者薄,而其所薄者厚,未之有也。此谓知本,此谓知之至也。②

《礼记·大学》有经一章,传十章,按照朱熹所言,经为孔子之言,而传十章,是战国时期曾子所述,门人所记。③ 这个主张无疑是中肯的。孔子主张为己之学,是说为学的目的是为了提升自己的

---

① 《论语·宪问》,刘宝楠《论语正义》卷十七,见《诸子集成》,中华书局,1954年版,第318页。
② 郑玄注,孔颖达疏《礼记正义》卷六十,《十三经注疏》,中华书局,1980年版,第1673页。
③ 朱熹《四书章句集注·大学章句》,中华书局,1983年版。

修养。而为人之学,则立足于为人所用,难免追求事业的绩效,而陷入投其所好之被动境遇。战国时秦国的商鞅,就是背弃了帝王之学,而改弦更张,追求强国之术,最后导致自己身首异处。①

反古倾向,总是与标新立异相表里,《庄子·天下》云"天下多得一察焉以自好","百家往而不反",②《汉书·艺文志》云"各推所长",③所指正是这种反古和标新立异的倾向。

罗根泽有《晚周诸子反古考》一文,有鉴于康有为著《孔子改制考》之文,以诸子皆托古改制,孔子实首开其端,而认为"惟既有托古,则必激起反古","核之晚周诸子,亦确多反古之言",④举《墨子》《荀子》《商君书》《韩非子》《吕氏春秋》为例。《墨子·非儒下》攻击儒者之"君子必古服古言然后仁"的主张说:

所谓古之言服者,皆尝新矣,而古人言之服之,则非君子也。然则必服非君子之服,言非君子之言,而后仁乎?⑤

此以古之服、古之言曾经在它产生之时,是属于全新的事物,而当时之人以言以服,说明古人言、服不避新。

又《墨子·公孟》云:

---

① 《史记·商君列传》,司马迁撰,裴骃集解,司马贞索隐,张守节正义《史记》卷六十八,中华书局,1959年版。
② 王先谦《庄子集解》卷八,见《诸子集成》,中华书局,1954年版,第216页。
③ 班固撰,颜师古注《汉书》卷三十,中华书局,1962年版,第1746页。
④ 罗根泽《诸子考索》,人民出版社,1958年版,第63页。
⑤ 孙诒让《墨子间诂》卷九,见《诸子集成》,中华书局,1954年版,第181页。

子墨子曰:"昔者商王纣、卿士费仲,为天下之暴人,箕子、微子为天下之圣人,此同言而或仁、不仁也。周公旦为天下之圣人,关叔为天下之暴人,此同服或仁或不仁。然则不在古服与古言矣。且子法周而未法夏也,子之古非古也。"①

一定时期的言与服,是同时圣人、暴人所共同拥有,却不能导致人人成为圣人。又以周为古,周与夏比较,则周近而夏古,从古言服,成为不从真正之古言服。而欲从真正之古言服,引而申之,必从原始,其荒谬不难想知。

又《墨子·非儒下》批评"君子循而不作"之观点云:

古者羿作弓,伃作甲,奚仲作车,巧垂作舟;然则今之鲍函车匠皆君子也,而羿、伃、奚促、巧垂皆小人邪?且其所循,人必或作之,然则其所循,皆小人道也。②

又《墨子·耕柱》云:

公孟子曰:"君子不作,术而已。"子墨子曰:"不然。人之甚不君子者,古之善者不诛,今也善者不作。其次不君子者,古之善者不遂,已有善则作之,欲善之自己出也。

---

① 孙诒让《墨子间诂》卷十二,见《诸子集成》,中华书局,1954年版,第274页。
② 孙诒让《墨子间诂》卷九,见《诸子集成》,中华书局,1954年版,第181页。

今诛而不作,是无所异于不好遂而作者矣。吾以为古之善者则诛之,今之善者则作之,欲善之益多也。"①

案《耕柱》篇此节之"术""诛""遂",皆当"述"字。墨子以古之弓、甲、车、舟,俱出智者之手,后人因而用之,如果因循而不创新才是所谓君子,则古代创为弓、甲、车、舟之智者反成小人,鲍函车匠反成君子了。正确的态度应是继承古之善者,创为今之善者,这样才能积善成多。

荀子是儒学大师,然亦有反古之论,如《荀子·儒效》,以法先王之儒为俗儒,以法先王而不能类推者为雅儒,以法后王能以今持古者为大儒,其曰:

法先王,统礼义,一制度,以浅持博,以古持今,以一持万;苟仁义之类也,虽在鸟兽之中,若别白黑;倚物怪变所未尝闻也,所未尝见也,卒然起一方,则举统类而应之,无所儗怍,张法而度之,则晻然若合符节,是大儒者也。②

《荀子·非相》云:"古今一度也,类不悖,虽久同理。"③荀子认为古今一理,所以,法先王同于法后王。

法家则认为法古是愚蠢的事情,《商君书·更法》云:

---

① 孙诒让《墨子间诂》卷十一,见《诸子集成》,中华书局,1954年版,第262页。
② 王先谦《荀子集解》卷四,见《诸子集成》,中华书局,1954年版,第89页。
③ 王先谦《荀子集解》卷三,见《诸子集成》,中华书局,1954年版,第52页。

> 三代不同礼而王，五霸不同法而霸，故知者作法，而愚者制也；贤者更礼，而不肖者拘焉。①

即夏、商、周三代礼不同而王，春秋五霸法不同而霸，制定法是智者的事情，遵守法是愚者的事情；礼是贤人所定，而不贤之人为礼拘泥。欲王欲霸，欲成为智者贤人，就得反古改制。

又《韩非子·显学》云：

> 孔子、墨子俱道尧舜，而取舍不同，皆自谓真尧舜；尧舜不复生，将谁使定儒墨之诚乎？殷周七百余岁，虞夏二千余岁，而不能定儒墨之真，今乃欲审尧舜之道于三千岁之前，意者其不可必乎！无参验而必之者愚也，弗能必而据之者诬也。故明据先王，必定尧舜者，非愚则诬也。②

儒、墨俱称述尧舜，儒者以尧舜大圣，爱民而仁义，墨者以尧舜无私而俭朴。尧舜的真面目究竟如何，谁都说不清楚。所以，韩非子认为，法古实际是愚蠢而不切合实际的行为。

《吕氏春秋》是杂家著作，其反古的认识，和法家一致。《吕氏春秋·察今》云：

> 上胡不法先王之法，非不贤也，为其不可得而法。先

---

① 严万里校《商君书》，见《诸子集成》，中华书局，1954年版，第1－2页。
② 王先慎《韩非子集解》卷十九，见《诸子集成》，中华书局，1954年版，第351页。

王之法,经乎上世而来者也,人或益之,人或损之,胡得而法? 虽人弗损益,犹若不可得而法。东夏之命,古今之法,言异而典殊,故古之命多不通乎今之言者,今之法多不合乎古之法者。……凡先王之法,有要于时也。时不与法俱至。法虽今而至,犹若不可法。故择先生之成法,而法其所以为法。①

这是说一定的时代有一定的法律,是因为每一个时代都有不同于其他时代的特殊环境,如果违背了特殊环境具体情况的要求,而盲目推行已过时的古法,必定会犯错误。

"古"之与"今",是一个相对的概念,因此,反古是今,也是一个相对的概念。《墨子》《荀子》《商君书》《韩非子》《吕氏春秋》等书反古,此"古"指一切之"古";而儒家之托古,此"古"则主要指尧、舜之古,其次则是郁郁乎文哉的周,尧、舜和炎帝、黄帝相比较,周与夏商相比较,都不能算最古,所以,笼统说儒家复古或者反复古,也是不准确的。黄老道家崇尚黄帝,而庄子则好举赫胥氏之世以为说,对三皇五帝,则有微辞,则道家以上古而反近古。产生了圣人的时代,相对于道家宗师来说已是"古",所以,他们也是"反古"的。②

战国诸子,不但反古,亦反对同时之不同于自己主张的学说,且这些学说都为异端,而自己的主张相对于传统来说,又非正道。《吕氏春秋·察今》云:"天下之学者,多辩言利辞,倒不求其实,务

---

① 吕不韦著,高诱注《吕氏春秋》卷十五《慎大览第三》,见《诸子集成》,中华书局,1954年版,第176－177页。

② 刘绍瑾《复古与复原古》,认为复古有复古和复远古的区别。中国社会科学出版社,2001年版。

以相毁,以胜为故。"①说诸子不求实务,则未必,因为诸子人人自觉其学说合于实用;说诸子相毁以胜为故,则一语中的。

战国诸子,各有新主张,所以酝酿成互相攻讦的局面,如孟子攻击杨朱、墨翟、陈农之学,庄子、墨子之攻击儒学。《韩非子·显学》谓战国时,"儒分为八,墨离为三"②,有所谓子张之儒、子思之儒、颜氏之儒、孟子之儒、漆雕氏之儒、仲良氏之儒、孙氏之儒、乐正氏之儒,相里氏之墨、相夫氏之墨、邓陵氏之墨。③ 这种分化,不仅表明不同家互相差异,即使是儒墨内部,也有争议。

又《荀子·非十二子》云:

> 假今之世,饰邪说,文奸言,以枭乱天下,矞宇嵬琐,使天下混然,不知是非治乱之所存者,有人矣。纵情性,安恣睢,禽兽行,不足以合文通治,然而其持之有故,其言之成理,足以欺惑愚众,是它嚣、魏牟也。忍情性,綦溪利跂,苟以分异人为高,不足以合大众,明大分,然而其持之有故,其言之成理,足以欺惑愚众,是陈仲、史䲡也。不知壹天下,建国家之权称,上功用,大俭约而僈差等,曾不足以容辨异,县君臣,然而其持之有故,其言之成理,足以欺惑愚众,是墨翟、宋钘也。尚法而无法,下修而好作,上则取听于上,下则取从于俗,终日言成文典,反䌷察之,则倜然无所归宿,不可以经国定分,然而其持之有故,其言之

---

① 吕不韦著,高诱注《吕氏春秋》卷十五《慎大览第三》,见《诸子集成》,中华书局,1954年版。
② 王先慎《韩非子集解》卷十九,见《诸子集成》,中华书局,1954年版,第351页。
③ 王先慎《韩非子集解》卷十九,见《诸子集成》,中华书局,1954年版。

成理,足以欺惑愚众,是慎到、田骈也。不法先王,不是礼义,而好治怪说,玩琦辞,甚察而不惠,辩而无用,多事而寡功,不可以为治纲纪,然而其持之有故,其言之成理,足以欺惑愚众,是惠施、邓析也。略法先王而不知其统,犹然而材剧志大,闻见杂博,案往旧造说,谓之五行,甚僻违而无类,幽隐而无说,闭约而无解,案饰其辞而只敬之,曰:"此真先君子之言也。"子思唱之,孟轲和之,世俗之沟犹瞀儒,嚾嚾然不知其所非也,遂受而传之,以为仲尼、子游为兹厚于后世,是则子思、孟轲之罪也。①

荀子不仅指责它嚣、魏牟、陈仲、史䲡、墨翟、宋钘、慎到、田骈、惠施、邓析,甚至把矛头指向了同是儒家思想捍卫者的孟子及其老师子思,这是因为在荀子眼中,它嚣、魏牟等人的主张固然与儒家学说不同,而子思、孟子作为儒家大师,与荀子自己的思想也存在差异。而这种不同流不同家、同家不同人的主张之不同,正是诸子创新精神的体现。

同一流派之差异,也同样可以从道家之差别中看出。《庄子·天下》云:

>以本为精,以物为粗,以有积为不足,淡然独与神明居。古之道术有在于是者,关尹、老聃闻其风而悦之。建之以常无有,主之以太一,以濡弱谦下为表,以空虚不毁万物为实。关尹曰:"在己无居,形物自著。"其动若水,其

---

① 王先谦《荀子集解》卷三,见《诸子集成》,中华书局,1954年版,第57—60页。

静若镜,其应若响。芴乎若亡,寂乎若清。同焉者和,得焉者失。未尝先人而常随人。老聃曰:"知其雄,守其雌,为天下溪;知其白,守其辱,为天下谷。"人皆取先,已独取后。曰:"受天下之垢。"人皆取实,已独取虚。无藏也故有余。岿然而有余。其行身也徐而不费,无为也而笑巧。人皆求福,已独曲全。曰:"苟免于咎。"以深为根,以约为纪。曰:"坚则毁矣,锐则挫矣。"常宽容于物,不削于人。虽未至极。① 关尹、老聃乎,古之博大真人哉!②

这里,作者虽然极力推崇关尹、老聃虚怀若谷,淡然神明,无为无实,曲全无福,但认为关老并未达到真正的真理之高度。庄周则是另外一个样子。《庄子·天下》又云:

芴漠无形,变化无常,死与?生与?天地并与?神明往与?芒乎何之?忽乎何适?万物毕罗,莫足以归。古之道术有在于是者,庄周闻其风而悦之。……独与天地精神往来,而不敖倪于万物。不谴是非,以与世俗处。……上与造物者游,而下与外死生、无终始者为友。其于本也,弘大而辟,深闳而肆;其于宗也,可谓稠适而上遂矣。虽然,其应于化而解于物也,其理不竭,其来不蜕,芒

---

① 王先谦《庄子集解》曰:"姚本'可谓'作'虽未'……"此从姚本。王先谦《庄子集解》卷八,见《诸子集成》,中华书局,1954年版,第221页。
② 王先谦《庄子集解》卷八,见《诸子集成》,中华书局,1954年版,第221页。

乎昧乎，未之尽者。①

《庄子·天下》的主旨在于说庄周之学是战国学术的顶峰，以关尹、老聃"博大真人"而"未至极"，不尊崇，这说明庄子学说与老子学说，有联系也有区别，而且，庄子学说是比老子学说更趋极端的。

太史公曰："老子所贵道，虚无，因应变化于无为，故著书辞称微妙难识。庄子散道德，放论，要亦归之自然。申子卑卑，施之于名实；韩子引绳墨，切事情，明是非，其极惨礉少恩。皆原于道德之意，而老子深远矣。"②太史公尊黄老，其以老子为"深远"，只是一家之言，不足为凭，但区分申不害、韩非子与庄子的差异而认为三人思想"原于道德之意"，即老子思想有自然、名实、法术之论，却是可供我们参考的。

近人陈柱有《老学八篇》，他认为"庄、韩两家之学皆出于老子。……然庄则持绝对放任主义，韩则持绝对干涉主义，殆如冰炭之不相同焉"，"质而论之，老子之言多两端，而庄、韩各执其一"，③也就是说，老子学说，兼有干涉主义与自由主义两方面，而庄子则去干涉主义，独任自由主义。陈柱又有《诸子概论》，分道家之流派为四种，即有为派、无为而无不为派、无为派、无不为派。④ 有为派包括黄帝、

---

① 王先谦《庄子集解》卷八，见《诸子集成》，中华书局，1954年版，第474—476页。

② 《史记·老子韩非列传》，司马迁撰，裴骃集解，司马贞索隐，张守节正义《史记》卷六十三，中华书局，1959年版，第2156页。

③ 陈柱《老学八篇》，万有文库，商务印书馆，中华民国19年版，第103页。

④ 陈柱《诸子概论》，万有文库，商务印书馆，中华民国19年版，第113页。

伊尹、太公、鬻熊、管子等人被伪托的著作；无为而无不为派为《老子》，无不为即有为，所以黄老之学近似；庄子任天，杨朱纵欲，《战国策·齐策四》所记於陵子仲，赵威后认为"是其为人也，上不臣于王，下不治其家，中不索交诸侯，此率民而出于无用者"，①其特点也属无为派，《孟子·滕文公下》称"陈仲子"。皇甫谧《高士传》载：

> 陈仲子者，齐人也。其兄戴为齐卿，食禄万钟，仲子以为不义，将妻子适楚，居於陵，自谓於陵仲子，穷不苟求，不义之食不食。遭岁饥，乏粮，三日，乃匍匐而食井上李实之虫者，三咽而能视。身自织履，妻擘纑以易衣食，楚王闻其贤，欲以为相，遣使持金百镒，至於陵聘仲子，仲子入谓妻曰："楚王欲以我为相，今日为相，明日结驷连骑，食方丈于前，意可乎？"妻曰："夫子左琴右书，乐在其中矣。结驷连骑，所安不过容膝；食方丈于前，所甘不过一肉。今以容膝之安，一肉之味，而怀楚国之忧。乱世多害，恐先生不保命也。"于是出谢使者，遂相与逃去为人灌园。②

无为派虽与《老子》同有"无为"，但《老子》通过"无为"而达到"无不为"，归结为有为，庄子等人则以"无为"为终极目的。"无不为派"是韩非子，已是法家了。

汉初，黄老之学盛行，而太史公司马谈《论六家要旨》云：

---

① 缪文远《战国策新校注》（修订本）卷十一，巴蜀书社，1987年版，第405-406页。
② 皇甫谧《高士传》卷中《陈仲子》，见台湾版文渊阁四库全书本，史部七，传记类三。

道家使人精神专一，动合无形，赡足万物。其为术也，因阴阳之大顺，采儒墨之善，撮名法之要，与时迁移，应物变化，立俗施事，无所不宜，指约而易操，事少而功多。①

《史记·太史公自序》云："太史公学天官于唐都，受《易》于杨何，习道论于黄子。"②司马谈学博，又谙道论，其云道兼阴阳、儒、墨、名、法，又随时变化，是言道家本有阴阳、儒、墨、名、法之内容。其曰道之无为无不为，虚无因循，则涉有治术，参《汉书·艺文志》所云"南面之术"，③我们可以肯定地推断，这里所谓道家，主要是指黄老之学，而非无为一派的庄子等人。

应该强调的是，战国百家学说的创新，是建立在对前人成就吸取之基础上的。商君取李悝之思想，但又有进一步的发展，他改"法"为"律"，以体现法律作为"均布"的普遍性原则；④又"燔诗书而明法令"，⑤改"事断于法""重刑轻罪"为"明法重刑"，刑用于将过，不赦不宥，奖励告奸。商鞅因而以严酷著名于世。韩非子取

---

① 《史记·太史公自序》，司马迁撰，裴骃集解，司马贞索隐，张守节正义《史记》卷一百三十，中华书局，1959年版，第3289页。

② 司马迁撰，裴骃集解，司马贞索隐，张守节正义《史记》卷一百三十，中华书局，1959年版，第3288页。

③ 班固撰，颜师古注《汉书》卷三十，中华书局，1962年版，第1732页。

④ 许慎《说文解字》云："律，均布也。"

⑤ 《韩非子·和氏》云："商君教秦孝公以连什伍，设告坐之过，燔诗书而明法令，塞私门之请，而遂公家之劳；禁游宦之民，而显耕战之士。孝公行之，主以尊安，国以富强。八年而薨，商君车裂于秦。"王先慎《韩非子集解》卷四，见《诸子集成》，中华书局，1954年版，第67-68页。

法、术、势,而建立在自己的体系中,因而不同于商鞅、慎到、申不害之学。

又名家之中,公孙龙以"离坚白"著称,而名家另一位代表人物惠施却与此不同,《庄子·天下》云:

> 惠施多方,其书五车,其道舛驳,其言也不中。历物之意,曰:"至大无外,谓之大一;至小无内,谓之小一。无厚,不可积也,其大千里。天与地卑,山与泽平。日方中方睨,物方生方死。大同而与小同异,此之谓'小同异';万物毕同毕异,此之谓'大同异'。南方无穷而有穷;今日适越而昔来;连环可解也;我知天下之中央,燕之北、越之南是也;泛爱万物,天地一体也。"惠施以此,为大观于天下,而晓辩者。天下之辩者相与乐之。卵有毛;鸡三足;郢有天下;犬可以为羊;马有卵;丁子有尾;火不热;山出口;轮不碾地;目不见;指不至;至不绝;龟长于蛇;矩不方;规不可以为圆;凿不围枘;飞鸟之景,未尝动也;镞矢之疾,而有不行不至之时;狗非犬;黄马骊牛三;白狗黑;孤驹未尝有母;一尺之棰,日取其半,万世不竭。辩者以此与惠施相应,终身无穷。桓团、公孙龙,辩者之徒,饰人之心,易人之意,能胜人之口,不能服人之心,辩者之囿也。惠施日以其知与人之辩,特与天下之辩者为怪,此其柢也。然惠施之口谈,自以为最贤。①

---

① 王先谦《庄子集解》卷八,见《诸子集成》,中华书局,1954 年版,第 476
–480 页。

"离坚白"与"和同异"的差别,是名与实之间绝对性与相对性、差异性与同一性、个性与共性的区别。惠施作为名辩家,其所长并不与公孙龙子有所不同,但他们又各自具有不同的表达方式。因而使名家学说表现出多样性的面貌。

《淮南子·要略》云:

> 墨子学儒者之业,受孔子之术,以为其礼烦扰而不说,厚葬靡财而贫民,服伤生而害事,故背周道而用夏政。禹之时,天下大水,禹身执虆垂,以为民先,剔河而道九岐,凿江而通九路,辟五湖而定东海,当此之时,烧不暇撌,濡不给抆,死陵者葬陵,死泽者葬泽,故节财薄葬闲服生焉。①

这是说墨子作为孔子的门徒,却不与儒学相一致,创立墨家学说,"背周道而用夏政"。

韩非子学于荀子,却上承老子道术,以绝对干涉主义鼓吹于社会。而荀子培养韩非、李斯两个学生,其个人主张也极丰富多彩,表现出兼融并包、广收百家精粹之特点。郭沫若曾说:"荀子是先秦诸子中最后一位大师,他不仅集了儒家的大成,而且可以说是集了百家的大成的。"②荀子思想之中,有很多不同于孔孟之处,如言

---

① 刘安著,高诱注《淮南子》卷二十一,见《诸子集成》,中华书局,1954年版,第375-376页。
② 郭沫若《十批判书·荀子的批判》,见《郭沫若全集》历史编卷二,人民出版社,1982年版,第213页。

人性，认为："人之性恶，其善者伪也。"①又曰："欲观圣王之迹，则于其粲然者矣，后王是也。"②主张法后王，认为后王之道比先王之道更为清楚可观。凡此种种，使人怀疑荀子的儒家大师地位。案王先谦《荀子集解序》曰：

> 昔唐韩愈氏以荀子书为大醇小疵，逮宋，攻者益众。推其由，以言性恶故。余谓性恶之说，非荀子本意也，其言曰："直木不待檃栝而直者，其性直也；枸木必待檃栝烝矫然后直者，以其性不直也。今人性恶，必待圣王之治，礼义之化，然后皆出于治，合于善也。"夫使荀子而不知人性有善恶，则不知木性有枸直矣。然而其言如此，岂真不知性邪？余因以悲荀子遭世大乱，民胥泯棼，感激而出此也。荀子论学论治，皆以礼为宗。反复推详，务明其指趣，为千古修道立教所莫能外。其曰："伦类不通，不足谓善学。"又曰："一物失称，乱之端也。"探圣门一贯之精，洞古今成败之故，论议不越几席，而思虑浃于无垠，身未尝一日加民，而行事可信其放推而皆准。而刻核之徒，诋諆横生，摈之不得与于斯道。余又以悲荀子术不用于当时，而名灭裂于后世流俗人之口，为重屈也。③

---

① 《荀子·性恶》，王先谦《荀子集解》卷十七，见《诸子集成》，中华书局，1954年版，第289页。
② 《荀子·非相》，王先谦《荀子集解》卷三，见《诸子集成》，中华书局，1954年版，第51页。
③ 王先谦《荀子集解·序》，见《诸子集成》，中华书局，1954年版，第1页。

王先谦通过对荀子性恶学说及宗礼主张的分析,而力辨荀子与儒家道合,这是极有见地的。这种同种之异,争鸣中之学习,使其理性精神具有更成熟内涵。

第四节　私人著述出现于战国

战国时期,被认为是中国文化发展的第一个高峰,构成这个高峰的,虽然包含有战国时期文人数量的急剧增长此一原因,但更重要的是这些从事文化事业的文人,生产了大量的著作,而且这些著作数量的庞大并不代表全部,而其丰富的内容,才成为战国著述丰富的重要标志。

战国时期由士人而著述,成为文人,在他们生活的时代,被称作"文学之士",或者叫"文学"。后代则称为"诸子"。

战国文化的繁荣,必须以私人著作风气的形成为前提。也惟有私人著作所体现出的丰富的个性,才能淋漓尽致地体现战国诸子的魅力。

今人罗根泽研究先秦诸子,有《战国前无私家著作说》一文,自称"遍考周、秦古书,参以后人议论,知离事言理之私家著作始于战国,前此无有也"。① 其实证凡四:一曰战国著录书无战国前私家著作,二曰《汉书·艺文志》所载战国前私家著作皆属伪托,三曰《左传》《国语》《公羊传》《穀梁传》及其他战国初年书不引战国前私家著作,四曰春秋时所用教学者无私家著作。

罗根泽所谓"离事而言理"之概念,出于章学诚《文史通义》,其

---

① 罗根泽《诸子考索》,人民出版社,1958年版,第13页。

《易教》云:"古人不著书,古人未尝离事而言理。六经皆先王政典也。"①案六经是因事而发,不是个人之著述。而古人不离事言理,即不空言著述。罗根泽正是以"离事言理"作为定义私人著述的根据。

战国著录书,包括《庄子·天下》,《尸子·广泽》,《荀子》之《非十二子》《天论》《解蔽》,《韩非子·显学》,《吕氏春秋·不二》诸篇。《汉书·艺文志》之私家著作,主要指《诸子略》《兵书略》及《辞赋略》标明作者之辞赋。而《易》《诗》《书》《礼》《乐》《春秋》为政典,即有具体与"事"相关的实用目的。《论语》《孝经》成于孔子再传弟子之手。

《国语·楚语上》云:

> 庄王使士亹傅太子箴。……叔时曰:"教之《春秋》,而为之耸善而抑恶焉,以戒劝其心;教之世,而为之昭明德而废幽昏焉,以休惧其动;教之《诗》,而为之道广显德,以耀明其志;教之《礼》,使知上下之则;教之《乐》,以疏其秽,而镇其浮;教之令,使访物官;教之语,使明其德,而知先王之务用明德于民也;教之故志,使知废兴者,而戒惧焉;教之训典,使知族类,行比义焉。"②

这里申叔时提到了《春秋》《诗》《礼》《乐》等教科书,以及属实践与应用课程的先王世系、法令、语言、故志、训典。《论语》所

---

① 《文史通义·内篇一·易教上》,章学诚著,叶瑛校注《文史通义》卷一,中华书局,1985年版,第1页。
② 董增龄《国语正义》卷十七,巴蜀书社,1985年影印本,第1081-1086页。

载孔子之教弟子,也仅止于《诗》《书》《礼》《乐》《易》。

又《孟子·滕文公下》言及孔子作《春秋》,曰:"世衰道微,邪说暴行有作,臣弑其君者有之,子弑其父者有之。孔子惧,作《春秋》。《春秋》,天子之事也。是故孔子曰:'知我者其惟《春秋》乎!罪我者其惟《春秋》乎!'"①而《史记·孔子世家》云:"孔子……至于为《春秋》,笔则笔,削则削,子夏之徒不能赞一辞。弟子受《春秋》,孔子曰:'后世知丘者以《春秋》,而罪丘者亦以《春秋》。'"②如此,《春秋》也是孔子教育学生的教科书之一。

洪迈《容斋续笔》卷十四《子夏经学》曰:

> 孔子弟子惟子夏于诸经独有书,虽传记杂言未可尽信,然要为与他人不同矣。于《易》则有《传》。于《诗》则有《序》。而毛诗之学,一云子夏授高行子,四传而至小毛公;一云子夏传曾申,五传而至大毛公。于《礼》则有《仪礼》"丧服"一篇,马融、王肃诸儒多为之训说。于《春秋》,所云"不能赞一辞",盖亦尝从事于斯矣;公羊高实受之于子夏;穀梁赤者,《风俗通》亦云子夏门人。于《论语》,则郑康成以为仲弓、子夏等所撰定也。后汉徐防上疏曰:"《诗》《书》《礼》《乐》定自孔子,发明章句,始于子夏。"斯其证也。③

---

① 焦循《孟子正义》卷六,见《诸子集成》,中华书局,1954年版,第266-267页。

② 司马迁撰,裴骃集解,司马贞索隐,张守节正义《史记》卷四十七,中华书局,1959年版,第1944页。

③ 洪迈《容斋续笔》卷十四,见洪迈《容斋随笔》,上海古籍出版社,1978年版,第390页。

子夏在孔门弟子中,以文学著名,他之所传,正是《诗》《书》《礼》《乐》《易》《春秋》,所谓六艺之学。

又《史记·孔子世家》指出:

> 孔子之时,周室微而礼乐废,《诗》《书》缺。追迹三代之礼,序《书传》,上纪唐虞之际,下至秦缪,编次其事,曰:"夏礼吾能言之,杞不足征也。殷礼吾能言之,宋不足征也。足,则吾能征之矣。"观殷夏所损益,曰:"后虽百世可知也,以一文一质。周监二代,郁郁乎文哉。吾从周。"故《书传》《礼记》自孔氏。孔子语鲁大师:"乐其可知也。始作翕如,纵之纯如,皦如,绎如也,以成。""吾自卫反鲁,然后《乐》正,《雅》《颂》各得其所。"古者《诗》三千余篇,及至孔子,去其重,取可施于礼义,上采契、后稷,中述殷、周之盛,至幽、厉之缺,始于衽席,故曰:"《关雎》之乱以为《风》始,《鹿鸣》为《小雅》始,《文王》为《大雅》始,《清庙》为《颂》始。"三百五篇孔子皆弦歌之,以求合《韶》《武》《雅》《颂》之音,礼乐自此可得而述,以备王道,成六艺。孔子晚而喜《易》,序《彖》《系》《象》《说卦》《文言》。读《易》,韦编三绝,曰:"假我数年,若是,我于《易》则彬彬矣。"①

此段记载详细说明了孔子与《诗》《书》《礼》《易》《乐》的关系

---

① 司马迁撰,裴骃集解,司马贞索隐,张守节正义《史记》卷四十七,中华书局,1959年版,第1935–1937页。

问题。尽管古今学者对孔子与六经的关系问题有各种揣测，但起码有一点是清楚的，即在孔子之前，传世的著作主要是《诗》《书》《礼》《乐》《易》《春秋》六经，而六经之流传，也主要得益于孔子的教学活动所培养的大批学者，孔子的教学活动，使官府之学普及民间。

诸子十家，都是"离事而言理"的私家著作，其成书，未尝有早于战国的著作。

《汉书·艺文志》之《诸子略》及《兵书略》所载托名战国前人的著述，都不得成书于战国前。《汉书·艺文志》所载可能出于后人增益或依托的托名战国前人著述者，包括《太公》《文子》《黄帝君臣》《杂黄帝》《力牧》《孙子》《黄帝泰素》，孔甲《盘盂》，禹《大禹》《神农》《野老》《伊尹说》《鬻子说》《师旷》《务成子》《天乙》《黄帝说》《封胡》《风后》等。上述著作中，部分著作在《汉书·艺文志》中已经标明为伪托。[①] 这些著作在战国前未见著录或者征引，所以，作为早于六经而存在的可能性是没有的。《文心雕龙·诸子》曰："昔风后、力牧、伊尹，咸其流也。篇述者，盖上古遗语，而战伐所记者也。"[②]言《风后》《力牧》《伊尹》诸篇，为战国时代人根据三人传下来的资料写成的。事实上，三篇不过是战国人之依托而已。这个观点，对于我们了解以上著作，有方法论意义。

罗根泽辨《汉书·艺文志》所载战国前私家著作皆属伪托，自《诸子略》而至《兵书略》，言儒家五十二家，[③]道家三十七家，阴阳

---

① 班固撰，颜师古注《汉书》卷三十，中华书局，1962年版。

② 吴林伯先生《文心雕龙义疏》，武汉大学出版社，2002年版，第196页。

③ 《汉书·艺文志》言五十三家，而仅载五十二家。班固撰，颜师古注《汉书》卷三十，中华书局，1962年版。

家二十一家,法家十家,名家七家,墨家六家,纵横家十二家,杂家二十家,农家九家,小说家十五家,兵权谋十三家,兵形势十一家,兵阴阳十六家,兵技巧十六家,①——辨析,所论甚详。罗根泽并解释托古风气盛行原因云:

> 盖托古之风既开,甲托之文武周公,乙思驾而上之,则必托之尧舜禹汤,丙又思驾而上之,则必托之神农黄帝。如积薪耳,后来居上,势必伪造古帝,虚构三皇;犹以为未足,不得不离尘寰而上天入地,于是太一(泰壹)天一(天乙),皆有著作矣。至数术、方技两略,更乌烟瘴气,不可究诘(神书更多),堪注意者,班氏于《诸子略》伪托之书,概标明于注,而《兵书略》《太壹》《天一》诸书之显为依伪者反阙焉,《数术》《方技》尤不著一字。盖注以辨疑,不疑何注? 此等书赝伪荒谬,已为人所共知,无庸再辩。②

罗根泽还怀疑《吴孙子》之存在,但银雀山汉墓出土有《孙膑兵法》,说明今本《孙子兵法》之外,还有一种《孙子兵法》即《兵权谋》云有《吴孙子》《齐孙子》两种《孙子》,是没有失误的。《史记·孙子吴起列传》云吴王阖闾提到过《孙子兵法》"十三篇"。③《孙膑兵法》的发现虽然不能因此证明《孙子兵法》一定是今存之《孙子兵

---

① 《汉书·艺文志》言十三家,而载十六家。班固撰,颜师古注《汉书》卷三十,中华书局,1962年版。

② 罗根泽《诸子考索》之《战国前无私家著作说》,人民出版社,1958年版,第32页。

③ 司马迁撰,裴骃集解,司马贞索隐,张守节正义《史记》卷六十五,中华书局,1959年版,第2161页。

法》。但是,兵法之术,是一种应用技术,罗根泽以兵法书与诸子书相提并论,是他把握"离事言理"的尺度以定义私人著述所欠严密之处。因此,即使《孙子兵法》果真存在于战国前,也无损于战国前无"离事言理"的私人著述存在的结论。

　　罗根泽站在近代疑古主义学风的立场上来考察战国时代的托名前代人的著作,所以,对这些托名的著作用"乌烟瘴气"来形容,这显然有偏激的地方。而且,客观地说,这些杜撰,未必出于故意的作伪,而且,这些著作中,也未必没有或多或少地保留下一些托名者的言语。但是,罗根泽关于战国前没有私家著述的结论,无疑是符合历史实际的。因为孔子之前,学在官府,凡需要文字表达的,都存于官府之中,也只有官府才有可以使用文字的知识分子存在。

　　对于战国前无私家著作的结论之建立,罗根泽先生还提出《左传》《国语》《穀梁传》《公羊传》《论语》《墨子》《孟子》《庄子》《荀子》等书所引文字,不见私人著书,尤为有说服力。《左传》引《诗》一百五十四,称《诗》者六,引《书》四十二,引《易》七,以《易》占者不可胜数,引《礼》一,另有《夏训》《周志》《前志》《军志》《郑书》等史书等。《国语》引《书》六,另有夏令、周制等政典。《穀梁传》、《公羊传》所引皆关乎传《春秋》者。《论语》引《诗》者四,论《诗》者九,引《书》者二,引《易》者一,论《易》者一,论《礼》者二,论乐者三。《墨子》前五十一篇引《诗》十二,引《书》三十二,引周、燕、宋、齐诸国《春秋》各一。《孟子》引《诗》三十三,称《诗》二,引《书》二十一,论《书》一,引《礼》论《礼》二十三,说《春秋》者三,又有传、志、孔子等言。庄子引言不质实。《荀子》引《诗》八十二,论《诗》十一,引《书》十五,论《书》五,引《易》三,论《春秋》五,论《礼》《乐》之言甚多。罗根泽指出:

《论》《孟》《庄》《荀》《左》《国》《公》《榖》《墨子》，率战国初年以至中年人作，为书九种，为卷数百，为字无虑百万，所引书皆《诗》《书》政典，皆史书，无私家著作。不惟天乙、泰壹、神农、黄帝、封胡、力牧之书不一见；既至今尚存且泥古者信以为真之《六韬》《阴符》《鬻子》《管子》之书，亦不一见；则战国前之无私家著作，尚可疑乎？而浅者每据韩非《储说》《说林》，不韦《吕览》，战国末年之作，及汉儒纂辑之《礼记》，以及《说苑》《新序》《列女传》，韩婴之《韩诗外传》《淮南》之篇，桓谭、桓宽之论，王充之《论衡》，董仲舒之《春秋》，班固之《白虎通德论》，应劭之《风俗通义》，以至赝伪踳驳之《晏子》，吴越两《春秋》，商君、贾谊两书，以为不惟春秋之时，已学说灿烂，即皇王鸿荒未辟之先，亦已道术大备，著作斐然。不古之据而后之从，其迷误不喻，岂不悖哉？①

　　《论语》《孟子》《庄子》《荀子》《左传》《国语》《公羊传》《榖梁传》《墨子》诸书的引书状况，不但说明战国以前无"离事言理"之私家著作，也说明战国之前之政典史记，以《诗》《书》《礼》《乐》《易》《春秋》为人所习见和最为重要。当然，罗根泽关于某些书赝伪之论，也未必可靠。

---

　　① 罗根泽《诸子考索》之《战国前无私家著作说》，人民出版社，1958年版，第55—56页。

第五节 《汉书·艺文志》所录战国诸子著作

《汉书·艺文志》云：

> 诸子十家，其可观者九家而已。皆起于王道既微，诸侯力政，时君世主，好恶殊方，是以九家之术蜂出并作，各引一端，崇其所善，以此驰说，取合诸侯。其言虽殊，辟犹水火，相灭亦相生也。仁之与义，敬之与和，相反而皆相成也。《易》曰："天下同归而殊涂，一致而百虑。"今异家者各推所长，穷知究虑，以明其指，虽有蔽短，合其要归，亦六经之支与流裔。使其人遭明王圣主，得其所折中，皆股肱之材已。仲尼有言："礼失而求诸野。"方今去圣久远，道术缺废，无所更索，彼九家者，不犹愈于野乎？若能修六艺之术。而观此九家之言，舍短取长，则可以通万方之略矣。[①]

战国之世，私人著述大量涌现。根据《汉书·艺文志》的记载，以及前代学者的有关说明，我们可以把这些作品的作者情况分为四种类型：

一、明确可以肯定是战国时期人的著作；
二、由后学所作而成书在战国时期的托名前代人的著作；
三、不知道作者的具体情况但可以认为不是汉代的著作；
四、汉代人的著作。

[①] 《汉书·艺文志·诸子略》，班固撰，颜师古注《汉书》卷三十，中华书局，1962年版，第1746页。

在以上这四种情况中,一般说,第一种类型当然是战国时期的著作。第二种类型也基本上可以推断应该是在战国时期成书的著作,当然,我们不排除其中可能有战国前存在文章的片段,或者秦汉时期根据战国时期流传的文献整理的情况。第三种类型,作者可能包括战国时期的作家,也有可能是秦汉时期的作者。一般说,汉代学者的文献资料对于《汉书·艺文志》的作者来说,比较容易掌握,而包括刘向、刘歆父子及东汉时期的班固父子不能判断作者的时代,我们认为,其中成书于战国时期或以前的可能性要大于成书于汉代,而《汉书·艺文志》凡是涉及汉代作者,都说明是汉代某皇帝时期,如果不能判断是某个皇帝,则说明"近世",或者说"不知何帝时"。① 这些著作则直接说"不知作者",或者不作作者和时代的说明,所以,其成书时间在战国及秦统一前后的可能性大。

如果我们把上述三种情况中的诸子著作罗列出来,虽然不能说全部是战国时期的著作,由于其中战国时期的著作或者可能是战国时期的著作占了绝大多数,所以,我们实际上就可以发现战国时期私人著述的风气之盛,这个兴盛不仅超过了战国前,但就诸子著作而言,甚至也远远超过了汉代。

下面是我们根据《汉书·艺文志·诸子略》的著作情况做一个大致介绍:

儒家

《晏子》八篇。名婴,谥平仲,相齐景公,孔子称善与人交,有列传。②

---

① 班固撰,颜师古注《汉书》卷三十,中华书局,1962年版。
② 颜师古曰:"有列传者,谓太史公书。"见班固撰,颜师古注《汉书》卷三十,中华书局,1962年版,第1727页。

《子思》二十三篇。名伋,孔子孙,为鲁缪公师。

《曾子》十八篇。名参,孔子弟子。

《漆雕子》十三篇。孔子弟子漆雕启后。

《宓子》十六篇。名不齐,字子贱,孔子弟子。

《景子》三篇。说宓子语,似其弟子。

《世子》二十一篇。名硕,陈人也,七十子之弟子。

《魏文侯》六篇。

《李克》七篇。子夏弟子,为魏文侯相。

《公孙尼子》二十八篇。七十子之弟子。

《孟子》十一篇。名轲,邹人,子思弟子,有列传。①

《孙卿子》三十三篇。名况,赵人,为齐稷下祭酒,有列传。②

《芈子》十八篇。名婴,齐人,七十子之后。

《内业》十五篇。不知作书者。

《周史六弢》六篇。惠、襄之间,或曰显王时,或曰孔子问焉。③

《周政》六篇。周时法度政教。

《周法》九篇。法天地,立百官。

《河间周制》十八篇。似河间献王所述也。④

《谰言》十篇。不知作者,陈人君法度。⑤

---

① 颜师古曰:"《圣证论》云轲字子车,而此志无字,未详其所得。"见班固撰,颜师古注《汉书》卷三十,中华书局,1962年版,第1728页。

② 颜师古曰:"本曰荀卿,避宣帝讳,故曰孙。"见班固撰,颜师古注《汉书》卷三十,中华书局,1962年版,第1728页。

③ 颜师古曰:"即今之《六韬》也。盖言取天下及军旅之事。弢字与韬同也。"见班固撰,颜师古注《汉书》卷三十,中华书局,1962年版,第1728页。

④ 当非河间献王所亲著。可能是河间献王所藏书。

⑤ 颜师古注曰:"说者引《孔子家语》云孔穿所造,非也。"见班固撰,颜师古注《汉书》卷三十,中华书局,1962年版,第1728页。

《功议》四篇。不知作者,论功德事。

《宁越》一篇。中牟人,为周威王师。

《王孙子》一篇。一曰《巧心》。

《公孙固》一篇。十八章。齐闵王失国,问之,固因为陈古今成败也。

《李氏春秋》二篇。

《羊子》四篇。百章故秦博士。

《董子》一篇。名无心,难墨子。

《(侯)俟子》一篇。①

《徐子》四十二篇。宋外黄人。

《鲁仲连子》十四篇。有列传。

《平原君》七篇。朱建也。

《虞氏春秋》十五篇。虞卿也。

道家

《伊尹》五十一篇。汤相。

《太公》二百三十七篇。谋八十一篇,言七十一篇,兵八十五篇。吕望为周师尚父,本有道者。或有近世又以为太公术者所增加也。

《辛甲》二十九篇。纣臣,七十五谏而去,周封之。

《鬻子》二十二篇。名熊,为周师,自文王以下问焉,周封为楚祖。

《筦子》八十六篇。名夷吾,相齐桓公,九合诸侯,不以兵车也。

---

① 颜师古注引李奇曰:"或作侔子。"见班固撰,颜师古注《汉书》卷三十,中华书局,1962年版,第1728页。

有列传。①

《老子邻氏经传》四篇。姓李,名耳,邻氏传其学。

《老子傅氏经说》三十七篇。述老子学。

《老子徐氏经说》六篇。字少季,临淮人,传老子。

《文子》九篇。老子弟子,与孔子并时,而称周平王问,似依托者也。

《蜎子》十三篇。名渊,楚人,老子弟子。

《关尹子》九篇。名喜,为关吏,老子过关,喜去吏而从之。

《庄子》五十二篇。名周,宋人。

《列子》八篇。名圄寇,先庄子,庄子称之。

《老成子》十八篇。

《长卢子》九篇。楚人。

《王狄子》一篇。

《公子牟》四篇。魏之公子也,先庄子,庄子称之。

《田子》二十五篇。名骈,齐人,游稷下,号"天口骈"。

《老莱子》十六篇。楚人,与孔子同时。

《黔娄子》四篇。齐隐士,守道不诎,威王下之。

《宫孙子》二篇。②

《鹖冠子》一篇。楚人,居深山,以鹖为冠。

《周训》十四篇。③

---

① 颜师古曰:"莞读与管同。"见班固撰,颜师古注《汉书》卷三十,中华书局,1962年版,第1732页。

② 颜师古曰:"宫孙,姓也,不知名。"见班固撰,颜师古注《汉书》卷三十,中华书局,1962年版,第1732页。

③ 颜师古曰:"刘向《别录》云:'人间小书,其言俗薄。'"见班固撰,颜师古注《汉书》卷三十,中华书局,1962年版第1732页。

《黄帝四经》四篇。

《黄帝铭》六篇。

《黄帝君臣》十篇。起六国时，与老子相似也。

《杂黄帝》五十八篇。六国时贤者所作。

《力牧》二十二篇。六国时所作，托之力牧。力牧，黄帝相。

《孙子》十六篇。六国时。

《郑长者》一篇。六国时。先韩子，韩子称之。①

阴阳家

《宋司星子韦》三篇。景公之史。

《公梼生终始》十四篇。传邹奭《始终》书。

《公孙发》二十二篇。六国时。

《邹子》四十九篇。名衍，齐人，为燕昭王师，居稷下，号"谈天衍"。

《邹子终始》五十六篇。②

《乘丘子》五篇。六国时。

《杜文公》五篇。六国时。③

《黄帝泰素》二十篇。六国时韩诸公子所作。④

《南公》三十一篇。六国时。

---

① 颜师古曰："《别录》云郑人，不知姓名。"见班固撰，颜师古注《汉书》卷三十，中华书局，1962年版，第1732页。

② 颜师古曰："亦邹衍所说。"见班固撰，颜师古注《汉书》卷三十，中华书局，1962年版，第1734页。

③ 颜师古曰："刘向《别录》云韩人也。"见班固撰，颜师古注《汉书》卷三十，中华书局，1962年版，第1734页。

④ 颜师古曰："刘向《别录》云或言韩诸公孙之所作也。言阴阳五行，以为黄帝之道也，故曰《泰素》。"见班固撰，颜师古注《汉书》卷三十，中华书局，1962年版，第1734页。

《容成子》十四篇。

《邹奭子》十二篇。齐人,号曰"雕龙奭"。

《闾丘子》十三篇。名快,魏人,在南公前。

《冯促》十三篇。

《将巨子》五篇。六国时,先南公,南公称之。

《周伯》十一篇。齐人,六国时。

法家

《李子》三十二篇。名悝,相魏文侯,富国强兵。

《商君》二十九篇。名鞅,姬姓,卫后也,相秦孝公,有列传。

《申子》六篇。名不害,京人,相韩昭侯,终其身诸侯不敢侵韩。

《处子》九篇。①

《慎子》四十二篇。名到,先申韩,申韩称之。

《韩子》五十五篇。名非,韩诸公子,使秦,李斯害而杀之。

《游棣子》一篇。

《燕十事》十篇。不知作者。

名家

《邓析》二篇。郑人,与子产并时。②

《尹文子》一篇。说齐宣王,先公孙龙。③

---

① 颜师古曰:"《史记》云赵有处子。"见班固撰,颜师古注《汉书》卷三十,中华书局,1962年版,第1736页。

② 颜师古曰:"《列子》及《孙卿》并云子产杀邓析。据《左传》昭公二十年子产卒,定公九年驷歂杀邓析而用其竹刑,则非子产所杀也。"见班固撰,颜师古注《汉书》卷三十,中华书局,1962年版,第1737页。

③ 颜师古曰:"刘向云与宋钘俱游稷下。"见班固撰,颜师古注《汉书》卷三十,中华书局,1962年版,第1737页。

《公孙龙子》十四篇。赵人。①

《成公生》五篇。与黄公等同时。②

《惠子》一篇。名施,与庄子并时。

《黄公》四篇。名疵,为秦博士,作歌诗,在秦时歌诗中。

《毛公》九篇。赵人,与公孙龙等并游平原君赵胜家。③

墨家

《尹佚》二篇。周臣,在成、康时也。

《田俅子》三篇。先韩子。

《我子》一篇。④

《随巢子》六篇。墨翟弟子。

《胡非子》三篇。墨翟弟子。

《墨子》七十一篇。名翟,为宋大夫,在孔子后。

纵横家

《苏子》三十一篇。名秦,有列传。

《张子》十篇。名仪,有列传。

《庞煖》二篇。为燕将。

《阙子》一篇。

---

① 颜师古曰:"即为坚白之辩者。"见班固撰,颜师古注《汉书》卷三十,中华书局,1962年版,第1737页。

② 颜师古曰:"姓成公,刘向云与李斯子由同时。由为三川守,成公生游谈不仕。"见班固撰,颜师古注《汉书》卷三十,中华书局,1962年版,第1737页。

③ 颜师古曰:"刘向《别录》云论坚白同异,以为可以治天下。此盖《史记》所云'藏于博徒'者。"见班固撰,颜师古注《汉书》卷三十,中华书局,1962年版,第1737页。

④ 颜师古曰:"刘向《别录》云为墨子之学。"见班固撰,颜师古注《汉书》卷三十,中华书局,1962年版,第1738页。

《国筮子》十七篇。

《秦零陵令信》一篇。难秦相李斯。

《䩭子》五篇。名通。

杂家

孔甲《盘盂》二十六篇。黄帝之史,或曰夏帝孔甲,似皆非。

《大禹》三十七篇。传言禹所作,其文似后世语。

《五子胥》八篇。名员,春秋时为吴将,忠直遇谗死。

《子晚子》三十五篇。齐人,好议兵,与《司马法》相似。

《由余》三篇。戎人,秦穆公聘以为大夫。

《尉缭》二十九篇。六国时。①

《尸子》二十篇。名佼,鲁人,秦相商君师之。鞅死,佼逃入蜀。

《吕氏春秋》二十六篇。秦相吕不韦辑智略士作。

《伯象先生》一篇。②

《吴子》一篇。

《公孙尼》一篇。

农家

《神农》二十篇。六国时,诸子疾时,怠于农业,道耕农事,托之神农。③

---

① 颜师古曰:"尉,姓;缭,名也。音了,又音聊,刘向《别录》云缭为商君学。"见班固撰,颜师古注《汉书》卷三十,中华书局,1962年版,第1742页。

② 应劭曰:"盖隐者也,故公孙敖难以无益世主之治。"见班固撰,颜师古注《汉书》卷三十。公孙敖,鲁大夫,其生活时代在鲁僖公、文公时期。见杜预注,孔颖达疏《春秋左传正义》卷十三、十七、十八、十九,《十三经注疏》,中华书局,1980年版,第1742页。

③ 颜师古曰:"刘向《别录》云疑李悝及商君所说。"见班固撰,颜师古注《汉书》卷三十,中华书局,1962年版,第1743页。

《野老》十七篇。六国时,在齐、楚间。①

《宰氏》十七篇。不知何世。

《尹都尉》十四篇。不知何世。

《赵氏》五篇。不知何世。

《王氏》六篇。不知何世。

小说家

《伊尹说》二十七篇。其语浅薄,似依托也。

《鬻子说》十九篇。后世所加。

《周考》七十六篇。考周事也。

《青史子》五十七篇。古史官记事也。

《师旷》六篇。见《春秋》,其言浅薄,本与此同,似因托之。

《务成子》十一篇。称尧问,非古语。

《宋子》十八篇。孙卿道宋子,其言黄老意。

《天乙》三篇。天乙谓汤,其言非殷时,皆依托也。

《黄帝说》四十篇。迂诞依托。

又《汉书·艺文志·诸子略》在儒家下所列《儒家言》十八篇,道家下列《道家言》二篇,阴阳家下列《杂阴阳》三十八篇,法家下列《法家言》二篇,杂家下列《杂家言》一篇,小说家下列《百家》三十九卷,皆著明"不知作者",②其中《道家言》二篇说"近世,不知作者",《杂家言》一篇云"王伯,不知作者",按颜师古云:"言伯王之道,伯读曰霸。"③虽然《道家言》成书于"近世",即汉代,但我们推测,《道家言》应该是汉代学者编辑整理的战国时期道家言论集。

---

① 应劭曰:"年老居田野,相民耕种,故号野老。"见班固撰,颜师古注《汉书》卷三十,中华书局,1962年版,第1743页。

② 班固撰,颜师古注《汉书》卷三十,中华书局,1962年版,第1731页。

③ 班固撰,颜师古注《汉书》卷三十,中华书局,1962年版,第1742页。

其他没有标明"近世"的著作,其内容应该产生于战国时期,其编辑时间和作者虽然可能和《道家言》是同时的人,或者就是同一个人,但也可能编辑整理于战国晚期。至于言霸王之道的《杂家言》,只能成书于汉代建立之前,即战国至楚汉战争时期,因为汉统一后,已经没有产生霸王之道的现实需要了。

第六节　战国诸子著述的现实使命感

战国诸子之繁荣,推本溯源,则不能不称赞孔子开设私学的功绩。孔子教学,有教而无类,"欲来者不距,欲去者不止"①。招收学生,不论等级,使平民通过学习可以成为文学之士。这种私人讲学风气,在孔子弟子那里,仍然得到继承,因此更多的出身庶人皂隶工商之贱人,通过努力学习而忝列士林。庶人、鄙人只要学习了文学礼义,就可以成为士。士的队伍扩大了,从事文学活动的文学之士大大增加了,如子夏为孔子学生,墨子受教于孔门,禽滑釐为墨子弟子。他们开门论道,聚徒讲学,皆受孔子之赐。

孔子及其弟子以成为"士""志士""士之仁者"而自勉,孔子及其门人弟子认为"士"应具有学识、志向、道德、仁义忠信、勇敢之品质,同时,又有使于四方的外交家之政治才能。士的志向就是以天下为己任,救民于水火,对天下具有强烈责任心,同时又注意自身才能智慧的培养。正是这种新士风,造就了战国文学之士强烈的社会责任心和现实使命感。这种强烈的责任心和现实使命感,既表现为对现实政治的参与,也表现为通过著作以拯救现实社会。

《史记·孔子世家》载孔子之时,周室微而礼乐废,《诗》《书》

---

①　《荀子·法行》,王先谦《荀子集解》第二十卷,见《诸子集成》,中华书局,1954年版,第352页。

缺,孔子追迹三代之礼,序《书传》,上纪唐虞之际,下至秦缪,编次其事;又观殷、夏礼所损益,认为周监二代,郁郁乎文哉。故《书》《礼》自孔子而传于后世。古者《诗》三千余篇,孔子去其重,取可施于礼义,上采契、后稷,中述殷、周之盛,至幽厉之缺,重新编辑整理《诗经》,并以为《关雎》之乱以为《风》始,《鹿鸣》为《小雅》始,《文王》为《大雅》始,《清庙》为《颂》始,使《雅》《颂》各得其所。孔子又正《乐》,并把《诗经》与乐结合起来,所以,三百五篇孔子皆弦歌之,以求合《韶》《武》《雅》《颂》之音,礼乐自此可得而述,以备王道,成六艺。孔子晚而喜《易》,序《彖》《系》《象》《说卦》《文言》,读《易》,韦编三绝。①

又孟子说孔子因世衰道微,邪说暴行有作,臣弑其君者有之,子弑其父者有之,所以心生恐惧,而作《春秋》。② 而司马迁不但详细说明了孔子作《春秋》的因由,并且对孔子所整理传播之《诗》《书》《礼》《乐》《易》《春秋》的不同功用有非常清楚的说明。《史记·太史公自序》载:

> 太史公曰:"先人有言,'自周公卒五百岁而有孔子。孔子卒后至于今五百岁,有能绍明世,正《易传》,继《春秋》,本《诗》《书》《礼》《乐》之际?'意在斯乎!意在斯乎!小子何敢让焉。"
>
> 上大夫壶遂曰:"昔孔子何为而作《春秋》哉?"太史公曰:"余闻董生曰:'周道衰废,孔子为鲁司寇,诸侯害之,

---

① 《史记·孔子世家》,司马迁撰,裴骃集解,司马贞索隐,张守节正义《史记》卷四十七,中华书局,1959年版,第1935—1937页。

② 《孟子·滕文公下》,赵岐注,孙奭疏《孟子注疏》卷六下,《十三经注疏》,中华书局,1980年版,第2714页。

大夫雍之。孔子知言之不用，道之不行也，是非二百四十二年之中，以为天下仪表，贬天子，退诸侯，讨大夫，以达王事而已矣。'子曰：'我欲载之空言，不如见之于行事之深切著明也。'夫《春秋》，上明三王之道，下辨人事之纪，别嫌疑，明是非，定犹豫，善善恶恶，贤贤贱不肖，存亡国，继绝世，补敝起废，王道之大者也。《易》著天地阴阳四时五行，故长于变；《礼》经纪人伦，故长于行；《书》记先王之事，故长于政；《诗》记山川溪谷禽兽草木牝牡雌雄，故长于风；《乐》乐所以立，故长于和；《春秋》辩是非，故长于治人。是故《礼》以节人，《乐》以发和，《书》以道事，《诗》以达意，《易》以道化，《春秋》以道义。拨乱世反之正，莫近于《春秋》。《春秋》文成数万，其指数千。万物之散聚皆在《春秋》。《春秋》之中，弑君三十六，亡国五十二，诸侯奔走不得保其社稷者不可胜数。察其所以，皆失其本已。故《易》曰'失之毫厘，差以千里'。故曰'臣弑君，子弑父，非一旦一夕之故也，其渐久矣'。故有国者不可以不知《春秋》，前有谗而弗见，后有贼而不知。为人臣者不可以不知《春秋》，守经事而不知其宜，遭变事而不知其权。为人君父而不通于《春秋》之义者，必蒙首恶之名。为人臣子而不通于《春秋》之义者，必陷篡弑之诛，死罪之名。其实皆以为善，为之不知其义，被之空言而不敢辞。夫不通礼义之旨，至于君不君，臣不臣，父不父，子不子。夫君不君则犯，臣不臣则诛，父不父则无道，子不子则不孝。此四行者，天下之大过也。以天下之大过予之，则受而弗敢辞。故《春秋》者，礼义之大宗也。夫礼禁未然之前，法施已然之后，法之所为用者易见，而礼之所为禁者难知。"

第二章　战国士人的理性精神与著述风气

> 壶遂曰:"孔子之时,上无明君,下不得任用,故作《春秋》,垂空文以断礼义,当一王之法。今夫子上遇明天子,下得守职,万事既具,咸各序其宜,夫子所论,欲以何明?"
>
> 太史公曰:"唯唯,否否,不然。余闻之先人曰:'伏羲至纯厚,作《易》八卦,尧、舜之盛,《尚书》载之,礼乐作焉。汤、武之隆,诗人歌之。《春秋》采善贬恶,推三代之德,褒周室,非独刺讥而已也。'……"①

董仲舒、壶遂、司马迁对孔子作《春秋》意欲通过著述的形式拯救社会的理解,准确地抓住了孔子著述行为反映出的主观积极意义。孔子正是基于强烈的社会责任心和现实使命感,所以才能克服各种困难,努力整理经典,使之流传后世,成为后世学人所不断汲取营养之所在。而孔子创作所具有的强烈的社会责任心和现实使命感,是战国文学之士如孟子等人积极阐释的,也是他们普遍认同的,而且,在实践中,也是身体力行的。

战国诸子自觉地通过其著述,以表明自己的主张。著述,是战国诸子参与现实,体现其现实使命感的一种方式。赵岐《孟子题辞》云:

> 孟子,邹人也,名轲,字则未闻也。邹本春秋邾子之国,至孟子时改曰邹矣。国近鲁,后为鲁所并;又言邾为楚所并,非鲁也。今邹县是也。或曰:"孟子,鲁公族孟孙之后,故孟子仕于齐,丧母而归葬于鲁也。三桓子孙,既

---

① 司马迁撰,裴骃集解,司马贞索隐,张守节正义《史记》卷一百三十,中华书局,1959年版,第3296－3299页。

以衰微,分适他国。"孟子生有淑质,夙丧其父,幼被慈母三迁之教,长师孔子之孙子思,治儒术之道,通《五经》,尤长于《诗》《书》。周衰之末,战国纵横,用兵争强,以相侵夺。当世取士,务先权谋,以为上贤。先王大道,陵迟隳废,异端并起,若杨朱、墨翟放荡之言以干时惑众者非一,孟子闵悼尧、舜、汤、文、周、孔之业将遂湮微。正涂壅底,仁义荒怠,佞伪驰骋,红紫乱朱,于是则慕仲尼,周流忧世,遂以儒道游于诸侯,思济斯民。然由不肯枉尺直寻,时君咸谓之迂阔,于事终莫能听纳其说。孟子亦自知遭苍姬之讫录,值炎刘之未奋,进不得佐兴唐虞雍熙之和,退不能信三代之余风,耻没世而无闻焉,是故垂宪言以诒后人。仲尼有云:"我欲托之空言,不如载之行事之深切着明也。"于是退而论集所与高第弟子公孙丑、万章之徒难疑答问,又自撰其法度之言,著书七篇,二百六十一章,三万四千六百八十五字。包罗天地,揆叙万类,仁义道德,性命祸福,粲然靡所不载。帝王公侯遵之,则可以致隆平,颂清庙;卿大夫士蹈之,则可以尊君父,立忠信;守志厉操者仪之,则可以崇高节,抗浮云。有风人之托物,二《雅》之正言,可谓直而不倨,曲而不屈,命世亚圣之大才者也。孔子自卫反鲁,然后《乐》正,《雅》《颂》各得其所,乃删《诗》,定《书》,系《周易》,作《春秋》。孟子退自齐、梁,述尧、舜之道而著作焉,此大贤拟圣而作者也。七十子之畴,会集夫子所言,以为《论语》,《论语》者,五经之馆鎋,六艺之喉衿也,孟子之书,则而象之。卫灵公问陈于孔子,孔子答以俎豆;梁惠王问利国,孟子对以仁义。宋桓魋欲害孔子,孔子称'天生德于予';鲁臧仓毁鬲孟子,孟子曰'臧氏之子焉能使予不遇哉'。旨意合同,若此者众。①

《孟子·滕文公下》孟子自以为"予岂好辩哉,予不得已也","我亦欲正人心,息邪说,距诐行,放淫辞,以承三圣者。岂好辩哉,予不得已也"。②《史记·孟子荀卿列传》肯定荀子"嫉浊世之政"③而著作数万言。又说:"邹衍睹有国者益淫侈,不能尚德,若《大雅》整之于身,施及黎庶矣。乃深观阴阳消息而作迂怪之变,《终始》《大圣》之篇十余万言。"④而"邹奭之徒,各著书言治乱之事,以干世主,岂可胜道哉"。⑤ 孟子、荀子、邹衍、邹奭等人自觉的创作意识及现实使命感,于此可见一斑。

君子疾修名之不立。成就事业,流芳百世,是古代士大夫寤寐以求的事情。《左传·襄公二十四年》叔孙豹论不朽曰:

> 太上有立德,其次有立功,其次有立言,虽久不废,此之谓不朽。若夫保姓受氏以守宗祊,世不绝祀,无国无之。禄之大者,不可谓不朽。

---

① 赵岐注,孙奭疏《孟子注疏》卷首,《十三经注疏》,中华书局,1980年版,第2661—2663页。
② 赵岐注,孙奭疏《孟子注疏》卷六下,《十三经注疏》,第2714—2715页。
③ 司马迁撰,裴骃集解,司马贞索隐,张守节正义《史记》卷七十四,中华书局,1959年版,第2348页。
④ 司马迁撰,裴骃集解,司马贞索隐,张守节正义《史记》卷七十四,中华书局,1959年版,第2344页。
⑤ 杜预注,孔颖达疏《春秋左传正义》卷三十五,《十三经注疏》,中华书局,1980年版,第1979页。

按照叔孙豹的说法,不朽之事有三,以立德为上,次则有立功,再次则有立言。立德、立功、立言比之守成之君,更具光辉。

扬雄《法言·问神》指出:"面相之,辞相适,捈心中之所欲,通诸人之嗌嗌者,莫如言;弥纶天下之事,记久明远,著古昔之㖧㖧,传千里之忞忞者,莫如书。"①"立言"之文学,不仅可以表情达意,而且具有记久明远,弥纶天下大事之功能。曹丕《典论·论文》也说:"盖文章,经国之大业,不朽之盛事。年寿有时而尽,荣乐止乎其身,二者必至之常期,未若文章之无穷。是以古之作者,寄身于翰墨,见意于篇籍,不假良史之辞,不托飞驰之势,而声名自传于后。"②"立言"之所以能跻身三不朽之列,就在于它一方面可以对现实发挥积极的作用,同时,又在保持著作者独立性的同时,使著作者有一种成就感,避免孔子所说的"君子疾没世而名不称焉"③之痛苦。

《文心雕龙·诸子》曰:

> 逮及七国力政,俊乂蜂起。孟轲膺儒以磬折,庄周述道以翱翔;墨翟执俭确之教,尹文课名实之符;野老治国于地利,驺子养政于天文;申商刀锯以制理,鬼谷唇吻以策勋;尸佼兼总于杂术,青史曲缀以街谈。承流而枝附

---

① 扬雄著,汪荣宝注,陈仲夫点校《法言义疏》,中华书局,1987年版,第160页。
② 萧统编《文选》卷五十二,见李善等《六臣注文选》,中华书局,1987年版,第967页。
③ 《论语·卫灵公》,何晏集解,陆德明音义,邢昺疏《论语注疏》卷十五,《十三经注疏》,中华书局,1980年版,第2518页。

者,不可胜算。并飞辩以驰术,餍禄而余荣矣。①

战国诸子,自觉地通过其著述,以表明自己的主张,著述,是战国诸子参与现实,体现其现实使命感的一种方式。这种自觉的创作意识及现实使命感,保证了战国诸子著作充沛的现实品格和激昂的热情。

自孔子而后,学者有著述的习惯,而战国文人所著,到秦代受到极大破坏,汉初,开始有计划有步骤地收集整理战国时期的著作,这些收集来的著作,都著录于《汉书·艺文志》之中。

自孔子开始,经春秋、战国,下至秦、汉,文人著作的繁荣、传播、损毁、辑录,经历了一个曲折的过程,而这其中,如果不把汉代包括在内,就文人的兴盛而言,以战国文人及其著作最众多,而以衰落而言,当然无过于暴秦。《史记·儒林列传》云:

  太史公曰:余读功令,至于广厉学官之路,未尝不废书而叹也。曰:嗟乎!夫周室衰而《关雎》作,幽、厉微而礼乐坏,诸侯恣行,政由强国,故孔子闵王路废而邪道兴,于是论次《诗》《书》,修起《礼》《乐》。适齐闻《韶》,三月不知肉味。自卫返鲁,然后《乐》正,《雅》《颂》各得其所。世以混浊莫能用,是以仲尼干七十余君无所遇,曰:"苟有用我者,期月而已矣。"西狩获麟,曰:"吾道穷矣。"故因史记作《春秋》以当王法,以辞微而指博,后世学者多录焉。自孔子卒后,七十子之徒散游诸侯,大者为师傅卿相,小者友教士大夫,或隐而不见。故子路居卫,子张居陈,澹

---

① 吴林伯《文心雕龙义疏》,武汉大学出版社,2002年版,第198页。

台子羽居楚，子夏居西河，子贡终于齐。如田子方、段干木、吴起、禽滑釐之属，皆受业于子夏之伦，为王者师。是时，独魏文侯好学。后陵迟以至于始皇，天下并争于战国，儒术既绌焉，然齐鲁之间，学者独不废也。于威、宣之际，孟子、荀卿之列咸遵夫子之业而润色之，以学显于当世。及至秦之季世，焚《诗》《书》，坑术士，六艺从此缺焉。陈涉之王也，而鲁诸儒持孔氏之礼器往归陈王，于是孔甲为陈涉博士，卒与涉俱死。陈涉起匹夫，驱瓦合适戍，旬月以王楚，不满半岁竟灭亡，其事至微浅，然而缙绅先生之徒负孔子礼器往委质为臣者何也？以秦焚其业，积怨而发愤于陈王也。及高皇帝诛项籍，举兵围鲁，鲁中诸儒尚讲诵，习礼乐，弦歌之音不绝，岂非圣人之遗化，好礼乐之国哉？故孔子在陈，曰："归与，归与！吾党之小子狂简，斐然成章，不知所以裁之。"夫齐、鲁之间于文学，自古以来，其天性也。故汉兴，然后诸儒始得修其经艺，讲习大射乡饮之礼。①

又《汉书·儒林传》云：

古之儒者，博学乎六艺之文，六艺者，王教之典籍，先圣所以明天道，正人伦，致至治之成法也。周道既衰，坏于幽、厉，礼乐征伐自诸侯出，陵夷二百余年而孔子兴，以

---

① 司马迁撰，裴骃集解，司马贞索隐，张守节正义《史记》卷六十一，中华书局，1959年版。笔者对原整理本中部分断句与标点进行了更正，第3115－3117页。

圣德遭季世，知言之不用而道不行，乃叹曰："凤鸟不至，河不出图，吾已矣夫！""文王既没，文不在兹乎？"于是应聘诸侯，以答礼行谊。西入周，南至楚，畏匡厄陈，奸七十余君。适齐闻《韶》，三月不知肉味；自卫反鲁，然后乐正，《雅》《颂》各得其所。究观古今之篇籍，乃称曰："大哉，尧之为君也！唯天为大，唯尧则之。巍巍乎其有成功也，焕乎其有文章也！"又曰："周监于二代，郁郁乎文哉！吾从周。"于是叙《书》则断《尧典》，称乐则法《韶》《舞》，论《诗》则首周南。缀周之礼，因鲁《春秋》，举十二公行事，绳之以文武之道，成一王法，至获麟而止。盖晚而好《易》，读之韦编三绝，而为之传。皆因近圣之事，以立先王之教，故曰"述而不作，信而好古"，"下学而上达，知我者其天乎"。仲尼既没，七十子之徒散游诸侯，大者为卿相师傅，小者友教士大夫，或隐而不见。故子张居陈，澹台子羽居楚，子夏居西河，子贡终于齐。如田子方、段干木、吴起、禽滑釐之属，皆受业于子夏之伦，为王者师。是时，独魏文侯好学。天下并争于战国，儒术既黜焉，然齐鲁之间学者犹弗废，至于威、宣之际，孟子、孙卿之列，咸遵夫子之业而润色之，以学显于当世。及至秦始皇兼天下，燔《诗》《书》，杀术士，六艺从此缺矣。陈涉之王也，鲁诸儒持孔氏礼器往归之，于是孔甲为涉博士，卒与俱死。陈涉起匹夫，驱谪戍以立号，不满岁而灭亡，其事至微浅，然而搢绅先生负礼器往委质为臣者何也？以秦禁其业，积怨而发愤于陈王也。及高皇帝诛项籍，引兵围鲁，鲁中诸儒尚讲诵习礼，弦歌之音不绝，岂非圣人遗化好学之国哉？于是诸儒始得修其经学，讲习大射乡饮之礼。叔孙通作汉礼仪,因为奉常,诸弟子共定者,咸为选首,然后喟然兴于学。然尚有干戈,平定四海,亦未皇庠序之事也。孝惠、高后时,公卿皆武力功臣。孝文时颇登用,然孝文本好刑名之言。及至孝景,不任儒,窦太后又好黄老术,故诸博士具官待问,未有进者。汉兴,言《易》自淄川田生;言《书》自济南伏生;言《诗》于鲁则申培公,于齐则辕固生,燕则韩太傅;言《礼》则鲁高堂生;言《春秋》于齐则胡母生,于赵则董仲舒。及窦太后崩,武安君田蚡为丞相,黜黄老刑名百家之言,延文学儒者以百数,而公孙弘以治《春秋》为丞相封侯,天下学士靡然向风矣。①

可以看出,孔子所开创的文学事业,并不因为孔子的去世而衰落,反倒是孔子虽然去世了,他的弟子却把孔子的学术带到了各个角落,即使经秦代的残酷迫害,孔子的传人们并没有放弃对文学的执著。等到社会时局发生变化,文学之士如孔甲等,便积极投身到推翻暴秦的斗争中去了。而更多的文人在等待中,看到了汉朝这个新时代的来临,所以,他们抓住了社会承平的大好形势,实现了一场文学的复兴运动。而战国时期的著作,也就借汉代的文学复兴,重新浮出水面。刘向、刘歆父子不仅积极投身于汉代的文学复兴运动,而且对文学复兴运动所网罗的战国秦汉的著作分门别类,让我们可以从《汉书·艺文志》中看到战国时期的各种文学体裁和文学流派存在的基本状况。

《汉书·艺文志》云:

---

① 班固撰,颜师古注《汉书》卷八十八,中华书局,1962年版,第3589—3593页。

昔仲尼没而微言绝,七十子丧而大义乖,故《春秋》分为五,《诗》分为四,《易》有数家之传。战国从衡,真伪分争,诸子之言纷然殽乱。至秦患之,乃燔灭文章,以愚黔首。汉兴,改秦之败,大收篇籍,广开献书之路。迄孝武世,书缺简脱,礼坏乐崩,圣上喟然而称曰:"朕甚闵焉!"于是建臧书之策,置写书之官,下及诸子传说,皆充秘府。至成帝时,以书颇散亡,使谒者陈农求遗书于天下。诏光禄大夫刘向校经传诸子诗赋,步兵校尉任宏校兵书,太史令尹咸校数术,侍医李柱国校方技。每一书已,向辄条其篇目,撮其指意,录而奏之。会向卒,哀帝复使向子侍中奉车都尉歆卒父业。歆于是总群书而奏其《七略》,故有《辑略》,有《六艺略》,有《诸子略》,有《诗赋略》,有《兵书略》,有《术数略》,有《方技略》。①

《汉书·艺文志》是刘向、刘歆父子奉旨校书的最重要的成果,在《六艺略》中,虽然其中不少属于六经的注释,但是,其中也有不少著作是发表作者独立见解的个人著述,与战国诸子著作相类似,如今天仍然传世的《易》类的《易传》,《礼》类的《记》,《乐》类的《乐记》,《论语》,《孝经》等。

---

① 班固撰,颜师古注《汉书》卷三十,中华书局,1962年版,第1701页。

第三章　战国儒家著作

战国儒家著作虽然数量庞大，但其中保存完整，影响广大，仍然主要指战国时期的诸子著作，《汉书·艺文志》云：

> 诸子十家，其可观者九家而已。皆起于王道既微，诸侯力政，时君世主，好恶殊方，是以九家之术蜂出并作，各引一端，崇其所善，以此驰说，取合诸侯。其言虽殊，辟犹水火，相灭亦相生也。仁之与义，敬之与和，相反而皆相成也。《易》曰："天下同归而殊途，一致而百虑。"今异家者各推所长，穷知究虑，以明其指，虽有蔽短，合其要归，亦《六经》之支与流裔。使其人遭明王圣主，得其所折中，皆股肱之材已。仲尼有言："礼失而求诸野。"方今去圣久远，道术缺废，无所更索，彼九家者，不犹愈于野乎？若能修六艺之术。而观此九家之言，舍短取长，则可以通万方之略矣。①

儒家是战国诸子思想中最重要的一个流派，是战国前中国传统文化的集中体现。《汉书·艺文志》曰：

> 儒家者流，盖出于司徒之官，助人君顺阴阳明教化者

---

① 《汉书·艺文志·诸子略》，班固撰，颜师古注《汉书》卷三十，中华书局，1960年版，第1746页。

也。游文于六经之中,留意于仁义之际,祖述尧、舜,宪章文、武,宗师仲尼,以重其言,于道最为高。①

儒家以《诗》《书》《礼》《乐》《易》《春秋》六经为典范,提倡仁义之道,而以孔子为尊师。

第一节 传世战国主要儒家著作钩稽

《汉书·艺文志·六艺略》中,有《论语》一书,包括"《论语》古二十一篇。出孔子壁中,两《子张》","齐二十二篇。多《问王》《知道》","鲁二十篇,传十九篇"等家《论语》,②又指出:

> 《论语》者,孔子应答弟子时人及弟子相与言而接闻于夫子之语也。当时弟子各有所记。夫子既卒,门人相与辑而论纂,故谓之《论语》。汉兴,有齐、鲁之说。传齐《论》者,昌邑中尉王吉、少府宋畸、御史大夫贡禹、尚书令五鹿充宗、胶东庸生,唯王阳名家。传鲁《论语》者,常山都尉龚奋、长信少府夏侯胜、丞相韦贤、鲁扶卿、前将军萧望之、安昌侯张禹,皆名家。张氏最后而行于世。③

又何晏《论语集解序》云:

> 叙曰:汉中垒校尉刘向言鲁《论语》二十篇,皆孔子弟

---

① 班固撰,颜师古注《汉书》卷三十,中华书局,1962年版,第1728页。
② 班固撰,颜师古注《汉书》卷三十,中华书局,1962年版,第1716页。
③ 班固撰,颜师古注《汉书》卷三十,中华书局,1962年版,第1717页。

子记诸善言也。太子太傅夏侯胜、前将军萧望之、丞相韦贤及子玄成等传之。齐《论语》二十二篇,其二十篇中,章句颇多于鲁《论》。琅邪王卿及胶东庸生、昌邑中尉王吉皆以教授。故有鲁《论》,有齐《论》。鲁共王时,尝欲以孔子宅为宫,坏,得古文《论语》。齐《论》有《问王》《知道》,多于鲁《论》二篇。古《论》亦无此二篇,分《尧曰》下章"子张问"以为一篇,有两《子张》,凡二十一篇。篇次不与齐、鲁《论》同。安昌侯张禹本受鲁《论》,兼讲齐说,善者从之,号曰"张侯《论》",为世所贵。包氏、周氏章句出焉。古《论》唯博士孔安国为之训解,而世不传,至顺帝时,南郡太守马融亦为之训说。汉末,大司农郑玄就鲁《论》篇章考之齐、古,为之注。近故司空陈群、太常王肃、博士周生烈皆为义说。前世传授师说,虽有异同,不为训解。中间为之训解,至于今多矣。所见不同,互有得失。今集诸家之善,记其姓名,有不安者颇为改易,名曰《论语集解》。①

又《隋书·经籍志》云:

《论语》者,孔子弟子所录。孔子既叙六经,讲于洙、泗之上,门徒三千,达者七十。其与夫子应答及私相讲肄,言合于道,或书之于绅,或事之无厌。仲尼既没,遂缉而论之,谓之《论语》。汉初,有齐、鲁之说。其齐人传者

---

① 《论语注疏》序,见何晏集解,陆德明音义,邢昺疏《论语注疏》卷十五,《十三经注疏》,中华书局,1980年版,第2454-2456页。

二十二篇,鲁人传者二十篇。齐则昌邑中尉王吉、少府宗畸、御史大夫贡禹、尚书令五鹿充宗、胶东庸生。鲁则常山都尉龚奋、长信少府夏侯胜、韦丞相节侯父子、鲁扶卿、前将军萧望之、安昌侯张禹,并名其学。张禹本授鲁《论》,晚讲齐《论》,后遂合而考之,删其烦惑。除去齐《论》《问王》《知道》二篇,从鲁《论》二十篇为定,号张侯《论》,当世重之。周氏、包氏为之章句,马融又为之训。又有古《论语》,与古文《尚书》同出,章句烦省,与鲁《论》不异,唯分《子张》为二篇,故有二十一篇。孔安国为之传。汉末,郑玄以张侯《论》为本,参考齐《论》、古《论》而为之注。魏司空陈群、太常王肃、博士周生烈,皆为义说。吏部尚书何晏又为集解。是后诸儒多为之注,齐《论》遂亡。古《论》先无师说,梁、陈之时,唯郑玄、何晏立于国学,而郑氏甚微。周、齐,郑学独立。至隋,何、郑并行,郑氏盛于人间。[1]

孔子之生活时代为公元前551年至公元前479年之间。孔子去世之时,《春秋》早已绝笔,而《论语》记孔子又称曾参、有若为曾子、有子,《论语·泰伯》并及曾子之疾,召门人弟子曰:"启予足,启予手。《诗》云:'战战兢兢,如临深渊,如履薄冰。'而今而后,吾知免夫,小子!"又曰:"鸟之将死,其鸣也哀;人之将死,其言也

---

[1] 魏征等《隋书》卷三十二,中华书局,1973年版,第939页。

善。……"①《孝经·开宗明义章》②孔子以"身体发肤,受之父母,不敢毁伤,孝之始也"教导曾子,曾子老死之时,命弟子启而观察,完整无缺,从此以后,长眠地下,可以免灾祸。又慨叹人将死之言善,则《论语》之成,起码是在曾参死后。《史记·仲尼弟子列传》曰:"曾参,南武城人,字子舆,少孔子四十六岁。"③曾子老寿,《论语》成书,必在战国无疑。因而,《论语》应属战国文学史讨论的文本之一。

汉代传《论语》的,有古文《论语》、鲁《论语》、齐《论语》等家,今存《论语》,出于张禹的张侯《论语》,其根源在鲁《论语》,并参考了齐《论语》、古文《论语》,应该是最优的传本了。

《论语》一书,虽在《六艺略》中,其特征却应属诸子之列,只不过《论语》所记载的,主要是圣人孔子的言行而已。

战国诸子,儒家为首。除《论语》外,今存以《孟子》《荀子》为最重要。《史记·孟子荀卿列传》云:

> 孟轲,驺人也。受业子思之门人。④ 道既通,游事齐宣王,宣王不能用。适梁,梁惠王不果所言,则见以为迂远而阔于事情。当是之时,秦用商君,富国强兵;楚、魏用吴起,战胜弱敌;齐威王、宣王用孙子、田忌之徒,而诸侯

---

① 刘宝楠《论语正义》卷九,见《诸子集成》,中华书局,1954 年版,第 156－157 页。

② 李隆基注,邢昺疏《孝经注疏》卷一,《十三经注疏》,中华书局,1980 年版,第 2545 页。

③ 司马迁撰,裴骃集解,司马贞索隐,张守节正义《史记》卷六十七,中华书局,1959 年版,第 2205 页。

④ 《史记索隐》引王劭之说曰,"人"为衍字,则主张孟子是子思弟子,第 2344 页。

东面朝齐。天下方务于合从连衡,以攻伐为贤,而孟轲乃述唐、虞、三代之德,是以所如者不合。退而与万章之徒序《诗》、《书》,述仲尼之意,作《孟子》七篇。①

《汉书·艺文志》曰"《孟子》十一篇",又说,"名轲,驺人,子思弟子"。②刘向《古列女传·母仪传》曰:"孟子惧,旦夕勤学不息,师事子思,遂成天下之名儒。"③《风俗通义·穷通》曰:"孟子受业于子思。"④赵岐《孟子题辞》曰:"或曰,孟子,鲁公族孟孙之后","长师孔子之孙子思",著书七篇外,又有"外书"四篇,即《性善辩》《文说》《孝经》《为政》,"其文不能宏深,不与内篇相似,似非孟子本真,后世依仿而托也"。⑤ 外书四篇今不存世。

孟子生活的时代大致是公元前372年至公元前289年前后,其出生之时,距孔子之死约一百年。《孟子》七篇,大体可以认为是孟子自著,而万章之徒,也曾有参与。

《史记·孟子荀卿列传》曰:

荀卿,赵人,年五十始来游学于齐。……齐襄王时,而荀卿最为老师。齐尚修列大夫之缺,而荀卿三为祭酒焉。齐人或谗荀卿,荀卿乃适楚,而春申君以为兰陵令。

---

① 司马迁撰,裴骃集解,司马贞索隐,张守节正义《史记》卷七十四,第2343页。
② 班固撰,颜师古注《汉书》,中华书局,1962年版,第1725页。
③ 刘向《古列女传》卷三,见《丛书集成》,商务印书馆,1937年版。
④ 应劭《风俗通义》卷七,见《丛书集成》,商务印书馆,1937年版。
⑤ 焦循《孟子正义》,见《诸子集成》,中华书局,1954年版,第3-8页。

春申君死而荀卿废,因家兰陵。李斯尝为弟子,已而相秦。荀卿嫉浊世之政,亡国乱君相属,不遂大道而营于巫祝,信机祥,鄙儒小拘,如庄周等又猾稽乱俗,于是推儒、墨、道德之行事兴坏,序列著数万言而卒。①

又《盐铁论·毁学》引文学之言曰:

方李斯之相秦也,始皇任之,人臣无二,然而荀卿谓之不食,睹其罹不测之祸也。②

《风俗通义·穷通》曰:

齐威、宣王之时,……孙卿有秀才,年十五,始来游学。至襄王时,孙卿最为老师。③

荀子,名况,生活时代大致在战国后期。春申君死在楚孝烈王二十五年,即公元前238年或者更后,其生当齐威王、宣王之世。《汉书·艺文志》有"《孙卿子》三十三篇",④孙卿即荀况。《荀子》今有三十二篇,案刘向《孙卿书录》曰:"所校雠中《孙卿书》凡三百

---

① 司马迁撰,裴骃集解,司马贞索隐,张守节正义《史记》卷六十五,中华书局,1959年版,第2348页。
② 桓宽《盐铁论》,见《诸子集成》,中华书局,1954年版,第20页。
③ 应劭《风俗通义》卷七,见《丛书集成》,商务印书馆,1937年版。
④ 班固撰,颜师古注《汉书》,中华书局,1962年版,第1725页。

二十二篇,以相校,除复重二百九十篇,定著三十二篇。"①因而《诸子通考》以为:"是刘向校定之本,本只三十二篇,《汉志》作'三十三篇'者,字之误也。"②该书基本是荀子自著,《大略》《宥坐》等篇,也可能是荀子弟子所记。

《晏子》又称为《晏子春秋》。1972年山东临沂银雀山汉墓出土有《晏子》残简多枚,《晏子》作为秦以前的著作,自是不成问题的。柳宗元《辩晏子春秋》指出:

> 司马迁读《晏子春秋》,高之,而莫知其所以为书。或曰:晏子为之而人接焉;或曰:晏子之后为之。皆非也。吾疑其墨子之徒有齐人者为之。墨好俭,晏子以俭名于世,故墨子之徒,尊著其事,以增高为己术者,且其旨多尚同兼爱,非乐节用非厚葬久丧者,是皆出墨子。又非孔子,好言鬼事,非儒明鬼,又出墨子。……③

又《四库全书总目》云:

> 《晏子春秋》八卷,旧本题齐晏婴撰,晁公武《读书志》,婴相景公,此书著其行事及谏诤之言。《崇文总目》谓后人采婴行事为之,非婴所撰。然则是书所记乃唐人《魏征谏录》《李绛论事集》之流,特失其编次者之

---

① 《全汉文》卷三十七,见严可均编《全上古三代秦汉三国六朝文》,中华书局,1958年版,第332页。
② 蒋伯潜《诸子通考》下编,第二章,浙江古籍出版社,1985年版,第320页。
③ 《柳河东全集》卷四,中国书店,1991年版。

姓名耳。题为婴者，依托也。其中如王士禛《池北偶谈》所摘齐景公围人一事，鄙倍荒唐，殆同戏剧，则妄人又有所窜入，非原本矣。刘向、班固俱列之儒家中，惟柳宗元以为墨子之徒有齐人者为之，其旨多尚兼爱，非厚葬久丧者，又往往言墨子闻其道而称之。薛季宣《浪语集》又以为《孔丛子》诘墨诸条今皆见《晏子》书中，则婴之学实出于墨。盖婴虽略在墨翟前，而史角止鲁，实在惠公之时，见《吕氏春秋·仲春纪·当染篇》，故婴能先宗其说也。其书自《史记·管晏列传》已称为《晏子春秋》，故刘知几《史通》称晏子、虞卿、吕氏、陆贾，其书篇第本无年月，而亦谓之《春秋》，然《汉志》惟作晏子，《隋志》乃名《春秋》，盖二名兼行也。《汉志》《隋志》皆作八篇，至陈氏、晁氏《书目》乃皆作十二卷，盖篇帙已多，有更改矣。①

《晏子》一书的成书比较复杂，当然不是出于晏婴本人手笔，至于是否晏婴后人或墨子之徒所为，却也很难遽下结论。《四库全书总目提要》以为"由后人撮拾其轶事为之"，②虽嫌宽泛，却最接近真理。齐稷下先生众多，晏婴又是齐国著名宰相，晏婴事迹被齐人用来烘托或表达自己的思想，是完全有可能的。谭家健、郑君华以《晏子》为"战国中期以后，即《墨子》之后，《战国策》《荀子》《韩非子》《吕氏春秋》之前"之著作，因为其语言风格接近墨子而又略有

---

① 永瑢、纪昀《四库全书总目提要》卷五十七史部十三，传记类一，湖南出版社，1999年版。

② 永瑢、纪昀《四库全书总目提要》卷五十七史部十三，传记类一，湖南出版社，1999年版。

演进,但无《战国策》《荀子》之铺排;其记事详略可见其参考过《左传》,而为《韩非子》《吕氏春秋》所摘,又预言田氏代齐,称赞田氏,当写于田氏代齐后,秦灭齐前①,可备参考。

战国儒家著作,还包括近年出土的大量战国文献,如《郭店楚墓竹简》之《鲁穆公问子思》,《穷达以时》《五行》《唐虞之道》《忠信之道》《成之闻之》《尊德义》《性自命出》《六德》等,②以及《上海博物馆藏战国楚竹书》③中的一些著作。

第二节 儒家德治传统的产生

20世纪以来的考古发掘和研究,为中国上古史的研究提供了丰富的文献依据,不但20世纪前期曾经流行的部分学者关于商代以前中国没有文明的观点被否定,而且,中国古代历史记载的商朝之前的三皇五帝和夏的文明也有了清晰的线索,中华民族的文明史也不仅仅局限于五千年,甚至可以追溯到近一万年。这些成就,不但对周文明的研究有重要价值,同时,对于我们研究周民族灭商之前的先周文化,意义就更加重大。

周民族的兴起,最早可以追溯到五帝的晚期,周人先祖弃登上政治舞台的时间是唐尧时期,并在虞舜时期得到发展。《史记·周本纪》载弃儿时以"种树"麻、菽(豆类)为游戏,而且对种植业颇有心得,"麻、菽美"。及为成人,"遂好耕农,相地之宜,宜谷者稼穑焉,民皆法则之。帝尧闻之,举弃为农师,天下得其利,有功。帝舜曰:'弃,黎民始饥,尔后稷播时百谷。'封弃于邰(今陕西武功县西

---

① 谭家健、郑君华《先秦散文纲要》之十,陕西人民出版社,1987年版。
② 《郭店楚墓竹简》,文物出版社,1998年版。
③ 该书六册,由马承源主编,上海古籍出版社,2001年后陆续出版。

南),号曰后稷,别姓姬氏。后稷之兴,在陶唐、虞、夏之际,皆有令德。后稷卒,子不窋立。不窋末年,夏后氏政衰,去稷不务,不窋以失其官而奔戎狄之间"①。

弃成人后,在唐尧之时任后稷之官,唐尧、虞舜、夏禹皆老寿,所以,后稷弃之子不窋"奔戎、狄之间"的时间,就应该是夏后启篡权之际。《史记·夏本纪》说夏禹死后,"三年之丧毕,益让帝禹之子启,而辟居箕山之阳。禹子启贤,天下属意焉。及禹崩,虽授益,益之佐禹日浅,天下未洽。故诸侯皆去益而朝启,曰'吾君帝禹之子也'。于是启遂即天子之位"②。

夏后启即位后,结束了近年考古学界有人提到的"古国"时代,而建立了以地方自治为特点的"方国"时代。夏后启取代乃父夏禹,开始了父死子继的世袭制,以"天下为公"变"天下为家",是上古社会的一次大变革,这次变革的后果,到了辛亥革命胜利,才被终结。这次变革对官制设置和官员的影响,都是不难想象的。

五"帝"是有"道"时期,是以"天下为公"为基本制度的"大同"时代,领导人的遴选采用"选贤授能"的"禅让制",领导人的责任是保证社会的公平性和公正性。而夏禹之子取后益而代之,开始了以"天下为家"为基本制度的"小康"社会,贯彻"德治"原则,代表性的时代是夏、商、周三王时代,领导人的任用采用世袭制,社会的公平公正被颠覆。"小康"相对于"大同",是一种彻底的社会退化,因此,对于夏禹来说,或者对于终于"天下为公"观念的五帝时期的人民来说,夏后启时代的开始,就是夏禹"政衰"的开始。

---

① 司马迁撰,裴骃集解,司马贞索隐,张守节正义《史记》卷四,中华书局,1959年版,第112页。

② 司马迁撰,裴骃集解,司马贞索隐,张守节正义《史记》卷二,中华书局,1959年版,第83页。

有学者提出不窋之"奔戎、狄之间"应在夏末。《史记·周本纪》说后稷之兴,"在陶唐、虞、夏之际,皆有令德"。①《史记》所载周世系不详,因此认为不窋之前,后稷的后代皆任"后稷"之官,后稷不只是后稷弃一人,可能是多代,因此,不窋作为最后一任"后稷"之子,也是完全成立的。假设夏代有后稷之官,而这位后稷之官就是后稷的后代,那么,不窋"奔戎、狄之间"的时间,就可能存在于夏朝的任何"政衰"阶段。包括夏后启之子太康失国时期,以及夏末夏桀无道亡国,可以看作其中可能性最大的时间点。不过,如果仔细辨析"在陶唐、虞、夏之际,皆有令德"一句话,其意应该是指唐尧、虞舜、夏禹三位领导人交接的时间段,而不必一定包含"夏"朝。

因此,不窋"奔戎、狄之间"的时期,应该确定在夏后启篡权前后。

周先祖后稷开始了农耕文明,但是,后稷时代的农耕文明只是先周文化形成的基础。当不窋把农耕文明带到戎狄之间的庆阳,②农耕文明脱离了唐虞文化的范围,而独立发展为先周文明。

---

① 司马迁撰,裴骃集解,司马贞索隐,张守节正义《史记》卷四,中华书局,1959年版,第112页。
② 晋杜预《春秋释例》卷七《土地名》云:"不窋故城在庆州。"江永《春秋地理考实》卷四之《王朝列国兴废说·王朝兴废说》云:"周,姬姓,黄帝之苗裔,后稷之后也。后稷封于邰,今武功县也,及夏之衰,后稷之子不窋,失其官,窜于西戎。《括地志》云,不窋故城在庆州弘化县,今庆阳府、安化县也,不窋之孙公刘徙居邠。今邠州东北有豳亭,三水县西有古豳城,皆是也。公刘传九世至太王,去邠邑于岐山之阳,今岐山县也。文王受命作邑于丰,今西安府鄠县南有酆城。武王克商而有天下,定都于镐,镐在丰水之东,丰在丰水之西,相去二十五里。平王迁都王城,今洛阳县西,河南故城是也。敬王又迁成周,今洛阳县东洛阳故城是也。平王四十九年鲁隐公立,敬王三十九年获麟之岁也。后九王二百二十年而赧王为秦所灭。"

先周文明萌芽于五帝时期的尧、舜时期,并最终在庆阳地区形成和发展,《国语·周语一》载,周穆王将征犬戎,祭公谋父谏曰:"昔我先王世后稷,以服事虞、夏。及夏之衰也,弃稷不务,我先王不窋用失其官,而自窜于戎、狄之间,不敢怠业,时序其德,纂修其绪,修其训典,朝夕恪勤,守以敦笃,奉以忠信,奕世载德,不忝前人。"①祭公谋父对不窋在开创先周文化方面的贡献的肯定,是非常中肯的。

不过,正像一切文化发展的规律一样,任何文化都不可能在封闭状态中独立运行,随着周民族沿泾河流域向镐京迁徙,周人的居住地东移,与商朝文明渐渐有了联系,并成为商的方国之一。随着武王伐纣,商朝灭亡,先周文明顺利过渡为周文明,并成为中国古代文化史上最重要和最有影响力的文明。

周文明是一个层叠累积的历史,孔子说:"殷因于夏礼,所损益,可知也;周因于殷礼,所损益,可知也。其或继周者,虽百世,可知也。"②周文明对殷商文明,殷商文明对夏代文明都有因革,"因"是继承,"损益"就是革新。继承文化,有可能保留的是文化糟粕;"损益"传统,有可能损减的是文化精华,增益的是文化糟粕,所以,有继承有革新并不代表其价值,只有通过"损益",把过往的文化推向一个新的高度,才是有价值的。孔子说:"周监于二代,郁郁乎文哉!吾从周。"③孔子认为,周对夏、商的"损益",是取夏、商两代的

---

① 徐无诰撰,王树民、沈长云点校《国语·周语一》,见《国语集解》,中华书局,2002年版,第3-5页。
② 《论语·为政》,刘宝楠《论语正义》卷二,见《诸子集成》,中华书局,1954年版,第39页。
③ 《论语·八佾》,刘宝楠《论语正义》卷三,见《诸子集成》,中华书局,1954年版,第56页。

文化之长,而开辟了最为有价值的新文明。

周代文明得到了孔子的赞扬。而周文明的集大成者周公旦"制礼作乐",也得到孔子的崇敬。孔子说:"甚矣吾衰也! 久矣吾不复梦见周公!"①孔子把梦不见周公,当作自己衰老的重要征兆。《论语·泰伯》孔子曰:"如有周公之才之美,使骄且吝,其余不足观也已。"②孔子也把周公看作能力和品德的化身,周公有才之美,同时不骄傲不贪婪。对于一个普通人来说,不骄不吝是容易做到的,但是对于像周公这样一个当过摄政王的人来说,不骄不吝就很难了。容易做到不骄不吝的普通人,即使骄吝,对于社会也不会有太大危害,而周公这样的人如果骄吝,社会就会危险了。

由于我们对夏、商文明中价值文化和制度文化了解的欠缺,我们不能判断周文化中究竟有多少是来自于夏、商两代的文明成果,但我们相信,周文明在周公时期,就达到了高峰,这说明周文化必然是以先周文化为蓝本,以夏、商文明为补充。

《国语·周语一》载祭公谋父反对伐戎,指出周代"先王耀德不观兵","先王之于民也,懋正其德而厚其性,阜其财求而利其器用,明利害之乡,以文修之,使务利而避害,怀德而畏威,故能保世以滋大"。③祭公谋父专门把不窋的"德治"事迹作为例证,认为不窋"时序其德,纂修其绪,修其训典,朝夕恪勤,守以敦笃,奉以忠信,

---

① 《论语·述而》,刘宝楠《论语正义》卷八,见《诸子集成》,中华书局,1954年版,第137页。

② 刘宝楠《论语正义》卷九,见《诸子集成》,中华书局,1954年版,第162页。

③ 徐无诰撰,王树民、沈长云点校《国语·周语一》,见《国语集解》,中华书局,2002年版,第1-3页。

奕世载德,不忝前人"。① 德治的核心就是严以律己,宽以待人。到了武王时期,实在是因为商纣王无道,周武王不伐纣,则不能贯彻救民于水火,解民于倒悬的伟大使命,祭公谋父说:"至于武王,昭前之光明而加之以慈和,事神保民,莫弗欣喜。商王帝辛,大恶于民。庶民不忍,欣戴武王,以致戎于商牧。是先王非务武也,勤恤民隐而除其害也。"②祭公谋父的论述,给我们说明,无论是先周文化萌芽时期的后稷,还是先周文化形成和发展的时期的不窋等人,以及到了先周文明到周文明转换时期的周武王,其文明核心,都是继承五帝时期的文化传统,以"勤恤民隐而除其害也"为核心的价值追求。

《史记·刘敬叔孙通传》载,刘邦欲都洛阳,想与周室比隆,刘敬说:"陛下取天下与周室异。周之先自后稷,尧封之邰,积德累善十有余世。公刘避桀居豳。太王以狄伐故,去豳,杖马棰居岐,国人争随之。及文王为西伯,断虞芮之讼,始受命,吕望、伯夷自海滨来归之。武王伐纣,不期而会孟津之上八百诸侯,皆曰纣可伐矣,遂灭殷。成王即位,周公之属傅相焉,乃营成周洛邑,以此为天下之中也,诸侯四方纳贡职,道里均矣,有德则易以王,无德则易以亡。凡居此者,欲令周务以德致人,不欲依阻险,令后世骄奢以虐民也。及周之盛时,天下和洽,四夷乡风,慕义怀德,附离而并事天子,不屯一卒,不战一士,八夷大国之民莫不宾服,效其贡职。及周之衰也,分而为两,天下莫朝,周不能制也。非其德薄也,而形势弱也。今陛下起丰沛,收卒三千人,以之径往而卷蜀汉,定三秦,与项

---

① 徐无诰撰,王树民、沈长云点校《国语·周语一》,见《国语集解》,中华书局,2002年版,第5页。

② 徐无诰撰,王树民、沈长云点校《国语·周语一》,见《国语集解》,中华书局,2002年版,第5-6页。

羽战荥阳,争成皋之口,大战七十,小战四十,使天下之民肝脑涂地,父子暴骨中野,不可胜数,哭泣之声未绝,伤痍者未起,而欲比隆于成、康之时,臣窃以为不侔也。"① 刘敬关于后稷至公刘十余世以及公刘避夏桀的说法,未必可靠,但是关于周以德治国的认识,却是代表了秦汉间人的普遍共识。

《论语·泰伯》载孔子赞扬文王大伯泰伯曰:"泰伯,其可谓至德也已矣。三以天下让,民无得而称焉。"又云:"三分天下有其二,以服事殷。周之德,可谓至德也已矣。"② 孔子所赞扬泰伯的"至德",以及周之"至德",就是不把天下当作自己的私产。孔子对泰伯的看法,可以和孔子对尧、舜、禹的看法联系起来,《论语·泰伯》载孔子曰:"大哉尧之为君也!巍巍乎!唯天为大,唯尧则之,荡荡乎,民无能名焉。巍巍乎其有成功也,焕乎其有文章!"③又孔子曰:"巍巍乎,舜、禹之有天下也而不与焉!"④又孔子曰:"禹,吾无间然矣。菲饮食而致孝乎鬼神,恶衣服而致美乎黻冕,卑宫室而尽力乎沟洫。禹,吾无间然矣。"⑤《论语·卫灵公》引孔子之言曰:"无为而治者,其舜也与?夫何为哉?恭己正南面而已矣。"⑥《论语·雍

---

① 司马迁撰,裴骃集解,司马贞索隐,张守节正义《史记》卷九十九,中华书局,1959年版,第2715－2716页。

② 刘宝楠《论语正义》卷九,见《诸子集成》,中华书局,1954年版,第154页。

③ 刘宝楠《论语正义》卷九,见《诸子集成》,中华书局,1954年版,第166页。

④ 刘宝楠《论语正义》卷九,见《诸子集成》,中华书局,1954年版,第165页。

⑤ 刘宝楠《论语正义》卷九,见《诸子集成》,中华书局,1954年版,第169－170页。

⑥ 刘宝楠《论语正义》卷十八,见《诸子集成》,中华书局,1954年版,第334页。

也》曰:"子贡曰:'如有博施于民而能济众,何如? 可谓仁乎?'子曰:'何事于仁,必也圣乎! 尧、舜其犹病诸! 夫仁者,己欲立而立人;己欲达而达人。能近取譬,可谓仁之方也已。'"①《论语·宪问》云:"子路问君子。子曰:'修己以敬。'曰:'如斯而已乎?'曰:'修己以安人。'曰:'如斯而已乎?'曰:'修己以安百姓。修己以安百姓,尧、舜其犹病诸。'"②

应该说,周朝建立的是"天下为家"的体制,"天下为家"的体制决定了领导人的恶行和善举最终都是为了维护其统治,而与"天下为公"的以"全心全意为人民服务"为根本目的不同,但是,周朝的文化传统显然继承了先周文化传统,希望在"天下为家"的体制下,能实现"全心全意为人民服务"的宗旨。也正因此,先周文化和周文化本身,与近代以来的人类文明成果的核心价值是联系在一起的,是体现了人类普遍价值的观点。

在周文明的核心价值观指导下,周代文明在文化制度、社会制度、经济制度等方面,都体现出了重视人权及社会公平和社会和谐的特征,这些制度,在今天,在没有更好的选择的时候,我们仍然需要发挥其生命力。

在孔子的思想体系中,恢复周礼只是他改造社会的阶段性成果,他的最终理想是实现社会大同,因此《论语·八佾》说:"子谓《韶》,尽美矣,又尽善也。谓《武》,尽美矣,未尽善也。"③《韶》乐

---

① 刘宝楠《论语正义》卷七,见《诸子集成》,中华书局,1954 版,第 133 - 134 页。

② 刘宝楠《论语正义》卷十七,见《诸子集成》,中华书局,1954 年版,第 329 页。

③ 刘宝楠《论语正义》卷三,见《诸子集成》,中华书局,1954 年版,第 73 页。

体现了"天下为公"的价值观,因此达到了至善,而《武》乐毕竟是想在"天下为家"的政治体制下实现"天下为公"的宗旨,其局限性不言而喻。《论语·先进》载孔子之言曰:"先进于礼乐,野人也;后进于礼乐,君子也。如用之,则吾从先进。"①这句话历来有不同解释,但都不得要领,只有放在孔子对"大同"与"小康"的论述的文化氛围中,才能抓住其核心内涵。礼乐文化起源于三代,其目的是为了维护"大人世继""天下为家"的社会秩序,因此,三代之前以"道"行事,不需要礼乐制度,如果按照三代礼乐制度评判,则三代之前的人如"野人",但三代之前的文化体现了"天下大同"的宗旨,所以孔子从"先进",从"野人",而不从"后进",不从"君子"。

无疑,周文化是孔子非常尊敬的文化传统,孔子是站在更高的文化视野,对周文化进行了重新阐释,并由此形成中国传统文化的主流文化价值观。研究中国传统文化,必须重视周文化和先周文化研究。

第三节 《论语》关于仁的思想

孔子的思想无限丰富,涉及社会及人生的各个方面,而其中心内容,主要体现在《论语》之中。虽然圣人孔子不能归诸诸子之列,但《论语》作为孔门弟子记录孔子言行之书,实无异于诸子著作。其思想,也正是战国时孔门弟子所尊崇的法宝。

孔子思想以"仁"为核心,"仁"是孔子及其弟子愿意用生命捍卫的东西,所以,孔子说:"君子无终食之间违仁,造次必于是,颠沛

---

① 刘宝楠《论语正义》卷十四,见《诸子集成》,中华书局,1954年版,第236页。

必于是。"①又说:"志士仁人,无求生以害仁,有杀身以成仁。"②其得意门生曾子则说:"士不可不弘毅,任重而道远。仁以为己任,不亦重乎,死而后已,不亦远乎。"③

孔子的弟子问仁,孔子回答说"爱人",④孔子又说,"泛爱众而亲仁",⑤"君子学道则爱人"⑥。"爱人"就是以善心对待同类,而其前提就是承认人的平等权利,而对人的平等权利的肯定,也就意味着承认他人的自由。

孔子为了贯彻"爱人"的原则,提出了"恕"的行动纲领,学生问他"有一言而可以终身行之者乎",孔子回答说:"其恕乎!己所不欲,勿施于人。"⑦"恕"作为孔子"一以贯之"之"道",⑧是实现"仁"的基本途径,实现了"恕",也就是实践了仁,孔子说:"夫

---

① 《论语·里仁》,刘宝楠《论语正义》卷五,见《诸子集成》,中华书局,1954年版,第76页。

② 《论语·卫灵公》,刘宝楠《论语正义》卷十八,见《诸子集成》,中华书局,1954年版,第337页。

③ 《论语·泰伯》,刘宝楠《论语正义》卷九,见《诸子集成》,中华书局,1954年版,第159–160页。

④ 《论语·颜渊》,刘宝楠《论语正义》卷十五,见《诸子集成》,中华书局,1954年版,第278页。

⑤ 《论语·学而》,刘宝楠《论语正义》卷一,见《诸子集成》,1954年版,第10页。

⑥ 《论语·阳货》,刘宝楠《论语正义》卷二十,见《诸子集成》,中华书局,1954年版,第369页。

⑦ 《论语·卫灵公》,刘宝楠《论语正义》卷十八,见《诸子集成》,中华书局,1954年版,第343页。

⑧ 《论语·里仁》,刘宝楠《论语正义》卷五,见《诸子集成》,中华书局,1954年版,第81页。

仁者,己欲立而立人,己欲达而达人,能近取譬,可谓仁之方也已。"①"己欲立而立人,己欲达而达人"与"己所不欲,勿施于人"是一种行为原则的两个方面,都是"能近取譬"的"恕",其核心是推己以谅人,即自己不愿意做的事,自己不愿意承受的痛苦,绝不能强加于人,自己想实现的愿望,应该让别人也实现,也就是说,要承认他人和自己有同样的平等权利,不驱使他人,不强迫他人,也就是说,要给他人自由的权力。这实际是一种具有反专制、暴政色彩的人道主义思想和民主思想。这种思想的提出,是与孔子重视人的价值观相一致的。《乡党》载孔子退朝,知厩之焚,唯问"伤人乎",而"不问马"。

孔子在强调"爱人"的时候,更多强调的是给他人自由,他说,"躬自厚而薄责于人","君子求诸己,小人求诸人",②即对自己严格要求,而对别人宽宏大量。孔子这样做,并不是认为自由对自己不重要,而是他要教导他的学生去治国平天下,治国平天下者只有限制自己的欲望,才能通过自己的身体力行,以模范的行为影响他人,进而创造一个好的道德环境,实现全民的福祉。所以,孔子说:"道千乘之国,敬事而信,节用而爱人,使民以时。"③"节用"就是抑制欲望,"爱人"就是强调统治者与人民的平等,"使民以时",就是要给人民更大的自由权利。所以,孔子赞扬原始氏族社会的"无为",他说:"无为而治者,其舜也与!

---

① 《论语·雍也》,刘宝楠《论语正义》卷七,见《诸子集成》,中华书局,1954年版,第134页。

② 《论语·卫灵公》,刘宝楠《论语正义》卷十八,见《诸子集成》,中华书局,1954年版,第342页。

③ 《论语·学而》,刘宝楠《论语正义》卷一,见《诸子集成》,中华书局,1954年版,第7-9页。

夫何为哉,恭己正南面而已矣。"①"无为"就是不限制人民的自由,让人民自由地生活。这个认识,与近年郭店楚简出土的诸儒家典籍限制君主官吏的权利,倡导君主官吏为人民服务的宗旨一致,而论述禅让思想的《唐虞之道》更可以作为孔子后学发挥孔子仁爱民主平等思想的纲领。《唐虞之道》以禅让为大仁大义大圣,曰:"唐虞之道,禅而不传。尧舜之王,利天下而弗利(自利)也。禅而不传,圣之盛也。利天下而弗利也,仁之至也。""尧舜之行,爱亲尊贤。爱亲故孝,尊贤故禅。""孝,仁之冕也;禅,义之至也。""爱亲忘贤,仁而未义也;尊贤遗亲,义而未仁也。""方在下位,不以匹夫为轻;及其有天下也,不以天下为重。有天下弗能益,亡天下弗能损,极仁之至,利天下而弗利也。禅也者,上德授贤之谓也。上德则天下有君而世明,授贤则民兴教而化乎道。不禅而化民者,自生民则未之有也。"②在这里,作者把"仁""义""圣"与天下为公的大同"禅让"的理想结合起来,并认为真正的治世的到来必然依赖于建立"禅让"的民主政体,这就使"仁"所具有的自由主义精神更加清晰。从而也证明儒家思想绝不是维护政治的专制主义体制的,而是把实现大同看作最后的归宿。

孔子认为,社会堕落的根源是"谋用是作",要实现大同,就需要"谋闭而不兴",③所以他提出这样的口号:"民可使由之,不

---

① 《论语·卫灵公》,刘宝楠《论语正义》卷十八,见《诸子集成》,中华书局,1954年版,第334页。
② 《郭店楚墓竹简》,文物出版社,1998年版。
③ 《礼记·礼运》,《礼记正义》卷二十一,见《十三经注疏》,中华书局,1980年版,第1414页。

可使知之。"①"由"就是纵民所为,"知"则指"谋",应该给人民以自由行动的权利,却不能使民风狡诈。"仁者安仁,知者利仁",②人民如果变得狡诈的话,就会产生私心,"大同"和"禅让"就变成了一句空话。

孔子认为,要实现仁,必须从恢复周礼开始,所以,《论语》一书,强调最多的,是维护礼教传统,《颜渊》云:

> 齐景公问政于孔子,孔子对曰:"君君、臣臣、父父、子子。"③

这句话的意思是说,君父、臣子,各有本分,不可违背。违背本分,"君不君,臣不臣,父不父,子不子"④社会必将陷入混乱,因此,孔子对诸侯、大夫、陪臣的尾大不掉表示了强烈不满。《季氏》云:

> 天下有道,则礼乐征伐自天子出;天下无道,则礼乐征伐自诸侯出。自诸侯出,盖十世希不失矣;自大夫出,五世希不失矣;陪臣执国命,三世希不失矣。天下有道,

---

① 《论语·泰伯》,刘宝楠《论语正义》卷九,见《诸子集成》,中华书局,1954年版,第161页。

② 《论语·里仁》,刘宝楠《论语正义》卷五,见《诸子集成》,中华书局,1954年版,第75页。

③ 刘宝楠《论语正义》卷十五,见《诸子集成》,中华书局,1954年版,第271页。

④ 《论语·颜渊》,刘宝楠《论语正义》卷十五,见《诸子集成》,中华书局,1954年版,第271页。

则政不在大夫;天下有道,则庶人不议。①

孔子处鲁国,当孔子之时,鲁国大夫执政,而季氏之陪臣阳虎又凌驾大夫之上,这是礼崩乐坏的最显著之征兆。

孔子不满于礼崩乐坏的现实,提出的救助措施是"正名"。《子路》云:

> 子路曰:"卫君待子而为政,子将奚先?"子曰:"必也,正名乎!"子路曰:"有是哉?子之迂也。奚其正?"子曰:"野哉,由也!君子于其所不知,盖阙如也。名不正,则言不顺;言不顺,则事不成;事不成,则礼乐不兴;礼乐不兴,则刑罚不中;刑罚不中,则民无所措手足。故君子名之必可言也,言之必可行也。君子于其言,无所苟而已矣。"②

正名关系言顺、事成、礼乐之兴、刑罚之中,而最终可以落实到使民可"措手足",即有规矩可依之目的。

在孔子的观念里,忠君并不是第一位的。《子路》云:

> 叶公语孔子曰:"吾党有直躬者,其父攘羊,而子证之。"孔子曰:"吾党之直者异于是:父为子隐,子为父隐,

---

① 刘宝楠《论语正义》卷十九,见《诸子集成》,中华书局,1954年版,第354–356页。

② 刘宝楠《论语正义》卷十六,见《诸子集成》,中华书局,1954年版,第280–283页。

直在其中矣。"①

子证父之犯罪,是忠君;父子之隐,则尽孝。在孔子看来,血缘伦理之亲情是第一位的。而尽忠之根据,来自于孝。所以,《为政》云:"孝慈,则忠。"又云:"《书》云:'孝乎惟孝,友于兄弟,施于有政。'是亦为政。"②即孝道本身就包含着忠道政道。

《论语》也反映了孔子要求各级官员尊重人民,全心全意为人民服务的思想。《阳货》云,仁人必须行恭、宽、信、敏、惠五道于天下:

恭则不侮,宽则得众,信则人任焉,敏则有功,惠则足以使人。③

《公冶长》云子产有君子之道四:

其行己也恭,其事上也敬,其养民也惠,其使民也义。④

---

① 刘宝楠《论语正义》卷十六,见《诸子集成》,中华书局,1954年版,第291页。
② 刘宝楠《论语正义》卷二,见《诸子集成》,中华书局,1954年版,第36页。
③ 刘宝楠《论语正义》卷二十,见《诸子集成》,中华书局,1954年版,第371页。
④ 刘宝楠《论语正义》卷六,见《诸子集成》,中华书局,1954年版,第101页。

《子路》孔子教弟子"富民""教民",①《尧曰》把"尊五美,屏四恶"当作可以从政之先决条件,而"五美""四恶"所指,与民关系密切。《尧曰》曰:

  子张问于孔子曰:"何如斯可以从政矣?"子曰:"尊五美,屏四恶,斯可以从政矣。"子张曰:"何谓五美?"子曰:"君子惠而不费,劳而不怨,欲而不贪,泰而不骄,威而不猛。"子张曰:"何谓惠而不费?"子曰:"因民之所利而利之,斯不亦惠而不费乎?则可劳而劳之,又谁怨?欲仁而得仁,又焉贪?君子无众寡,无小大,无敢慢斯不亦泰而不骄乎?君子正其衣冠,尊其瞻视,俨然,人望而畏之,斯不亦威而不猛乎?"子张曰:"何谓四恶?"子曰:"不教而杀谓之虐;不戒视成谓之暴;慢令致期谓之贼;犹之与人也,出纳之吝谓之有司。"②

  一个领导人,应该有美好的品德,要厚待老百姓,而自奉节俭,吃苦在前,没有贪欲,没有骄横,没有暴虐,要保护广大人民的利益,要引导人民一心向仁。对人民不教而杀,刻薄要求,随心所欲,毫不关心,都是人民之贼。

  "利民""惠民"都根源于重民。而《为政》云:

---

① 刘宝楠《论语正义》卷十六,见《诸子集成》,中华书局,1954年版,第287页。
② 刘宝楠《论语正义》卷二十三,见《诸子集成》,中华书局,1954年版,第417-418页。

举直错诸枉则民服,举枉错诸直则民不服。①

如果说"利民""惠民"侧重于民众的物质利益的话,"民服",以及"使民以义""教民",则包括了对人民精神权力的肯定。

第四节 《论语》关于君子人格建设的思想

《礼记·大学》云:"自天子以至于庶人,壹是皆以修身为本,其本乱而末治者否矣。其所厚者薄,而其所薄者厚,未之有也。此谓知本,此谓知之至也。"②所谓修身,在孔子那里,就是要培养君子人格。

《论语》论君子人格建设,内容丰富而全面。具体说,则大致包含如下内容:

首先,君子务本,明乎道。而仁就是本,而培养孝悌观念,就是从小培养对人的亲和力。如《学而》云:"君子务本,本立而道生。孝弟也者,其为仁之本与!"③君子注重根本的东西,譬如孝悌,即仁之根本。在家孝悌,就不会犯上作乱。《为政》云:"君子不器。"④君子之德无所不化,非一器之小用。《子罕》云:"子欲居九夷,或

---

① 刘宝楠《论语正义》卷二,见《诸子集成》,中华书局,1954年版,第35页。
② 郑玄注,孔颖达疏《礼记正义》卷六十,见《十三经注疏》,中华书局,1980年版,第1673页。
③ 刘宝楠《论语正义》卷一,见《诸子集成》,中华书局,1954年版,第4页。
④ 刘宝楠《论语正义》卷二,见《诸子集成》,中华书局,1954年版,第30页。

曰：'陋，如之何？'子曰：'君子居之，何陋之有？'"①君子重视道的实现，不关心其他的。《子罕》又云："大宰问于子贡曰：'夫子圣者与！何其多能也？'子贡曰：'固天纵之将圣，又多能也。'子闻之曰：'大宰知我乎？吾少也贱，故多能鄙事。君子多乎哉？不多也！'"②君子不多能，即为务本。《宪问》云："君子上达；小人下达。"③上达即明乎道。《卫灵公》云："君子不可小知，而可大受也；小人不可大受，而可小知也。"④君子有大智慧，小人有小巧妙，君子可任大，小人则不可任大。

君子尚德。君子把培养德行，即修身看作最重要的事情。《里仁》云："君子怀德，小人怀土；君子怀刑，小人怀惠。"⑤君子安于德，小人重迁；君子守法，小人重视恩惠。《宪问》云："子曰：'君子哉若人！尚德哉若人！'"又云："子曰：'君子而不仁者有矣夫？未有小人而仁者也！'"⑥君子尚德，尚德即君子，君子虽可能有未达到仁的境界的，但是，小人则必然不仁。

君子忠信而又合乎仁义。君子重视忠信，把忠信建立在仁义这个大原则基础上，不因为忠信而废弃仁义，而是以仁义约束忠

---

① 刘宝楠《论语正义》卷十，见《诸子集成》，中华书局，1954年版，第185页。

② 刘宝楠《论语正义》卷十，见《诸子集成》，中华书局，1954年版，第177页。

③ 刘宝楠《论语正义》卷十七，见《诸子集成》，中华书局，1954年版，第318页。

④ 刘宝楠《论语正义》卷十八，见《诸子集成》，中华书局，1954年版，第347页。

⑤ 刘宝楠《论语正义》卷五，见《诸子集成》，中华书局，1954年版，第79页。

⑥ 刘宝楠《论语正义》卷十七，见《诸子集成》，中华书局，1954年版，第301－303页。

信。《为政》云:"君子周而不比,小人比而不周。"①君子忠信,小人则结党营私。《卫灵公》云:"君子贞而不谅。"②贞,正,即合乎仁义;谅,信。君子不能因信而废仁义,信必须符合仁义。《子张》云:"子夏曰:'君子信而后劳其民;未信,则以为厉己也。信而后谏;未信,则以为谤己也。'"③君子言有信,而可使民谏君,否则民怨君怒。

君子仁以为己任。君子认为,仁是人的道德修养最重要的东西,所以,君子把仁的追求看作毕生的信念。《里仁》云:"富与贵,是人之所欲也,不以其道得之,不处也;贫与贱,是人之恶也,不以其道得之,不去也。君子去仁,恶乎成名?君子无终食之间违仁,造次必于是,颠沛必于是。"④君子重视仁,富贵获得、贫贱的解脱都要遵从仁义的原则。君子一生决不离开仁。《雍也》云:"宰我问曰:'仁者虽告之曰井有仁焉,其从之也?'子曰:'何为其然也?君子可逝也,不可陷也;可欺也,不可罔也。'"⑤有人告诉仁者井中有仁,他会不会下到井中去呢?孔子回答说,君子可以去看,不可能下到井中去,君子可以被欺骗,但是不可能受蒙蔽。此处把君子和"仁者"平等置换,说明君子和仁者是一个概念。《颜渊》云:"君子

---

① 刘宝楠《论语正义》卷二,见《诸子集成》,中华书局,1954年版,第31页。

② 刘宝楠《论语正义》卷十八,见《诸子集成》,中华书局,1954年版,第384页。

③ 刘宝楠《论语正义》卷二十二,见《诸子集成》,中华书局,1954年版,第403页。

④ 刘宝楠《论语正义》卷五,见《诸子集成》,中华书局,1954年版,第76页。

⑤ 刘宝楠《论语正义》卷七,见《诸子集成》,中华书局,1954年版,第130页。

以文会友,以友辅仁。"①文为实现仁的重要手段。《阳货》云:"君子学道则爱人,小人学道则易使也。"②爱人即仁。

君子亲民。君子通过培养自己的孝悌之行,学习对别人的亲近感,并以此影响人民,引导人民向善。《公冶长》云:"子谓子贱:'君子哉若人!鲁无君子者,斯焉取斯?'"③根据《吕氏春秋·察贤》《韩诗外传》,宓子贱治单父,受到人民拥护,其原因在于他父事三人,兄事五人,友十二人,师一人,父事有孝,兄事有悌,友可去蔽,师可无失。《泰伯》云:"君子笃于亲,则民兴于仁。故旧不遗,则民不偷。"④君子笃亲而不忘故旧,则百姓仁义而敦厚。《阳货》云:"宰我问:'三年之丧期已久矣!君子三年为礼,礼必坏;三年不为乐,乐必崩。旧谷既没,新谷既升;钻燧改火,期可已矣。'子曰:'食夫稻,衣夫锦,于女安乎?'曰:'安!''女安,则为之!夫君子之居丧,食旨不甘,闻乐不乐,居处不安,故不为也。今女安,则为之!'宰我出。子曰:'予之不仁也!子生三年,然后免于父母之怀。夫三年之丧,天下之通丧也;予也,有三年之爱于其父母乎?'"⑤三年之丧是孝悌的重要内容。

君子恭敬宽惠善良。君子对自己严格要求,对工作极端负责,

---

① 刘宝楠《论语正义》卷十五,见《诸子集成》,中华书局,1954 年版,第 279 页。

② 刘宝楠《论语正义》卷二十,见《诸子集成》,中华书局,1954 年版,第 369 页。

③ 刘宝楠《论语正义》卷六,见《诸子集成》,中华书局,1954 年版,第 88 页。

④ 刘宝楠《论语正义》卷九,见《诸子集成》,中华书局,1954 年版,第 156 页。

⑤ 刘宝楠《论语正义》卷二十,见《诸子集成》,中华书局,1954 年版,第 380 – 382 页。

对人民充满热爱,并按照道义原则领导人民。《公冶长》云:"子谓子产有君子之道四焉:其行己也恭,其事上也敬,其养民也惠,其使民也义。"①子产的自奉恭俭、事上恭敬、养民宽惠、以义使民,凡此四者,皆君子之道。《宪问》云:"子路问君子。子曰:'修己以敬。'曰:'如斯而已乎?'曰:'修己以安人。'曰:'如斯而已乎?'曰:'修己以安百姓。修己以安百姓,尧舜其犹病诸。'"②通过修己而安民及百姓,尧舜所难,正是君子一生所追求。《阳货》云:"亲于其身为不善者,君子不入也。"③君子不入不善之国。

君子行义。君子在利益面前,永远牢记义,不见利忘义,君子认为,勇敢或者财富,都远远不如义重要。君子做的是自己应该做的事情,而不一定是做对自己有利益的事情,也不把成功当作终极追求。《里仁》云:"君子之于天下也,无适也,无莫也,义之与比。"④君子无敌无慕,好恶以义为标准。《里仁》又说:"君子喻于义,小人喻于利。"⑤君子明白义,小人明白利。《卫灵公》云:"君子义以为质,礼以行之,孙以出之,信以成之;君子哉!"⑥义礼谦逊及信,为君子所不可缺少。《季氏》云:"求!君子疾夫舍曰欲之而必

---

① 刘宝楠《论语正义》卷六,见《诸子集成》,中华书局,1954年版,第101页。

② 刘宝楠《论语正义》卷十七,见《诸子集成》,中华书局,1954年版,第359页。

③ 刘宝楠《论语正义》卷二十,见《诸子集成》,中华书局,1954年版,第371页。

④ 刘宝楠《论语正义》卷五,见《诸子集成》,中华书局,1954年版,第79页。

⑤ 刘宝楠《论语正义》卷五,见《诸子集成》,中华书局,1954年版,第82页。

⑥ 刘宝楠《论语正义》卷十八,见《诸子集成》,中华书局,1954年版,第342页。

为之辞。丘也闻有国有家者,不患寡而患不均,不患贫而患不安;盖均无贫,和无寡,安无倾。夫如是,故远人不服,则修文德以来之。既来之,则安之。今由与求也,相夫子,远人不服而不能来也,邦分崩离析而不能守也,而谋动干戈于邦内,吾恐季孙之忧,不在颛臾,而在萧墙之内也!"①孔子的学生冉有、子路为季氏家臣,为季氏伐颛臾寻找借口,孔子认为他们言不由衷,教育他们应该行仁义之政。《阳货》说:"子路曰:'君子尚勇乎?'子曰:'君子义以为上。君子有勇而无义为乱,小人有勇而无义为盗。'"②君子认为义比勇敢重要得多。《微子》云:"君子之仕也,行其义也。道之不行,已知之矣!"③此知其不可为而为之。

君子礼让无争。君子不把自己的成功建立在别人的痛苦之基础上,强调公正公平的竞争原则,竞争不可以以牺牲友好和谐为代价。《八佾》云:"君子无所争。必也射乎!揖让而升,下而饮。其争也君子。"④君子谦让不争,只有在比赛射箭之时才有竞争,但这种竞争也是君子的友好和谐的竞争,谦让而升堂射箭,结束则一起饮食之。

君子好学而有所选择。君子在社会之中,明白轻重缓急,明白自己所要追求的根本,学以致道。《学而》云:"君子食无求饱,居无

---

① 刘宝楠《论语正义》卷十九,见《诸子集成》,中华书局,1954年版,第352－353页。

② 刘宝楠《论语正义》卷二十,见《诸子集成》,中华书局,1954年版,第384页。

③ 刘宝楠《论语正义》卷二十一,见《诸子集成》,中华书局,1954年版,第395页。

④ 刘宝楠《论语正义》卷三,见《诸子集成》,中华书局,1954年版,第47页。

求安,敏于事而慎于言,就有道而正焉,可谓好学也已。"①君子不求饱食,不求安居,对事敏锐,出言谨慎,接近有道之人,以改正自己的行为,可以说是好学了。《雍也》云:"君子博学于文,约之以礼,亦可以弗畔矣夫!"②君子学文博,约束以礼,就可以不背离正道。《季氏》云:"陈亢问于伯鱼曰:'子亦有异闻乎?'对曰:'未也。尝独立,鲤趋而过庭。曰:"学诗乎?"对曰:"未也。""不学诗,无以言!"鲤退而学诗。他日,又独立,鲤趋而过庭。曰:"学礼乎?"对曰:"未也。""不学礼,无以立!"鲤退而学礼。闻斯二者。'陈亢退而喜曰:'问一得三:闻诗,闻礼,又闻君子远其子也。'"③孔子教导子弟学习诗礼,认为二者关系言与立之大问题。《子张》云:"虽小道,必有可观者焉;致远恐泥,是以君子不为也。"④此说学习仍然应该有重点。《子张》又说:"子夏曰:'百工居肆以成其事,君子学以致其道。'"⑤此处强调学习对君子致道的重要性。

君子周急不继富。君子应该是做雪中送炭的使者,而不追求锦上添花的成效。《雍也》:"君子周急不继富。"⑥孔子的学生公西华使齐,冉有为公西华的母亲申请粮食救助,孔子起初给得很少,

---

① 刘宝楠《论语正义》卷一,见《诸子集成》,中华书局,1954年版,第18页。

② 刘宝楠《论语正义》卷七,见《诸子集成》,中华书局,1954年版,第130页。

③ 刘宝楠《论语正义》卷十九,见《诸子集成》,中华书局,1954年版,第363-364页。

④ 刘宝楠《论语正义》卷二十二,见《诸子集成》,中华书局,1954年版,第402页。

⑤ 刘宝楠《论语正义》卷二十二,见《诸子集成》,中华书局,1954年版,第403页。

⑥ 刘宝楠《论语正义》卷七,见《诸子集成》,中华书局,1954年版,第114页。

冉有申请增加，孔子增加得不多，冉有自作主张多给了公西华母亲粮食，孔子认为公西华经济状况不错，不主张多给，认为君子应该是雪中送炭，而不是锦上添花。

君子文质彬彬。君子内外统一，美好的心灵和优雅的举止结合在一起。《雍也》云："质胜文则野，文胜质则史，文质彬彬，然后君子。"①君子文质相称，外表和本质一致，文胜质则虚浮，质胜文则粗野。《述而》云："文，莫吾犹人也。躬行君子，则吾未之有得。"②此言做君子是做人的追求目标，《颜渊》云："棘子成曰：'君子质而已矣，何以文为？'子贡曰：'惜乎，夫子之说君子也，驷不及舌！文犹质也，质犹文也；虎豹之鞟，犹犬羊之鞟。'"③此意思是说惟有质是不行的，文明的仪表也是非常重要的。

君子言行一致。君子强调学以致用，重视行动，重视言行一致，不可以口是心非，纸上谈兵。《为政》："子贡问君子。子曰：'先行其言而后从之。'"④君子注重言行一致。《里仁》："君子欲讷于言而敏于行。"⑤君子慎于言而疾于行。《宪问》云："君子耻其言而过其行。"⑥言过其行，则为虚浮之人。

---

① 刘宝楠《论语正义》卷七，见《诸子集成》，中华书局，1954年版，第125页。

② 刘宝楠《论语正义》卷八，见《诸子集成》，中华书局，1954年版，第152页。

③ 刘宝楠《论语正义》卷十五，见《诸子集成》，中华书局，1954年版，中华书局，1954年版，第267页。

④ 刘宝楠《论语正义》卷二，见《诸子集成》，中华书局，1954年版，第31页。

⑤ 刘宝楠《论语正义》卷五，见《诸子集成》，中华书局，1954年版，第85页。

⑥ 刘宝楠《论语正义》卷十七，见《诸子集成》，中华书局，1954年版，第319页。

君子坦荡荡。君子光明正大,没有忧惧。此无忧无惧,指的是不担心自身利益,但是对民生的忧虑,是时刻不停止的。《述而》云:"君子坦荡荡,小人长戚戚。"①君子光明正大。《子路》云:"君子泰而不骄,小人骄而不泰。"②泰而不骄,也即坦荡荡,无忧无惧。《宪问》云:"君子道者三,我无能焉:'仁者不忧,知者不惑,勇者不惧。'子贡曰:'夫子自道也!'"③不忧、不惑、不惧,是君子之修养。

君子能够自省其身,修正过失。《颜渊》云:"司马牛问君子。子曰:'君子不忧不惧。'曰:'不忧不惧,斯谓之君子已乎?'子曰:'内省不疚,夫何惧何忧?'"④内省即自我反省。《卫灵公》云:"君子病无能焉,不病人之不己知也。"⑤此也是内省,也可以说严格要求自己,所以,《卫灵公》又说:"君子求诸己,小人求诸人。"⑥《季氏》云:"君子有三戒:少之时,血气未定,戒之在色;及其壮也,血气方刚,戒之在斗;及其老也,血气既衰,戒之在得。"⑦此为君子一生所应小心者。

---

① 刘宝楠《论语正义》卷八,见《诸子集成》,中华书局,1954年版,第153页。

② 刘宝楠《论语正义》卷十六,见《诸子集成》,中华书局,1954年版,第298页。

③ 刘宝楠《论语正义》卷十七,见《诸子集成》,中华书局,1954年版,第319-320页。

④ 刘宝楠《论语正义》卷十五,见《诸子集成》,中华书局,1954年版,第264页。

⑤ 刘宝楠《论语正义》卷十八,见《诸子集成》,中华书局,1954年版,第342页。

⑥ 刘宝楠《论语正义》卷十八,见《诸子集成》,中华书局,1954年版,第342页。

⑦ 刘宝楠《论语正义》卷十九,见《诸子集成》,中华书局,1954年版,第359页。

君子慎言慎行，知过能改。不以自己的缺点为耻辱，以自己不能改变缺点为耻辱。《子张》："子贡曰：'纣之不善，不如是之甚也。是以君子恶居下流，天下之恶皆归焉。'"这是说君子应该慎行。又说："子贡曰：'君子之过也，如日月之食焉。过也，人皆见之；更也，人皆仰之。'"①君子应该知过能改，人皆仰慕。《子张》又说："陈子禽谓子贡曰：'子为恭也，仲尼岂贤于子乎？'子贡曰：'君子一言以为知，一言以为不知，言不可不慎也！夫子之不可及也，犹天之不可阶而升也。夫子之得邦家者。所谓立之斯立，道之斯行，绥之斯来，动之斯和。其生也荣，其死也哀，如之何其可及也？'"②此子贡赞扬孔子之不可企及，立教、行道、安远、和睦，生有荣耀，死极哀荣，如天之不可拾级而上。君子说话一定要谨慎，如陈子禽言而不慎，非君子所为。

君子不求全责备。君子善于发现别人的优点，能宽容地对待别人。《子路》云："君子易事而难说也，说之不以道，不说也，及其使人也，器之。小人难事而易说也，说之虽不以道，说也，及其使人也，求备焉。"③君子看见个人的长处，不求全责备。《卫灵公》云："君子不以言举人，不以人废言。"④君子实事求是，具体问题具体分析。《微子》云："君子不施其亲，不使大臣怨乎不以。故旧无大故，

---

① 刘宝楠《论语正义》卷二十二，见《诸子集成》，中华书局，1954年版，第407-408页。

② 刘宝楠《论语正义》卷二十二，见《诸子集成》，中华书局，1954年版，第410页。

③ 刘宝楠《论语正义》卷十六，见《诸子集成》，中华书局，1954年版，第297页。

④ 刘宝楠《论语正义》卷十八，见《诸子集成》，中华书局，1954年版，第343页。

则不弃也。无求备于一人。"①施,易。大故,指重罪。君子重视亲朋故旧,不求全责备于一人。

君子明于去就。君子明白自身的价值所在,追求的根本在于自身的人格完善,所以,不因为穷达而改变自己的志向。《学而》云:"人不知而不愠,不亦君子乎?"②君子的特点是人不了解自己,但是自己并不生气,也就是说,君子明于出处去就。《雍也》云:"女为君子儒,无为小人儒!"③孔子对学生子夏说,你要做君子儒,不做小人儒,意思是儒者也有君子与小人之区别。君子儒者有君子行,小人儒者无君子行。《卫灵公》云:"子路愠见,曰:'君子亦有穷乎?'子曰:'君子固穷;小人穷斯滥矣。'"④君子固穷,君子即使处于穷困之地,亦知自守,而小人则反之。《卫灵公》又说:"直哉史鱼!邦有道如矢;邦无道如矢。君子哉蘧伯玉!邦有道,则仕;邦无道,则可卷而怀之。"⑤蘧伯玉为君子,在于明白去就之智慧,而史鱼则可以谓正直。

君子有强烈责任心。君子有建功立业的愿望,有承担责任的勇气,不以丰衣足食为自己的追求。《泰伯》云:"可以托六尺之孤,

---

① 刘宝楠《论语正义》卷二十一,见《诸子集成》,中华书局,1954年版,第399页。
② 刘宝楠《论语正义》卷一,见《诸子集成》,中华书局,1954年版,第3页。
③ 刘宝楠《论语正义》卷七,见《诸子集成》,中华书局,1954年版,第122页。
④ 刘宝楠《论语正义》卷十八,见《诸子集成》,中华书局,1954年版,第331页。
⑤ 刘宝楠《论语正义》卷十八,见《诸子集成》,中华书局,1954年版,第335页。

可以寄百里之命,临大节,而不可夺也,君子人与,君子人也。"①此指君子可以依靠。《卫灵公》云:"君子疾没世而名不称焉。"②君子担心无所成名,虚度光阴。《卫灵公》又说:"君子谋道不谋食;耕也,馁在其中矣;学也,禄在其中矣。君子忧道不忧贫。"③此谋道忧道,正是社会责任心的表现。

君子有威仪尊严。威仪不是为了让人民害怕,而是为了不让小人与暴君凌辱。所以,君子的威仪尊严是和温和的态度联系在一起的。《学而》云:"君子不重则不威,学则不固,主忠信,无友不如己者,过则勿惮改。"④君子不庄重则不威严,为学则不坚固。忠信为主,认识到没有朋友不如自己,有过错则不要害怕改正。《泰伯》云:"君子所贵乎道者三:动容貌,斯远暴慢矣;正颜色,斯近信矣;出辞气,斯远鄙倍矣。"⑤君子容貌庄重,颜色端庄,辞气文雅,则有礼遇。《乡党》云:"君子不以绀緅饰,红紫不以为亵服;……"⑥此言君子对服饰的重视,亦为威仪的重要组成部分。《子张》云:"子夏曰:'君子有三变:望之俨然,即之也温,听其言也厉。'"⑦君

---

① 刘宝楠《论语正义》卷九,见《诸子集成》,中华书局,1954年版,第159页。

② 刘宝楠《论语正义》卷十八,见《诸子集成》,中华书局,1954年版,第342页。

③ 刘宝楠《论语正义》卷十八,见《诸子集成》,中华书局,1954年版,第346页。

④ 刘宝楠《论语正义》卷一,见《诸子集成》,中华书局,1954年版,第12-13页。

⑤ 刘宝楠《论语正义》卷九,见《诸子集成》,中华书局,1954年版,第157页。

⑥ 刘宝楠《论语正义》卷十二,见《诸子集成》,中华书局,1954年版,第208-209页。

⑦ 刘宝楠《论语正义》卷二十二,见《诸子集成》,中华书局,1954年版,第403页。

子有尊严,但态度温和,言语严肃。

君子恭敬有礼。君子对人恭敬,别人对君子也应该恭敬,君子把天下之人,都看作自己的兄弟。《颜渊》云:"君子敬而无失,与人恭而有礼;四海之内,皆兄弟也。君子何患乎无兄弟也?"①恭敬有礼则人人亲睦。《季氏》云:"侍于君子有三愆:言未及之而言,谓之躁;言及之而不言,谓之隐;未见颜色而言,谓之瞽。"②此指对君子应该恭敬。

君子尊贤。君子不但尊重有才能的人,对于没有才能的人,也充满怜悯和同情。《子张》云:"子夏之门人问交于子张。子张曰:'子夏云何?'对曰:'子夏曰:"可者与之,其不可者距之。"子张曰:'异乎吾所闻。君子尊贤而容众,嘉善而矜不能。我之大贤与,于人何所不容。我之不贤与,人将距我,如之何其距人也!'"③尊贤而容众,嘉善而同情不能,既表现了君子的道义,也体现了君子的道德。

君子有成人之美。君子与人为善,所以,能近取譬。《颜渊》云:"君子成人之美,不成人之恶;小人反是。"④成人之美,就是己所不欲勿施于人,己欲立而立人,己欲达而达人。《阳货》云:"子贡曰:'君子亦有恶乎?'子曰:'有恶。恶称人之恶者,恶居下流而讪上者,恶勇而无礼者,恶果敢而窒者。'曰:'赐也亦有恶乎?''恶徼

---

① 刘宝楠《论语正义》卷十五,见《诸子集成》,中华书局,1954年版,第264页。

② 刘宝楠《论语正义》卷十九,见《诸子集成》,中华书局,1954年版,中华书局,1954年版,第359页。

③ 刘宝楠《论语正义》卷二十二,见《诸子集成》,中华书局,1954年版,第401页。

④ 刘宝楠《论语正义》卷十五,见《诸子集成》,中华书局,1954年版,第274页。

以为知者,恶不逊以为勇者,恶讦以为直者。'"①称人之恶,居下流而讪上,勇而无礼,果敢而不通大道,抄袭他人之意以为智慧,不逊以为勇敢,攻讦人之隐私以为正直,皆无礼无理之行为,无自知之明。而喜称人之恶,即违背了成人之美的原则。

君子正名。不在其位不谋其政,强调名实相符。《子路》云:"野哉,由也!君子于其所不知,盖阙如也。名不正,则言不顺;言不顺,则事不成;事不成,则礼乐不兴;礼乐不兴,则刑罚不中;刑罚不中,则民无所措手足。故君子名之必可言也,言之必可行也。君子于其言,无所苟而已矣!"②正名关系道礼乐刑罚的大问题,所以君子不能随意发表意见。《宪问》:"君子思不出其位。"③此也是本分问题。

君子和而不同。君子有朋友,但是因为道义的相同而走到一起,不是为了谋求私利。《子路》云:"君子和而不同;小人同而不和。"④和为褒义,同为贬义。《卫灵公》云:"君子矜而不争,群而不党。"⑤此皆言君子追求志同道合,不结党营私。

君子知言知礼知人知乎天命,尊重现实,尊重历史,尊重命运。知道审时度势。《季氏》云:"君子有三畏:畏天命,畏大人,畏圣人

---

① 刘宝楠《论语正义》卷二十,见《诸子集成》,中华书局,1954年版,第384－385页。

② 刘宝楠《论语正义》卷十六,见《诸子集成》,中华书局,1954年版,第283页。

③ 刘宝楠《论语正义》卷十七,见《诸子集成》,中华书局,1954年版,第319页。

④ 刘宝楠《论语正义》卷十六,见《诸子集成》,中华书局,1954年版,第296页。

⑤ 刘宝楠《论语正义》卷十八,见《诸子集成》,中华书局,1954年版,第343页。

之言。小人不知天命而不畏也，狎大人，侮圣人之言。"①是言君子尊重现实，尊重历史，尊重命运。《尧曰》云："子曰：'不知命，无以为君子也。不知礼，无以立也。不知言，无以知人也。'"②君子知言知礼知人知乎天命，则知畏惧。

君子注重个人的全面修养。《季氏》云："君子有九思：视思明，听思聪，色思温，貌思恭，言思忠，事思敬，疑思问，忿思难，见得思义。"③是言君子在各个方面都追求完美。

君子中庸。君子强调和谐得体，强调中庸之道，不做过激的事情。《尧曰》云："君子惠而不费，劳而不怨，欲而不贪，泰而不骄，威而不猛。"④此为中庸。《尧曰》又说："因民之所利而利之，斯不亦惠而不费乎？择可劳而劳之，又谁怨！欲仁而得仁，又焉贪！君子无众寡，无小大，无敢慢，斯不亦泰而不骄乎？君子正其衣冠，尊其瞻视，俨然人望而畏之，斯不亦威而不猛乎！"⑤不费、不怨、不贪、不骄、不猛，则合乎谦谦君子。

君子有始有终，始终如一，不半途而废。《子张》云："子游曰：'子夏之门人小子，当洒扫，应对，进退，则可矣。抑末也；本之则无，如之何？'子夏闻之曰：'噫！言游过矣！君子之道，孰先传焉？

---

① 刘宝楠《论语正义》卷十九，见《诸子集成》，中华书局，1954年版，第359－360页。

② 刘宝楠《论语正义》卷二十三，见《诸子集成》，中华书局，1954年版，第419页。

③ 刘宝楠《论语正义》卷十九，见《诸子集成》，中华书局，1954年版，第361页。

④ 刘宝楠《论语正义》卷二十三，见《诸子集成》，中华书局，1954年版，第417页。

⑤ 刘宝楠《论语正义》卷二十三，见《诸子集成》，中华书局，1954年版，第417页。

孰后倦焉？譬诸草木，区以别矣。君子之道，焉可诬也？有始有卒者，其惟圣人乎！'"①君子之道贯彻在一切方面，君子有始有终，坚持君子之道。

如果我们仔细地考察《论语》的本意，就会发现，实际上，孔子对君子人格的要求，就是仁、义、礼、智、信，温、良、恭、俭、让。仁、义、礼、智、信，温、良、恭、俭、让，是一切君子所应遵循的不二修养法门。君子通过对仁、义、礼、智、信，温、良、恭、俭、让的把握，确立自己高尚的君子之人格，修身齐家治国平天下，以实现仁政理想。

第五节 《孟子》的主要思想

孟子是曾子的再传弟子，其思想，基本继承了孔子的观点，而又有进一步的完善。荀子是战国后期儒家的重要大师，他是战国后期儒学演变的重要代表。《孟子》《荀子》也是传世文献中继《论语》之后最为重要的两种著作。

孟子是战国儒家代表人物，《孟子》一书，特别强调善的动力，《告子上》云：

> 人性之善也，犹水之就下也。人无有不善，水无有不下。②

---

① 刘宝楠《论语正义》卷二十二，见《诸子集成》，中华书局，1954年版，第404-405页。

② 赵岐注、孙奭疏《孟子注疏》卷十一上，见《十三经注疏》，中华书局，1980年版，第2748页。

又曰：

> 仁义礼智，非由外铄我也，我固有之也。①

在孟子看来，人性之向善，人性之中具有仁义礼智诸内蕴，是人先天所秉赋的品性。善是"仁义礼智"通过恻隐、羞恶、恭敬、是非之心表现出来的。《告子上》云：

> 恻隐之心，人皆有之；羞恶之心，人皆有之；恭敬之心，人皆有之；是非之心，人皆有之。恻隐之心，仁也；羞恶之心，义也；恭敬之心，礼也；是非之心，智也。②

仁表现为一种爱人的品性，所以，仁包含在恻隐之心中；义是有关进退取舍的当行道理，人有羞耻，则知可为与不可为，当为与不当为，所以羞恶之心包含着义；敬爱尊长，这也是人之常情，礼教人礼敬次序，所以，恭敬之心所说的正是礼的精神；是之与非，要靠智慧来分辨，无智之人，不别是非，以是为非，以非为是，所以，是非之心的存在，正代表着智的存在。

孟子认为："人之所以异于禽兽者几希，庶民去之，君子存之。"③人所以异于禽兽，就在于人有恻隐、羞恶、恭敬、是非之心，有

---

① 赵岐注，孙奭疏《孟子注疏》卷十一上，见《十三经注疏》，中华书局，1980年版，第2749页。

② 赵岐注，孙奭疏《孟子注疏》卷十一上，见《十三经注疏》，中华书局，1980年版，第2749页。

③ 《孟子·离娄下》，赵岐注，孙奭疏《孟子注疏》卷八上，见《十三经注疏》，中华书局，1980年版，第2747页。

仁义礼智诸人生信条。而君子小人之区别,也正在于君子保存了先天所具有的仁义礼智诸禀性而加以发扬,小人则去仁义礼智而行不仁不义不礼不智之事。有了恻隐、羞恶、恭敬、是非之心,便有了仁义礼智的起点,所以,《公孙丑上》曰:

> 无恻隐之心,非人也;无羞恶之心,非人也;无辞让之心,非人也;无是非之心,非人也。恻隐之心,仁之端也;羞恶之心,义之端也;辞让之心,礼之端也;是非之心,智之端也。①

如果丧失了恻隐之心,就丧失了仁;丧失了羞恶之心,就丧失了义;丧失了辞让之心,就丧失了礼;丧失了是非之心,就丧失了智。

孟子在这里,用辞让之心代替了恭敬之心。恭敬之心,实即一种敬让尊长的心情,孔子所谓"有事,弟子服其劳;有酒食,先生馔"②,便是敬让最简单的形式。孟子把仁义礼智看作人与非人的分水岭,而人皆有仁义礼智之心性,所以,凡人、圣人心性本来是相通的。《告子上》之所谓"故凡同类者,举相似也,何独至于人而疑之?圣人,与我同类者",③正指的是凡人、圣人天赋的平等。

孟子把人性的先天禀赋表述为仁义礼智四个要素,认为此四

---

① 赵岐注,孙奭疏《孟子注疏》卷三下,见《十三经注疏》,中华书局,1980年版,第2691页。

② 《论语·为政》,刘宝楠《论语正义》卷二,见《诸子集成》,中华书局,1954年版,第27页。

③ 赵岐注,孙奭疏《孟子注疏》卷十一上,见《十三经注疏》,中华书局,1980年版,第2749页。

者代表人性之"善",所以,在处世方法方面,孟子强调仁义礼智的重要性。《公孙丑上》曰:

> 凡有四端于我者,知皆扩而充之矣。若火之始然,泉之始达。苟能充之,足以保四海;苟不充之,不足以事父母。①

也就是说,人之处世,必须不断扩充仁义礼智四者,只停留在有恻隐、羞耻、恭敬或辞让、是非之心的阶段,显然是不可以的。只有充实发挥,仁义礼智的光辉才可能使保四海而事父母。

仁义礼智的充实如此重要,那么,如何扩充仁义礼智之光辉呢?《尽心下》有具体的提示,孟子说:

> 人皆有所不忍,达之于其所忍,仁也;人皆有所不为,达之于其所为,义也。人能充无欲害人之心,而仁不可胜用也;人能充无穿窬之心,而义不可胜用也。②

君子为人,无欲害人,便是仁;无欲穿墙逾屋而生奸利之心,便是义。

事亲从兄,可以充分地表现仁与义,而智、礼,则表现为对仁义的认识与应用。所以《离娄上》曰:

---

① 赵岐注,孙奭疏《孟子注疏》卷三下,见《十三经注疏》,中华书局,1980年版,第2691页。
② 赵岐注,孙奭疏《孟子注疏》卷十四下,见《十三经注疏》,中华书局,1980年版,第2778页。

> 仁之实,事亲是也;义之实,从兄是也。智之实,知斯二者弗去是也;礼之实,节文斯二者是也,乐之实,乐斯二者。①

智、礼是对仁义的应用,智表现为可以明确分辨仁与不仁、义与不义的界限,而不离于仁义;礼则取仁义之中,不过,不质,节而文饰之。

在孟子看来,仁义礼智四者是具体而可行的,四者之中,又以仁义为最重要。所以,《离娄下》曰:"由仁义行。"②《尽心上》曰:"居恶在?仁是也。路恶在?义是也。居仁由义,大人之事备矣。"③仁义是人行为处世的必由之路,人生在世,一切行为都要以仁义为约束。要走在仁义所规定的道路上,而不要"行仁义也"④,即不要把仁义看作异己的限制,而要看作人性所具有的天性。因此,违背仁义之行的产生,只不过是自贼、自暴、自弃而已。《公孙丑上》曰:"人之有是四端也,犹其有四体也。有是四端而自谓不能者,自贼者也。"⑤《离娄上》曰:"言非礼义,谓之自暴也;吾身不能

---

① 赵岐注,孙奭疏《孟子注疏》卷七下,见《十三经注疏》,中华书局,1980年版,第2723页。
② 赵岐注,孙奭疏《孟子注疏》卷八上,见《十三经注疏》,中华书局,1980年版,第2727页。
③ 赵岐注,孙奭疏《孟子注疏》卷十三下,见《十三经注疏》,中华书局,1980年版,第2769页。
④ 《孟子·离娄下》,赵岐注,孙奭疏《孟子注疏》卷八上,见《十三经注疏》,中华书局,1980年版,第2727页。
⑤ 赵岐注,孙奭疏《孟子注疏》卷三下,见《十三经注疏》,中华书局,1980年版,第2691页。

居仁由义,谓之自弃也。"①"自贼""自暴""自弃"都是自己伤害自己,"天作孽犹可违,自作孽不可活",②"夫人必自侮然后人侮之,家必自毁而后人毁之,国必自伐而后人伐之",③违背仁义,必然自招其祸,而不可救药。

孟子在人性问题上,强调个人的人格力量,为了防止人走到自贼、自暴、自弃的邪路,孟子主张自反,即一种反躬自问的内省意识。《公孙丑上》引曾子言弟子子襄之言曰:

子好勇乎?吾尝闻大勇于夫子矣。自反而不缩,虽褐宽博,吾不惴焉!自反而缩,虽千万人吾往矣!④

对于这句话的意思,《孟子注疏》引赵岐注云:"曾子谓子襄,言孔子告我大勇之道,人加恶于己,己内自省,有不义不直之心,虽敌人被褐宽博一夫,不当轻,惊惧之也。自省有义,虽敌家千万人,我直往突之,言义之强也。"⑤孙奭疏云:"孟子言往者曾子谓子襄曰:子能好勇乎,言我尝闻夫子有大勇之义告于我,以谓自反己之勇为非义,则在人者有可陵之辱,故虽一褐宽博之独夫,我且

---

① 赵岐注,孙奭疏《孟子注疏》卷七下,见《十三经注疏》,中华书局,1980年版,第2721页。

② 《孟子·公孙丑上》,赵岐注,孙奭疏《孟子注疏》卷三下,见《十三经注疏》,中华书局,1980年版,第2690页。

③ 《孟子·离娄上》,赵岐注,孙奭疏《孟子注疏》卷七上,见《十三经注疏》,中华书局,1980年版,第2719页。

④ 赵岐注,孙奭疏《孟子注疏》卷三上,见《十三经注疏》,中华书局,1980年版,第2685页。

⑤ 赵岐注,孙奭疏《孟子注疏》卷三上,见《十三经注疏》,中华书局,1980年版,第2685页。

不以小恐惴之,而且亦大恐焉;自反己之勇为义,则在人无可惮之威,故虽千万人之众,我且直往其中,而不惧矣。"①恃强凌弱,不是君子所为,但对于违背道义的人或者事,即使力所不逮,也决不能退缩。

又《离娄上》曰:

> 爱人,不亲,反其仁;治人,不治,反其智;礼人,不答,反其敬。行有不得者,皆反求诸己,其身正而天下归之。②

大致说来,扩充仁义礼智,可以看作对个人道德的积极建设,而反躬自问及自省则是对个人道德的消极防御或修正,两者相辅相成,构成一个完善的道德修养的互补体系。

孟子的政治观是与他的处世哲学相联系的,概括地说,就是把仁义礼智推广到政治活动之中。《尽心上》曰:

> 人之所不学而能者,其良能也;所不虑而知者,其良知也。孩提之童无不知爱其亲者;及其长也,无不知敬其兄也。亲亲,仁也;敬长,义也。无他,达之天下也。③

---

① 赵岐注,孙奭疏《孟子注疏》卷三上,见《十三经注疏》,中华书局,1980年版,第2686页。
② 赵岐注,孙奭疏《孟子注疏》卷七上,见《十三经注疏》,中华书局,1980年版,第2718页。
③ 赵岐注,孙奭疏《孟子注疏》卷十三上,见《十三经注疏》,中华书局,1980年版,第2765页。

人先天具有良能、良知,亲亲、敬长即其良能与良知,治理社会,便是把亲亲、敬长的原则推广到天下万民之中,所谓"老吾老,以及人之老;幼吾幼,以及人之幼",①即"推恩"。《梁惠王上》曰:

> 故推恩足以保四海,不推恩无以保妻子,古之人所以大过人者无他焉,善推其所为而已矣。②

推恩就是要统治者把亲亲、敬上之心用于治民。《公孙丑上》曰:"人皆有不忍人之心。先王有不忍人之心,斯有不忍人之政矣。以不忍人之心行不忍人之政,治天下可运之掌上。"③这种不忍人之政就是推恩之政,孟子称为"仁政"。

什么是仁政呢?《滕文公上》曰:

> 夫仁政必自经界始。经界不正,井地不钧,谷禄不平,是故暴君污吏必慢其经界。经界既正,分田制禄,可坐而定也。④

《梁惠王上》曰:

---

① 《孟子·梁惠王上》,赵岐注,孙奭疏《孟子注疏》卷一下,见《十三经注疏》,中华书局,1980年版,第2670页。
② 赵岐注,孙奭疏《孟子注疏》卷一下,见《十三经注疏》,中华书局,1980年版,第2670页。
③ 赵岐注,孙奭疏《孟子注疏》卷三下,见《十三经注疏》,中华书局,1980年版,第2690-2691页。
④ 赵岐注,孙奭疏《孟子注疏》卷五上,见《十三经注疏》,中华书局,1980年版,第2702页。

是故明君制民之产，必使仰足以事父母，俯足以畜妻子，乐岁终身饱，凶年免于死亡。①

《梁惠王上》又曰：

老者衣帛食肉，黎民不饥不寒。②

《梁惠王上》又曰：

施仁政于民，省刑罚，薄税敛。③

《公孙丑上》曰：

贵德而尊士，贤者在位，能者在职。国家闲暇，及是时，明其政刑。④

《公孙丑上》又曰：

尊贤使能，俊杰在位，则天下之士皆悦，而愿立于其

---

① 赵岐注，孙奭疏《孟子注疏》卷一下，见《十三经注疏》，中华书局，1980年版，第2671页。
② 赵岐注，孙奭疏《孟子注疏》卷一下，见《十三经注疏》，中华书局，1980年版，第2671页。
③ 赵岐注，孙奭疏《孟子注疏》卷一上，见《十三经注疏》，中华书局，1980年版，第2667页。
④ 赵岐注，孙奭疏《孟子注疏》卷三下，见《十三经注疏》，中华书局，1980年版，第2689页。

朝矣。市,廛而不征,法而不廛,则天下之商皆悦而愿藏于其市矣。关,讥而不征,则天下之旅皆悦而愿出于其路矣。耕者助而不税,则天下之农皆悦而愿耕于其野矣。廛,无夫里之布,则天下之民皆悦而愿为之氓矣。信能行此五者,则邻国之民,仰之若父母矣。率其子弟,攻其父母,自生民以来,未有能济者也。如此,则无敌于天下。无敌于天下者,天吏也,然而不王者,未之有也。①

《滕文公上》曰:

贤君必恭俭礼下,取于民有制。②

这是说仁政必须使耕者有其田,从而防止暴君污吏的侵驭。还要使民众安居乐业,生存有保障。在具体制度上,则要省刑罚,薄税敛,贵德尊士,尊贤使能,恭俭礼下。

孟子主张立国以民为根本,由此民主观念出发,他认为仁政措施要使天下之士、天下之商、天下之旅、天下之农、天下之民皆悦。君主要与百姓同之,与民同乐,《孟子·梁惠王下》云:

齐宣王见孟子于雪宫。王曰:"贤者亦有此乐乎?"孟子对曰:"有人不得则非其上矣。不得而非其上者,非也。为民上而不与民同乐者,亦非也。乐民之乐者,民亦乐其

---

① 赵岐注,孙奭疏《孟子注疏》卷三下,见《十三经注疏》,中华书局,1980年版,第2690页。
② 赵岐注,孙奭疏《孟子注疏》卷五上,见《十三经注疏》,中华书局,1980年版,第2702页。

乐。忧民之忧者,民亦忧其忧。……"①

与民同乐,乐民之乐,实际就是以人民的利益为最高利益,君主除乐人民的利益,不应该有别的利益。所以,孟子主张在选任和考核官员的时候,充分重视人民的意见。《孟子·梁惠王下》云:

> 孟子见齐宣王曰:"所谓故国者,非谓有乔木之谓也,有世臣之谓也。王无亲臣矣。昔者所进,今日不知其亡也。"王曰:"吾何以识其不才而舍之?"曰:"国君进贤,如不得已,将使卑逾尊,疏逾戚,可不慎与!左右皆曰贤,未可也;诸大夫皆曰贤,未可也;国人皆曰贤,然后察之,见贤焉,然后用之。左右皆曰不可,勿听;诸大夫皆曰不可,勿听;国人皆曰不可,然后察之,见不可焉,然后去之。左右皆曰可杀,勿听;诸大夫皆曰可杀,勿听;国人皆曰可杀,然后察之,见可杀焉,然后杀之,故曰国人杀之也。"②

君主不一定要听大臣和左右的话,而应该听大部分人的意见,来决定官员的升黜。当然,考虑到国民有的时候也可能有判断失误,所以,对于国人抛弃的人,也需要仔细考察真伪。孟子的这个主张,既体现出重视民意的立场,也表现出对选举和处罚的

---

① 赵岐注,孙奭疏《孟子注疏》卷二上,见《十三经注疏》,中华书局,1980年版,第2675页。
② 赵岐注,孙奭疏《孟子注疏》卷二上,见《十三经注疏》,中华书局,1980年版,第2678页。

重视。

孟子甚至认为,如果君主不能完成照顾人民的责任,君主存在的理由就会受到挑战。如果敌国人民处于水火之中,兴兵诛暴乱,也是正义的事情。《孟子·梁惠王下》载:

> 孟子谓齐宣王曰:"王之臣有托其妻子于其友而之楚游者,比其反也,则冻馁其妻子,则如之何?"王曰:"弃之。"曰:"士师不能治士,则如之何?"王曰:"已之。"曰:"四境之内不治,则如之何?"王顾左右而言他。①

《孟子·梁惠王下》又载:

> 齐宣王问曰:"汤放桀,武王伐纣,有诸?"孟子对曰:"于传有之。"曰:"臣弑其君,可乎?"曰:"贼仁者谓之贼,贼义者谓之残,残贼之人,谓之一夫。闻诛一夫纣矣,未闻弑君也。"②

《孟子·梁惠王下》又载:

> 齐人伐燕,胜之。宣王问曰:"或谓寡人勿取,或谓寡人取之。以万乘之国伐万乘之国,五旬而举之,人力不至于此,不取必有天殃,取之何如?"孟子对曰:"取之而燕民

---

① 赵岐注,孙奭疏《孟子注疏》卷二上,见《十三经注疏》,中华书局,1980年版,第2679页。

② 赵岐注,孙奭疏《孟子注疏》卷二上,见《十三经注疏》,中华书局,1980年版,第2680页。

悦,则取之。古之人有行之者,武王是也。取之而燕民不悦,则勿取。古之人有行之者,文王是也。以万乘之国,伐万乘之国,箪食壶浆以迎王师,岂有它哉! 避水火也。如水益深,如火益热,亦运而已矣。"①

毫无疑问,孟子对夏商周易代是汤放桀,武王伐纣的解释,以及齐是否灭齐的问题上体现的观点,正是与孔子大同主张天下为公的理念完全一致。

孔子和孟子在他们的时代,多次强调什一为特征的井田的重要性。井田的优点在于人民只承担劳役地租,丰收与歉收的得失由君主和人民共担。实物地租出现以后,人民不仅要付给君主实物税收,而且还要承担因为自然灾害可能带来的歉收的风险。虽然歉收和丰收从一个较长的时间段来看是有平衡性的,但是,人民总是不难于承受丰收贮存粮食的负担,承担歉收的抗灾能力却明显不足。到了后代,以货币地租取代实物地租,人民不但要承担歉收的风险,还要承担物价变动的风险。从这个意义来说,从劳役地租到实物地租,从实物地租到货币地租,并不是简单意义上的社会进步,而是君主和政策制定者琢磨如何把风险转嫁给百姓,把方便留给自己的阴险策略。有学者批评孔子与孟子等人不能顺应时代的变化,而鼓吹井田,显然是没有能像孔子与孟子一样,站在人民本位的立场上。

孟子的仁政思想,建立在他对民众的重视此观念的基础上,孟子有天下为公的理念,所以强调民比国家社稷、君主具有更加重要

---

① 赵岐注,孙奭疏《孟子注疏》卷二上,见《十三经注疏》,中华书局,1980年版,第2680页。

的地位,《尽心下》指出:

> 民为贵,社稷次之,君为轻,是故得乎丘民而为天子。得乎天子为诸侯。得乎诸侯为大夫。诸侯危社稷,则变置。牺牲既成,粢盛既絜,祭祀以时,然而旱干水溢,则变置社稷。①

在人民、国家、君主三者之间,人民是最重要的,天子和作为国家象征的社稷,都是要体现为人民服务的原则的。只有得到广大人民的拥护,才可以做天子。而天子任命诸侯,诸侯任命大夫,也要考察他们是否可以为人民服务,如果不能为人民服务,则会威胁到国家的存在,国家不存在,天子也就没有存在的理由了,所以天子要按照为民的原则,变置诸侯。即使在今天,仍然和人类最先进的普遍价值观相一致的认识,就是建立国家的目的,是为国民服务的,如果违背了此根本,国家就变成了少数人奴役人民的工具,这个国家就没有存在的前提,这也是马克思主义国家学说的根本观点。

孟子重民而轻君,所以,在对待君主的态度方面,也表现出很大的反抗性和民主意识。首先,孟子认为得天下与失天下,在于民心之向背。《离娄上》曰:

> 桀纣之失天下也,失其民也。失其民者,失其心也。得天下有道,得其民斯得天下矣。得其民有道,得其心

---

① 赵岐注,孙奭疏《孟子注疏》卷十四上,见《十三经注疏》,中华书局,1980 年版,第 2774 页。

斯得民矣。得其心有道,所欲与之聚之,所恶勿施尔也。①

孟子在君民问题上的进步意识在于他认为君民背离的责任只能在君,即君主的善必然得到民众的拥护,民对君而言,民永远是无辜的。民可以根据君主的善恶改变自己对君主的立场。所以,孟子认为,汤放桀、武王伐纣不是"以臣弑君",而是诛一独夫。

孟子主张"志士不忘在沟壑,勇士不忘丧其元"②,士人之使命,便是阴止残贼之人残贼百姓。所以,孟子把杀掉暴君,看作"为匹夫匹妇复仇","救民于水火之中"的正义之举。③《万章下》分卿为"贵戚之卿"与"异姓之卿"两种,认为贵戚之卿,"君有大过则谏,反覆之而不听,则易位";异姓之卿,"君有过则谏,反覆之而不听,则去"。④贵戚之卿其根基深厚,故可动摇君王,行改朝换代之事;异姓之卿,根基单薄,没有能力把暴君赶下台,明智的办法当然是离开君主,保持自己独善的独立性。而《离娄下》曰:

君之视臣如手足,则臣视君如腹心;君之视臣如犬

---

① 赵岐注,孙奭疏《孟子注疏》卷七上,见《十三经注疏》,中华书局,1980年版,第2721页。
② 《孟子·滕文公下》,赵岐注,孙奭疏《孟子注疏》卷六上,见《十三经注疏》,中华书局,1980年版,第2710页。
③ 《孟子·滕文公下》,赵岐注,孙奭疏《孟子注疏》卷六上,见《十三经注疏》,中华书局,1980年版,第2712页。
④ 赵岐注,孙奭疏《孟子注疏》卷十下,见《十三经注疏》,中华书局,1980年版,第2746页。

马,则臣视君如国人;君之视臣如土芥,则臣视君如寇仇。①

在孟子眼里,君不仁则臣可"不义"。臣民视君如寇仇,乃至于"易位",诛"一夫",就重君观念而言,是所谓"不义",但在孟子重民贱君的观念看来,却正是大义所存。

《孟子》基于爱民思想,所以反对战争。《尽心下》曰:"春秋无义战。"②又曰:

有人曰:"我善为陈(阵),我善为战。"大罪也。国君好仁,天下无敌焉,……焉用战?③

孟子倡导王道,王道就在好仁,王道不同于霸道,强调以德服人,所以《梁惠王上》曰:

养生丧死无憾,王道之始也。④

《离娄下》云:

---

① 赵岐注,孙奭疏《孟子注疏》卷十四上,见《十三经注疏》,中华书局,1980年版,中华书局,1980年版,第2726页。
② 赵岐注,孙奭疏《孟子注疏》卷八上,见《十三经注疏》,中华书局,1980年版,第2773页。
③ 赵岐注,孙奭疏《孟子注疏》卷十四上,见《十三经注疏》,中华书局,1980年版,第2773页。
④ 赵岐注,孙奭疏《孟子注疏》卷一上,见《十三经注疏》,中华书局,1980年版,第2666页。

天下不心服而王者未之有也。①

"争地以战,杀人盈野;争城以战,杀人盈城",②兼并战争,不仅不能使被征服者心悦诚服,而且带给人民无穷灾难,所以说,发动战争之人,以及善于战争的人,实际上是人民的大罪人。孟子之言"五霸者,三王之罪人也;今之诸侯,五霸之罪人也;今之大夫,今之诸侯之罪人也",是因为诸侯违背"天子讨而不伐,诸侯伐而不讨"的原则,不巡狩,不述职,五霸"搂诸侯以伐诸侯",而今之诸侯,不尊礼义秩序,今之大夫,"逢君之恶",又是有罪。③ 孟子把批判的锋芒直指炙手可热的诸侯王及大夫。

《孟子》一书,"仁义"常联类而及,但孟子表现出更重视义的倾向。《尽心上》云:

> 王子垫问曰:"士何事?"孟子曰:"尚志。"曰:"何谓尚志?"曰:"仁义而已矣。杀一无罪,非仁也。非其有而取之,非义也。居恶在,仁是也;路恶在,义是也。居仁由义,大人之事备矣。"④

仁是一个人的心性,义则是执行仁的途径。仁强调的是施与,

---

① 赵岐注,孙奭疏《孟子注疏》卷八上,见《十三经注疏》,中华书局,1980年版,第2727页。
② 《孟子·离娄上》,赵岐注,孙奭疏《孟子注疏》卷七下,见《十三经注疏》,中华书局,1980年版,第2722页。
③ 《孟子·告子下》,赵岐注,孙奭疏《孟子注疏》卷十二下,见《十三经注疏》,中华书局,1980年版,第2759页。
④ 赵岐注,孙奭疏《孟子注疏》卷十三下,见《十三经注疏》,中华书局,1980年版,第2769页。

义强调的是平等自律。对于一个人的行为来说,义是至为重要的。所以,《尽心上》又曰:"故士穷不失义,达不离道。穷不失义,故士得己焉;达不离道,故民不失望焉。古之人得志,泽加于民;不得志,修身见于世。穷则独善其身,达则兼善天下。"①《告子上》曰:"舍生而取义者也。"②义是保持自我的先决条件,是高于生命的存在。

第六节 《荀子》的主要思想

《荀子》一书,内容丰富,所论专题,包括《劝学》《修身》《不苟》(不存侥幸)《荣辱》《非相》(批评相面之术)《非十二子》(批评战国时期的各种流行学说)《儒效》(大儒之用)《王制》《富国》《王霸》《君道》《臣道》《致士》《议兵》《强国》《天论》《正论》《礼论》《乐论》《解蔽》《正名》《性恶》《君子》《子道》《法行》等,《仲尼》言屈伸之道,《成相篇》是一篇讨论君臣治乱内容的成相杂辞,《赋篇》是五篇体现讽谏目的的咏物赋,《大略》是荀子言论的略记,《宥坐》《哀公》记录一部分孔子旧事,《尧问》讨论治国之道。所以,他的观点,与孟子等人表现出了一定差异性。如孟子发现人所具有的恻隐之心,因而得出人本来就有向善的可能性,如果不能推广善心,就会向恶发展,所以孟子强调维持正义感的重要性。而荀子则认为人性本恶。其《性恶》曰:

---

① 赵岐注,孙奭疏《孟子注疏》卷十三上,见《十三经注疏》,中华书局,1980年版,第2765页。
② 赵岐注,孙奭疏《孟子注疏》卷十一下,见《十三经注疏》,中华书局,1980年版,第2752页。

今人之性,生而有好利焉?顺是,故争夺生而辞让亡焉;生而有疾恶焉,顺是,故残贼生而忠信亡焉;生而有耳目之欲,有好声色焉,顺是,故淫乱生而礼义文理亡焉。然则从人之性,顺人之情,必出于争夺,合于犯分乱理,而归于暴,故必将有师法之化,礼义之道,然后出于辞让,合于文理,而归于治。①

荀子把作为先天生理本能的"性"与后天习养教化之"伪"对立起来,认为性恶而善伪,先天本性必须借助后天习养而成其美。《礼论》云:

性者,本始材朴也;伪者,文理隆盛也。无性则伪之无所加,无伪则性不能自美。②

性之与伪,对立又联系,矛盾而统一。后天之伪可以改造先天之性,使人趋之于善。"伪"的主要手段是所谓"礼",因而《礼论》又云:

礼起于何也?曰:人生而有欲,欲而不得,则不能无求,求而无度量分界,则不能不争。争则乱,乱则穷。先王恶其乱也,故制礼义以分之,以养人之欲,给人之求,使

---

① 王先谦《荀子集解》卷十七,见《诸子集成》,中华书局,1954年版,第289页。
② 王先谦《荀子集解》卷十三,见《诸子集成》,中华书局,1954年版,第243页。

欲必不穷物,物必不屈于欲,两者相持而长,是礼之所起也。①

荀子认为,"今人之性恶,必将待圣王之治、礼义之化,然后皆出于治,合于善也"。② 礼义之化可以使天下皆出于治,合于善,并"使有贵贱之等,长幼之差,知愚、能不能之分,皆使人载其事而各得其宜,然后使悫禄多少厚薄之称,是夫群居和一之道也"。③ 而反是,则天下大乱。《性恶》云:"今当试去君上之执,无礼义之化,去法正之治,无刑罚之禁,倚而观天下民人之相与也,若是,则夫强者害弱而夺之,众者暴寡而哗之,天下之悖乱而相亡,不待顷矣。"④正此意也。

荀子重礼,同时主张法后王。《非相》曰:

> 故人道莫不有辨,辨莫大于分,分莫大于礼,礼莫大于圣王。圣王有百,吾孰法焉?故曰:文久而息,节族久而绝。守法数之有司,极礼而褫。故曰:欲观圣王之迹,则于其粲然者矣,后王是也。彼后王者,天下之君也。舍后王而道上古,譬之是犹舍己之君而事人之君也。故曰:欲观千岁,则数今日;欲知亿万,则审一二;欲知上世,则

---

① 王先谦《荀子集解》卷十三,见《诸子集成》,中华书局,1954年版,第231页。

② 《荀子·性恶》,王先谦《荀子集解》卷十七,见《诸子集成》,中华书局,1954年版,第294页。

③ 《荀子·荣辱》,王先谦《荀子集解》卷二,见《诸子集成》,中华书局,1954年版,第44页。

④ 王先谦《荀子集解》卷十七,见《诸子集成》,中华书局,1954年版,第293页。

审周道；欲知周道，则审其人所贵君子。故曰：以近知远，以一知万，以微知明。此之谓也。①

在儒家的传承体系中，夏商周三代的几位贤明君主，都受孔子、孟子的称赞，荀子认为，这些圣王其年代久远，事迹渺邈，不足以征，而周，近在今世，其文章可观，是最可效法的。

当然，如果认为荀子的法后王，与孔子的复古背道而驰，那显然是失之浅薄。孔子赞其监于夏、殷二代，郁郁乎有文，所以说："吾从周。"②在孔子拯救中国的文化体系中，恢复周礼正是近期目标，只有实现了这个近期目标，才能渐进到大同时代。所以，孔子从周，与荀子正同。

荀子法后王不是认为先王不可法，《非相》曰："五帝之外无传人，非无贤人也，久故也；五帝之中无传政，非无善政也，久故也；禹汤有传政，而不若周之察也，非无善政也，久故也。"③先王不可考察，因而法后王是最切实可行的一种措施。

荀子法后王，如果我们以为他是主张今胜于古，有所谓"历史进化思想"，那显然也是低估了荀子思想的深刻性。时间在推移，人类在进步，但是在局部地区的某个时间段，这个时间段可能是一代人，也可能是几代人，甚至更长的时间，社会可能在倒退。荀子显然能预见到这一点，他认为，古代圣王所树立的全心全意为人民

---

① 王先谦《荀子集解》卷三，见《诸子集成》，中华书局，1954年版，第50-51页。

② 《论语·八佾》，刘宝楠《论语正义》，见《诸子集成》，中华书局，1954年版，第56页。

③ 王先谦《荀子集解》卷三，见《诸子集成》，中华书局，1954年版，第52页。

服务的原则,永远应该贯彻。《王制》曰:"道不过三代,法不贰后王,道过三代谓之荡,法贰后王谓之不雅。衣服有制,宫室有度,人徒有数,丧祭械用皆有等宜。声则凡非雅声者举废,色则凡非旧文者举息,械用则凡非旧器者举毁。夫是之谓复古,是王者之制也。"①荀子基于对社会礼崩乐坏、僭越、奢侈之风气的不满,而提出法后王,是因为他认为虽然"古今异情",但"类不悖,虽久同理",②法后王就是法先王,先王和后王是没有区别的。也正如此,法后王和复古相统一。

《荀子》一书,也体现了荀子注重现实,批判虚妄、神秘论之思想。荀子《天论》认为星坠、木鸣、日月之食、风雨不时、怪星之现,并不是天降惩罚,"是天地之变,阴阳之化,物之罕至者也。怪之可也,而畏之非也"。③ "天有其时,地有其财,人有其治"。"强本而节用,则天不能贫;养备而动时,则天不能病;修道而不贰,则天不能祸"。"本荒而用侈,则天不能使之富;养略而动罕,则天不能使之全;倍道而妄行,则天不能使之吉"。荀子明于天人之分,以为"天行有常,不为尧存,不为桀亡",否定天人感应、天命之说,而充分肯定人的能动性。④ 这种认识,无疑具有积极意义。

荀子因人性之恶,所以欲以礼法限制君主,而重礼正是其修身

---

① 王先谦《荀子集解》卷五,见《诸子集成》,中华书局,1954年版,第101页。
② 《荀子·非相》,王先谦《荀子集解》卷三,见《诸子集成》,中华书局,1954年版,第51-52页。
③ 王先谦《荀子集解》卷十一,见《诸子集成》,中华书局,1954年版,第209页。
④ 王先谦《荀子集解》卷十一,见《诸子集成》,中华书局,1954年版,第205-206页。

齐家治国平天下的纲领,因此,荀子思想中,同样充满了重民而轻君的精神,这也是他作为儒家思想家的立场所在。《大略》云:

> 天之生民,非为君也;天之立君,以为民也。①

天所关注的是民,而非君,所以,荀子认为臣道"从道不从君"。② 君道以仁为中心,所谓"行一不义,杀一无罪,而得天下,仁者不为也"③。荀子重民而强调礼法,是儒家思想发展至战国后期法家势力占主导地位的必然结果。

第七节 《晏子春秋》的主要思想

晏婴和《晏子春秋》是重要的文化遗存,而晏子又是中国历史上具有重要文化符号功能的历史人物,讨论晏子的文化价值,实际上包含有作为人的存在的齐相晏婴,以及作为先秦重要文献的《晏子》,也叫《晏子春秋》。晏子和《晏子春秋》虽然是互相区别的,更是互相联系的。

《史记·管晏列传》载:

> 晏平仲婴者,莱之夷维人也。事齐灵公、庄公、景公,

---

① 王先谦《荀子集解》卷十九,见《诸子集成》,中华书局,1954年版,第332页。
② 《荀子·臣道》,王先谦《荀子集解》卷九,见《诸子集成》,中华书局,1954年版,第166页。
③ 《荀子·王霸》,王先谦《荀子集解》卷七,见《诸子集成》,中华书局,1954年版,第131页。

以节俭力行重于齐。既相齐,食不重肉,妾不衣帛。其在朝,君语及之,即危言;语不及之,即危行。国有道,即顺命;无道,即衡命。以此三世显名于诸侯。①

《晏子》包括内篇和外篇,内篇有《谏》上、下篇各二十五章,《问》上、下篇各三十章,《杂》上、下篇各三十章;外篇《重而异者》二十七章,《不和经术者》十八章。这些篇目合计起来有二百一十五章,记录的都是晏子的有关言行片段,既反映了晏子的行政能力,更体现了晏子的丰富文化内涵。

以尧、舜为代表的大同文明的核心价值是"天下为公",而周始祖后稷之子不窋当夏后启篡权后,投奔戎、狄之间,在周从不窋到公刘,再到古公亶父的迁徙过程中,周人继续着"大同"的文化价值。在商朝末年,周"三分天下有其二,以服事殷",使孔子不得不赞扬"周之德,可谓至德也已矣"。② 但是,商的暴政,使周人不得不走到前台。武王伐纣,使周人直接传承了夏、商的政治文化,而商、周政治文化是反"天下为公"的"天下为家"。周人为了调和周人的文化价值和商、周政治文化之间的对立,积极推介"德治"的理论。"德治"理论的核心是全心全意为人民服务,即孟子所谓"乐以天下,忧以天下"。《孟子·梁惠王下》载,齐宣王见孟子于雪宫。王曰:"贤者亦有此乐乎?"孟子对曰:"有。人不得,则非其上矣。不得而非其上者,非也;为民上而不与民同乐者,亦非也。乐民之乐者,民亦乐其乐;忧民之忧者,民亦忧其忧。乐以天下,忧以天下,

---

① 司马迁撰,裴骃集解,司马贞索隐,张守节正义《史记》卷六十二,中华书局,1959年版,第2134页。
② 《论语·泰伯》,《论语注疏》卷八,见《十三经注疏》,中华书局,1980年版,第2487页。

然而不王者,未之有也。昔者齐景公问于晏子曰:'吾欲观于转附、朝儛,遵海而南,放于琅邪,吾何修而可以比于先王观也?'晏子对曰:'善哉问也!天子适诸侯曰巡狩。巡狩者,巡所守也。诸侯朝于天子曰述职。述职者,述所职也。无非事者,春省耕而补不足,秋省敛而助不给。夏谚曰:'吾王不游,吾何以休?吾王不豫,吾何以助?一游一豫,为诸侯度。'今也不然,师行而粮食,饥者弗食,劳者弗息。睊睊胥谗,民乃作慝。方命虐民,饮食若流。流连荒亡,为诸侯忧。从流下而忘反,谓之流,从流上而忘反,谓之连,从兽无厌谓之荒,乐酒无厌谓之亡。先王无流连之乐,荒亡之行。惟君所行也。'景公说,大戒于国,出舍于郊。于是始兴发,补不足。召大师曰:'为我作君臣相说之乐!'盖《征招》《角招》是也。其《诗》曰:'畜君何尤?'畜君者,好君也。"①

孟子游说齐王,强调以民为本的价值观,并以齐相晏婴的言论为论据,这就说明,晏婴的思想,是与孔孟价值观相同的。《晏子春秋》体现的是以民为本,重视民生疾苦,强调以德治国的价值观。

《晏子春秋·内篇谏上》之《景公衣狐白裘不知天寒晏子谏第二十》载,景公之时,雨雪三日而不霁。公被狐白之裘,坐于堂侧阶。晏子入见,立有间,公曰:"怪哉!雨雪三日而天不寒。"晏子对曰:"天不寒乎?"公笑。晏子曰:"婴闻古之贤君,饱而知人之饥,温而知人之寒,逸而知人之劳,今君不知也。"公曰:"善,寡人闻命矣。"乃令出裘发粟,以与饥寒者。令所睹于途者,无问其乡;所睹于里者,无问其家;循国计数,无言其名。士既事者兼月,疾者兼

---

① 《孟子·梁惠王下》,见《孟子注疏》卷二上,《十三经注疏》,中华书局,1980年版,第2675–2676页。

岁。孔子闻之曰:"晏子能明其所欲,景公能行其所善也。"①

《晏子春秋·内篇谏上》之《景公欲诛骇鸟野人晏子谏第二十四》载,景公射鸟,野人骇之。公怒,令吏诛之。晏子曰:"野人不知也。臣闻赏无功谓之乱,罪不知谓之虐。两者,先王之禁也。以飞鸟犯先王之禁,不可。今君不明先王之制,而无仁义之心,是以从欲而轻诛。夫鸟兽,固人之养也,野人骇之,不亦宜乎。"公曰:"善,自今已来,弛鸟兽之禁,无以苛民也。"②

《晏子春秋·内篇问上》之《景公问臣之报君何以晏子对以报以德第二十八》载,景公问晏子曰:"臣之报其君何以?"晏子对曰:"臣虽不知,必务报君以德。士逢有道之君,则顺其令;逢无道之君,则争其不义,故君者择臣而使之,臣虽贱,亦得择君而事之。"③

《晏子春秋·内篇问上》之《景公问临国莅民所患何也晏子对以患者三第二十九》载,景公问晏子曰:"临国莅民,所患何也?"晏子对曰:"所患者三:忠臣不信,一患也;信臣不忠,二患也;君臣异心,三患也。是以明君居上,无忠而不信,无信而不忠者,是以君臣同欲,而百姓无怨也。"④

《晏子春秋·内篇问上》之《景公问为政何患晏子对以善恶不分第三十》载,景公问于晏子曰:"为政何患?"晏子对曰:"患善恶之不分。"公曰:"何以察之?"对曰:"审择左右、左右善,则百僚各得其所宜,而善恶分。"孔子闻之曰:"此言也信矣,善进,则不善无由入矣;不善进,则善无由入矣。"⑤

---

① 《晏子春秋》,见《诸子集成》,中华书局,1954年版,第28-29页。
② 《晏子春秋》,见《诸子集成》,中华书局,1954年版,第34页。
③ 《晏子春秋》,见《诸子集成》,中华书局,1954年版,第96-97页。
④ 《晏子春秋》,见《诸子集成》,中华书局,1954年版,第97页。
⑤ 《晏子春秋》,见《诸子集成》,中华书局,1954年版,第97页。

《晏子春秋·内篇问下》之《叔向问处乱世其行正曲晏子对以民为本第二十一》载，叔向问晏子曰："世乱不遵道，上辟不用义，正行则民遗，曲行则道废。正行而遗民乎？与持民而遗道乎？此二者之于行何如？"晏子对曰，"婴闻之，卑而不失尊，曲而不失正者，以民为本也。苟持民矣，安有遗道；苟遗民矣，安有正行焉？"①

《晏子春秋·内篇问下》之《叔向问意孰为高行孰为厚晏子对以爱民乐民第二十二》载，叔向问晏子曰："意孰为高？行孰为厚？"对曰："意莫高于爱民，行莫厚于乐民。"又问曰："意孰为下，行孰为贱？"对曰："意莫下于刻民，行莫贱于害身也。"②

以民为本，关心民生疾苦，以德治国，作为施政宣言，说起来是很容易的，但是，如何真正把"民"摆在第一位。孟子说："民为贵，社稷次之，君为轻。是故得乎丘民而为天子，得乎天子为诸侯，得乎诸侯为大夫。诸侯危社稷，则变置。牺牲既成，粢盛既絜，祭祀以时，然而旱干水溢，则变置社稷。"③只有认识到君主、国家都是为了他的人民服务的，而不是相反，大臣的责任是辅助君主为人民服务，而不是为了维护君主的极权统治，以民为本才可能实现。

《礼记·礼运》孔子认为小康时代"大道既隐，天下为家，各亲其亲，各子其子，货力为己，大人世及以为礼。城郭沟池以为固，礼义以为纪；以正君臣，以笃父子，以睦兄弟，以和夫妇，以设制度，以立田里，以贤勇知，以功为己。故谋用是作，而兵由此起"。④ 又《道

---

① 《晏子春秋》，见《诸子集成》，中华书局，1954年版，第116页。
② 《晏子春秋》，见《诸子集成》，中华书局，1954年版，第116页。
③ 《孟子·尽心下》，《孟子注疏》卷十四上，《十三经注疏》，中华书局，1980年版，第2774页。
④ 见郑玄注，孔颖达疏《礼记正义》卷二十一，《十三经注疏》，中华书局，1980年版，第1414页。

德经·德经》曰:"上德不德,是以有德;下德不失德,是以无德。上德无为而无以为,下德无为而有以为。上仁为之而无以为,上义为之而有以为。上礼为之而莫之应,则攘臂而扔之。故失道而后德,失德而后仁,失仁而后义,失义而后礼。夫礼者,忠信之薄,而乱之首。前识者,道之华,而愚之始。是以大丈夫处其厚不处其薄,居其实不居其华。故去彼取此。"①

毫无疑问,"礼"的产生,是"天下为公"向"天下为家"转制后,为了弥补社会公平缺失以后采取的补救措施,因此,"礼"虽然有其先天不足,但却是在小康社会以后拯救社会所不可缺少的。因此,《礼记·礼运》又云:"言偃复问曰:'如此乎礼之急也。'孔子曰:'夫礼,先王以承天之道,以治人之情。故失之者死,得之者生。《诗》曰:"相鼠有体,人而无礼,人而无礼,胡不遄死!"是故夫礼,必本于天,殽于地,列于鬼神,达于丧祭射御冠昏朝聘。故圣人以礼示之,故天下国家可得而正也。'"②

晏子生当春秋时期,是所谓"礼崩乐坏"的社会阶段,西周建立的"礼"制面临崩溃的边缘,晏子心怀天下,把维护礼义制度看作神圣的事业。

《晏子春秋·内篇谏上》之《景公饮酒酣愿诸大夫无为礼晏子谏第二》载,景公饮酒酣,曰:"今日愿与诸大夫为乐饮,请无为礼。"晏子蹴然改容曰:"君之言过矣,群臣固欲君之无礼也。力多足以胜其长,勇多足以弑其君,而礼不使也。禽兽以力为政,强者犯弱,故日易主。今君去礼,则是禽兽也。群臣以力为政,强者犯弱,而

---

① 王弼《老子注》,见《诸子集成》,中华书局,1954年版,第23页。
② 郑玄注,孔颖达疏《礼记正义》卷二十一,《十三经注疏》,中华书局,1980年版,第1414—1415页。

日易主,君将安立矣? 凡人之所以贵于禽兽者,以有礼也。故诗曰:'人而无礼,胡不遄死。'礼不可无也。"公湎而不听。少间,公出,晏子不起;公入,不起,交举则先饮。公怒,色变,抑手疾视曰:"向者夫子之教寡人无礼之不可也。寡人出入不起,交举则先饮,礼也?"晏子避席再拜稽首而请曰:"婴敢与君言而忘之乎? 臣以致无礼之实也。君若欲无礼,此是已。"公曰:"若是,孤之罪也。夫子就席,寡人闻命矣。"觞三行,遂罢酒,盖是后也,饬法修礼以治国政,而百姓肃也。①

《晏子春秋·内篇谏下》之《景公登射思得勇力士与之图国晏子谏第二十五》载,景公登射,晏子修礼而侍。公曰:"选射之礼,寡人厌之矣。吾欲得天下勇士与之图国。"晏子对曰:"君子无礼,是庶人也。庶人无礼,是禽兽也。夫臣勇多则弑其君,子力多则弑其长,然而不敢者,维礼之谓也。礼者,所以御民也。辔者,所以御马也。无礼而能治国家者,婴未之闻也。"景公曰:"善。"乃饬射,更席以为上客,终日问礼。②

《晏子春秋·外篇重而异者第七》之《景公饮酒命晏子去礼晏子谏第一》载,景公饮酒数日而乐,去冠披裳,自鼓盆瓮,谓左右曰:"仁人亦乐是乎?"梁丘据对曰:"仁人之耳目,亦犹人也,夫奚为独不乐此也。"公曰:"趣驾迎晏子。"晏子朝服而至,受觞再拜。公曰:"寡人甚乐此乐,欲与夫子共之,请去礼。"晏子对曰:"君之言过矣,群臣皆欲去礼以事君,婴恐君之不欲也。今齐国五尺之童子,力皆过婴,又能胜君,然而不敢乱者,畏礼义也。上若无礼,无以使其下;下若无礼,无以事其上。夫麋鹿维无礼,故父子同麀。人之所

---

① 《晏子春秋》,见《诸子集成》,中华书局,1954年版,第3-4页。
② 《晏子春秋》,见《诸子集成》,中华书局,1954年版,第65-66页。

以贵于禽兽者,以有礼也。婴闻之,人君无礼,无以临邦;大夫无礼,官吏不恭;父子无礼,其家必凶;兄弟无礼,不能久同。诗曰:'人而无礼,胡不遄死。'故礼不可去也。"公曰:"寡人不敏,无良左右,淫蛊寡人,以至于此,请杀之。"晏子曰:"左右何罪,君若无礼,则好礼者去,无礼者至;君若好礼,则有礼者至,无礼者去。"公曰:"善。请易衣革冠,更受命。晏子避走立乎门外,公令人粪洒改席,召晏子,衣冠以迎。晏子入门,三让,升阶,用三献礼焉,嗛酒尝膳,再拜,告餍而出。公下拜,送之门,反,命撤酒去乐,曰:"吾以彰晏子之教也。"①

《晏子春秋·内篇杂上》之《景公夜从晏子饮晏子称不敢与第十二》载,景公饮酒,夜移于晏子之家,前驱款门曰:"君至。"晏子被玄端,立于门曰:"诸侯得微有故乎?国家得微有事乎?君何为非时而夜辱?"公曰:"酒醴之味,金石之声,愿与夫子乐之。"晏子对曰:"夫布荐席,陈簠簋者有人,臣不敢与焉。"公曰:"移于司马穰苴之家。"前驱款门曰:"君至。"穰苴介胄操戟,立于门,曰:"诸侯得微有兵乎?大臣得微有叛者乎?君何为非时而夜辱?"公曰:"酒醴之味,金石之声,愿与夫子乐之。"穰苴对曰:"夫布荐席,陈簠簋者有人,臣不敢与焉。"公曰:"移于梁丘据之家。"前驱款门曰:"君至。"梁丘据左操瑟,右挈竽,行歌而出,公曰:"乐哉,今夕吾饮也。微彼二子者,何以治吾国?微此一臣者,何以乐吾身?"君子曰:"圣贤之君,皆有益友,无偷乐之臣。景公弗能及,故两用之,仅得不亡。"②

礼制制度建立之初,虽然是为了维护"天下为家"的"大人世及"的社会秩序,但是,礼制制度制定出来以后,又作为独立存在,

---

① 《晏子春秋》,见《诸子集成》,中华书局,1954年版,第176-178页。
② 《晏子春秋》,见《诸子集成》,中华书局,1954年版,第132-133页。

反过来约束"世及大人"的行为，使他们在一定范围内行使自己的权力，而不能为所欲为，或者朝令夕改，使人民手足无措。

维护礼制制度，最重要的措施，就是孔子所说的"正名"，《论语·子路》载："子路曰：'卫君待子而为政，子将奚先？'子曰：'必也正名乎！'子路曰：'有是哉，子之迂也！奚其正？'子曰：'野哉，由也！君子于其所不知，盖阙如也。名不正，则言不顺；言不顺，则事不成；事不成，则礼乐不兴；礼乐不兴，则刑罚不中；刑罚不中，则民无所错手足。故君子名之必可言也，言之必可行也。君子于其言，无所苟而已矣。'"①《论语·泰伯》载："子曰：'不在其位；不谋其政。'"②《论语·宪问》载："子曰：'不在其位，不谋其政。'曾子曰：'君子思不出其位。'"③孔子正名观点，以及不在其位不谋其政的观点，其重心在于示民有常，刑法适中，每人能完美地完成自身的角色伦理。而晏子在这方面，做的是一丝不苟的。

《晏子春秋·内篇杂上》之《景公使进食与裘晏子对以社稷臣第十三》载，晏子侍于景公，朝寒，公曰："请进暖食。"晏子对曰："婴非君奉馈之臣也，敢辞。"公曰："请进服裘。"对曰："婴非君茵席之臣也，敢辞。"公曰："然夫子之于寡人何为者也？"对曰："婴，社稷之臣也。"公曰："何谓社稷之臣？"对曰："夫社稷之臣，能立社稷，别上下之义，使当其理；制百官之序，使得其宜；作为辞令，可分布于四方。"自是之后，君不以礼不见晏子。④

---

① 《论语注疏》卷十三，《十三经注疏》，中华书局，1980年版，第2506页。
② 《论语注疏》卷八，《十三经注疏》，中华书局，1980年版，第2487页。
③ 《论语注疏》卷十四，《十三经注疏》，中华书局，1980年版，第2512页。
④ 《晏子春秋》，见《诸子集成》，中华书局，1954年版，第133－134页。

晏子强调自己不是君主的"奉馈之臣也",也不是君主的"茵席之臣",所以,不愿意以举手之劳,帮助君主"进暖食"和"进服裘"。表面上看晏子是不乐意助人,而这个需要帮助的人还是君主,但是,晏子这样做,才能突出他作为"社稷之臣"的责任。《晏子春秋·外篇重而异者第七》之《仲尼称晏子行补三君而不有果君子也第二十七》载,仲尼曰:"灵公污,晏子事之以整齐。庄公壮,晏子事之以宣武。景公奢,晏子事之以恭俭。晏子,君子也,相三君而善不通下,晏子,细人也。"晏子闻之,见仲尼,曰:"婴闻君子有讥于婴,是以来见。如婴者,岂能以道食人者哉!婴之宗族,待婴而祀其先人者数百家,与齐国之简士,待婴而举火者数百家。婴为此仕者也。如婴者,岂能以道食人者哉!"晏子出,仲尼送之以宾客之礼,再拜其辱,反,命门弟子曰:"救民之姓而不夸,行补三君而不有,晏子,果君子也。"①孔子对晏子的赞扬,是洞察了晏子人格的真正价值的。

从根本意义上讲,在"天下为家"社会中,任人唯亲,赏亲罚远是社会常态,但是,德治以人为本,而要贯彻以人为本的政治理想,选贤授能,刑罚得当,是具有根本意义的。西周的德治传统,强调在"天下为家"体系下,尽最大可能实现社会的公平,因此,"选贤授能"这样一个大同时代的特征,与赏罚公正,就成为西周德治价值体系下社会正义的基本价值。《论语·颜渊》载,"子张问崇德辨惑。子曰:'主忠信,徙义,崇德也。爱之欲其生,恶之欲其死。既欲其生,又欲其死,是惑也。'"②

---

① 《晏子春秋》,见《诸子集成》,中华书局,1954年版,第203-204页。
② 《论语注疏》卷十二,《十三经注疏》,中华书局,1980年版,第2503页。

《晏子春秋·内篇问上》之《景公问善为国家者何如晏子对以举贤官能第十三》载,景公问晏子曰:"莅国治民,善为国家者何如?"晏子对曰:"举贤以临国,官能以敕民,则其道也。举贤官能,则民与君矣。"公曰:"虽有贤能,吾庸知乎?"晏子对曰:"贤而隐,庸为贤乎?吾君亦不务乎是,故不知也。"公曰:"请问求贤?"对曰:"观之以其游,说之以其行,无以靡曼辩辞定其行,无以毁誉非议定其身。如此,则不为行以扬声,不掩欲以荣君,故通则视其所举,穷则视其所不为,富则视其所分,贫则视其所不取。夫上士,难进而易退也;其次,易进而易退也;其下,易进而难退也。以此数物者取人,其可乎?"①

又《晏子春秋·内篇谏上》之《景公信用谗佞赏罚失中晏子谏第八》载,景公信用谗佞,赏无功,罚不辜。晏子谏曰:"臣闻明君望圣人而信其教,不闻听谗佞以诛赏。今与左右相说颂也,曰:'比死者勉为乐乎,吾安能为仁而愈黥民耳矣。'故内宠之妾,迫夺于国;外宠之臣,矫夺于鄙;执法之吏,并荷百姓。民愁苦约病,而奸驱尤佚,隐情奄恶,蔽诣其上,故虽有至圣大贤,岂能胜若谗哉!是以忠臣之常有灾伤也。臣闻古者之士,可与得之,不可与失之;可与进之,不可与退之。臣请逃之矣。"遂鞭马而出。公使韩子休追之,曰:"孤不仁,不能顺教,以至此极,夫子休国焉而往?寡人将从而后。"晏子遂鞭马而返。其仆曰:"向之去何速?今之返又何速?"晏子曰:"非子之所知也,公之言至矣。"②

《史记·管晏列传》记载有晏子两件事,都与重视人才有关。《史记·管晏列传》载,越石父贤,在缧绁中。晏子出,遭之途,解左

---

① 《晏子春秋》,见《诸子集成》,中华书局,1954年版,第84-85页。
② 《晏子春秋》,见《诸子集成》,中华书局,1954年版,第11-12页。

骖赎之,载归。弗谢,入闺。久之,越石父请绝。晏子戄然,摄衣冠谢曰:"婴虽不仁,免子于厄,何子求绝之速也?"石父曰:"不然。吾闻君子诎于不知己而信于知己者。方吾在缧绁中,彼不知我也。夫子既已感寤而赎我,是知己;知己而无礼,固不如在缧绁之中。"①晏子于是延入为上客。

又晏子为齐相,出,其御之妻从门间而窥其夫。其夫为相御,拥大盖,策驷马,意气扬扬,甚自得也。既而归,其妻请去。夫问其故。妻曰:"晏子长不满六尺,身相齐国,名显诸侯。今者妾观其出,志念深矣,常有以自下者。今子长八尺,乃为人仆御,然子之意自以为足,妾是以求去也。"其后夫自抑损。晏子怪而问之,御以实对。晏子荐以为大夫。②

晏子重视人才,解救了贤人越石父,并虚心接受越石父的批评,引越石父为上宾,又拔擢能知过能改、注重修身的御人,既体现了他善于发现贤才的眼光,同时也体现了不拘一格提拔人才,使人才各得其所的胸怀。

《礼记·大学》云:"物有本末,事有终始。知所先后,则近道矣。古之欲明明德于天下者,先治其国。欲治其国者,先齐其家,欲齐其家者,先修其身。欲修其身者,先正其心。欲正其心者,先诚其意。欲诚其意者,先致其知。致知在格物。物格而后知至,知至而后意诚,意诚而后心正,心正而后身修,身修而后家齐,家齐而后国治,国治而后天下平。自天子以至于庶人,一是皆以修身为本。其本乱而末治者否矣。其所厚者薄,而其所薄者厚,未之有

---

① 司马迁撰,裴骃集解,司马贞索隐,张守节正义《史记》卷六十三,中华书局,1959年版,第2135页。
② 司马迁撰,裴骃集解,司马贞索隐,张守节正义《史记》卷六十三,中华书局,1959年版,第2135页。

也。此谓知本，此谓知之至也。"①晏子长期担任重臣，与他的前任管子相比较，他更注重自身修养，身体力行，严格要求自己。

晏子自律甚严，他生活在齐国这样一个经济发达地区，同时，又具有奢靡的文化传统，他的前任管仲早年生活困顿，但执政以后，生活奢侈，而晏子虽然贵为上卿，但是，在饮食起居、声色犬马方面，极其节制。

《左传·昭公三年》载，初，景公欲更晏子之宅，曰："子之宅近市，湫隘嚣尘，不可以居，请更诸爽垲者。"辞曰："君之先臣容焉，臣不足以嗣之，于臣侈矣。且小人近市，朝夕得所求，小人之利也。敢烦里旅？"公笑曰："子近市，识贵贱乎？"对曰："既利之，敢不识乎？"公曰："何贵何贱？"于是景公繁于刑，有鬻踊者。故对曰："踊贵屦贱。"既已告于君，故与叔向语而称之。景公为是省于刑。君子曰："仁人之言，其利博哉。晏子一言而齐侯省刑。《诗》曰：'君子如祉，乱庶遄已。'其是之谓乎！"及晏子如晋，公更其宅，反，则成矣。既拜，乃毁之，而为里室，皆如其旧。则使宅人反之，曰："谚曰：'非宅是卜，唯邻是卜。'二三子先卜邻矣，违卜不祥。君子不犯非礼，小人不犯不祥，古之制也。吾敢违诸乎？"卒复其旧宅。公弗许，因陈桓子以请，乃许之。②

晏子不但活着的时候不欲生活侈靡，他还关心他死后家人是否可以继承家风，《晏子春秋·内篇杂下》之《晏子病将死妻问所欲言云毋变尔俗第二十九》载，晏子病，将死，其妻曰："夫子无欲言

---

① 郑玄注，孔颖达疏《礼记正义》卷六十，《十三经注疏》，中华书局，1980年版，第1673页。
② 杜预注，孔颖达疏《左传正义》卷四十二，《十三经注疏》，中华书局，1980年版，第2031页。

乎?"晏子曰:"吾恐死而俗变。谨视尔家,毋变尔俗也。"①

司马迁说晏子"食不重肉,妾不衣帛",②晏子夫人,也生活简朴。《晏子春秋·外篇不合经术者第八》之《田无宇非晏子有老妻晏子对以去老谓之乱第十》载,田无宇见晏子独立于闺内,有妇人出于室者,发斑白,衣缁布之衣,而无里裘,田无宇讥之曰:"出于室何为者也?"晏子曰:"婴之家也。"无宇曰:"位为中卿,食田七十万,何以老妻为?"对曰:"婴闻之,去老者谓之乱,纳少者谓之淫。且夫见色而忘义,处富贵而失伦,谓之逆道。婴可以有乱淫之行,不顾于伦,逆古之道乎?"③

晏子不愿"去老""纳少",体现了晏子"君子不忘故旧"的恩德,同时,也是节俭自律的重要体现。《晏子春秋·外篇不合经术者第八》之《工女欲入身于晏子晏子辞不受第十一》载,有工女,托于晏子之家者,曰:"婢妾,东郭之野人也,愿得入身,比数于下陈焉。"晏子曰:"乃今而后自知吾不肖也。古之为政者,士农工商异居,男女有别而不通,故士无邪行,女无淫事。今仆托国主民,而女欲奔仆,仆必色见而行无廉也。"遂不见。④

晏子把自己作为"托国主民"的领导人的"纳少"的问题,提升到了国家文化建设的战略高度来认识,充分体现了他严格自律和承载社会风俗建设的责任心。

晏子不仅自己节制,而且还督促君主能节用而爱民。《晏子春秋·内篇谏上》之《景公夜听新乐而不朝晏子谏第六》载,晏子朝,

---

① 《晏子春秋》,见《诸子集成》,中华书局,1954年版,第174-175页。
② 见司马迁撰,裴骃集解,司马贞索隐,张守节正义《史记》卷六十二,中华书局,1959年版,第2134页。
③ 《晏子春秋》,见《诸子集成》,中华书局,1954年版,第212-213页。
④ 《晏子春秋》,见《诸子集成》,中华书局,1954年版,第213页。

杜肩望羊待于朝。晏子曰:"君奚故不朝?"对曰:"君夜发不可以朝。"晏子曰:"何故?"对曰:"梁丘据入歌人虞,变齐音。"晏子退朝,命宗祝修礼而拘虞。公闻之而怒曰:"何故而拘虞?"晏子曰:"以新乐淫君。"公曰:"诸侯之事,百官之政,寡人愿以请子。酒醴之味,金石之声,愿夫子无与焉。夫乐,何必夫故哉?"对曰:"夫乐亡而礼从之,礼亡而政从之,政亡而国从之,国衰臣惧。君之逆政之行。有歌,纣作北里,幽厉之声,顾夫淫以鄙而偕亡。君奚轻变夫故哉?"公曰:"不幸有社稷之业,不择言而出之,请受命矣。"①

《晏子春秋·内篇杂上》之《晏子饮景公酒公呼具火晏子称诗以辞第十五》载,晏子饮景公酒,日暮,公呼具火。晏子辞曰:"诗云:'侧弁之俄',言失德也;'屡舞傞傞',言失容也;'既醉而出,并受其福',宾主之礼也;'醉而不出,是谓伐德',宾主之罪也。婴已卜其日,未卜其夜。"公曰:"善。"举酒祭之,再拜而出。曰:"岂过我哉,吾托国于晏子也。以其家贫善寡人,不欲其淫侈也,而况与寡人谋国乎!"②

自中央集权制度建立以后,中国历史发展的大部分时候,忠臣为民,正道直行,直言进谏,都是冒着大危险的。而在春秋之前,直言进谏虽然不必冒生命代价,但是,怎么样让自己的谏言能为领导人接受,这既需要君主的纳言境界,同时,大臣的人生智慧也是非常重要的。在这方面,晏子可以说是一面旗帜。孔子所谓"晏子能明其所欲,景公能行其所善也"③,正是指的这一点。

晏子在与君主打交道的时候,外圆内方,既坚持原则,又体现

---

① 《晏子春秋》,见《诸子集成》,中华书局,1954年版,第8-9页。
② 《晏子春秋》,见《诸子集成》,中华书局,1954年版,第134-135页。
③ 《晏子春秋·内篇谏上第一·景公衣狐白裘不知天寒晏子谏第二十》,见《诸子集成》,中华书局,1954年版,第29页。

了智慧,《晏子春秋·内篇谏上》之《景公所爱马死欲诛圉人晏子谏第二十五》载,景公使圉人养所爱马,暴病死,公怒,令人操刀解养马者,是时晏子侍前,左右执刀而进,晏子止之,而问于公曰:"古时尧舜支解人,从何躯始?"公惧然曰:"从寡人始。"遂不支解。公曰:"以属狱。"晏子曰:"此不知其罪而死,臣请为君数之,使自知其罪,然后致之狱。"公曰:"可。"晏子数之曰:"尔罪有三,公使汝养马而杀之,当死罪一也;又杀公之所最善马,当死罪二也;使公以一马之故而杀人,百姓闻之必怨吾君,诸侯闻之必轻吾国,汝一杀公马,使公怨积于百姓,兵弱于邻国,当死罪三也,今以属狱。"公喟然叹曰:"夫子释之,夫子释之,勿伤吾仁也。"①

晏子的智慧,也表现在外交领域。《晏子春秋·内篇杂下》之《晏子使楚楚为小门晏子称使狗国者入狗门第九》载,晏子使楚,楚人以晏子短,为小门于大门之侧而延晏子。晏子不入,曰:"使狗国者,从狗门入,今臣使楚,不当从此门入。"傧者更道,从大门入。见楚王,王曰:"齐无人耶?使子为使?"晏子对曰:"齐之临淄三百闾,张袂成阴,挥汗成雨,比肩继踵而在,何为无人?"王曰:"然则何为使子?"晏子对曰:"齐命使,各有所主。其贤者使使贤主;不肖者使使不肖主,婴最不肖,故宜使楚矣。"②

又《楚王欲辱晏子指盗者为齐人晏子对以橘第十》载,晏子将使楚,楚王闻之,谓左右曰:"晏婴,齐之习辞者也。今方来,吾欲辱之,何以也?"左右对曰:"为其来也,臣请缚一人,过王而行,王曰:'何为者也?'对曰:'齐人也。'王曰:'何坐?'曰:'坐盗。'"晏子至,楚王赐晏子酒,酒酣,吏二缚一人诣王。王曰:"缚者何为者也?"对

---

① 《晏子春秋》,见《诸子集成》,中华书局,1954年版,第34-36页。
② 《晏子春秋》,见《诸子集成》,中华书局,1954年版,第157-158页。

曰:"齐人也,坐盗。"王视晏子曰:"齐人固善盗乎?"晏子避席对曰:"婴闻之,橘生淮南,则为橘;生于淮北,则为枳,叶徒相似,其实味不同,所以然者何?水土异也。今民生长于齐不盗,入楚则盗,得无楚之水土,使民善盗耶?"王笑曰:"圣人非所与熙也,寡人反取病焉。"①

《晏子春秋·内篇杂下》之《晏子病将死凿楹纳书命子壮而示之第三十》载,晏子病,将死,凿楹纳书焉,谓其妻曰:"楹语也,子壮而示之。"及壮,发书,书之言曰:"布帛不可穷,穷不可饰;牛马不可穷,穷不可服;士不可穷,穷不可任;国不可穷,穷不可窃也。"②晏子担心儿子将来缺乏政治智慧,在临死的时候,给妻子留下遗嘱,叮嘱妻子待儿子壮年以后再让儿子阅读。晏子在遗嘱中教导"不可穷"的道理,固然是充满了辩证法的深刻思想,同时,他要儿子壮年以后,有了一定的人生经验,再来领会他的"不可穷"的思想,同样是充满了智慧的设计。

作为贤人的晏子,其境界当然没有达到圣人的程度,二桃杀三士,以及晏子不止一次非议或者为难孔子,都说明晏子本人并没有超出齐国地区视野,其人生智慧也有很多奸诈的痕迹。但是,究其根本思想,仍然体现了一个贤臣所具有的大节。晏子的行为,受到了孔子的高度赞扬,晏子本人,也是后世儒家推崇的重要的贤臣典范。

---

① 《晏子春秋》,见《诸子集成》,中华书局,1954年版,第158-159页。
② 《晏子春秋》,见《诸子集成》,中华书局,1954年版,第175页。

第四章　战国道家著作

道家是战国诸子中重要一派,其学说分为黄老与庄子两派。《汉书·艺文志》云:

> 道家者流,盖出于史官。历记成败存亡祸福古今之道,然后知秉要执本,清虚以自守,卑弱以自持,此君人南面之术也。合于尧之克攘,《易》之嗛嗛,一谦而四益,此其所长也。及放者为之,则欲绝去礼学,兼弃仁义,曰:独任清虚可以为治。①

《隋书·经籍志》云:

> 道者,盖为万物之奥,圣人之至赜也。《易》曰:"一阴一阳之谓道。"又曰:"仁者见之谓之仁,智者见之谓之智,百姓日用而不知。"夫阴阳者,天地之谓也。天地变化,万物蠢生,则有经营之迹。至于道者,精微淳粹,而莫知其体。处阴与阴为一,在阳与阳不二。仁者资道以成仁,道非仁之谓也;智者资道以为智,道非智之谓也;百姓资道而日用,而不知其用也。圣人体道成性,清虚自守,为而不恃,长而不宰,故能不劳聪明而人自化,不假修营而功自成。其玄德深远,言象不测。先王惧人之惑,置于方

---

① 班固撰,颜师古注《汉书》卷三十,中华书局,1962年版,第1733页。

外,六经之义,是所罕言。《周官》九两,其三曰师,盖近之矣。然自黄帝以下,圣哲之士,所言道者,传之其人,世无师说。汉时,曹参始荐盖公能言黄老,文帝宗之。自是相传,道学众矣。下士为之,不推其本,苟以异俗为高,狂狷为尚,迂诞谲怪而失其真。①

黄老道家和庄子两派的观点既有联系,又互相区别,概括而言,黄老之学,是所谓"南面之术",站在君主本位,重法术,是强调君主以道德方式去统治人民;庄子之学,是"放者"所为,站在被统治者立场上,主张用道的无为此方式,去躲避君主的统治,其绝礼学仁义,而任清虚,就是这种躲避的表现方式。

第一节 传世战国主要道家著作钩稽

《汉书·艺文志》以道家次儒家之后,凡三十七家,九百九十三篇,②其篇数在九流中居第一。今存而可以认定为战国著作者,包括《管子》《文子》《庄子》《列子》《鹖冠子》《黄帝四经》等,以及《道德经》③等。

如果就诸书之影响而言,以《道德经》《庄子》为最重要,但《黄帝四经》一书,久已失传,1973年出土于长沙马王堆汉墓,西汉人每每"黄老"并举,则《黄帝四经》于黄老学之重要性,当不在被当作老

---

① 魏征等撰《隋书》卷三十四,中华书局,1973年版,第1003页。
② 班固撰,颜师古注《汉书》卷三十,中华书局,1962年版,第1731页。
③ 《汉书·艺文志》所载老子书,包括《老子邻氏经传》《老子傅氏经说》《老子徐氏经说》《刘向说老子》等四种。班固撰,颜师古注《汉书》卷三十,中华书局,1962年版,第1729页。

子学说的《道德经》之下。

《黄帝四经》不是传说中的黄帝所著,其成书大约在战国中期,约公元前4世纪左右。①《淮南子·修务训》曰:"世俗之人,多尊古而贱今,古为道者必托之于神农、黄帝而后能入说。"《黄帝四经》是战国时托名黄帝的众多著作之一。《隋书·经籍志》曾肯定汉时所存诸子道书之流三十七家,以《黄帝四经》《老子》二篇为"最得深旨"。

《老子》,即《道德经》,《史记·老子韩非列传》曰:

> 老子者,楚苦县厉乡曲仁里人也。姓李氏,名耳,字聃,周守藏室之吏也。孔子适周,将问礼于老子。老子曰:"子所言者,其人与骨皆已朽矣,独其言在耳。且君子得其时则驾,不得其时则蓬累而行。吾闻之,良贾深藏若虚,君子盛德,容貌若愚。去子之骄气与多欲,态色与淫志,是皆无益于子之身。吾所以告子,若是而已。"孔子去,谓弟子曰:"鸟,吾知其能飞;鱼,吾知其能游;兽,吾知其能走。走者可以为罔,游者可以为纶,飞者可以为矰。至于龙吾不能知,其乘风云而上天。吾今日见老子,其犹龙邪!"老子修道德,其学以自隐无名为务。居周久之,见周之衰,乃遂去。至关,关令尹喜曰:"子将隐矣,强为我著书。"于是老子乃著书上下篇,言道德之意五千余言而去,莫知其所终。或曰:老莱子亦楚人也,著书十五篇,言

---

① 参见《考古学报》1975年第1期唐兰《马王堆出土〈老子〉乙本卷前古佚书的研究》与1975年第2期龙晦《马王堆出土〈老子〉乙本前古佚书探原》,以及余明光《黄帝四经与黄老思想》,黑龙江出版社,1989年版。

道家之用,与孔子同时云。盖老子百有六十余岁,或言二百余岁,以其修道而养寿也。自孔子死之后百二十九年,而史记周太史儋见秦献公曰:"始秦与周合,合五百岁而离,离七十岁而霸王者出焉。"①或曰儋即老子,或曰非也,世莫知其然否。老子,隐君子也。老子之子名宗,宗为魏将,封于段干。宗子注,注子宫,宫玄孙假,假仕于汉孝文帝。而假之子解为胶西王卬太傅,因家于齐焉。②

司马迁"采经摭传,分散数家之事,甚多疏略,或有抵梧"③,其论老子,即为一例。

老子之存在,当然是不成问题的,但究竟老子是李耳、老莱子,还是周太史儋,司马迁未作考证。言老子寿命,竟至二百余岁,这说明在汉初,老子其人之事迹已难以确论。不过,《庄子》之《德充符》《天地》《天道》《天运》诸篇有关于孔子问礼老子之事。④ 如果说《庄子》多寓言,其言可信者少,而《礼记·曾子问》云:

> 曾子问曰:"葬引至于堩,日有食之,则有变乎? 且不乎?"孔子曰:"昔者,吾从老聃,助葬于巷党,及堩,日有食

---

① 司马贞《史记索隐》曰:"周、秦二本纪并云:'始周与秦国合而别,别五百载又合,合七十岁而霸王者出。'然与此传离合正反,寻其意义,亦并不相违也。"司马迁撰,裴骃集解,司马贞索隐,张守节正义《史记》卷六十三,中华书局,1959年版。

② 司马迁撰,裴骃集解,司马贞索隐,张守节正义《史记》卷六十三,中华书局,1959年版,第2139—2143页。

③ 《汉书·司马迁传》,班固撰,颜师古注《汉书》卷六十二,中华书局,1962年版,第2737页。

④ 王先谦《庄子集解》,见《诸子集成》,中华书局,1954年版。

之,老聃曰:'丘!止柩,就道右,止哭以听变'。既明,反而后行。曰:'礼也'。反葬,而丘问之曰:'夫柩不可以反者也,日有食之,不知其已之迟数,则岂如行哉?'老聃曰:'诸侯朝天子,见日而行,逮日而舍奠。大夫使,见日而行,逮日而舍。夫柩不蚤出,不暮宿。见星而行者,唯罪人与奔父母之丧者乎？日有食之,安知其不见星也。且君子行礼,不以人之亲疧患。'吾闻诸老聃云。"①

《礼记》成书于战国时期,孔子之言曾从老聃,其言或无不差。如此,则老聃当为孔子同时之人,当有可能。梁启超《老子哲学》认为,关于老子的资料,可以确认的是,一、老子姓李名耳,亦名聃;二、他是楚国人,或者说是陈国人;三、他在周朝做过守藏史,相当于国立图书馆馆长;四、他和孔子是见过面的。② 不过,近人罗根泽指出:

> 史公误信孔子问老聃之说,而又确知孔子卒后百二十九年太史儋见秦献公,故有老子寿二百余岁之妄,老聃、史儋是否一人之疑。其实老聃即史儋,何以言之?一、聃儋音同字通,《吕氏春秋》作老耽,亦即此人,古声音同则可假借,故荀卿一作孙卿,荆卿一作庆卿,厥例繁矣。二、聃为周柱下史,儋亦为周之史官。三、老子出函谷关;史儋入秦,亦必出函谷关。四、……而考《孔子世家》,孔

---

① 郑玄注,孔颖达疏《礼记正义》卷十八,见《十三经注疏》,中华书局,1980年版,第1400—1401页。
② 梁启超《饮冰室专集》之三十五,《饮冰室合集》,中华书局,1989年版。

子十世孙襄,为孝惠博士,何老子先于孔子,反八世已至孝文?……然则老耼亦战国时人。关尹更不必论矣。①

罗根泽此言,为我们认识老聃,提供了另外一个思路。实际上,既然老聃又可能是太史儋,当然也存在老聃与李聃、老子未必是一个人的可能性。

无论老子是春秋时代人,或者战国时人物,《道德经》的成书,却不得早于战国时期,梁启超指出《老子》攻击仁义,必然出于孔子之后,②顾颉刚更指出《老子》称《道德经》,"经"是战国后期才有的称呼,而对圣智的批判,更体现战国后期的时代特征。③ 蒋伯潜先生认为《老子》之为战国时人掇拾荟萃而成,《诸子通考》为此而举六证,其一曰:《论语》记言,有某曰,而《老子》无,《论语》更古。其二曰:《论语》《墨子》《孟子》不及老子,而《老子》却反儒墨,《老子》当晚于《墨子》《孟子》。其三曰:《老子》比《论语》更多重见迭出之语,非一人自著。其四曰:《论语》无韵,《孟子》韵语极少,而《老子》韵语极多,类似《尚书》之《洪范》,《易传》之《文言》《系辞》,议论文用韵语,当较晚。其五曰:《老子》曰:"故失道而后德,失德而后仁,失仁而后义,失义而后礼,夫礼者,忠信之薄而乱之首。前识者,道之华而愚之始也。"《庄子·知北游》引黄帝之言曰:"故曰,失道而后德,失德而后仁,失仁而后义,失义而后礼,礼者,道之华而

---

① 罗根泽《诸子考索》之《战国前无私家著作说》,人民出版社,1958年版,第15页。

② 梁启超《古书真伪及其年代》,见《饮冰室专集》之一百四,《饮冰室合集》,中华书局,1989年版。

③ 顾颉刚《论诗经经历及老子与道家书》,顾颉刚《古史辨》第一册,海南出版社,2005年版。

乱之首也。"孔子讲仁,孟子讲义,荀子讲礼,此语出自战国末世,而托言黄老,因而《老子》成书最早同于《庄子》,甚至在《庄子》之后。其六曰:《老子》语多并见于《庄子》,且多杂法家、兵家、纵横家之言,明系杂集而成。"据此六证,可以断定《老子》决非出于一人,作于一时,而为战国时人条录道家传诵之格言,(《老子》中韵语,当为口耳相传之格言。)采自他书之精语,荟萃成书,托之老子"。①

钱穆《再论老子成书年代》一文也指出,"就《老子》书中对政治社会所发种种理论而推测其当时之背景,则其书颇似战国晚年之作品","今《老子》书中思想,明与庄周、公孙龙、宋钘诸家相涉;其书似可出诸家后。乃有兼采诸家以成书之嫌疑也"②。

余明光以帛书为根据,认为"它是老子后学根据老子的思想和道家的学说不断增益编纂而成的,要不然就不会在帛书中出现前后重复和矛盾的现象"。又说"三十辐,共一毂,当其无,有车之用"一语所云"三十辐共一毂"之车子,通过考古发掘,证明是战国才出现的,其成为车子之定制,"还是战国中后期的事";证明"万乘之主"之说法,只能出现于七国争雄之时,而春秋诸侯兵车至多不超过五千乘。③ 又《道德经》曰:"偏将军居左,而上将军居右。""上将军"之名出现于战国。有人认为此段文字非《道德经》原文,为后人增入,而帛书《老子》却有此章,证明此章属《道德经》原文。这些证据都说明《老子》之出现,当在战国中晚期。

1993年在湖北荆门郭店出土的楚简之《老子》甲本、乙本、丙

---

① 蒋伯潜《诸子通考》下编第七章,浙江古籍出版社,1985年版,第406—413页。
② 钱穆《老子辩》,大华书局,1935年版。
③ 余明光《黄帝四经与黄老思想》第四章,黑龙江人民出版社,1989年版,第78—95页。

本,为我们认识《老子》成书提供了新证据,《郭店楚墓竹简·前言》云:

> 简本《老子》甲、乙、丙是迄今为止所见年代最早的《老子》传抄本,它的绝大部分文句与今本《老子》相近或相同,但不分德经和道经,而且章次与今本也不相应。①

郭店楚墓的时代大约是战国中期偏晚,虽然简本《老子》存在着因盗墓而散佚的可能性,但是,就现存的内容看,我们认为,在战国中晚期,《老子》并没有形成一个完整的定本,这说明《老子》是拾萃众家之言的可能性很大。

今存黄老道家著作,还包括《管子》《文子》《鹖冠子》等。这些书过去曾被人怀疑为伪书,随着考古资料的丰富,皆大体可以肯定为战国中晚期人所作。《管子》《文子》《鹖冠子》中都大量引用《黄帝四经》中的语句,②梁启超先生认为《管子》中有关"兼爱""非攻"之说,已经标明它的成书应该在墨家出现之后,③而银雀山汉墓竹简中古佚篇《王兵》之内容散见于《管子》之《参患》《七法》《地图》等篇。④ 1973 年在河北省定县八角廊村西汉墓中也发现了竹简本《文子》,与今本《文子》大致不差。则《管子》《文子》《鹖冠子》当成

---

① 《郭店楚墓竹简》,文物出版社,1998 年版。
② 参见唐兰《马王堆出土〈老子〉乙本卷前古佚书的研究》附录一《〈老子〉乙本卷前古佚书引文表》,《考古学报》1975 年第 1 期。
③ 梁启超《古书真伪及其年代》,见《饮冰室专集》之一百四,《饮冰室合集》,中华书局,1989 年版。
④ 参见《银雀山汉墓竹简(壹)》,文物出版社,1985 年版。

书于《黄帝四经》之后。具体说,《管子》八十六篇①,当成于战国中后期,《吕氏春秋》《韩非子》曾引用该书材料。②《汉书·艺文志》载《文子》九篇,③今有十二篇,约"产生在战国末年"。④ 当然,传世本《文子》中也可能有秦汉后窜入的内容,如赵雅丽《〈文子〉思想及竹简〈文子〉复原研究》就认为《文子》书中的《上德》《微明》《自然》《下德》《上义》《上礼》是汉代初期的著作。⑤ 而《汉书·艺文志》曰"《鹖冠子》一篇",又曰,"楚人,居深山,以鹖为冠"。⑥ 据李学勤之推论,鹖冠子的活动年代"可估计相当赵惠文王、孝成王至悼襄王初年,即楚顷襄王、考烈王之世,也就是公元前300年到公元前240年左右,战国晚期的前半",《鹖冠子》之成书,则"不会早于公元前235年","但书内没有作于汉代的迹象",大体为战国晚期著作。⑦ 今存《鹖冠子》十九篇,与《汉书·艺文志》篇数虽不合,但根据其中引用《黄帝四经》的情况,当皆属先秦古籍。⑧

道家学派中庄子一派,以庄子为代表。《史记·老子韩非列

---

① 其中十篇有目无文,实有七十六篇之数。
② 参见谭家健、郑君华《先秦散文纲要》之十七,山西人民出版社,1987年版。
③ 班固撰,颜师古注《汉书》卷三十,中华书局,1962年版。
④ 熊铁基《秦汉新道家略论稿》之《对〈文子〉的初步探讨》,上海人民出版社,1984年版。
⑤ 赵雅丽《〈文子〉思想及竹简〈文子〉复原研究》之《结语篇》,燕山出版社,2005年版。
⑥ 班固撰,颜师古注《汉书》卷三十,中华书局,1962年版,第1730页。
⑦ 李学勤《〈鹖冠子〉与两种帛书》,陈鼓应《道家文化研究》第二辑,上海古籍出版社,1992年版。
⑧ 胡应麟《四部正讹》疑今本《鹖冠子》与《庞煖》之合。又鹖冠子为庞煖之师,故有人疑兵家《鹖冠子》入于今本。《四部正讹》,上海古籍出版社,1996年版。

传》曰：

> 庄子者，蒙人也，名周。周尝为蒙漆园吏，与梁惠王、齐宣王同时。其学无所不窥，然其要本归于老子之言。①

庄子是战国中期宋国蒙人，曾做过漆园吏，其生活时代大约在公元前369年至公元前286年左右。《汉书·艺文志》曰："《庄子》五十二篇。"②今存三十三篇，其中包括内篇七，外篇十五，杂篇十一。内篇当是庄子自著，外、杂篇中多有出自庄子后学之手的著作，但也基本上代表了庄子道家的思想，这已是学术界的共识。

庄子道家，尚有《列子》一书。《汉书·艺文志》曰："《列子》八篇。"又曰："名圄寇，先庄子，庄子称之。"柳宗元《辩列子》曰：

> 刘向古称博极群书，然其录《列子》，独曰郑穆公时人。穆公在孔子前几百岁，《列子》书言郑国，皆云子产、邓析，不知向何以言之如此？《史记》，郑缪公二十四年、楚悼王四年围郑，郑杀其相驷子阳，子阳正与列子同时。是岁，周安王三年，秦惠王、韩烈侯、赵武侯二年，魏文侯二十七年，燕釐公五年，齐康公七年，宋悼公六年，鲁穆公十年。不知向言鲁穆公时遂误为郑耶！不然，何乘错至如是。其后，张湛徒知怪《列子》书言穆公后事，亦不能推知其时。然其书亦多增窜，非其实。……其《杨朱》《力

---

① 司马迁撰，裴骃集解，司马贞索隐，张守节正义《史记》卷六十三，中华书局，1959年版，第2143页。
② 班固撰，颜师古注《汉书》卷三十，中华书局，1962年版，第1730页。

命》疑其杨子书。其言魏牟、孔穿,皆出列子后,不可信。然观其辞,亦足通知古之多异术也,读焉者慎取之而已矣。①

庄子书中,多次提及子列子、列子、御寇、列御寇之名。《庄子·让王》曰:"子列子穷,容貌有饥色,客有言之于郑子阳者。"②列子与子阳同时,子阳之死在公元前389年。《列子》其书,作者既非一人,成书亦非一时,许抗生《列子考辨》认为,"《列子》基本上是一部先秦道家典籍,基本上保存了列子及其后学的思想。它大约作于战国中后期,并非一时一人所著,而是列子学派后学所为,并夹杂有道家杨朱学派后学的著作","《黄帝篇》《汤问篇》很可能成书较早,先于《庄子·内篇》,而《天瑞篇》则作于《庄子》外杂篇同时或稍晚。其他诸篇大抵亦作于战国中后期"。并在散佚后经后人增删、伪纂、润色。③ 这个推论大致可信。

第二节 《黄帝四经》等黄老著作的思想

《黄帝四经》④一书,分为《经法》《十六经》《称》《道原》四篇。《经法》主要是讲治国必须依靠法制,《十六经》是关于政治、军事斗争的策略问题,《称》讲施政、行法必须权衡度量,区分轻重缓急,

---

① 《柳河东全集》卷四,中国书店,1991年版。
② 王先谦《庄子集解》卷八,见《诸子集成》,中华书局,1954年版。
③ 见陈鼓应主编《道家文化研究》第一辑,上海古籍出版社,1992年版,第358页。
④ 下文所引《黄帝四经》文字见于唐兰《马王堆出土〈老子〉乙本卷前古佚书的研究》,《考古学报》1975年第1期,及余明光《黄帝四经与黄老思想》,黑龙江人民出版社,1983年版。

《道原》则主要讲宇宙观。

《经法》九节,其一《道法》认为,"道生法",治国必须靠法制,"刑(形)名立,则黑白之分已","法者,(引)得失以绳,而明曲直者殹(也)。[故]执道者,生法而弗敢犯殹(也),法立而弗敢废殹(也)。□能自引以绳,然后见知天下而不惑矣"。这是强调法的重要性。

其二《国次》强调刑罚举措的得当和遵循自然法则,所谓"诛禁不当,反受其央(殃)","过极失[当],天将降央(殃)","故唯圣人能尽天极,能用天当",天即自然法则。

其三《君正》强调收买民心及合民意,所谓"俗者顺民心殹(也),德者爱勉之[也]"。因此,要"从其俗"。"用其德",使"民有得",然后可以"发号令","以刑正","民畏敬","可以正(征)"。"发号令"是让民"连为什伍","以刑正"是"罪杀不赦","可以征"则"民死节"。要用民,必须行德杀、刚柔之道,即"[文]武并行,则天下从矣"。又曰:"人之本在地,地之本在宜,宜之生在时,时之用在民,民之用在力,力之用在节。知地宜,须时而树,节民力以使,则财生。赋敛有度则民富,民富则有佴(耻),有佴(耻)则号令成俗而刑伐(罚)不犯,号令成俗而刑伐(罚)不犯则守固单(战)朕(胜)之道也。法度者,正之至也。而以法度治者,不可乱也。而生法度者,不可乱也。精公无私而赏罚信,所以治也。苛事,节赋敛,毋夺民时,治之安。无父之行,不得子之用;无母之德,不能尽民之力。父母之行备,则天地之德也。……号令阖(合)于民心,则民听令。兼爱无私,则民亲上。"

其四《大(六)分》强调君臣各守本分,"观国者观主,观家观父,能为国则能为主,能为家则能为父","为人主,南面而立,臣肃敬,不敢敝(蔽)其主。下比顺,不敢敝(蔽)其上。万民和辑而乐为其主上用,地广人众兵强,天下无适(敌)"。国有六逆则大乱,国有六顺则大治,六逆为主弱臣强,六顺为主强臣弱。

其五《四度》强调不失本、不失职、不失天、不失人,"君臣易立(位)胃(谓)之逆,贤不宵(肖)并立胃(谓)之乱,动静不时胃(谓)之逆,生杀不当胃(谓)之暴。逆则失本,乱则失职,逆则失天,[暴]则失人","审知四度,可以定天下,可以安一国"。

其六《论》强调君主"天天","重地","顺四时之度",察刑名,知情伪。

其七《亡论》,主要讲亡国之原因,曰:"一国而服(备)六危者威(来),一国而服(备)三不辜者死,废令者亡。一国之君而服(备)三雍者,亡地更君。一国而服(备)三凶者,祸反[自及]也。"六危指嫡子代父行事,大臣为主,谋臣有异志,听诸侯之废置,左右亲信比周雍塞,父兄党朋不听号令。三不辜指妄杀杀贤,杀服民,刑无罪。三雍指内位胜,外位胜,内外勾结孤立君主;从中令外,从外令中,惑贼交净;一人主擅主,蔽光重雍。三凶指好凶器,行逆德,纵心欲。

其八《论约》强调顺天常,审刑名,曰:"故执道者之观于天下也,必审观事之所始起,审其刑(形)名。刑(形)名已定,逆顺有立(位),死生有分,存亡兴坏有处。然后参之于天地之恒道,乃定祸福死生存亡兴坏之所在。是故万举不失理,论天下而无遗策。"

其九《名理》强调"审其名","正道循理","虚静公正",重柔而不重刚。

《黄帝四经》四篇,其内容主要是出于为君主统治术总结经验的目的,因此,其思想以致治术为中心。《黄帝四经》倡导文武并用,刑德兼行的道法、法术思想,最突出表现在《经法》一篇中。而其余三篇,也进一步发挥了这种思想,如《十六经》曰:"天德皇皇,非刑不行;缪(穆)缪(穆)天行,非德必顷(倾)。"德与刑之间,又"先德后刑,顺于天","春夏为德,秋冬为刑,先德后刑以养生","并时以养民功"。《黄帝四经》倡虚柔之道,《经法》所谓"执道者之观天下殴(也),无执殴(也),无处也,无为殴(也),无私殴(也)",则是把无为与法术相结合,如此无为,实为有为,所以《十六经》曰:"欲知得失,请必审名察形(刑)、刑(形)恒自定,是我俞(愈)静。事恒自(施),是我无为。"《黄帝四经》强调君臣上下的本分。《经法》所谓:"贵贱有恒立(位)","主主臣臣,上下不赾者,其国强。《称》曰"主阳臣阴。上阳下阴","贵[阳]贱阴。达阳穷阴",皆此类也。

《黄帝四经》也有保民、爱民、养民之思想,《十六经》曰"吾畏天爱地亲民","吾爱民而民不亡",又曰"毋雍民明",似乎也有一种民主思想存在。

《黄帝四经》于君主的人格修养,则强调"兼爱无私",慈惠爱人,诚信谦卑,公而无私。《经法》曰"兼爱无私,则民亲上","言有害,曰不信,曰不知畏人,曰自诬,曰虚夸,以不足为有余","虚静谨听","唯公无私"。《十六经》曰"卑约主柔"。《称》曰"宫室过度,上帝所亚(恶)"。而《十六经》之《雌雄节》专论贵柔守雌之道理。所有这些原则,都得自于对自然与社会规律的把握,也就是对"道"的认识。《道原》认为"道"无名无形,无为而无不为,"万物得之以生,百事得之以成",因而"抱道执度,天下可一",统一天下,就得守道、顺道、循道,而柔术、文武兼用、德刑并错,也就是《黄帝四经》的"道"。

《文子》①一书,是发扬黄老大意之作。孙星衍《文子序》云:

---

① 王利器《文子义疏》,中华书局,2000年版。

"黄帝之言,述于老聃;黄老之学,存于《文子》。西汉用以治世,当时诸臣皆能称道其说,故其书最显。"①柳宗元《辩文子》曰:"其指意皆本老子,然考其书,盖驳书也。"②传世本《文子》今有《道原》《精诚》《九守》《符言》《道德》《上德》《微明》《自然》《下德》《上仁》《上义》《上礼》诸篇,通过称述老子之言,申述黄老思想,其中杂有名、法、儒、墨等思想。

《鹖冠子》一书,也是发扬黄老大意之作。今本《鹖冠子》包括《博选》《著希》《夜行》《天则》《环流》《道端》《近迭》《度万》《王鈇》《泰鸿》《泰录》《世兵》《备知》《兵政》《学问》《世贤》《天权》《能天》《武灵王》等篇,这些篇章中,大量引用、发挥《黄帝四经》之学,如《博选》言"五至",《道端》言"四维",《度万》之言"法错而阴阳调",③都可与《黄帝四经》之《称》言君臣关系,《十六经·立命》之言"四面",《十六经·五正》之言"五正",④联系在一起。韩愈《读鹖冠子》云:"《鹖冠子》十有六篇,其词杂黄老刑名,其《博选篇》四稽五至之说,当矣。使其人遇其时,援其道而施于国家,功德岂少哉。《学问篇》称贱生于无所用,中流失船,一壶千金者,余三读其辞而悲之。"⑤这个说法是站得住的。

《管子》一书,具有以道家为主,而兼诸流之倾向。吕思勉先生认为,该书是"成于无意中之杂家也。书中道法家言诚精绝,然关

---

① 孙星衍《问字堂集》,卷四,中华书局,1985年版,第87页。
② 见《柳河东全集》卷四,中国书店,1991年版。
③ 并见黄怀信《鹖冠子汇校集注》,中华书局,2004年版。
④ 《黄帝四经》文字见于唐兰《马王堆出土〈老子〉乙本卷前古佚书的研究》,《考古学报》1975年第1期,及余明光《黄帝四经与黄老思想》,黑龙江人民出版社,1983年版。
⑤ 《韩昌黎全集》卷十一,中国书店,1991年版,第183页。

涉他家处尤多。如《幼官》《幼官图》《四时》《五行》《轻重》已为阴阳家言;《七法》《兵法》《地图》《参患》《制分》《九变》为兵家言;《霸言》为纵横家言;《地员》为农家言是也。诸家之书,所传皆少,存于此书中者,或转较其当家之书为精;即以道法家言论,亦理精文古,与老、庄、商、韩各不相掩"。① 案黄老思想,兼有道法,因而韩非出黄老而讲法术,依此而言,《管子》之思想,归入道家,是刘向洞明黄老之学精华,至《隋书》改入法家,缘于黄帝之学失传,后人无法洞悉黄老之学全貌,而致误会。《管子》之《心术》《内业》《白心》《枢言》四篇,无论其作者属谁,作为《管子》书之有机组成部分,其思想中表现出的"虚无无形,谓之道","大道可安而不可说","天曰虚,地曰静","故必知不言之言,无为之事,然后知道之纪"②,"能者无名,从事无事","空然勿两之,淑然自清",③与《道德经》相类;而其言道法,曰:"无为之谓道,人间之理者谓其所以舍也,宜者谓各处其宜也,礼者因人之情,缘义之理,而为之节文者。故礼出于理,理出乎义,义因乎宜者也。法者,所以同出不得不然者,故事督乎法。"④这种观点,近于《黄帝四经》,而与商、韩一断于法不同。

---

① 吕思勉《先秦学术概论》,下编,中国大百科全书出版社,1985年版。
② 并见《管子·心术上》,戴望《管子校正》卷十三,《诸子集成》,中华书局,1954年版。
③ 并见《管子·白心》,戴望《管子校正》卷十三,《诸子集成》,中华书局,1954年版。
④ 并见《管子·心术上》,戴望《管子校正》卷十三,《诸子集成》,中华书局,1954年版。

第三节 《老子》的主要思想

黄老著作中,除《黄帝四经》外,《老子》最为重要。《老子》即《道德经》在思想上的突出特点,首先是对传统价值观道德观的批判,《道德经》上篇曰:

> 天下皆知美之为美,斯恶已;皆知善之为善,斯不善已。①

> 不尚贤,使民不争;不贵难得之货,使民不为盗;不见可欲,使民心不乱。是以圣人之治,虚其心,实其腹,弱其志,强其骨,常使民无知无欲,使夫智者不敢为也。为无为,则无不治。②

> 五色令人目盲,五音令人耳聋,五味令人口爽,驰骋畋猎令人心发狂,难得之货令人行妨。③

在老子看来,天下所见之美,必引来恶;众人所誉之善,必有不善。尚贤、贵难得之货、欲望,是社会混乱的根源,而五色、五音、五味、畋猎、难得之货,虽可愉悦感观,却带来了不可挽救的后果,因此,都应予以否定。《老子》有反传统的强烈叛逆思想,因而矛头直指传统的善恶观。《老子》上篇云:

---

① 王弼《老子注》上篇,见《诸子集成》,中华书局,1954年版,第1页。
② 王弼《老子注》上篇,见《诸子集成》,中华书局,1954年版,第2页。
③ 王弼《老子注》上篇,见《诸子集成》,中华书局,1954年版,第6页。

大道废,有仁义。慧智出,有大伪。六亲不和,有孝慈。国家昏乱,有忠臣。

绝圣弃智,民利百倍;绝仁弃义,民复孝慈;绝巧弃利,盗贼无有。此三者,为文不足,故令有所属:见素抱朴,少私寡欲。①

《老子》下篇云:

上德不德,是以有德;下德不失德,是以无德。上德无为而无以为,下德为之而有以为。上仁为之而无以为,上义为之而有以为。上礼为之而莫之应,则攘臂而扔之。故失道而后德,失德而后仁,失仁而后义,失义而后礼。夫礼者,忠信之薄,而乱之首。前识者,道之华,而愚之始。是以大丈夫处其厚不居其薄,处其实不居其华。故去彼取此。②

又曰,"礼"之兴,为忠信之薄,道德仁义之失。儒家及孔子所倡导的道德、仁、义、礼、智、忠信、孝悌、惠慈及一切人类文明成果,《老子》都加以批判,并倡导不道之道,不德之德,不言之知,确有惊世骇俗的效果。

《老子》思想,主要作为一种政治道术,其宗旨在教导君主之

---

① 王弼《老子注》上篇,见《诸子集成》,中华书局,1954年版,第10页。
② 王弼《老子注》下篇,见《诸子集成》,中华书局,1954年版,第23页。

治,其政治术,以"无为"为核心,所谓"为无为,则无不治",其下篇又曰:

圣人云:"我无为而民自化,我好静而民自正,我无事而民自富,我无欲而民自朴。"①

也就是说,君主的无为,既是出于"治"的需要,而其后果则可以导致"民利"。当然,我们不能否认,《老子》之无为,有愚民之嫌,却能以民之自化、自正、自富、自朴为念,说明《老子》之"愚民",也不能简单地理解为害民,而是利民。所以,《老子》反对苛民之政。《老子》云:

其政闷闷,其民淳淳;其政察察,其民缺缺。祸兮福之所倚,福兮祸之所伏。孰知其极?其无正,正复为奇,善复为妖。人之迷,其日固久。是以圣人方而不割,廉而不刿,直而不肆,光而不耀。②

"闷闷"之政是所谓"无形无名无事无政可举","察察"之政则"立刑名,明赏罚以检奸伪"。③ 闷闷则淳淳而治,察察则招致祸患。又曰:

民不畏死,奈何以死惧之。

---

① 王弼《老子注》下篇,见《诸子集成》,中华书局,1954年版,第35页。
② 王弼《老子注》下篇,见《诸子集成》,中华书局,1954年版,第35－36页。
③ 王弼《老子注》下篇,见《诸子集成》,中华书局,1954年版,第35页。

> 民之饥,以其上食税之多。是以饥民之难治,以其上之有为,是以难治;民之轻死,以其上求生之厚。①

《老子》看到了人民的反抗精神是任何力量也不能阻挡的。人民生活之艰难,在于领导人对人民的剥削无度。领导人的好大喜功,是人民陷于饥馑的主要原因。如此,老子的"无为",正是基于反对统治者贪婪的武器。

又《老子》云:

> 天地不仁,以万物为刍狗;圣人不仁,以百姓为刍狗。②

《老子》又云:

> 圣人无常心,以百姓心为心。③

韩愈《原道》指出:"博爱之谓仁,行而宜之之谓义;由是而之焉之谓道,足乎己无待于外之谓德。仁与义为定名,道与德为虚位。故道有君子小人,而德有凶有吉。老子之小仁义,非毁之也,其见者小也。坐井而观天,曰天小者,非天小也。彼以煦煦为仁,孑孑为义,其小之也则宜。其所谓道,道其所道,非吾所谓道也;其所谓

---

① 王弼《老子注》下篇,见《诸子集成》,中华书局1954年版,第44页。
② 王弼《老子注》上篇,见《诸子集成》,中华书局,1954年版第3页。
③ 王弼《老子注》下篇,见《诸子集成》,中华书局,1954年版第30页。

德,德其所德,非吾所谓德也。凡吾所谓道德云者,合仁与义言之也,天下之公言也。老子之所谓道德云者,去仁与义言之也,一人之私言也。"①《老子》倡导尊重"百姓心"之旨,是很明白的。韩愈关于《老子》小仁义非毁仁义的观点,正是看到了《老子》实际上不是认为博爱不好,而是认为领导人有不仁之心,在这样的社会风气下,要提倡仁来批判统治者之"不仁",是不可能的了。

《老子》"无为",其本质是一种阴谋韬晦的策略,其无论怎样表现对百姓的同情和肯定,对统治者的批判,但本质上仍是要愚民的。《老子》曰:

致虚极,守静笃。

知其雄,守其雌。

将欲歙之,必固张之;将欲弱之,必固强之;将欲废之,必固与之。是谓微明。柔弱胜刚强。鱼不可以脱于渊,国之利器不可以示人。②

又曰:

天下之至柔,驰骋天下之至坚。③

---

① 《韩昌黎全集》卷十一,中国书店,1991年版,第172页。
② 王弼《老子注》上篇,见《诸子集成》,中华书局,1954年版,第20—21页。
③ 王弼《老子注》上篇,见《诸子集成》,中华书局,1954年版,第27页。

> 以正治国,以奇用兵,以无事取天下。①

> 古之善道者,非以明民,将以愚之。民之难治,以其智多。故以智治国,国之贼;不以智治国,国之福。②

守虚、守静、守雌、守柔弱,用奇、用正、用无事,千言万语归结为一句话,就是要通过愚民以治国,这样看来,其"绝圣弃智"之"民利",实为利君而欺民而已。

《老子》书中,对道的产生的描述具有神秘色彩,上篇曰"道"与"名"两者同出,异名同谓,是"玄之又玄,众妙之门"。而传世《老子》云:

> 视之不见,名曰夷;听之不闻,名曰希;搏之不得,名曰微。此三者不可致诘,故混而为一。其上不皦,其下不昧。绳绳不可名,复归于无物。是谓无状之状,无物之象,是谓忽恍。迎之不见其首,随之不见其后。执古之道,以御今之有。能知古始,是谓道纪。③

---

① 王弼《老子注》下篇,见《诸子集成》,中华书局,1954年版,第34页。
② 王弼《老子注》下篇,见《诸子集成》,中华书局1954年版,第40页。
③ 王弼《老子注》上篇,见《诸子集成》,第8页。此段文字,马王堆出土帛书《老子》甲本云:"视之而弗见,名之曰微;听之而弗闻,名之曰希;捪之而弗得,名之曰夷。三者不可至计,故混而为一。一者,其上不谬,其下不忽,寻寻呵,不可名也,复归于物。是谓无状之状,无物之象,是谓忽恍,随而不见其后,迎而不见其首。"马王堆出土帛书《老子》乙本与甲本也略有出入。与此可见《老子》流传过程中的变异。见高明《帛书老子校注·道经》,中华书局,1996年版。

道作为有名、无名的统一,为"万物之始","万物之母",其特征是极其混沌的。也就是说,道的本体是无法诉诸感观的,只有抽象地去把握道的玄妙,才能接近道。而道的这种玄妙,是符合自然原始状态的特征的。道的这种特征,是无为自然原则建立的基础。

应该看到,从《黄帝四经》到《道德经》,即《老子》,法术的策略逐渐减少,而批判社会道德、秩序的批判精神逐渐增强,在这一点上,《道德经》和《庄子》有了接近的契机。不过这并不能排除《道德经》与《黄帝四经》《管子》等书一样,出发点在统治者的治国方略,而不是《庄子》的以个人如何处世为出发点。所以说,《黄帝四经》《道德经》,以及《管子》等书,仍是为君,而非为民。

第四节 杨朱的主要思想

战国道家,除了黄老之学之外,另一派,即庄子道家,由于其立足于人民本位的立场上,所以,其主张更多地为最广大的处于社会边缘的人所接受,其对后世有决定性的影响。

庄子道家,传世文献中保存下来的,主要有《庄子》《列子》等。而早于庄子的,还有一位著名的人物叫杨朱。杨朱是庄子一派道家思想的源头。讨论庄子道家,不能不溯源杨朱。

杨朱的观点,载于《列子·杨朱篇》。杨朱针对与礼教纲常互为补充的功名利禄,通过对尧、舜、伯夷、叔齐、管仲、田恒等人不同境遇的分析,得出结论说,"若实名贫,伪名富","实无名,名无实,名者,伪而已矣。昔者,尧舜伪以天下让许由、善卷,而不失天下,享祚百年。伯夷、叔齐,实以孤竹君让,而终亡其国,饿死于首阳之山。实伪之辩,如此其省也"①。因此,礼义荣禄是人生的"重囚累梏"。人的本性在于享乐,而生命短促,贤如尧舜,恶如桀纣,死后都如腐骨,所以"太古之人,知生之暂来,知死之暂往,故从心而动,不违自然所好,当身之娱,非所去也,故不为名所劝。从性而游,不逆万物所好;死后之名非所取也,故不为刑所及","故生非所生,死非所死,贤非所贤,愚非所愚,贵非所贵,贱非所贱,然而万物齐生齐死,齐贤齐愚,齐贵齐贱。十年亦死,百年亦死;仁圣亦死,凶愚亦死。生则尧舜,死则腐骨;生则桀纣,死则腐骨。腐骨一矣,孰知其异?且趣当生,奚遑死后"②。

杨朱既揭示了重当生之旨,又认为,享乐的目的在于重生贵己,即不以穷损生,不以富累生。因此,"古之人损一毫利天下不与也,悉天下奉一身不取也。人人不损一毫,人人不利天下,天下治矣"。在杨朱看来,"世固非一毛之所济",所以,损一毫利天下,是没有意义的。有人损一毫利天下,则有人以天下奉一身,如果人人不损一毫,则人人不得以天下为利。每个人都有权力发挥自己的智慧,保护自己的利益不受侵犯,所谓"智之所贵,存我为贵"③。人人存我,则君主不能侵犯人民,人民有与君主相平等的捍卫自己利益的权力。

杨朱认为,人之生死,也是一种自然现象,所以,他说,"理无久生,生非贵之所能存,身非爱之所能厚","贵生爱身"并不是执着于

---

① 张湛《列子注》卷七,见《诸子集成》,中华书局,1954年版,第77页。
② 张湛《列子注》卷七,见《诸子集成》,中华书局,1954年版,第78页。
③ 张湛《列子注》卷七,见《诸子集成》,中华书局,1954年版,第83-85页。

生命与身体,而是遵从自然本性,不"以礼教自持","无不废,无不任"①。杨朱把"贵己""为我",看作大智大圣大公,曰:"人肖天地之类,怀五常之性,有生之最灵者人也。人者,爪牙不足以供守卫,肌肤不足以自捍御,趋走不足以逃利害,无毛羽以御寒暑,必将资物以为养,性任智而不恃力。故智之所贵,存我为贵;力之所贱,侵物为贱。然身非我有也,既生,不得不全之;物非我有也,既有,不得不去之。身固生之主,物亦养之主。虽全生身,不可有其身;虽不去物,不可有其物。有其物,有其身,是横私天下之身,横私天下之物。不横私天下之身,不横私天下物者,②其唯圣人乎?公天下之身,公天下之物,其唯至人矣。此之谓至至者也。"③身非我有,物非我有,全生去物,不得利己,而是不横私天下之身,不横私天下之物,因此,贵己、为我,不是个人主义,为我主义,而正是遵从自然本性。

《列子·杨朱篇》还记载了杨朱对名的看法。杨朱指出:

> 忠不足以安君,适足以危身;义不足以利物,适足以害生。安上不由于忠,而忠名灭焉;利物不由于义,而义名绝焉。君臣皆安,物我兼利,古之道也。鬻子曰:"去名者无忧。"老子曰:"名者实之宾。"而悠悠者趋名不已。名固不可去,名固不可宾邪?今有名则尊荣,亡名则卑辱。

---

① 张湛《列子注》卷七,见《诸子集成》,中华书局,1954年版,第82—83页。

② 以上两句十四字,见于《诸子集成》本张湛《列子注》无之,今据严北溟、严捷《列子译注》改。严北溟、严捷《列子译注》,上海古籍出版社,1986年版。

③ 张湛《列子注》卷七,见《诸子集成》,中华书局,1954年版,第85页。

尊荣则逸乐，卑辱则忧苦。忧苦，犯性者也；逸乐，顺性者也。斯实之所系矣。名胡可去？名胡可宾？但恶夫守名而累实。守名而累实，将恤危亡之不救，岂徒逸乐忧苦之间哉？①

"犯性"就是违反自然本性，"顺性"就是遵从自然，杨朱主张对名的自然态度，不可执著于取得，也不执著于抛弃，以不累实之顺性态度处理，也等于说是对名采取一种安于性命的自然态度。

《列子·杨朱》中杨朱对自然的追求态度，也可从其他诸子著作中找到根据。《庄子·山木》曰：

> 阳子之宋，宿于逆旅。逆旅有妾二人，其一人美，其一人恶，恶者贵而美者贱。阳子问其故，逆旅小子对曰："其美者自美，吾不知其美也；其恶者自恶，吾不知其恶也。"阳子曰："弟子记之，行贤而去自贤之行，安往而不爱哉？"②

此段文字，亦见于《韩非子·说林上》，其中"行贤而去自贤之行"作"行贤而去自贤之心"。③ 在这里，美者之"美"是自然的，而"美者自美"，却是自我夸耀，违背了天赋美恶平等的原意，譬之行

---

① 张湛《列子注》卷七，见《诸子集成》，中华书局，1954年版，第86－87页。
② 王先谦《庄子集解》卷五，见《诸子集成》，中华书局，1954年版，第128页。
③ 王先慎《韩非子集解》卷七，见《诸子集成》，中华书局，1954年版，第134页。

贤与自贤,贤为自然品性,而自贤则有人为执著存于其中,违背顺性之旨了。又《荀子·王霸》曰:"杨朱哭衢涂曰:'此夫过举　步而觉跌千里者夫!'哀哭之。"①是言在歧路口,一步走错,差失千里。《淮南子·说林》曰:"杨子见逵路而哭之,为其可以南可以北;墨子见练丝而泣之,为其可以黄可以黑。"②王充《论衡·率性》解释杨墨之哭曰:

是故杨子哭歧道,墨子哭练丝也,盖伤离本,不可复变也。③

《论衡·艺增》又重复此意,曰:"墨子哭于练丝,杨子哭于歧道,盖伤失本,悲离其实也。"④"离本""失本",也就是失却本性。

战国诸子,常以杨朱与其他诸子相提并论,《孟子·滕文公下》曰:"杨朱、墨翟之言盈天下,天下之言不归杨则归墨。""杨墨之道不息,孔子之道不著。""能言距杨墨者,圣人之徒也。"⑤《孟子·尽心下》曰:"逃墨必归于杨,逃杨必归于儒。""今之与杨、墨辩者,如追放豚,既入其笠,又从而招之。"⑥《庄子·骈拇》曰:"骈于辩者

---

① 王先谦《荀子集解》卷七,见《诸子集成》,中华书局,1954年版。
② 刘安著,高诱注《淮南子》卷十七,见《诸子集成》,中华书局,1954年版第302页。
③ 王充《论衡》,见《诸子集成》,中华书局,1954年版,第15页。
④ 王充《论衡》,见《诸子集成》,中华书局,1954年版,第83页。
⑤ 赵岐注,孙奭疏《孟子注疏》卷六下,《十三经注疏》,中华书局,1980年版,第2714-2715页。
⑥ 赵岐注,孙奭疏《孟子注疏》卷十四下,《十三经注疏》,中华书局,1980年版,第2778页。

……而杨墨是已。"①《庄子·徐无鬼》曰:"儒、墨、杨、秉四,与夫子为五。"②秉指公孙龙,夫子即惠施。足见杨朱一派,其势力足以与显学之儒墨抗衡。

而杨朱"为我""贵己"之思想,又被庄子学派所发扬光大。

第五节 《庄子》的主要思想

庄子学说,其中心在于教导人们认识社会现实的丑恶,并学会在现实中保护自己。这种思想,贯穿在《庄子》书中,其中以内七篇为最重要,自《逍遥游》至《应帝王》七篇,各有主旨,又互相联系。林云铭《读庄子法·总论》云:

> 三十三篇之中,反覆数十万言,大旨不外明道德,轻仁义,一死生,齐是非,虚静恬淡寂寞无为而已矣。篇之有内有外有杂,皆出于世俗,非当日著书本意。内七篇是有题目之文,为庄子所手定者;外篇、杂篇各取篇首两字名篇,是无题目之文,乃后人取庄子杂著而编次之者。《逍遥游》言人心多狃于小成而贵于大,《齐物论》言人心多泥于己见而贵于虚,《养生主》言人心多役于外应而贵于顺,《人间世》则入世之法,《德充符》则出世之法,《大宗师》则内而可圣,《应帝王》则外而可王。此内七篇分著

---

① 王先谦《庄子集解》卷三,见《诸子集成》,中华书局,1980年版,第53-54页。

② 王先谦《庄子集解》卷六,见《诸子集成》,中华书局,1980年版,第158页。

之义也。然人心惟大,故能虚;惟虚,故能顺;入世而后出世,内圣而后外王,此又内七篇相因之理也。若是而大旨已尽矣。①

《逍遥游》是庄子思想的总纲,该文提出了人生追求自由的目标,主张人通过"无己""无功""无名",而达到"无待"的悠闲自得、无拘无束的境界。

《齐物论》认为客观事物不分彼此,本质上是同一的,而人们关于是非彼此之争论,皆出于成见执著,所谓"物无非彼,物无非是;自彼则不见,自知则知之","是亦彼也,彼亦是也。彼亦一是非,此亦一是非","以指喻指之非指,不若以非指喻指之非指也;以马喻马之非马,不若以非马喻马之非马也。天地一指,万物一马也","可乎可,不可乎不可","恶乎然?然于然。恶乎不然?不然于不然","无物不然,无物不可","其分也,成也;其成也,毁也。凡物无成与毁,复通为一。唯达者知通为一,为是不用而寓诸庸","故分也者,有不分也;辩也者,有不辩也","大道不称,大辩不言,大仁不让,大廉不嗛,大勇不忮"。庄子认为,儒墨名辩之是非、概念的争论,是没有认识到对立中的同一性,爱憎出于是非,是非出于界限,界限由于物的形成,而物产生于无物,成亏、爱憎、是非、彼此之对立归源于虚无,因此,不称之道,不辩之言,不仁之仁,不谦之廉,不害之勇,以及不用之用,才是真正的道、辩、仁、廉、勇、用。人们之所以不能达到真正的同一,是源于有身有我,因此,"吾丧我",使形

---

① 张潮《昭代丛书》甲集,卷十九,《丛书人物传记资料类编·学林卷》,北京图书馆出版社,2006年版。

如"槁木",而心如"死灰",则可接近真道。①

《养生主》强调"为善无近名,为恶无近刑,缘督以为经,可以保身,可以全生,可以养亲,可以尽年",即人处世要把握养生之道,善于权衡名刑之分,不求名,也不致刑,沿着中庸、准确、无富贵名誉、罪恶刑罚的道路,"依乎天理","以无厚入有间","安时而处顺,哀乐不能入"。②

《人间世》是针对社会现实谈人生哲学。曰:"方今之时,仅免刑焉。福轻乎羽,莫之知载;祸重乎地,莫之知避。"③这是庄子对当时社会现实的基本看法。又曰:"汝不知夫螳螂乎?怒其臂以当车辙,不知其不胜任也。"④这是庄子对个人力量的客观估计。庄子认为,在乱世,靠一个人的力量要改变社会是不可能的,因此,只能是顺世,通过"心斋"的方式,达到虚心的境界:"一若志,无听之以耳而听之以心,无听之以心而听之以气。听止于耳,心止于符。气也者,虚而待物者也。唯道集虚,虚者,心斋也。"⑤虚为道之所在,而虚心,即是心斋。"虚"的应用,便是"乘物以游心,托不得已以养中","无迁令,无劝成",没有任何思想和主张,"彼且为婴儿,亦与之为婴儿;彼且为无町畦,亦与之为无町畦;彼且为无崖,亦与之为

---

① 王先谦《庄子集解》卷一,见《诸子集成》,中华书局,1954年版,第9－14页。
② 王先谦《庄子集解》卷一,见《诸子集成》,中华书局,1954年版,第18－20页。
③ 王先谦《庄子集解》卷一,见《诸子集成》,中华书局,1954年版,第30页。
④ 王先谦《庄子集解》卷一,见《诸子集成》,中华书局,1954年版,第27页。
⑤ 王先谦《庄子集解》卷一,见《诸子集成》,中华书局,1954年版,第23页。

无崖"。①

《德充符》强调人之道德充实,则最为高尚,道德充实的标志不是外在的形体、名誉、情感,而是内心中能齐同万物,超越名利情感,是非好恶。

《大宗师》强调师法天道,天道为万物之大宗师,人之修道,应"知天之所为","古之真人",是天道的化身,"不知说生,不知恶死。其出不 ,其入不距,翛然而往,翛然而来而已矣。不忘其所始,不求其所终,受而喜之,忘而复之,是之谓不以心捐道,不以人助天,是之谓真人。若然者,其心志,其容寂,其颡頯。凄然似秋,暖然似春,喜怒通四时,与物有宜而莫知其极"②。古之真人,忘怀于物,淡情寡欲,不计生死,随物而变,应时而行,与天合一。要达到古之真人的境界,要超脱生死界限,忘仁义礼乐,最后达到"坐忘",即"堕肢体,黜聪明,离形去知,同于大通"。③

《应帝王》强调如果人作为帝王而治天下,则应以无为为根本。"立乎不测,而游于无有",而不能靠才能智慧。④

《庄子》外篇,主要是发挥内篇的大义。

《骈拇》认为人性自然,而仁义智辩以及为名、为利、为国、为家,都是违反人性的,曰:"意仁义其非人情乎!彼仁人何其多忧也。"仁义之类,就譬如骈拇枝指,使人争竞而"奔命于仁义",殉于

---

① 王先谦《庄子集解》卷一,见《诸子集成》,中华书局,1954年版,第26－27页。

② 王先谦《庄子集解》卷二,见《诸子集成》,中华书局,1954年版,第37－38页。

③ 王先谦《庄子集解》卷二,见《诸子集成》,中华书局,1954年版,第47页。

④ 王先谦《庄子集解》卷二,见《诸子集成》,中华书局,1954年版,第49页。

仁义。①

《马蹄》强调提倡仁义礼乐必然出现好智争利之倾向,而以人为君子小人,天下人争为君子。曰:"夫至德之世,同与禽兽居,族与万物并,恶乎知君子小人哉。""无知""无欲"则纯朴而有德。②

《胠箧》曰:"彼窃钩者诛,窃国者为诸侯,诸侯之门而仁义存焉,则是非窃仁义圣知邪。"统治者打着仁义的旗号弑君夺权,杀戮人民,危害天下,比小盗要可恶得多,因此,"绝圣弃知,大盗乃止","上诚好知而无道,则天下大乱矣"。③

《在宥》主张"君子不得已而临莅天下,莫若无为,无为也,而后安其性命之情。故贵以身于为天下,则可以托天下;爱以身于为天下,则可以寄天下"。只有首先珍重、爱护自己,把珍重、爱护自己看得比爱护天下更重要,才可以实行无为之治,"绝圣弃知,而天下大治"④。在这里,作者强调个体价值的珍贵,只有爱护自己,才不至于"有为"而扰民。"有为"之人,都是有名利思想和世俗智慧存在,所以要设立种种限制约束人民,"有天道,有人道。无为而尊者,天道也;有为而累者,人道也","主者,天道也;臣者,人道也。相去远矣,不可不察也",所以要遵从天道之无为。⑤

---

① 王先谦《庄子集解》卷三,见《诸子集成》,中华书局,1954年版,第54页。
② 王先谦《庄子集解》卷三,见《诸子集成》,中华书局,1954年版,第57页。
③ 王先谦《庄子集解》卷三,见《诸子集成》,中华书局,1954年版,第60—61页。
④ 王先谦《庄子集解》卷三,见《诸子集成》,中华书局,1954年版,第63—64页。
⑤ 王先谦《庄子集解》卷三,见《诸子集成》,中华书局,1954年版,第69页。

《天地》《天道》《天运》，皆以天道、自然之道说明君主、臣子应遵从无为、虚静、恬淡、寂寞之法则，不要宣扬仁义忠信之人道。

《刻意》《缮性》讲修养心性之恬淡无为，穷乐无忧。[1]

《秋水》曰："无以人灭天，无以故灭命，无以得殉名，谨守而勿失，是谓反其真。"强调超脱于物质世界的得失而回归人的本真。[2]

《至乐》曰："人之生也，与忧俱生。寿者惛惛，久忧不死，何苦也。"说明生老病死是自然规律，只有死，才是最后摆脱苦恼的办法。[3]

《达生》也是强调看破生死，抛弃名位，排除杂念。[4]

《山木》认为身处"昏上乱相之间"，动辄得咎，所以要抛弃权力名誉，清心寡欲，忍让屈从，顺乎天道以免祸。[5]

《田子方》反对仁义有为。[6]

《知北游》曰："失道而后德，失德而后仁，失仁而后义，失义而后礼。礼者，道之华而乱之首也。故曰：为道者日损，损之又损之，以至于无为，无为而无不为也。"[7]与《田子方》意旨相类。

外篇之外，又有杂篇，其意与内七篇相呼应。

---

[1] 王先谦《庄子集解》卷四，见《诸子集成》，中华书局，1954年版。

[2] 王先谦《庄子集解》卷四，见《诸子集成》，中华书局，1954年版，第105页。

[3] 王先谦《庄子集解》卷五，见《诸子集成》，中华书局，1954年版，第109页。

[4] 王先谦《庄子集解》卷五，见《诸子集成》，中华书局，1954年版。

[5] 王先谦《庄子集解》卷五，见《诸子集成》，中华书局，1954年版，第126页。

[6] 王先谦《庄子集解》卷五，见《诸子集成》，中华书局，1954年版，第137页。

[7] 王先谦《庄子集解》卷六，见《诸子集成》，中华书局，1954年版，第137页。

概括而言,内七篇,都是处世之道。《逍遥游》是绝对自由,《齐物论》是一切平等,《养生主》是养生之道,《人间世》是处乱世之道,《德充符》是不言之教,《应帝王》是无为之治。① 包括了日常修养、处事、为政诸方面。值得指出的是,与黄老之立足于君主不同,庄子的出发点在于普通的个人,是教导普通民众如何处世,而能躲避君主政治的迫害。因此,其思想深处,包含着对现实社会的深刻批判,对民众的受奴役、受迫害地位的深刻同情;而倡导绝对自由、一切平等、自然无为,正是庄子对抗"有为"社会罪恶的方式。庄子通过对"心斋""坐忘""吾丧我"的描述,使我们清楚地看出了他的"顺世"论实际是以顺世反抗社会;通过对是非、彼此、爱憎的否定,而表达了对现实价值观、是非观、道德观的否定;庄子之人生哲学,首先是为每一个个人着想,即"为我",肯定作为一个个人生存于社会不受侵害的权利;其"绝对自由",是肯定人的思想上具有自由的尊严,通过肉体上的忘我,摆脱现实束缚,而达到无束缚。尽管《庄子》书中常对杨朱有批评,但其言为我、养生、名誉、生死、宿命,"与杨子多相似"②,庄子与杨朱"主张个人自由的观念","反对干涉主义",更是一脉相承的。③

《庄子》一书,也体现了庄子的理想社会模式,《马蹄》提到了"赫胥氏之时,民居不知所为,行不知所之,含哺而熙,鼓腹而游,民能以此矣",④在这种原始的政治状态下,人民无所为而充满了

---

① 参阅陈柱《老子与庄子》,万有文库本,商务印书馆,中华民国19年版。
② 郎擎霄《庄子学案》第十二章,天津古籍出版社,1990年影印出版。
③ 参见陈此生《杨朱》,万有文库本,商务印书馆,中华民国19年版。
④ 王先谦《庄子集解》卷三,见《诸子集成》,中华书局,1954年版,第58页。

幸福。所以,庄子认为理想的社会应如赫胥氏之世一般。《马蹄》曰:

> 吾意善治天下者不然,彼民有常性,织而衣,耕而食,是谓同德;一而不党,命曰天放。故至德之世,其行填填,其视颠颠。当是时也,山无蹊隧,泽无舟梁,万物群生,连属其乡,禽兽成群,草木遂长,是故禽兽可系羁而游,鸟鹊之巢可攀援而窥。夫至德之世,同与禽兽居,族与万物并,恶乎知君子小人哉?同乎无知,其德不离;同乎无欲,是谓素朴,素朴而民性得矣。①

《胠箧》言"至德之世","民结绳而用之,甘其食,美其服,乐其俗,安其居,邻国相望,鸡狗之音相闻,民至老死而不相往来。若此之时,则至治已"。② 可以看出,庄子学派之理想虽是保守的、复古的,但此复古体现了对原始素朴、自然而平等、民众幸福的渴望,就其本质来说,蕴涵着积极进步之思想。

《吕氏春秋·审分览·不二》曰:"列子贵虚。"③贵虚是《列子》一书的纲领。《天瑞》《汤问》是言宇宙为人之所不能知;《黄帝》言气无彼我,彼我之分由形,不牵于情而任气,则与物为一,而物莫能害;《周穆王》言真幻无异;《仲尼》言人当忘情任理。《力

---

① 王先谦《庄子集解》卷三,见《诸子集成》,中华书局,1954年版,第57页。
② 王先谦《庄子集解》卷三,见《诸子集成》,中华书局,1954年版,第61页。
③ 吕不韦著,高诱注《吕氏春秋》卷十七,见《诸子集成》,中华书局,1954年版。

命》《说符》言机械命定论。其人生观"亦与《庄子》相同",而机械命定论"其理亦皆庄生书中所已有,特庄生言之,尚不如此之极端耳"。①

　　黄、老、杨、庄都主张自然无为,黄老立足于君主以无为之道术驾驭人民,而杨、庄则主张人民以无为之术以对付错上乱相,因此,可以说,黄老的立场是当权者的立场,杨、庄的立场是被统治者的立场。也正因此,杨、庄之学,具有更积极的平民色彩。

---

① 吕思勉《先秦学术概论》,下编,中国大百科全书出版社,1985年版。

第五章　法家及战国其他诸子著作

今存战国时期诸子著作,以儒、道两家的影响最为深远。不过,曾经存在于战国时期的阴阳、名、法、墨、纵横、杂、农诸家,其主张也在中国古代社会产生过重要影响。

第一节　传世法家及战国其他诸子著作钩稽

《汉书·艺文志》以法家次阴阳家之后,现存战国时法家著作主要包括《商君书》《韩非子》,另外还有《慎子》《申子》辑本。

《商君书》二十九篇,今存二十四篇。《汉书·艺文志》曰:商君"名鞅,姬姓,卫后也,相秦孝公。"①商鞅大约生于公元前390年,死于公元前338年,本名公孙鞅,后仕秦,为孝公封于商,故称商君、商鞅。因本为卫国公族,又称卫鞅。《商君书》不是商鞅自己一人所作,而是以他为代表的战国法家思想家的著作汇编,其编定时间大约在秦昭襄王晚年,即公元前251年左右。基本上仍可以看作商鞅思想。

《汉书·艺文志》曰:韩子"名非,韩诸公子,使秦,李斯害而杀之"。② 而《史记·老子韩非列传》云:

> 韩非者,韩之诸公子也。喜刑名法术之学,而其归本于黄、老。非为人口吃,不能道说,而善著书。与李斯俱

---

① 班固撰,颜师古注《汉书》卷三十,中华书局,1962年版,第1735页。
② 班固撰,颜师古注《汉书》卷三十,中华书局,1962年版,第1735页。

事荀卿，斯自以为不如非。非见韩之削弱，数以书谏韩王，韩王不能用。于是韩非疾治国不务修明其法制，执势以御其臣下，富国强兵而以求人任贤，反举浮淫之蠹而加之于功实之上。以为儒者用文乱法，而侠者以武犯禁。宽则宠名誉之人，急则用介胄之士。今者所养非所用，所用非所养。悲廉直不容于邪枉之臣，观往者得失之变，故作《孤愤》《五蠹》《内外储》《说林》《说难》十余万言。①

韩非大约生于公元前280年，他出身韩国宗室贵族，曾与李斯同为荀子的学生，秦王政看了他的著作，强召而入秦，为李斯、姚贾陷害入狱，于公元前233年自杀。其著作《韩子》，即《韩非子》，基本属他自己所著，但编辑成书，则是他身后之事。

《汉书·艺文志》所录名家著作，今存《邓析子》《尹文子》两书较完整，其次则有残本《公孙龙子》。

《汉书·艺文志》云："《邓析》二篇。"②今有《无厚篇》《转辞篇》两文。当非邓析本人所作，而为后人附益。其内容颇为驳杂不伦，钞同他书，节次不相属，甚而有庄子之语。③ 罗根泽《"邓析子"探源》谓："今本二篇，出于晋人之手，半由捃拾群书，半由伪造附会。"④此说虽未必可靠，但今本确难体现名家学说全貌，却是无

---

① 司马迁撰，裴骃集解，司马贞索隐，张守节正义《史记》卷六十五，中华书局，1959年版，第2146－2147页。
② 班固撰，颜师古注《汉书》卷三十，中华书局，1962年版，第1736页。
③ 参见晁公武《郡斋读书志》卷十一，上海古籍出版社，1990年版；王应麟《汉书·艺文志考证》卷六、卷七，见《丛书集成》商务印书馆，1937年版；《四库全书总目提要》卷一百十七子部二十七，杂家类一，海南出版社，1999年版。
④ 罗根泽《诸子考索》，人民出版社，1958年版，第389页。

疑的。

《汉书·艺文志》曰:"《尹文子》一篇。"①罗根泽《"尹文子"探源》一文,以今本《大道》上、下两篇为魏晋人伪作。②而胡家聪《〈尹文子〉并非伪书》一文,认为《尹文子》作于战国无疑,其学以黄老为中心,有"持守道家本位","申论形名法术之学","融合百家说"之倾向。③《尹文子》之真伪虽难论,但其作为典型之名家著作,似亦可怀疑。《汉书·艺文志》所载《公孙龙子》十四篇,今有六篇,有《白马论》《指物论》《通变论》《坚白论》《名实论》等五篇理论著述,而《迹府》一篇,为公孙龙子事迹汇编。《公孙龙子》可以看作名家学说的代表作。

《汉书·艺文志》以墨家次名家之后。《韩非子·显学》曰:"世之显学,儒墨也。"④但墨家著作,《汉书·艺文志》所载六家,今仅存《墨子》一种。《汉书·艺文志》曰:"《墨子》七十一篇。"⑤今存五十三篇。《墨子》一书,是以墨翟为代表的墨家学派的著作汇编,包括墨子及其后学的著作。墨子生活的时代,大约在孔子之后,孟子之前。《史记·孟子荀卿列传》说:"盖墨翟,宋之大夫,善守御,为节用。或曰并孔子时,或曰在其后。"⑥据孙诒让《墨子传略》,⑦当生于公元前468年前后,死于公元前376年左右。《墨子》书中

---

① 班固撰,颜师古注《汉书》卷三十,中华书局,1962年版,第1736页。
② 罗根泽《诸子考索》,人民出版社,1958年版。
③ 见陈鼓应主编《道家文化研究》第二辑,上海古籍出版社,1992年版,第352–353页。
④ 王先慎《韩非子集解》卷十九,见《诸子集成》,中华书局,1954年版。
⑤ 班固撰,颜师古注《汉书》卷三十,中华书局,1962年版,第1738页。
⑥ 司马迁撰,裴骃集解,司马贞索隐,张守节正义《史记》卷七十四,中华书局,1959年版。
⑦ 孙诒让《墨子间诂·墨子后语》卷上,中华书局,2001年版。

《尚贤》《尚同》《兼爱》《非攻》《节用》《节葬》《天志》《明鬼》《非乐》《非命》皆分上中下，《非儒》分上下，其中部分篇目缺佚。依现存篇目考察，上中下三篇内容基本一致，所以可信是墨子后学记录墨子学说的三种版本。《亲士》《修身》《所染》《法仪》《七患》《辞过》《三辩》等发挥墨学，《所染》提及宋康王之灭，事在楚顷襄王十一年，即公元前284年，则其写定不得早于是年。《经》上下，《经说》上下，《大取》《小取》六篇，为后期墨家学说。《耕柱》《贵义》《公孟》《鲁问》《公输》等，记墨子言辞，为语录体，其中称墨子弟子禽滑厘为禽子，因而当出自墨子三四传弟子之手。

《汉书·艺文志》有纵横家十二家，其中包括《苏子》三十一篇，为苏秦所作；《张子》十篇，为张仪所作。今存仅马王堆汉墓帛书《战国纵横家书》①二十七章，其中包括苏秦、韩晁、须贾、朱己、触龙、虞卿、公仲佣、李园等人的说辞，为战国时所作。

又《隋书·经籍志》载有《鬼谷子》三卷，长孙无忌序云：

《鬼谷子》三卷，皇甫谧注。鬼谷子，楚人也，周世隐于鬼谷。梁有陶弘景注三卷，又有乐壹注三卷。②

虽然鬼谷子是战国时期人，《史记·苏秦列传》云："苏秦者，东周雒阳人也。东事师于齐，而习之于鬼谷先生。"③《史记·张仪列传》云："张仪者，魏人也。始尝与苏秦俱事鬼谷先生，学术，苏秦自

---

① 文物出版社，1976年版。
② 魏征等《隋书》卷三十四，中华书局，1973年版，第1005页。
③ 司马迁撰，裴骃集解，司马贞索隐，张守节正义《史记》卷六十九，中华书局，1959年版，第2241页。

以不及张仪。"①但是,《汉书·艺文志》不载《鬼谷子》,所以《鬼谷子》是否成书于战国,就成了需要怀疑的事情了。柳宗元《辩鬼谷子》云:

元冀好读古书,然甚贤《鬼谷子》,为其《指要》几千言。《鬼谷子》要为无取,(一作能。)汉时刘向、班固录书无《鬼谷子》。《鬼谷子》后出,而险盭峭薄,恐其妄言乱世,难信,学者宜其不道。而世之言纵横者,时葆其书。尤者,晚乃益出七术。怪谬异甚,不可考校,其言益奇,而道益陿,使人狙狂失守,而易于陷坠。幸矣,人之葆之者少。今元子又文之以《指要》,呜呼,其为好术也过矣。②

又《四库全书总目提要》云:

案《鬼谷子》,《汉志》不著录,《隋志》纵横家有《鬼谷》三卷,注曰周世隐于鬼谷。《玉海》引《中兴书目》曰:"周时高士,无乡里族姓名字,以其所隐,自号鬼谷先生。苏秦、张仪事之,授以《捭阖》至《符言》等十有二篇,及《转丸本经》《持枢中经》等篇。"因《隋志》之说也。《唐志》卷数相同,而注曰苏秦撰。张守节《史记正义》曰:"鬼谷在雒州阳城县北五里。"《七录》有苏秦书,乐壹注云:

---

① 司马迁撰,裴骃集解,司马贞索隐,张守节正义《史记》卷七十,中华书局,1959年版,第2279页。
② 《柳河东集》卷四,中国书店,1991年版。

"秦欲神秘其道,故假名鬼谷。"此又《唐志》之所本。胡应麟《笔丛》则谓《隋志》有《苏秦》三十一篇,《张仪》十篇,必东汉人本二书之言,荟粹为此,而托于鬼谷,若子虚、亡是之属。其言颇为近理,然亦终无确证。《隋志》称皇甫谧注,则为魏晋以来书,固无疑耳。《说苑》引鬼谷子有"人之不善而能矫之者,难矣"一语,今本不载。又惠洪《冷斋夜话》引鬼谷子曰:"崖蜜,樱桃也。"今本亦不载。疑非其旧。然今本已佚其《转丸》《胠箧》二篇,惟存《捭阖》至《符言》十二篇,向所引者或在佚篇之内。至惠洪所引,据王直方《诗话》,乃《金楼子》之文,惠洪误以为《鬼谷子》耳,均不足以致疑也。高似孙《子略》称其"一阖一辟,为《易》之神;一翕一张,为老氏之术。出于战国诸人之表。"诚为过当。宋濂《潜溪集》诋为"蛇鼠之智",又谓"其文浅近,不类战国时人",又抑之太甚。柳宗元《辨鬼谷子》以为"言益奇而道益陿",差得其真。盖其术虽不足道,其文之奇变诡伟,要非后世所能为也。①

今存《鬼谷子》包括《捭阖》《反应》《内揵》《抵巇》《飞箝》《忤合》《揣篇》《摩篇》《权篇》《谋篇》《决篇》《符言》十二篇,《转丸》《胠箧》只存篇名。以上诸篇,虽然不见得是鬼谷子的作品,但多少反映战国时期鬼谷子及苏秦、张仪的思想,应该是可能的。至于《鬼谷子》之《本经阴符》七篇等,所谓《阴符七术》,柳宗元认为乖谬之作,当是可信的。

---

① 永瑢、纪昀《四库全书总目提要》卷一百十七,子部二十七,杂家类一,海南出版社,1999年版。

《汉书·艺文志》所录杂家著作，有《尸子》《尉缭子》《吕氏春秋》数种为战国著作。刘向《别录》云：《尸子》之作者尸佼，"晋人也，名佼，秦相卫鞅客也。卫鞅商君谋事画计，立法理民，未尝不与佼规之也。商君被刑，佼恐并诛，乃亡逃入蜀，自为造此二十篇书，凡六万余言。卒，因葬蜀"。①《尸子》一书已佚，清人章宗源、孙星衍有辑本，约一万余字，已难窥其仿佛。

　　《汉书·艺文志》之《诸子略》曰："《尉缭子》二十九篇。"②而《兵形势》曰："《尉缭》三十一篇。"③今存二十四篇。尉缭是六国时人，该书之成，当在战国无疑，因为1972年山东临沂银雀山汉墓发现竹书六篇，与今本《尉缭子》相同。但检索今本之内容，当应属兵书一类。

　　《汉书·艺文志》所录杂家著作，最完整的是《吕氏春秋》。《汉书·艺文志》曰："《吕氏春秋》二十六篇。"④《隋书·经籍志》则曰："《吕氏春秋》二十六卷。"⑤今存高诱注二十六卷，一百六十篇。《史记·吕不韦列传》曰："吕不韦乃使其客人人著所闻，集论以为八览、六论、十二纪，二十余万言。……号曰《吕氏春秋》。"⑥据此知，二十六篇即今二十六卷，篇名即卷名。该书之成，当是吕不韦之门人所作。《吕氏春秋·序意》曰："维秦八年，岁在涒滩，秋，甲

---

① 见《全汉文》卷三十八。严可均《全上古三代秦汉三国六朝文》，中华书局，1958年版。引自《史记·孟子荀卿列传集解》，司马迁撰，裴骃集解，司马贞索隐，张守节正义《史记》卷七十四，中华书局，1959年版，第2349页。
② 班固撰，颜师古注《汉书》卷三十，中华书局，1962年版，第1740页。
③ 班固撰，颜师古注《汉书》卷三十，中华书局，1962年版，第1758页。
④ 班固撰，颜师古注《汉书》卷三十，中华书局，1962年版，第1741页。
⑤ 魏征等撰《隋书》卷三十四，中华书局，1973年版，第1006页。
⑥ 司马迁撰，裴骃集解，司马贞索隐，张守节正义《史记》卷八十五，中华书局，1959年版，第2510页。

子朔,朔之日,良人请问《十二纪》。"①秦王政八年为公元前239年,壬戌年,而岁在涒滩当为申年,因此,孙星衍认为:"考庄襄王灭周后二年癸丑岁,至始皇六年共八年,适得庚申岁,申为涒滩,吕不韦指为是年。"②则"维秦八年",当指公元前241年。依《史记》所言《吕氏春秋》次序,③《十二纪》之成可能最晚,据此则可推断至迟在公元前241年前后,《吕氏春秋》已成书。

战国时阴阳家著作,主要有《邹子》《邹子终始》《公梼生终始》《公孙发》《邹奭子》等。农家著作,有《神农》《野老》等,今俱不传。

儒、道、阴阳、法、名、墨、纵横、杂、农九家之外,《汉书·艺文志》尚录小说家著作十五种,今皆佚。其中《伊尹说》《鬻子说》《周考》《青史子》《师旷》《务成子》《宋子》《天乙》《黄帝说》等,当是战国人所著。

第二节　早期法家著作的主要思想

法家是战国时期影响中国政治制度最为深刻的一个流派,《汉书·艺文志》以法家次阴阳家之后,曰:

法家者流,盖出于理官,信赏必罚,以辅礼制。《易》曰:"先王以明罚饬法。"此其所长也。即刻者为之,则无

---

① 吕不韦著,高诱注《吕氏春秋》,见《诸子集成》,中华书局,1954年版,第122页。

② 孙星衍《问字堂集·太阴考》,中华书局,1996年版。

③ 除《史记·吕不韦列传》提及八览、六论、十二纪外,《史记·十二诸侯年表》曰:吕不韦"上观尚古,删拾《春秋》,集六国时事以为八览、六论、十二纪,为《吕氏春秋》"。司马迁撰,裴骃集解,司马贞索隐,张守节正义《史记》卷十四,中华书局,1959年版。

教化,去仁爱,专任刑法而欲以致治,至于残害至亲,伤恩薄厚。①

司马谈《论六家要旨》曰:

法家严而少恩,然其正君臣上下之分,不可改矣。②

又曰:

法家不别亲疏,不殊贵贱,一断于法,则亲亲尊尊之恩绝矣。可以行一时之计,而不可长用也,故曰"严而少恩"。若尊主卑臣,明分职不得相逾越,虽百家弗能改也。③

《隋书·经籍志》云:

法者,人君所以禁淫慝,齐不轨,而辅于治者也。《易》著"先生明罚饬法",《书》美"明于五刑,以弼五教"。《周官》,司寇"掌建国之三典,以佐王刑邦国,诘四方";司刑"以五刑之法,丽万民之罪"是也。刻者为之,则杜哀

---

① 班固撰,颜师古注《汉书》卷三十,中华书局,1962年版,第1736页。
② 《史记·太史公自序》,司马迁撰,裴骃集解,司马贞索隐,张守节正义《史记》卷一百三十,中华书局,1959年版,第3289页。
③ 《史记·太史公自序》,司马迁撰,裴骃集解,司马贞索隐,张守节正义《史记》,第5291页。

矜,绝仁爱,欲以威劫为化,残忍为治,乃至伤恩害亲。①

法家之命名,正以其崇法之故。吕思勉称说,"法家精义,在于释情而任法"。"法家之义,则全绝感情,一准诸法。法之所在,丝毫不容出入"。② 这个概括是准确的。

李悝,战国时魏文侯相,一说为魏文侯师。《汉书·艺文志》以《李子》三十二篇为法家之首。③《法经》或即李悝《李子》。《法经》思想,一是"重地力之教",即重视农业;二是强调君主集权;三是重刑而轻罪。④《晋书·刑法志》以秦汉旧律,源出《法经》,商鞅在魏,事魏相公叔座为中庶子,及至秦,以富国强兵之术说秦孝公,此富国强兵术,即出《法经》,如此,《法经》无疑是《商君书》的直接源头。

《商君书》是重要的法家著作,它系统地反映了商鞅的变法思想。首先是"明法""胜法""严刑"。《定分》曰:

> 故圣人为法,必使之明白易知。⑤

所谓明白易知,就是要使"万民皆知所避就"⑥。《开塞》曰:

---

① 魏征等《隋书》卷三十四,中华书局,1973年版,第1004页。
② 吕思勉《先秦学术概论》,下编,中国大百科全书出版社,1985年版。
③ 班固撰,颜师古注《汉书》卷三十,中华书局,1962年版。
④ 参阅董说《七国考》,中华书局,1956年版;张晋藩主编《中国法制史》,群众出版社,1991年版。
⑤ 严万里校《商君书》第二十六,见《诸子集成》,中华书局,1954年版,第43页。
⑥ 《商君书·定分》,严万里校《商君书》第二十六,见《诸子集成》,中华书局,1954年版,第43页。

利天下之民者,莫大于治,而治莫康于立君。立君之道,莫广于胜法。胜法之务,莫急于去奸。去奸之本,莫深于严刑。故王者以赏禁,以刑劝,求过不求善,藉刑以去刑。①

《更法》曰:

法者所以爱民也,礼者所以便事也。②

商鞅以"胜法"作为"利天下之民"的手段,强调君主求过不求善,以刑去刑,出发点虽不能说不好,但立君以治民,君主专权,未曾去奸,其实奸民。

为严刑法,商鞅也有一系列具体的措施,如主张行刑重轻,《去强》曰:

行刑重轻,刑去事成,国强;重重而轻轻,刑至事生,国削。③

即对轻微犯罪处以重刑。《汉书·五行志》称"秦连相坐之法,

---

① 严万里校《商君书》第一,见《诸子集成》,中华书局,1954年版,第17—18页。
② 严万里校《商君书》第一,见《诸子集成》,中华书局,1954年版,第1页。
③ 严万里校《商君书》第四,见《诸子集成》,中华书局,1954年版,第9页。

弃灰于道者,黥",①即可见一斑。《汉书·刑法志》云:"秦用商鞅,连相坐之法,造参夷之诛。"②参夷就是夷三族。在具体刑罚上,则增加肉刑、大辟,有凿颠、抽肋、镬烹之刑。极端地违背人道的原则。商鞅还主张在人们将要犯罪之时予以重罚,《开塞》曰:

> 刑加于罪所终,则奸不去。赏施于民所义,则过不止。刑不能去奸,而赏不能止过者,必乱。故王者刑用于将过,则大邪不生。赏施于告奸,则细过不失。③

又令告奸,《赏刑》云:

> 守法守职之吏,有不行王法者,罪死不赦,刑及三族。周官之人,知而讦之上者,自免于罪。无贵贱,尸袭其官长之官爵田禄。④

严惩不告奸之人,而告奸者则可免罪,并受重赏。《史记·商君列传》也载,商鞅"令民为什伍,而相牧司连坐。不告奸者腰斩,

---

① 班固撰,颜师古注《汉书》卷二十七之下,中华书局,1962年版,第1438页。
② 班固撰,颜师古注《汉书》卷二十三,中华书局,1962年版,第1096页。
③ 严万里校《商君书》第七,见《诸子集成》,中华书局,1954年版,第17页。
④ 严万里校《商君书》第十七,见《诸子集成》,中华书局,1954年版,第29页。

告奸者与斩敌首同赏,匿奸者与降敌同罚"。① 这样一来,"使天下必为己视听之道也"②。君主的耳目已明,天下百姓却人人自危,互为仇寇。《赏刑》曰:"自卿相将军以至大夫庶人,有不从王令,犯国禁,乱上制者,罪死不赦。有功于前,有败于后,不为损刑;有善于前,有过于后,不为亏法。忠臣孝子有过,必以其数断。"③《史记·商君列传》载太子犯法,商鞅以"法之不行,自上犯之",而"将法太子",虽最终"刑其傅公子虔,黥其师公孙贾",④以代替君嗣之刑,未能施刑太子,却也可见出商鞅变法所具有的突破礼制等级贵贱秩序的一种"平等"意识。可惜,商鞅的刑罚有勇气针对太子师傅,却在立法的时候就把君主凌驾于法律之上,惩罚太子,是为了维护太子父亲的权威,而不是维护社会所有人的公平,这样的刑罚,只表明在维护君主尊严的原则上人人平等,而不是真正意义上的人人平等,所以,商鞅的平等,是建立在维护不平等制度的立场上的,当然是违反平等和公平的。

《史记·商君列传》载:"孝公既用卫鞅,鞅欲变法,恐天下议己。卫鞅曰:'疑行无名,疑事无功。且夫有高人之行者,固见非于世;有独知之虑者,必见敖于民。愚者暗于成事,知者见于未萌,民不可与虑始而可与乐成。论至德者不和于俗,成大功者不谋于众。是以圣人苟可以强国,不法其故;苟可以利民,不循其

---

① 司马迁撰,裴骃集解,司马贞索隐,张守节正义《史记》卷六十八,中华书局,1959年版,第2230页。
② 《韩非子·奸劫弑臣》,王先慎《韩非子集解》卷四,见《诸子集成》,中华书局,1954年版,第71页。
③ 严万里校《商君书》第十七,见《诸子集成》,中华书局,1954年版,第29页。
④ 司马迁撰,裴骃集解,司马贞索隐,张守节正义《史记》卷六十八,中华书局,1959年版,第2231页。

礼。'孝公曰:'善!'"①商鞅之所以能倡导变法,在于他一方面对自己的才能、行为充满自信,而对民众的才智有一种卑视;另一方面,他又以强国利民为己任,认为变法能强国、利民,所以,不惜抛弃故法,不循旧礼,实行变革。商鞅之变法,实际包含了个性之中的自信与创新意识,以及强国、利民的现实目的。商鞅奖励耕战,正是由于强国之目的,所以,《商君书·农战》曰,"国之所以兴者,农战也"。"国待农战而安,主待农战而尊"。② 又废除世卿世禄制度,以军功为爵禄分赏的主要根据;取消分封制,推行郡县制,把行政机构一直设置到每一个住户,五家为伍,十家为什,连坐告奸,全民皆兵,对秦国集权统治的加强,国力的富强无疑起到了重要作用。

早于《韩非子》的战国法家,尚有《申子》《慎子》数种,其书皆佚,今人虽有辑本,但已难窥其全貌。《史记·老子韩非列传》曰:"申不害者,京人也,故郑之贱臣,学术以干韩昭侯,昭侯用为相。内修政教,外应诸侯,十五年。终申子之身,国治兵强,无侵韩者。申子之学,本于黄老,而主刑名。著书二篇,号曰《申子》。"③《申子》二篇已佚,清人严可均有辑本,包括《君臣》《大体》等篇名。④《韩非子·定法》曰:"今申不害言术,……术者,因任而授官,循名

---

① 司马迁撰,裴骃集解,司马贞索隐,张守节正义《史记》卷六十八,中华书局,1959年版,第2229页。
② 严万里校《商君书》第三,见《诸子集成》,中华书局,1954年版,第5-6页。
③ 司马迁撰,裴骃集解,司马贞索隐,张守节正义《史记》卷六十三,中华书局,1959年版,第2146页。
④ 见《全上古三代秦汉三国六朝文》之《全上古三代文》卷四,中华书局,1958年版。

而责实,操杀生之柄,课群臣之能者也。此人主之所执也。"①

《汉书·艺文志》曰,慎子"名到,先申、韩,申、韩称之"。②《史记·孟子荀卿列传》曰:"慎到,赵人。……皆学黄老道德之术,因发明序其指意。故慎到著十二论。"③应劭《风俗通义·姓氏》云:"慎氏。慎到为韩大夫,著《慎子》三十篇。"④《慎子》四十二篇,已佚。清人钱熙祚辑有七篇,包括《威德》《因循》《民杂》《知忠》《德立》《君人》《君臣》等,其精粹在于倡导"势"之重要,《威德》曰,"贤不足以服不肖,而势位足以屈贤矣"。"法虽不善,犹愈于无法,所以一人心也。……法制礼籍,所以立公义也。凡立公,所以弃私也。明君动事分功必由慧,定赏分财必由法,行德制中必由礼"。⑤慎到的法律思想,强调法维持社会秩序的作用,但并未把法强调到极端化的程度,多多少少还包含着人情礼义德治的成分。

第三节 《韩非子》的主要思想

《韩非子》反映了韩非子倡导法、术、势相结合的法律思想。《定法》批评了商鞅、申不害等割裂法术二者的做法,认为商鞅讲法,"然而无术以知奸,则以其富强也资人臣而已矣",结果是"战胜

---

① 王先慎《韩非子集解》卷十七,见《诸子集成》,中华书局,1954年版,第304页。

② 班固撰,颜师古注《汉书》卷三十,中华书局,1962年版,第1735页。

③ 司马迁撰,裴骃集解,司马贞索隐,张守节正义《史记》卷七十四,中华书局,1959年版,第2347页。

④ 见《全上古三代秦汉三国六朝文》之《全后汉文》卷四十,中华书局,1958年版。

⑤ 以上见钱熙祚校《慎子》,见《诸子集成》,中华书局,1954年版。与《诸子百家丛书》本《慎子》略有不同,第1-3页。

则大臣尊,益地则私封立";"申不害不擅其法,不一其宪令,则奸多";无法无术,都不足以维护君主的统治,"君无术,则弊于上;臣无法,则乱于下。此不可一无,皆帝王之具也"。所谓法,即法令;所谓术,指君主驾驭群臣的权术,如果没有明法则不能治民防奸,若明法而无术,就难以防止大臣发展自己的势力范围。法术又必须借重于"势",所谓势,就是君主的独尊地位。①《难势》云:"尧为匹夫不能治三人;而桀为天子,能乱天下。"势实际上是行法与权的重要条件。②《扬权》之言"一家二贵,事乃无功,夫妻持政,子无适从"③。又云:"事在四方,要在中央;圣人执要,四方来效。"④一家二贵,则势不独专;圣人执要,则四方臣服。

关于法、术、势的具体内容,韩非基本继承了他的前辈的看法。《定法》曰:

> 法者,宪令著于官府,刑罚必于民心,常存乎慎法,而罚加乎奸令者也。⑤

法律是由官府体察民心,而行赏罚的工具,慎法者赏,奸令者

---

① 王先慎《韩非子集解》卷十七,见《诸子集成》,中华书局,1954年版,第304-305页。
② 王先慎《韩非子集解》卷十七,见《诸子集成》,中华书局,1954年版,第297页。
③ 王先慎《韩非子集解》卷二,见《诸子集成》,中华书局,1954年版,第35页。
④ 王先慎《韩非子集解》卷二,见《诸子集成》,中华书局,1954年版,第30页。
⑤ 王先慎《韩非子集解》卷十七,见《诸子集成》,中华书局,1954年版,第304页。

罚。在执行法律之时,要法律面前人人平等,严刑峻法,《有度》所谓"法不阿贵,绳不挠曲。法之所加,智者弗能辞,勇者弗敢争。刑过不避大臣,赏善不遗匹夫"。①《韩非子·内储说上》曰:"使吾法之无赦,犹入涧之必死也,则人莫之敢犯也。"②《六反》曰:"吏用威严而民听从。"③韩非以法为"名",主张刑合于名,即以名行刑,法律是赏罚的根据,所以《二柄》曰:"审合刑名。"④而术,主要是隐蔽的手段,《难三》曰:

  术者,藏之于胸中,以偶众端,而潜御群臣者也。故法莫如显而术不欲见。⑤

法欲明,术欲隐。《定法》以术者,因任而授官,循名而责实,可操生杀之柄,课群臣之能,为人主之所执。术作为君主控制群臣的隐蔽手段,其内容极其丰富,有所谓"参观""明威""信赏""一听""诡使""挟知""倒言",乃至采取人质、禁锢以及特务、间谍、监视、暗杀等活动。⑥《难势》曰:

---

  ① 王先慎《韩非子集解》卷二,见《诸子集成》,中华书局,1954年版,第26页。
  ② 王先慎《韩非子集解》卷九,见《诸子集成》,中华书局,1954年版,第116页。
  ③ 王先慎《韩非子集解》卷十八,见《诸子集成》,中华书局,1954年版,第320页。
  ④ 王先慎《韩非子集解》卷二,见《诸子集成》,中华书局,1954年版,第27页。
  ⑤ 王先慎《韩非子集解》卷十六,见《诸子集成》,中华书局,1954年版,第290页。
  ⑥ 谭家健、郑君华《先秦散文纲要》第十四章,山西人民出版社,1987年版。

> 夫势者,名一而变无数者也。势必于自然,则无为言于势矣。吾所为言势者,言人之所设也。①

势是人为所设,作为普通君主,"抱法处势则治,背法去势则乱"②。

韩非尽管一生遭遇坎坷,其身便是被秦法所害,但他的法术势相结合之思想,其实质是为维护君主一人的极权集权。《五蠹》以文学为害虫,③《八说》主张"息文学而明法度",④正是基于愚民专制之必要。当然韩非之主张革新,以为"圣人不期修古,不法常可,论世之事,因为之备"⑤。即以求实的态度服务于现实,不盲目迷信古人,无疑有进步意义。这种实事求是的态度,体现出了韩非不盲从的主体意识。韩非子还肯定社会的变化,《五蠹》指出:"上古竞于道德,中世逐于智谋,当今争于气力。"⑥这是一种承认社会退化的历史观点。战国时代,以实力为基础以争战,所以,韩非主张以法强国,这是适应了现实需要的。

---

① 王先慎《韩非子集解》卷十七,见《诸子集成》,中华书局,1954年版,第299页。
② 《韩非子·难势》,王先慎《韩非子集解》卷十七,见《诸子集成》,中华书局,1954年版。
③ 王先慎《韩非子集解》卷十九,见《诸子集成》,中华书局,1954年版。
④ 王先慎《韩非子集解》卷十八,见《诸子集成》,中华书局,1954年版,第326页。
⑤ 《韩非子·五蠹》,王先慎《韩非子集解》卷十九,见《诸子集成》,中华书局,1954年版,第339页。
⑥ 王先慎《韩非子集解》卷十九,见《诸子集成》,中华书局,1954年版,第341页。

韩非子的法律思想,因为是建立在维护君主统治的立场上,所以,具有反人民的性质。但是,他直言不讳地为我们揭示了君臣、父子、夫妻、朋友之间所存在的一种利害关系,这对于我们深入地认识专制社会关系的本质,无疑是有积极意义的。韩非子指出:

> 君上之于民也,有难则用其死,安平则尽其力。①

君主对人民是不存在"恩爱之心"的。② 因此,"不恃赏罚而恃自善之民,明主弗贵也",③"彼民之所以为我用者,非以吾爱之为我用者也,以吾势之为我用者也","主卖官爵,臣卖智力",④"臣尽死力以与君市,君垂爵禄以与臣市。君臣之际,非父子之亲也,计数之所出也",⑤因此,君子应"用法之相忍,而弃仁义之相怜也","君不仁,臣不忠,则可以霸王矣"。⑥

韩非认为,臣民之所以不犯上,并不是不愿犯上,而是没有能力犯上,《扬权》曰:

---

① 《韩非子·六反》,王先慎《韩非子集解》卷十八,见《诸子集成》,中华书局,1954年版,第320页。
② 《韩非子·六反》,王先慎《韩非子集解》卷十八。
③ 《韩非子·显学》,王先慎《韩非子集解》卷十九,见《诸子集成》,中华书局,1954年版,第355页。
④ 以上见《韩非子·外储说右下》,王先慎《韩非子集解》卷十四,见《诸子集成》,中华书局,1954年版,第354-355页。
⑤ 《韩非子·难一》,王先慎《韩非子集解》卷十五,见《诸子集成》,中华书局,1954年版,第269页。
⑥ 《韩非子·六反》,原文曰:"不可以霸王矣。"今据顾广圻之说改。王先慎《韩非子集解》卷十八,见《诸子集成》,中华书局,1954年版,第320-321页。

> 臣之所不弑其君者,党与不具也。①

这种振聋发聩的议论,把儒家笼罩在君臣关系上的那层脉脉温情,彻底揭破了。又《备内》曰:

> 故舆人成舆,则欲人之富贵;匠人成棺,则欲人之夭死也。非舆人仁而匠人贼也,人不贵则舆不售,人不死则棺不买。情非憎人也,利在人之死也。②

《外储说左上》举雇农力耕,不是出于对主人之爱,而是可以多得报酬;主人对雇农善待,也不是由于爱护之心,而是欲求雇农之力耕。推而广之,子弑父,妻犯夫,朋友相离,无不缘于利益相对立,你死则我活。

韩非把社会关系的实质归结为人的自私之心,并承认这种自私之心的合理性,而设为法、术、势以驾驭。虽然自私之心未必可以概括一切社会关系,而法、术、势也未必能防止自私之"恶",但韩非子以自己独特的认识,而发布此一观点,表明韩非子所具有独立思考的创造性思维特征,以及对个人权利合理性的维护。《解老》曰:

> 聪明睿智,天也;动静思虑,人也。人也者,乘于天明

---

① 王先慎《韩非子集解》卷二,见《诸子集成》,中华书局,1954年版,第34页。
② 王先慎《韩非子集解》卷五,见《诸子集成》,中华书局,1954年版,第83–84页。

以视,寄于天聪以听,托于天智以思虑。①

韩非子一方面肯定天的伟大,同时肯定人作为动静思虑的主体,可以能动地运用"天"的聪明睿智能以开创自己的事业,这种对人的能动性的肯定,是他倡导人为政治,独立思考的动力。也正因此,《亡征》把抛弃对人的能力的崇敬,而"用时日,事鬼神,信卜筮而好祭祀者",当作亡征之一,②《饰邪》曰:"龟策鬼神,不足举胜……然而持之,愚莫大焉。"③《解老》曰:"人处疾则贵医,有祸则畏鬼。……夫内无痤疽瘅痔之害,而外无刑罚法诛之祸者,其轻恬鬼也甚。"④这也反映了一种独立思考的精神。

战国法家,自李悝《法经》,及《商君书》,其思想都来源于改革实践,而韩非所著书,虽不是来自作者治国实践,却最能集中代表法家思想的精粹。法家思想,准确地抓住了人性的弱点,并最终认识到只有法、术、势结合,用冷冰冰的法律手段,才能彻底击灭一切被道德伪装起来的人欲。也只有彻底击灭普通人的欲望,才能保证君主欲望的完全实现。这种认识,随着秦的统一,被证明是符合战国时代需要的最切合实际而行之有效、可以富国强兵的法宝。《史记·商君列传》载商鞅入秦,见秦孝公,相谈良久,而孝公"时时睡,弗听",是缘于商鞅说以"帝道";后来,商鞅又以"王道"说孝

---

① 王先慎《韩非子集解》卷六,见《诸子集成》,中华书局,1954年版,第101页。
② 王先慎《韩非子集解》卷五,见《诸子集成》,中华书局,1954年版,第78页。
③ 王先慎《韩非子集解》卷五,见《诸子集成》,中华书局,1954年版,第89页。
④ 王先慎《韩非子集解》卷六,见《诸子集成》,第104页。

公,孝公仍不喜欢;商鞅第三次以"霸道"说孝公,孝公以为可与语,而不足用。商鞅终于明白孝公之意,而说以"强国之术",如此,孝公"不自知膝之前于席也。语数日不厌",其原因正像孝公所言,三王五帝之术"久远,吾不能待。且贤君者,各及其身显名天下,安能邑邑待数十百年以成帝王乎"。也正是缘于秦孝公这样的君主的急功近利之实用目的,所以,不免如商鞅所言,"然亦难以比德于殷周矣"①。

孔子云:"君子固穷,小人穷斯滥矣。"②战国时期,儒家坚守仁政思想,不为穷达而有改变,而如法家之商鞅、李斯,以及纵横家如苏秦等,为了自己的功名富贵,而变易自己的主张,与时俱进,虽能显名一时,对社会发展和社会正义,负面影响是难以估量的。

第四节 《墨子》的主要思想

墨家是战国时期重要的思想流派,在当时其主张的影响力甚至可与儒家等量齐观,《汉书·艺文志》曰:

> 墨家者流,盖出于清庙之守。茅屋采椽,是以贵俭;养三老五更,是以兼爱;选士大射,是以上贤;宗祀严父,是以右鬼;顺四时而行,是以非命;以孝视天下,是以上同;此其所长也。及蔽者为之,见俭之利,因为非礼,推兼

---

① 司马迁撰,裴骃集解,司马贞索隐,张守节正义《史记》卷六十八,中华书局,1959年版,第2228页。
② 《论语·卫灵公》,何晏集解,陆德明音义,邢昺疏《论语注疏》卷十五,《十三经注疏》,中华书局,1980年版,第2516页。

爱之意,而不知别亲疏。①

又《隋书·经籍志》云:

  墨者,强本节用之术也。上述尧、舜、夏禹之行,茅茨不翦,粝粱之食,桐棺三寸,贵俭兼爱,严父上德,以孝示天下,右鬼神而非命。《汉书》以为本出清庙之守。然则《周官·宗伯》"掌建邦之天神地祇人鬼",肆师"掌立国祀及兆中庙中之禁令",是其职也。愚者为之,则守于节俭,不达时变,推心兼爱,而混于亲疏也。②

  吕思勉曰:"墨子宗旨,全书一贯。兼爱为其根本。"③具体而论,则有所谓尚贤、尚同、兼爱、非攻、节用、节葬、明鬼、天志、非命、非乐等,且以专题论述。

  《尚贤上》曰:"是故国有贤良之士众,则国家之治厚;贤良之士寡,则国家之治薄。故大人之务,将在于众贤而已。"贤良有关于社会之治,因而要"以尚贤事能为政",具体说,就是"富之贵之,敬之誉之"。④

  《尚同上》曰:"察国之所以治者何也?国君唯能壹同国之义,是以国治也。"墨子认为,上古之世,"一人则一义,二人则二义,十人则十义,其人兹众,其所谓义者亦兹众",因此,要"选天下之贤可

---

① 班固撰,颜师古注《汉书》卷三十,中华书局,1962年版,第1738页。
② 魏征等撰《隋书》卷三十四,中华书局,1973年版,第1005页。
③ 吕思勉《先秦学术概论》,下编,中国大百科全书出版社,1985年版。
④ 孙诒让《墨子间诂》卷二,见《诸子集成》,中华书局,1954年版,第25页。

者,立以为天子"。又立三公以下,使一同国人之思想,使"天子之所非,皆非之;去若不善言,学天子之善言;去若不善行,学天子之善行",①因而达到是非、语言、行为的同一。墨子把天子、国君看作仁人的代表,是通过选举而产生的楷模,因此,君主天子之是非、言语、行为,代表着善,而非权力意志。

《兼爱上》认为,天下之乱,起源于"不相爱","臣子之不孝君父","子自爱,不爱父,故亏父而自利;弟自爱,不爱兄,故亏兄而自利;臣自爱,不爱君,故亏君而自利",以及"父之不慈子,兄之不慈弟,君之不慈臣","父自爱也,不爱子,故亏子而自利;兄自爱也,不爱弟,故亏弟而自利;君自爱也,不爱臣,故亏臣而自利","盗爱其室,不爱其异室,故窃异室,以利其室;贼爱其身,不爱人,故贼人以利其身"。推而广之,诸侯之攻伐,皆由于不相爱,而若能"使天下兼相爱","爱人若爱其身","视父兄与君若其身","视弟子与臣若其身","视人之室若其室,""视人身若其身","视人家若其家","视人国若其国",则没有盗贼战乱攻伐,所以"天下兼相爱则治,交相恶则乱"。②

《非攻上》曰:"今小为非,则知而非之;大为非攻国,则不知非,从而誉之,谓之义,此可谓知义与不义之辩乎?是以知天下之君子也,辩义与不义之乱也。"③则是批判诸侯之攻伐,认为诸侯之攻伐亦是杀人,而且是更大的杀人。

---

① 孙诒让《墨子间诂》卷三,见《诸子集成》,中华书局,1954年版,第44－46页。

② 孙诒让《墨子间诂》卷四,见《诸子集成》,中华书局,1954年版,第62－63页。

③ 孙诒让《墨子间诂》卷五,见《诸子集成》,中华书局,1954年版,第82页。

《节用上》曰:"是故用财不费,民德不劳。"①认为衣服、宫室、甲盾,是为蔽体防寒温,防盗贼风雨、寇乱,不节用则害民生。

《节葬下》认为:"厚葬久丧,实不可以富贫众寡定危理乱乎!此非仁非义,非孝子之事也。"②所以,主张薄葬以利国利民。

《天志上》主张顺天意,"顺天意者,兼相爱,交相利,必得赏;反天意者,别相恶,交相贼,必得罚"。③尧舜禹汤文武顺天意而昌,桀纣幽厉逆天意而亡。

《明鬼下》云:"逮至昔三代圣王既没,天下失义,诸侯力正。是以存夫为人君臣上下者之不惠忠也,父子弟兄之不慈孝弟长贞良也,正长之不强于听治,贱人之不强于从事也。民之为淫暴寇乱盗贼,以兵刃、毒药、水火,退无罪人乎道路率径,夺人车马、衣裘以自利者,并作由此始,是以天下乱。此其故何以然也?则皆以疑惑鬼神之有与无之别,不明乎鬼神之能赏贤而罚暴也。今若使天下之人,偕若信鬼神之能赏贤而罚暴也,则夫天下岂乱哉!"墨子认为,天下之乱,在于怀疑鬼神之能"赏贤而罚暴",若使天下之人信鬼神之能赏贤而罚暴,则天下不乱。墨子批评以鬼神无有之无神论者,其观念虽难以证实,其目的却在"兴天下之利,除天下之害"。④

《非乐上》以为乐有害民害用:"仁之事者,必务求兴天下之利,

---

① 孙诒让《墨子间诂》卷六,见《诸子集成》,中华书局,1954年版,第99页。

② 孙诒让《墨子间诂》卷六,见《诸子集成》,中华书局,1954年版,第106页。

③ 孙诒让《墨子间诂》卷七,见《诸子集成》,中华书局,1954年版,第120页。

④ 孙诒让《墨子间诂》卷八,见《诸子集成》,中华书局,1954年版,第138—139页。

除天下之害。将以为法乎天下,利人乎即为,不利人乎即止。且夫仁者之为天下度也,非为其目之所美,耳之所乐,口之所甘,身体之所安,以此亏夺民衣食之财,仁者弗为也。是故子墨子之所以非乐者,非以大钟鸣鼓、琴瑟竽笙之声,以为不乐也,非以刻镂华文章之色,以为不美也,非以犓豢煎炙之味,以为不甘也,非以高台厚榭邃野之居,以为不安也。虽身知其安也,口知其甘也,目知其美也,耳知其乐也,然上考之,不中圣王之事,下度之,不中万民之利。是故子墨子曰:为乐非也。"①

《非命上》批评以贫富众寡委于命运之说,而认为是"上不听治,下不从事"之原因。不非命,则人必丧失"听治""从事"之能动性。墨子认为:"古者王公大人为政国家者,皆欲国家之富,人民之众,刑政之治。然而不得富而得贫,不得众而得寡,不得治而得乱,则是本失其所欲,得其所恶,是故何也?子墨子言曰:执有命者以杂于民间者众。执有命者之言曰:'命富则富,命贫则贫,命众则众,命寡则寡,命治则治,命乱则乱,命寿则寿,命夭则夭。命虽强劲,何益哉?'以上说王公大人,下以驵百姓之从事。故执有命者不仁,故当执有命者之言,不可不明辨。"②

可以看出,在墨子之思想中,始终贯彻着为国、为民的现实精神和批判精神。虽然墨子还有非儒的观点,《非儒下》攻击儒生重视孝服、复古,对孔子及其弟子的言行也多有微词,③但是,墨子的

---

① 孙诒让《墨子间诂》卷八,见《诸子集成》,中华书局,1954年版,第155页。

② 孙诒让《墨子间诂》卷九,见《诸子集成》,中华书局,1954年版,第163页。

③ 孙诒让《墨子间诂》卷九,见《诸子集成》,中华书局,1954年版,第177－189页。

精神实质,与儒家思想立场极其接近。

《汉书·艺文志》载《墨子》七十一篇,今存十五卷,五十三篇,而《经》上下、《经说》上下、《大取》《小取》六篇,被认为是战国末期墨家学说,属墨辩之学。

《庄子·天下》对墨子的主张以克己为人为己任的优点,以及由此而来的行为的缺陷有过精辟的论述,曰:

不侈于后世,不靡于万物,不晖于数度,以绳墨自矫而备世之急,古之道术有在于是者。墨翟、禽滑釐闻其风而说之,为之大过,已之大循。作为《非乐》,命之曰《节用》,生不歌,死无服。墨子泛爱兼利而非斗,其道不怒;又好学而博,不异,不与先王同,毁古之礼乐。黄帝有《咸池》,尧有《大章》,舜有《大韶》,禹有《大夏》,汤有《大濩》,文王有《辟雍》之乐,武王、周公作《武》。古之丧礼,贵贱有仪,上下有等。天子棺椁七重,诸侯五重,大夫三重,士再重。今墨子独生不歌,死不服,桐棺三寸而无椁,以为法式。以此教人,恐不爱人;以此自行,固不爱己。未败墨子道。虽然,歌而非歌,哭而非哭,乐而非乐,是果类乎? 其生也勤,其死也薄,其道大觳;使人忧,使人悲,其行难为也,恐其不可以为圣人之道,反天下之心,天下不堪。墨子虽独能任,奈天下何! 离于天下,其去王也远矣。墨子称道曰:"昔禹之湮洪水,决江河而通四夷九州也。名山三百,支川三千,小者无数。禹亲自操橐耜而九杂天下之川;腓无胈,胫无毛,沐甚雨,栉疾风,置万国。禹大圣也,而形劳天下也如此。"使后世之墨者,多以裘褐为衣,以跂蹻为服,日夜不休,以自苦为极,曰:"不能如此，非禹之道也，不足为墨。"相里勤之弟子五侯之徒，南方之墨者若获、已齿、邓陵子之属，俱诵《墨经》，而倍谲不同，相谓别墨；以坚白同异之辩相訾，以觭偶不仵之辞相应；以巨子为圣人，皆愿为之尸，冀得为其后世，至今不决。墨翟、禽滑釐之意则是，其行则非也。将使后世之墨者，必自苦以腓无胈、胫无毛相进而已矣。乱之上也，治之下也。虽然，墨子真天下之好也，将求之不得也，虽枯槁不舍也。才士也夫！①

庄子认为墨子的主张是有道理的，而其行为，却是需要批评的。虽然庄子立足于全身避害，以"为我"为立论的出发点，但是，对墨家的评价，不能说没有道理。

《孟子·滕文公下》批评杨朱与墨子说：

圣王不作，诸侯放恣，处士横议，杨朱、墨翟之言盈天下，天下之言，不归杨则归墨。杨氏为我，是无君也。墨氏兼爱，是无父也。无父无君，是禽兽也。公明仪曰："庖有肥肉，厩有肥马，民有饥色，野有饿莩，此率兽而食人也。"杨、墨之道不息，孔子之道不著，是邪说诬民，充塞仁义也。仁义充塞，则率兽食人，人将相食。吾为此惧，闲先圣之道，距杨墨，放淫辞，邪说者不得作。作于其心，害于其事；作于其事，害于其政。圣人复起，不易吾言矣。②

---

① 王先谦《庄子集解》卷八，见《诸子集成》，中华书局，1954年版，第464－468页。
② 赵岐注，孙奭疏《孟子注疏》卷六下，《十三经注疏》，中华书局，1980年版，第2714－2715页。

墨子利他，杨朱利我，其宗旨虽背道而驰，其精神却皆不合于儒家思想的伦理精粹，儒家以利我之心利他，因而认为利我不利他，或不利我而利他，都是背离人情的。

不过，我们仍然要为墨子的精神感动。《孟子·尽心上》曰：

> 孟子曰："杨子取为我，拔一毛而利天下，不为也。墨子兼爱，摩顶放踵利天下，为之。子莫执中。执中为近之。执中无权，犹执一也。所恶执一者，为其贼道也，举一而废百也。"①

孟子批评杨朱与墨子不能执中，当然是具有深刻意义的。不过，我们也应认识到，杨子为我，自然有其道理。而墨子与杨朱相反，这种舍己为人的殉道精神，也值得肯定。

墨子学派，组织纪律甚强，其学之片面性很大，所以，《荀子·非十二子》曰："上功用，大俭约，而僈差等。"②《荀子·天论》曰："墨子有见于齐，无见于畸。"③《荀子·解蔽》曰："墨子蔽于用而不知文。"④即墨子看不见差异、文明之必要，与社会发展之趋于享乐、多样性有悖，因而与名辩家一样，辉煌过后，很快就销声匿迹了。

---

① 赵岐注，孙奭疏《孟子注疏》卷六下，《十三经注疏》，中华书局，1980年版，第2768页。
② 王先谦《荀子集解》卷三，见《诸子集成》，中华书局，1954年版。
③ 王先谦《荀子集解》卷十一，见《诸子集成》，中华书局，1954年版，第213页。
④ 王先谦《荀子集解》卷十五，见《诸子集成》，中华书局，1954年版，第261页。

第五节　阴阳家与名家的主要思想

《汉书·艺文志》以阴阳家次道家之后。阴阳家书今无所存。司马谈《论六家要旨》云：

> 尝窃观阴阳之术,大祥而众忌讳,使人拘而多所畏,然其序四时之大顺,不可失也。①

又《汉书·艺文志》曰：

> 阴阳家者流,盖出于羲和之官。敬顺昊天,历象日月星辰,敬授民时,此其所长也。及拘者为之,则牵于禁忌,泥于小数,舍人事而任鬼神。②

阴阳家既是天文历法学家,又是星象神秘主义者。其学说本之自然变化,其解释通之政治,大抵杂科学于神秘之中,以科学与神秘的混合精神,阐释政治现象。齐人邹衍及邹奭可为阴阳家的代表。阴阳家有所谓"五德终始"学说,《吕氏春秋·有始览·应同》云：

> 凡帝王者之将兴也,天必先见祥乎下民。黄帝之时,

---

① 《史记·太史公自序》,司马迁撰,裴骃集解,司马贞索隐,张守节正义《史记》卷一百三十,中华书局,1959年版,第3289页。
② 班固撰,颜师古注《汉书》卷三十,中华书局,1962年版,第1734 – 1735页。

天先见大螾大蝼,黄帝曰:"土气胜。"土气胜,故其色尚黄,其事则土。及禹之时,天先见草木秋冬不杀,禹曰:"木气胜。"木气胜,故其色尚青,其事则木。及汤之时,天先见金刃生于水,汤曰:"金气胜。"金气胜,故其色尚白,其事则金。及文王之时,天先见火,赤乌衔丹书,集于周社,文王曰:"火气胜。"火气胜,故其色尚赤,其事则火。代火者必将水,天且先见水气胜。水气胜,故其色尚黑,其事则水。水气至而不知,数备,将徙于土。①

金木水火土五气成五德,五德循环,依次而兴,每一个朝代相当一个德,因而该朝代的一切制度设施都要与该朝代所属之"德"相适应,一部历史就是如此循环推演。邹衍正是五德终始理论系统的阐述者。

《史记·孟子荀卿列传》言邹衍学说云:

其语闳大不经,必先验小物,推而大之,至于无垠。先序今以上至黄帝,学者所共术,大并世盛衰,因载其机祥度制,推而远之,至天地未生,窈冥不可考而原也。先列中国名山大川,通谷禽兽,水土所殖,物类所珍,因而推之及海外人之所不能睹。称引天地剖判以来,五德转移,治各有宜,而符应若兹。以为儒者所谓中国者,于天下乃八十一分居其一分耳。中国名曰赤县神州。赤县神州内自有九州,禹之序九州是也,不得为州数。中国外如赤县神

---

① 吕不韦著,高诱注《吕氏春秋》卷十二,见《诸子集成》,中华书局,1954年版,第126—127页。

州者九,乃所谓九州也。于是有裨海环之,人民禽兽莫能相通者,如一区中者,乃为一州。如此者九,乃有大瀛海环其外,天地之际焉。其术皆此类也。然要其归,必止乎仁义节俭,君臣上下六亲之施始也滥耳。王公大人初见其术,惧然顾化,其后不能行之。①

又曰:

奭者,齐诸驺子,亦颇采驺衍之术以纪文。②

邹衍、邹奭之徒,其学说虽杂于荒诞不经、神秘其事之外衣,但其目的却在于有补于社会治乱,仁义节俭之旨归,也体现了阴阳家关心民生的精神。其倡导大九州概念,以及五德终始学说,以为周之德火,诸侯争强,终将归乎水德,也等于预言了战国局面必将结束,中国重归一统的未来形势。

邹衍之阴阳学说,在当世颇受重视,《史记·孟子卿列传》载:"驺子重于齐。适梁,惠王郊迎,执宾主之礼。适赵,平原君侧行撇席。如燕,昭王拥彗先驱,请列弟子之座而受业,筑碣石宫,身亲往师之。作《主运》。其游诸侯见尊礼如此,岂与仲尼菜色陈蔡,孟轲困于齐梁同乎哉!……驺衍其言虽不轨,傥亦有牛鼎之意乎!"③邹

---

① 司马迁撰,裴骃集解,司马贞索隐,张守节正义《史记》卷七十四,中华书局,1959年版,第2344页。
② 司马迁撰,裴骃集解,司马贞索隐,张守节正义《史记》卷七十四,中华书局,1959年版,第2347页。
③ 司马迁撰,裴骃集解,司马贞索隐,张守节正义《史记》卷七十四,中华书局,1959年版,第2345页。

衍之礼遇,与孔孟诸人的遭遇形成了鲜明的对照。

名家是战国时期重要的思想流派,代表人物包括公孙龙子、惠施等人。《汉书·艺文志》以名家次法家之后,说名家得失云:

> 名家者流,盖出于礼官。古者名位不同,礼亦异数。孔子曰:"必也正名乎!名不正则言不顺,言不顺则事不成。"此其所长也,及警者为之,则苟钩(釽)[鈲]析乱而已。①

司马谈《论六家要旨》说名家优劣曰:

> 名家使人俭而善失真,然其正名实,不可不察也。②

《隋书·经籍志》说名家长短云:

> 名者,所以正百物,叙尊卑,列贵贱,各控名而责实,无相僭滥者也。《春秋》传曰:"古者名位不同,节文异数。"孔子曰:"名不正则言不顺,言不顺则事不成。"《周官·宗伯》"以九仪之命,正邦国之位,辨其名物之类",是也。拘者为之,则苛察缴绕,滞于析辞而失大体。③

---

① 班固撰,颜师古注《汉书》卷三十,中华书局,1962年版。"(釽)"是原字,[鈲]是校字,第1737页。
② 《史记·太史公自序》,司马迁撰,裴骃集解,司马贞索隐,张守节正义《史记》卷一百三十,中华书局,1959年版,第3289页。
③ 魏征等撰《隋书》卷三十四,中华书局,1973年版,第1004页。

名家以正名实为得名之缘起,其学说以辩证绝对性、相对性为主要内容。与惠施"和同异"的观点不同,今存《公孙龙子》一书,主要体现其"离坚白""别同异"的绝对主义观点。《淮南子·齐俗》云:"公孙龙折辩抗辞,别同异,离坚白。"①《论衡·案书》云:"公孙龙著坚白之论,析言剖辞,务折曲之言,无道理之较,无益于治。"②公孙龙子把事物性质孤立起来,否定其中存在统一性。其目的是要解决名实相符的问题。《名实论》云:"夫名实,谓也。知此之非此也,知此之不在此也,则不谓也;知彼之非彼也,知彼之不在彼也,则不谓也。"③又云:"其正者,正其所实也;正其所实者,正其名也。"④企图通过名实相应,以解决《通变论》所谓"暴则君臣争而两明"⑤之社会弊端。

惠施作为名辩家,其主张虽在合同异,但与公孙龙子仍有一致性。惠施是庄子的朋友,《淮南子·修务》云:

惠施死而庄子寝说言,见世莫可为语者也。⑥

又《说苑·谈丛》云:

钟子期死,而伯牙绝弦破琴,知世莫可为鼓也;惠施

---

① 刘安著,高诱注《淮南子》卷十一,见《诸子集成》,中华书局,1954年版,第182页。
② 王充《论衡》,见《诸子集成》,中华书局,1954年版,第277页。
③ 谭介甫《公孙龙子形名发微》,中华书局,1963年版,第61页。
④ 谭介甫《公孙龙子形名发微》,中华书局,1963年版,第59页。
⑤ 谭介甫《公孙龙子形名发微》,中华书局,1963年版,第44页。
⑥ 刘安著,高诱注《淮南子》卷十九,见《诸子集成》,中华书局,1954年版,第342页。

卒,而庄子深暝不言,见世莫可与语也。①

名家善于对事物的名实、变化予以理性的分析,通过这种分析,在其中找出名与实之间的差异性、相对性和共性。《庄子·天下》云:

> 惠施多方,其书五车,其道舛驳,其言也不中。历物之意,曰:"至大无外,谓之大一;至小无内,谓之小一。无厚,不可积也,其大千里。天与地卑,山与泽平。日方中方睨,物方生方死。大同而与小同异,此之谓小同异;万物毕同毕异,此之谓大同异。南方无穷而有穷,今日适越而昔来。连环可解也。我知天下之中央,燕之北、越之南是也。泛爱万物,天地一体也。"惠施以此为大,观于天下而晓辩者,天下之辩者相与乐之。卵有毛,鸡三足,郢有天下,犬可以为羊,马有卵,丁子有尾,火不热,山出口,轮不蹍地,目不见,指不至,至不绝,龟长于蛇,矩不方,规不可以为圆,凿不围枘,飞鸟之景未尝动也,镞矢之疾而有不行不止之时,狗非犬,黄马骊牛三,白狗黑,孤驹未尝有母,一尺之棰,日取其半,万世不竭。辩者以此与惠施相应,终身无穷。桓团、公孙龙辩者之徒,饰人之心,易人之意,能胜人之口,不能服人之心,辩者之囿也。惠施日以其知与人之辩,特与天下之辩者为怪,此其柢也。然惠施之口谈,自以为最贤,曰天地其壮乎!施存雄而无术。南方有倚人焉曰黄缭,问天地所以不坠不

---

① 刘向撰,赵善诒疏证《说苑疏证》卷十六,华东师范大学出版社,1985年版,第475页。

陷,风雨雷霆之故。惠施不辞而应,不虑而对,遍为万物说,说而不休,多而无已,犹以为寡,益之以怪。以反人为实而欲以胜人为名,是以与众不适也。弱于德,强于物,其涂隩矣。由天地之道观惠施之能,其犹一蚊一虻之劳者也。其于物也何庸!夫充一尚可,曰愈贵道,几矣!惠施不能以此自宁,散于万物而不厌,卒以善辩为名。惜乎!惠施之才,骀荡而不得,逐万物而不反,是穷响以声,形与影竞走也。悲夫!①

通过庄子的记述,我们可以知道惠施一生的主要活动和主要观点,他以辩论为能,主要观点是所谓万物毕同毕异,天与地卑,山与泽平。日方中方睨,物方生方死。即世界上的一切事物都是相同的。又认为世界上的一切事物都是变化着的,互相转变,具有相对性的,所谓卵有毛,鸡三足,郢有天下,犬可以为羊,马有卵,丁子有尾,火不热,山出口,轮不躔地,目不见,指不至,至不绝,龟长于蛇,矩不方,规不可以为圆,凿不围枘,飞鸟之景未尝动也,镞矢之疾而有不行不止之时,狗非犬,黄马骊牛三,白狗黑,孤驹未尝有母等。当然,惠施认为一尺之捶,日取其半,万世不竭,这个观点,如果抛开分割的困难,从逻辑上说,这个观点无疑是正确的。

今存《邓析》《尹文子》二书,虽然问题较多,但是,我们可以从过去学者的记载中了解它们。《吕氏春秋·离谓》曰:"子产治郑,邓析务难之,与民之有狱者约,大狱一衣,小狱襦袴,民之献衣襦袴而学讼者,不可胜数。以非为是,以是为非,是非无度,而可与不可

---

① 王先谦《庄子集解》卷八,见《诸子集成》,中华书局,1954年版,第476–480页。

日变。所欲胜因胜,所欲罪因罪。郑国大乱,民口喧哗。子产患之,于是杀邓析而戮之,民心乃服,是非乃定,法律乃行。"①《列子·力命》《荀子·宥坐》《说苑·指武》也说子产杀邓析。② 邓析是一位专与当政者作对的"律师",如果我们不论《吕氏春秋》作者的立场,而推测邓析行为之实,则可知邓析实具雄辩之才。

《荀子·不苟》尝谓:

> 山渊平,天地比,齐秦袭,入乎耳,出乎口,钩有须,卵有毛,是说之难持者也,而惠施、邓析能之。③

案"袭",合也。王先谦《荀子集解》云:"袭,合也。齐在东,秦在西,相去甚远,若以天地之大包之,则曾无隔异,亦可合为一国也。"④荀子举不可能之事,以夸张惠施、邓析辩说之能。这正是名家之特征。关于这一点,刘向有过说明。刘向《邓析书录》云"邓析者,郑人也。好刑名,操两可之说,设远穷之辞。……其论无厚者,言之异同,与公孙龙同类"。⑤ 也就是说《邓析子》书,原与《公孙龙子》内容接近。

---

① 吕不韦著,高诱注《吕氏春秋》卷十八《审应览第六》,见《诸子集成》,中华书局,1954 年版,第 255 页。
② 张湛《列子注》卷六,王先谦《荀子集解》卷二十,刘向著,赵善诒撰《说苑疏证》卷十五,见《诸子集成》,中华书局,1954 年版。
③ 王先谦《荀子集解》卷二,见《诸子集成》,中华书局,1954 年版,第 23—24 页。
④ 王先谦《荀子集解》卷二,见《诸子集成》,中华书局,1954 年版,第 23 页。
⑤ 见《全上古三代秦汉三国六朝文》之《全汉文》卷三十七,中华书局,1958 年版。

尹文子思想，以利他为其中心，此一点，颇与墨学相通。《庄子·天下》曰：

不累于俗，不饰于物，不苟于人，不忮于众，愿天下之安宁，以活民命，人我之养，毕足而止，以此白心。古之道术有在于是者，宋钘、尹文闻其风而悦之。作为华山之冠以自表，接万物以别宥为始。语心之容，命之曰："心之行。"以聏合欢，以调海内。请欲置之以为主，见侮不辱，救民之斗，禁攻寝兵，救世之战。以此周行天下，上说下教。虽天下不取，强聒而不舍者也。故曰：上下见厌而强见也。虽然，其为人太多，其自为太少，曰："请欲固置五升之饭足矣。"先生恐不得饱，弟子虽饥，不忘天下，日夜不休，曰："我必得活哉！"图傲乎救世之士哉！曰："君子不为苛察。"不以身假物，以为无益于天下者，明之不如已也。以禁攻寝兵为外，以情欲寡浅为内。其小大精粗，其行适至是而止。①

宋钘、尹文不累俗，不饰物，于人无苟且，于众不忤逆，关心天下，而对自己的供养不望有余。华山之形如削，上下均平，所以戴形如华山之冠，以表其德。置立名教，应接人间，而区别万物，以此为本。发语吐辞，每令心容万物，欲以其道和天下。其出发点在于为天下万姓，而不是为一己之私。也正因此，《荀子·非十二子》②

---

① 王先谦《庄子集解》卷八，见《诸子集成》，中华书局，1954年版，第468–469页。
② 王先谦《荀子集解》卷三，见《诸子集成》，中华书局，1954年版，第58页。

批评墨翟、宋钘"不知一天下,建国家之权称,上功用,大俭约,而僈差等,曾不足以容辨异,悬君臣,然而其持之有故,其言之成理,足以欺惑愚众"。宋钘与墨子同具俭约、平等之思想,也同样具有"持之有故""言之成理""以欺惑愚众"之风格,而庄子又以宋钘、尹文连类而言,因此,我们也完全可以假设尹文具有墨、宋之辩,这大约是刘向以《尹文子》入名家的原因吧。

第六节 《吕氏春秋》与杂家及纵横家的思想

《汉书·艺文志》载杂家二十家,而曰:

  杂家者流,盖出于议官,兼儒、墨,合名、法,知国体之有此,见王治之无不贯,此其所长也。及荡者为之,则漫羡而无所归心。①

又《隋书·经籍志》云:

  杂者,兼儒、墨之道,通众家之意,以见王者之化,无所不冠者也。古者司史历记前言往行,祸福存亡之道。然则杂者,盖出史官之职也。放者为之,不求其本,材少而多学,言非而博,是以杂错漫羡,而无所指归。②

杂家之所以"杂",就在于兼有诸子百家之特征。《吕氏春秋》

---

① 班固撰,颜师古注《汉书》卷三十,中华书局,1962年版,第1742页。
② 魏征等撰《隋书》卷三十四,中华书局,1973年版,第1010页。

作为杂家著作，其学说有兼容并包之倾向。如其中《应同》有"五德终始"之说，①十二纪则重四时阴阳变化，这是阴阳家思想；《尊师》②《务本》③《孝行》④《上德》《用民》《贵信》⑤有儒家之重民、德治、仁义礼智忠信孝悌观念；《当染》⑥《节丧》⑦《听言》⑧《高义》⑨《爱类》⑩诸篇却取墨子尚贤、兼有、非攻、贵义、节葬思想；《正名》⑪

---

① 吕不韦著,高诱注《吕氏春秋》卷十三《有始览第一》,见《诸子集成》,中华书局,1954年版。

② 吕不韦著,高诱注《吕氏春秋》卷四《孟夏纪第四》,见《诸子集成》,中华书局,1954年版。

③ 吕不韦著,高诱注《吕氏春秋》卷十三《有始览第一》,见《诸子集成》,中华书局,1954年版。

④ 吕不韦著,高诱注《吕氏春秋》卷十四《孝行览第二》,见《诸子集成》,中华书局,1954年版。

⑤ 吕不韦著,高诱注《吕氏春秋》卷十九《离俗览第七》,见《诸子集成》,中华书局,1954年版。

⑥ 吕不韦著,高诱注《吕氏春秋》卷二《仲春纪第二》,见《诸子集成》,中华书局,1954年版。

⑦ 吕不韦著,高诱注《吕氏春秋》卷十《孟冬纪第二》,见《诸子集成》,中华书局,1954年版。

⑧ 吕不韦著,高诱注《吕氏春秋》卷十三《有始览第一》,见《诸子集成》,中华书局,1954年版。

⑨ 吕不韦著,高诱注《吕氏春秋》卷十九《离俗览第七》,见《诸子集成》,中华书局,1954年版。

⑩ 吕不韦著,高诱注《吕氏春秋》卷二十一《开春论第二》,见《诸子集成》,中华书局,1954年版。

⑪ 吕不韦著,高诱注《吕氏春秋》卷十六《先识览第四》,见《诸子集成》,中华书局,1954年版。

《审分》①是名家思想;《察今》②《慎势》③《有度》《处方》《慎小》④《上农》⑤有法家思想。

当然,《吕氏春秋》对阴阳、儒、墨、名、法诸家之思想,并非一味采纳,而有所选择,如言阴阳,则不过于荒诞神迷;言儒,则切于用而废烦琐;言墨,则不信鬼神;言名,则辩而不诡;言法,则不失人情。而其中又尤以对道家最为用力,其《序意》云:

> 文信侯曰:"尝得学黄帝之所以诲颛顼矣,……盖闻古之清世,是法天地。凡十二纪者,所以纪治乱存亡也,所以知寿夭吉凶也。……天曰顺,顺维生;地曰固,固维宁;人曰信,信维听。三者咸当,无为而行。⑥

《吕氏春秋》其学黄帝,法天地,无为,皆道家主旨。至于《大乐》之言道"视之不见,听之不闻,不可为状","至精也,不可为形,

---

① 吕不韦著,高诱注《吕氏春秋》卷十七《审分览第五》,见《诸子集成》,中华书局,1954年版。
② 吕不韦著,高诱注《吕氏春秋》卷十五《慎大览第三》,见《诸子集成》,中华书局,1954年版。
③ 吕不韦著,高诱注《吕氏春秋》卷十七《审分览第五》,见《诸子集成》,中华书局,1954年版。
④ 以上三篇见吕不韦著,高诱注《吕氏春秋》卷二十五《似顺论第五》,见《诸子集成》,中华书局,1954年版。
⑤ 吕不韦著,高诱注《吕氏春秋》卷二十六《士容论第六》,见《诸子集成》,中华书局,1954年版。
⑥ 吕不韦著,高诱注《吕氏春秋》卷十二《季冬纪第十二》,见《诸子集成》,中华书局,1954年版,第122页。

不可为名,强为之,谓之太一",①《君守》之主静,曰"得道者必静,静者无知,知乃无知,可以言君道也","天之大静,既静而又宁,可以为天下正","天无形而万物以成,至精无象而万物以化,大圣无事而千官尽能,此乃谓不教之教,无言之诏"。②《分职》曰:"夫君也者,处虚素服而无智,故能使众智也;智反无能,故能使众能也;能执无为,故能使众为也。无智、无能、无为,此君之所执也。"③这种虚静、无为之思想,以及对"道"的神秘描述,都极近黄老。

《吕氏春秋》具有反对君主专制之倾向,《贵公》云:

> 昔先圣王之治天下也,必先公。公则天下平矣。平得于公。尝试观于上志,有得天下者众矣,其得之以公,其失之必以偏。凡主之立也,生于公。故《鸿范》曰:"无偏无党,王道荡荡。无偏无颇,遵王之义。无或作好,遵王之道。无或作恶,遵王之路。"天下非一人之天下也,天下之天下也。阴阳之和,不长一类;甘露时雨,不私一物;万民之主,不阿一人。伯禽将行,请所以治鲁。周公曰:"利而勿利也。"荆人有遗弓者,而不肯索,曰:"荆人遗之,荆人得之,又何索焉?"孔子闻之曰:"去其'荆'而可矣。"老聃闻之曰:"去其'人'而可矣。"故老聃则至公矣。天地大矣,生而弗子,成而弗有,万物皆被其泽,得其利,而莫

---

① 吕不韦著,高诱注《吕氏春秋》卷四《仲夏纪第五》,见《诸子集成》,中华书局,1954年版,第41页。
② 吕不韦著,高诱注《吕氏春秋》卷十七《审分览第五》,见《诸子集成》,中华书局,1954年版,第201页。
③ 吕不韦著,高诱注《吕氏春秋》卷二十五《似顺论第五》,见《诸子集成》,中华书局,1954年版,第321页。

知其所由始。此三皇五帝之德也。……人之少也愚,其长也智。故智而用私,不若愚而用公。日醉而饰服,私利而立公,贪戾而求王,舜弗能为。①

又《去私》云:

天无私覆也,地无私载也,日月无私烛也,四时无私行也。行其德而万物得遂长焉。……尧有子十人,不与其子而授舜;舜有子九人,不与其子而授禹,至公也。②

又《圜道》云:

先王之立高官也,必使之方,方则分定,分定则下不相隐。尧舜,贤主也,皆以贤者为后,不肯与其子孙,犹若立官必使之方。今世之人主,皆欲世勿失矣,而与其子孙,立官不能使之方,以私欲乱之也,何哉?其所欲者之远,而所知者之近也。今五音之无不应也,其分审也。宫、徵、商、羽、角,各处其处,音皆调均,不可以相违,此所以不受也。贤主之立官有似于此。百官各处其职、治其事以待主,主无不安矣;以此治国,国无不利矣;以此备

---

① 吕不韦著,高诱注《吕氏春秋》卷一《孟春纪第一》,见《诸子集成》,中华书局,1954年版,第8—10页。
② 吕不韦著,高诱注《吕氏春秋》卷一《孟春纪第一》,见《诸子集成》,中华书局,1954年版,第10页。

患,患无由至矣。①

公平,就是反私,"至公"就是天下为公,让贤而不世袭,这是战国时期重要的思想家的共识,天下是天下人的天下,不能成为个别人谋利的工具,这个观点,正是孔子大同思想的继承。应该说,《吕氏春秋》批判天下为私之社会现实,把家天下之父死子继,看作"私欲"之乱,这是极具批判性的。

《吕氏春秋》也体现了作者的平等、民主思想,《简选》云,周灭商"行赏及禽兽,行罚不避天子。"②《顺民》云:"先王先顺民心,故功名成。"③《精通》云:"圣人南面而立,以爱利民为心。"④这种不避天子而行罚,顺民心,爱利民之心,是与其反专制,反家天下之思想一致的。不过,我们从这种平等思想中,也可窥见秦于战国末年,欲一统天下,取周天子之位而代之的理论依据。

纵横家是政治家,虽然鬼谷子是个隐君子,但是,他的弟子如苏秦、张仪等,皆身居要职,其论说时务,皆切中要害,合从连横,或为统一,或为反统一,皆足以成功。

《汉书·艺文志》说纵横家曰:

纵横家者流,盖出于行人之官。孔子曰:"诵《诗》三

---

① 吕不韦著,高诱注《吕氏春秋》卷三《季春纪第一》,见《诸子集成》,中华书局,1954年版,第32-33页。
② 吕不韦著,高诱注《吕氏春秋》卷八《仲秋纪第八》,见《诸子集成》,中华书局,1954年版,第80页。
③ 吕不韦著,高诱注《吕氏春秋》卷九《季秋纪第九》,见《诸子集成》,中华书局,1954年版,第86页。
④ 吕不韦著,高诱注《吕氏春秋》卷九《季秋纪第九》,见《诸子集成》,中华书局,1954年版,第92页。

百,使于四方,不能专对,虽多,亦奚以为?"又曰:"使乎!使乎!"言其当权事制宜,受命而不受辞,此其所长也。及邪人为之,则上诈谖而弃其信。①

又《隋书·经籍志》云:

> 从横者,所以明辩说,善辞令,以通上下之志者也。《汉书》以为本出行人之官,受命出疆,临事而制。故曰:"诵《诗》三百,使于四方,不能专对,虽多亦奚以为?"《周官》,掌交"以节与币,巡邦国之诸侯及万姓之聚,导王之德意志虑,使辟行之,而和诸侯之好,达万民之说,谕以九税之利,九仪之亲,九牧之维,九禁之难,九戎之威"是也。佞人为之,则便辞利口,倾危变诈,至于贼害忠信,覆邦乱家。②

纵横家是机会主义者,他们的主要特点是因地制宜,与时抑扬,以获得实际的成功为追求目标,所以,谈不上有什么一贯的主张。优点是可以担当重任,缺点是有投机钻营之嫌。

马王堆汉墓帛书《战国纵横家书》二十七篇,③皆是关于国家政治外交之策略。其中部分文字见于《战国策》和《史记》,全书作为苏秦为燕王之上书及其他纵横之士之游说,反映了纵横家欲强国、美政、制胜的理想和现实的谋略。这种谋略,实具有杂家之实用

---

① 班固撰,颜师古注《汉书》卷三十,中华书局,1962年版,第1740页。
② 魏征等撰《隋书》卷三十四,中华书局,1973年版,第1006页。
③ 《战国纵横家书》,文物出版社,1985年版。

特征。

《汉书·艺文志》曰：

农家者流，盖出于农稷之官。播百谷，劝耕桑，以足衣食，故八政一曰食，二曰货。孙子曰"所重民食"，此其所长也。及鄙者为之，以为无所事圣王，欲使君臣并耕，悖上下之序。①

又《隋书·经籍志》云：

农者，所以播五谷，艺桑麻，以供衣食者也。《书》叙八政，其一曰食，二曰货。孔子曰："所重民食。"《周官》：冢宰"以九职任万民"，其一曰"三农生九谷"，地官司稼"掌巡邦野之稼，而辨穜稑之种，周知其名与其所宜地，以为法而悬于邑闾"，是也。鄙者为之，则弃君臣之义，徇耕稼之利，而乱上下之序。②

案重农耕之主张，存于诸子思想之中，而欲使人人耕而食之，则唯农家之甚。而《孟子·滕文公上》提及一位"为神农之言"的许行，"其徒数十人，皆衣褐，捆屦织席以为食"，"愿受一廛而为氓"，主张"贤者与民并耕而食，饔飧而治"，即要求劳心者与劳力者共同从事农耕炊事。其批评滕国曰："今也滕有仓廪府库，则是厉民而

---

① 班固撰，颜师古注《汉书》卷三十，中华书局，1962年版，第1743页。
② 魏征等撰《隋书》卷三十四，中华书局，1973年版，第1010–1011页。

以自养也。"① 即认为国君等劳心者及不力耕之人靠农民之粮食而食,是困苦农民而以供养其身。虽然其说包含有反对社会分工的倾向,却也贯彻着对剥削的不满。

《汉书·艺文志》曰:

> 小说家者流,盖出于稗官,街谈巷语,道听途说者之所造也。孔子曰:"虽小道,必有可观者焉。致远恐泥,是以君子弗为也。"然亦弗灭也。闾里小知者之所及,亦使缀而不忘。如或一言可采,此亦刍荛狂夫之议也。②

又《隋书·经籍志》云:

> 小说者,街说巷语之说也。《传》载舆人之诵,《诗》美询于刍荛。古者圣人在上,史为书,瞽为诗,工诵箴谏,大夫规诲,士传言而庶人谤。孟春,徇木铎以求歌谣,巡省观人诗,以知风俗。过则正之,失则改之,道听途说,靡不毕纪。《周官》:诵训"掌道方志以诏观事,道方慝以诏辟忌,以知地俗";而训方氏"掌道四方之政事,与其上下之志,诵四方之传道而观衣物"是也。孔子曰:"虽小道,必有可观者焉,致远恐泥。"③

小说家既然作为街谈巷议之言,其言不具有统一的思想体系,

---

① 赵岐注,孙奭疏《孟子注疏》卷五下,《十三经注疏》,中华书局,1980年版,第2705页。
② 班固撰,颜师古注《汉书》卷三十,中华书局,1962年版,第1745页。
③ 魏征等撰《隋书》卷三十四,中华书局,1973年版,第1012页。

所以,《汉书·艺文志》以诸子十家,"其可观者九家而已",①不可观其思想之不入流者,即小说家。遗憾的是《汉书·艺文志》所载十五家小说,至隋时全佚。袁行霈等认为其中《伊尹说》《鬻子说》《师旷》《务成子》《宋子》,大体如诸子之书,《周考》《青史子》《天乙》似史书,《黄帝说》为方士著作②。

---

① 班固撰,颜师古注《汉书》卷三十,中华书局,1962年版,第1746页。
② 参见袁行霈《汉书·艺文志小说家考辨》,《文史》第七辑;侯忠义《中国文言小说史稿》,北京大学出版社,1987年版。

第六章　战国诸子的文学思想

人类的发展,促使人类创造文字以进行交流,为了更好地传达思想,这就产生了文学。可以说,文学的产生,是自然的现象。而文学思想的产生,也正像文学产生一样自然。战国时期,是中国文学思想形成与发展的重要时期,了解这个时期的文学思想,对于探求中国文学思想形成和发展的轨迹,有重要的现实意义和历史意义。

第一节　战国诸子是战国时期的文学家

现代汉语中作为一个学科存在的"文学",不是一个外来词汇,而是中国固有的学科名,其最初历史,可以上推至春秋时代。春秋时孔子开办私学,设立德行、言语、政事、文学四科,《论语·先进》曰:"德行:颜渊、闵子骞、冉伯牛、仲弓。言语:宰我、子贡。政事:冉有、季路。文学:子游、子夏。"[①]

关于文学等四科的专业区分,以及孔子弟子十人为什么有四科的区分,过去的学者已经作了很多研究,皇侃《论语集解义疏》云:

> 云德行云云者,孔子门徒三千,而唯有此以下十人名为四科。四科者,德行也,言语也,政事也,文学也。德行

[①] 刘宝楠《论语正义》卷十四,见《诸子集成》,中华书局,1954年版,第238页。

为人生之本,故为第一,以冠初也,而颜闵及二冉合其名矣。王弼曰此四科者各举其才长也,颜渊德行之俊,尤兼之矣。范宁曰德行谓百行之美也,四子俱虽在德行之目,而颜子为其冠云。言语宰我子贡者,第二科也,宰我及端木二人合其目也。范宁曰言语谓宾主相对之辞也。云政事冉有季路者,第三科也,冉仲二人合其目也。范宁曰政事谓治国之政也云。文学子游子夏者,第四科也,言偃及卜商二人合其目也。范宁曰文学谓善先王典文。王弼曰弟子才不徒十,盖举其美者以表业分名,其余则各以所长从四科之品也。侃案四科次第,立德行为首乃为可解;而言语为次者,言语君子枢机,为德行之急,故次德行也;而政事是人事之别,比言语为缓,故次言语也;文学指博学古文,故比三事为泰,故最后也。①

王弼云此四科者各举其才长,弟子才不徒十,盖举其美者以表业分名,其余则各以所长从四科之品,范宁曰德行谓百行之美,言语谓宾主相对之辞,政事谓治国之政,文学谓善先王典文,都是切中肯綮的论点。

邢昺《论语注疏》亦曰:

> 言若任用德行,则有颜渊、闵子骞、冉伯牛、仲弓四人。若用其言语辩说,以为行人,使适四方,则有宰我、子贡二人。若治理政事,决断不疑,则有冉有、季路二人。

---

① 何晏《论语集解》,皇侃《论语集解义疏》卷六,见《丛书集成》,商务印书馆,1937年版,第146页。

若文章博学,则有子游、子夏二人也。然夫子门徒三千,达者七十有二,而此四科唯举十人者,但言其翘楚者耳。或时在陈言之,唯举从者。其不从者,虽有才德,亦言不及也。①

邢昺认为德行即任用德行,言语即言语辩说,政事治理政事、决断不疑,文学则为文章博学,而七十二弟子之中,十人为其翘楚,此与皇侃等人的意思相近。孔子言此,正居陈邦,所以邢昺提及有人认为此言十人,为举从陈弟子。

《论语》在这里提到了孔子高足弟子十人,分属不同学科,其中文学在孔子这里,即作为一个独立学科存在,以子游、子夏为其中杰出代表。子游即言偃,子夏即卜商。孔子弟子三千,《史记·仲尼弟子列传》云:"孔子曰:'受业身通者七十有七人。'皆异能之士也。"②司马贞《史记索隐》曰:"《孔子家语》亦有七十七人,唯文翁《孔庙图》作七十二人。"③孔门高足,无论为七十七人,抑或是七十二人,皆具异能,而子游、子夏在七十余异能之士中,又可以跨入前十人之列,而孔门四科,也是有充足的学科分野的根据的。

子游、子夏的异能,主要表现为一种博学六艺的修养,司马贞《史记索隐》论及子夏时云:"子夏文学著于四科,序《诗》,传《易》。

---

① 何晏集解,陆德明音义,邢昺疏《论语注疏》卷十一,《十三经注疏》,中华书局,1980年版,第2498页。
② 司马迁撰,裴骃集解,司马贞索隐,张守节正义《史记》卷六十七,中华书局,1959年版,第2183页。
③ 司马迁撰,裴骃集解,司马贞索隐,张守节正义《史记》卷六十七,中华书局,1959年版,第2183页。

又孔子以《春秋》属商。又传《礼》,著在《礼志》。"①《史记·仲尼弟子列传》并记:"孔子既没,子夏居西河,教授,为魏文侯师。"②而《汉书·儒林传》则概括孔子治学及整理传播六经之后,特别强调子夏教授之功绩,曰:

  古之儒者博学乎六艺之文。六艺者,王教之典籍,先圣所以明天道,正人伦,致至治之成法也。周道既衰,坏于幽、厉,礼乐征伐自诸侯出,陵夷二百余年而孔子兴,以圣德遭季世,知言之不用而道不行,乃叹曰:"凤鸟不至,河不出图,吾已矣夫!""文王既没,文不在兹乎?"于是应聘诸侯,以答礼行谊。西入周,南至楚,畏匡厄陈,奸七十余君。适齐闻韶,三月不知肉味;自卫反鲁,然后《乐》正,《雅》《颂》各得其所。究观古今之篇籍,乃称曰:"大哉尧之为君也!唯天为大,唯尧则之,巍巍乎其有成功也,焕乎其有文章也!"又曰:"周监于二世,郁郁乎文哉,吾从周。"于是叙《书》则断《尧典》,称《乐》则法《韶》《舞》,论《诗》则首《周南》,缀周之《礼》,因鲁《春秋》,举十二公行事,绳之以文武之道,成一王,法至获麟而止。盖晚而好《易》,读之韦编三绝,而为之《传》,皆因近圣之事,以立先王之教,故曰"述而不作,信而好古","下学而上达,知我者其天乎"!仲尼既没,七十子之徒,散游诸侯,大者为卿相师傅,小者友教士大夫,或隐而不见,故子张居陈,澹台

---

① 司马迁撰,裴骃集解,司马贞索隐,张守节正义《史记》卷六十七,中华书局,1959年版,第2203页。
② 司马迁撰,裴骃集解,司马贞索隐,张守节正义《史记》卷六十七,中华书局,1959年版,第2203页。

子羽居楚,子夏居西河,子贡终于齐,如田子方、段干木、吴起、禽滑釐之属,皆受业于子夏之伦,为王者师。是时独魏文侯好学,天下并争于战国,儒术既黜焉,然齐鲁之间学者犹弗废,至于威、宣之际,孟子、孙卿之列,咸遵夫子之业而润色之,以学显于当世。①

孔子一生所学所传,以六艺之文为首,而子夏等人所继承,正是孔子所传之六艺。

根据以上资料,我们可以认为,子夏于六艺之《诗》《易》《春秋》《礼》的传播皆具功绩,《论语·八佾》载孔子称赞子夏擅长《诗三百》之事,子夏问孔子曰"巧笑倩兮,美目盼兮,素以为绚兮"所指何事,孔子曰"绘事后素",子夏联类及立身,曰:"礼后乎?"孔子曰:"起予者商也,始可与言《诗》已矣。"②子夏读诗,举一反三,正符合孔子"兴于诗,立于礼,成于乐"③的学习目的。

《论语·阳货》曰:"子之武城,闻弦歌之声。夫子莞尔而笑曰:'割鸡焉用牛刀。'子游对曰:'昔者偃也闻诸夫子曰:君子学道则爱人,小人学道则易使也。'子曰:'二三子,偃之言是也。前言戏之耳。'"④子游小孔子四十五岁,小子夏一岁。《史记·仲尼弟子列

---

① 班固撰,颜师古注《汉书》卷八十八,中华书局,1962年版,第3589—3591页。

② 刘宝楠《论语正义》卷三,见《诸子集成》,中华书局,1954年版,第48—49页。

③ 《论语·泰伯》,刘宝楠《论语正义》卷九,见《诸子集成》,中华书局,1954年版,第160页。

④ 刘宝楠《论语正义》卷二十,见《诸子集成》,中华书局,1954年版,第369页。

传》载曰:"孔子以为子游习于文学。"①子游任武城宰,而教民以弦歌之声,其重诗乐,于此可窥见一斑。而《论语正义》论子游之文学曰:"沈氏德潜《吴公祠堂记》曰:子游之文学,以习礼自见。今读《檀弓》上下二篇,当时公卿大夫士庶,凡议礼弗决者,必得子游之言,以为重轻。"②

子游、子夏明习《诗》《易》《礼》《乐》《春秋》等,故被称为文学,所以,孔门四科之文学概念,范宁之曰"文学,谓善先王典文",邢昺曰"文章博学",都是明习经典,吴林伯先生《论语发微》则说得更明确,曰:"按文,六艺;文学,六艺之学,后世所谓经学。"③以文学为善六艺,显然比邢昺之以文学为"文章博学"更恰当,因为子游、子夏所见,不过六经而已,而孔子"述而不作,信而好古",④其文章,也不过是传经之经学学术而已。

毫无疑问,如果说今天所谓经学,或者《诗》《书》《礼》《乐》《易》《春秋》六经,就是文学的全部,显然是荒谬的,但是,如果说《诗》《书》《礼》《乐》《易》《春秋》六经不是文学,那同样是荒谬的。

洪迈《容斋续笔》卷十四《子夏经学》曰:"孔子弟子惟子夏诸经独有书,虽传记杂言未可尽信,然要为与他人不同矣。于《易》则有《传》。于《诗》则有《序》。而毛诗之学,一云子夏授高行子,四传而至小毛公;一云子夏传曾申,五传而至大毛公。于《礼》则有

---

① 司马迁撰,裴骃集解,司马贞索隐,张守节正义《史记》卷六十七,中华书局,1959年版,第2202页。
② 刘宝楠《论语正义·先进》,《论语正义》卷十四,见《诸子集成》,中华书局,1954年版,第238页。
③ 吴林伯先生《论语发微》,文化艺术出版社,1989年版。
④ 《论语·述而》,刘宝楠《论语正义》卷八,见《诸子集成》,中华书局,1954年版,第134页。

《仪礼》'丧服'一篇,马融、王肃诸儒多为之训说。于《春秋》,所云'不能赞一辞',盖亦尝从事于斯矣;公羊高实受之于子夏;穀梁赤者,《风俗通》亦云子夏门人。于《论语》则郑康成以为仲弓、子夏等所撰定也。后汉徐防上疏曰:'《诗》《书》《礼》《乐》定自孔子,发明章句,始于子夏。'斯其证也。"①子夏在孔门弟子中,以文学著名,他之所传,正是《诗》《书》《礼》《乐》《易》《春秋》,所谓六艺之学。

进入战国,"文学"一词在诸子著作中经常出现,如《墨子》之《天志》《非命》,《商君书·外内》,《荀子》之《非相》《王制》《性恶》《大略》,《吕氏春秋·在宥》,《韩非子》之《难言》《外储说左上》《问辩》《八说》《五蠹》《显学》等,都出现过"文学"的概念。《韩非子·六反》还专门对"文学之士"的职业特点和行为倾向做了结论性的评价,这个评价也可以看作韩非子给文学之士下的一个定义,他说:

学道立方,离法之民也,而世尊之曰文学之士。②

从韩非子的定义我们知道,"文学"一词应该指的是文学之士所明习的人文经典,《荀子·王制》提到"文学"的时候,就是用这个意义,他说:

虽庶人之子孙也,积文学,正身行,能属于礼义,则归

---

① 洪迈《容斋续笔》卷十四,见洪迈《容斋随笔》,上海古籍出版社,1978年版,第390页。
② 王先慎《韩非子集解》卷十八,见《诸子集成》,中华书局,1954年版,第318页。

之卿相士大夫。①

战国诸子著作,以从事文学职业者为"文学之士",这说明"文学"一词,更多的是指人文经典,而非文学之士。当然,这个表述,并不否认有不同的意义的存在,比如《商君书·外内》云:

> 奚谓淫道,为辩知者贵,游宦者任,文学私名显之谓也。②

很明显,这里的"文学"一词,所指应该是文学之士。

战国之时,文学指人文经典时,不仅仅限于明习六艺,而指一切文章博学活动,如《墨子·天志中》云:

> 下将以量天下之万民,为文学出言谈也。③

又《墨子·非命中》云:

> 凡出言谈由文学之为道也,则不可而不先立义法。④

又《墨子·非命下》云:

---

① 王先谦《荀子集解》卷五,见《诸子集成》,中华书局,1954年版。
② 严万里校《商君书》,见《诸子集成》,中华书局,1954年版,第37页。
③ 孙诒让《墨子间诂》卷七,见《诸子集成》,中华书局,1954年版,第129页。
④ 孙诒让《墨子间诂》卷九,见《诸子集成》,中华书局,1954年版,第169页。

今天下之君子之为文学出言谈也。①

又《荀子·非相》云：

从者将论志意比类文学邪！②

又《荀子·性恶》云：

今之人化师法，积文学，道礼义者为君子；纵性情，安恣睢，而违礼义者为小人。③

又《荀子·大略》云：

人之于文学也，犹玉之于琢磨也。……子赣、季路，故鄙人也，被文学，服礼义，为天下列士。④

又《吕氏春秋·去宥》云：

---

① 孙诒让《墨子间诂》卷九，见《诸子集成》，中华书局，1954年版，第175页。
② 王先谦《荀子集解》第三卷，见《诸子集成》，中华书局，1954年版。
③ 王先谦《荀子集解》第十七卷，见《诸子集成》，中华书局，1954年版。
④ 王先谦《荀子集解》第十九卷，见《诸子集成》，中华书局，1954年版。

一言而令威王不闻先王之术,文学之士不得进。①

又《韩非子·难言》云:

殊释文学,以质性言,则见以为鄙。②

又《韩非子·外储说左上》云:

弃田圃而随文学者,邑之半。……中牟之人,弃其田耘,卖宅圃而随文学者,邑之半。③

又《韩非子·问辩》曰:

主上有令,而民以文学非之。……人主顾渐其法令,而尊学者之智行,此世之所以多文学也。④

又《韩非子·八说》云:

博习辩智如孔墨,孔墨不耕耨,则国何得焉?修孝寡

---

① 吕不韦著,高诱注《吕氏春秋》卷十六《先识览第四》,见《诸子集成》,中华书局,1954年版。
② 《韩非子集解》曰:"王先谦曰:殊释犹言绝弃。"王先慎《韩非子集解》卷一,见《诸子集成》,中华书局,1954年版,第14页。
③ 王先慎《韩非子集解》卷十一,见《诸子集成》,中华书局,1954年版,第196-209页。
④ 《韩非子集解》曰:"赵用贤曰:渐,没也。"王先慎《韩非子集解》卷十七,见《诸子集成》,中华书局,1954年版,第301页。

欲如曾史,曾史不战攻,则国何利焉?匹夫有私便,人主有公利。不作而养足,不仕而名显,此私便也。息文学而明法度,塞私便而一功劳,此公利也。错法以道民也,而又贵文学,则民之所师法也疑;赏功以劝民也,而又尊行修,则民之产利也惰。大贵文学以疑法,尊行修以贰功,索国之富强,不可得也。①

又《韩非子·五蠹》云:

儒以文乱法,侠以武犯禁,而人主兼礼之,此所以乱也。夫离法者罪,而诸先生以文学取;犯禁者诛,而群侠以私剑养。……故行仁义者非所誉,誉之则害功;工文学者非所用,用之则乱法。……然则为匹夫计者,莫如修行义而习文学:行义修则见信,见信则受事;文学习则为明师,为明师则显荣。此匹夫之美也。……而贵文学之士,废敬上畏法之民,而养游侠私剑之属。……今修文学,习言谈,则无耕之劳,而有富之实;无战之危,而有贵之尊……②

又《韩非子·显学》云:

---

① 王先慎《韩非子集解》卷十八,见《诸子集成》,中华书局,1954年版,第326页。
② 王先慎《韩非子集解》卷十九,见《诸子集成》,中华书局,1954年版,第344-347页。

藏书策,习谈论,聚徒役,服文学而议说……①

凡此种种,"文学"一词所包含的内容,已远非六艺所能包容。可以说,文学之士所学习的一切人文内容,以及他们的著述、言谈,都可以归结为文学活动。

刘勰《文心雕龙·时序》云:"春秋以后,角战英雄,六经泥蟠,百家飙骇。方是时也,韩魏力政,燕赵任权,五蠹六虱,严于秦令;唯齐楚两国,颇有文学:齐开庄衢之第,楚广兰台之宫,孟轲宾馆,荀卿宰邑;故稷下扇其清风,兰陵郁其茂俗;邹子以谈天飞誉,驺奭以雕龙驰响;屈平联藻于日月,宋玉交彩于风云。"②刘勰此言战国"文学",凡有六人,除了屈原和宋玉的辞赋作品以外,孟轲、荀卿、邹衍、驺奭都属于战国诸子之列。邹衍、驺奭的著述,在今天看来,属专门之诸子之学;孟轲受业于子思门人,子思传曾子之学,《孟子》书中,引证、论述及《诗》《书》《礼》《春秋》。荀卿传子夏之学,是战国大儒,传《诗》《礼》《易》《春秋》,即从虞卿受《左氏春秋》,从穀梁赤受《穀梁春秋》;从根牟子受《诗》,传毛亨,为《毛诗》,传浮丘伯,伯传申公,为《鲁诗》;而对《礼》最为专长,《荀子》言礼最多。孟轲、荀子首先是经学家,然后又是诸子。

第二节 《论语》与孔子的文学思想

在中国文化史上,没有一个人像孔子那样伟大,这种伟大,同

---

① 王先慎《韩非子集解》卷十九,见《诸子集成》,中华书局,1954年版,第353页。

② 邹衍又作驺衍,驺奭又作邹奭。见刘勰撰,吴林伯先生注《文心雕龙义疏》,武汉大学出版社,2002年版。

样表现在文学理论发展史上。《论语》一书,准确地体现了孔子的文学观,而这种文学观,是通过孔门弟子整理、传播的,因而也是战国孔门弟子的文学观。

《论语》中孔子的文学思想,首先表现为重视"文",孔子曰:

> 弟子入则孝,出则弟。谨而信,泛爱众而亲仁。行有余力,则以学文。①

又曰:

> 君子博学于文,约之以礼,亦可以弗畔矣夫。②

又曰:

> 兴于诗,立于礼,成于乐。③

孔子屡屡言及博学于文的重要性,并把"文"与孝、悌、谨、信、仁、礼联系在一起,认为这是修成君子的必然途径。其教弟子,有"文学"一科,子游、子夏,为其翘楚。两人之外,也不废文学习养,所以颜渊喟然而叹,称曰:"仰之弥高,钻之弥坚,瞻之在前,忽焉在

---

① 《论语·学而》,刘宝楠《论语正义》卷一,见《诸子集成》,中华书局,1954年版,第10页。
② 《论语·雍也》,刘宝楠《论语正义》卷七,见《诸子集成》,中华书局,1954年版,第130页。
③ 《论语·泰伯》,刘宝楠《论语正义》卷九,见《诸子集成》,中华书局,1954年版,第160页。

后。夫子循循然善诱人,博我以文,约我以礼,欲罢不能,既竭吾才,如有所立卓尔。虽欲从之,未由也已。"①

孔子四教,"文行忠信",②文为其首,而论人论世,也以"文"为评判标准。认为如"周监于二代,郁郁乎文哉",所以说"吾从周"。③ 子贡问"孔文子何以谓之文也",孔子说:"敏而好学,不耻下问,是以谓之文也"。④ 又公叔文子之臣大夫僎,与文子同升诸公。孔子闻之,曰:"可以为文矣。"⑤

孔子对他所无限推崇的唐尧的评价,也是认为他有文章。《论语·泰伯》曰:

> 子曰:"大哉,尧之为君也。巍巍乎唯天为大,唯尧则之。荡荡乎民无能名焉。巍巍乎其有成功也,焕乎其有文章。"⑥

"文""文章",即表现为一种天下为公的道德修养,也表现为建立天下为公的礼乐文化的修习。在这里,"文""文章"虽然不能等

---

① 《论语·子罕》,刘宝楠《论语正义》卷十,见《诸子集成》,中华书局,1954年版,第182页。

② 《论语·述而》曰:"子以四教:文、行、忠、信。"刘宝楠《论语正义》卷八,见《诸子集成》,中华书局,1954年版,第147页。

③ 《论语·八佾》,刘宝楠《论语正义》卷三,见《诸子集成》,中华书局,1954年版,第56页。

④ 《论语·公冶长》,刘宝楠《论语正义》卷六,见《诸子集成》,中华书局,1954年版,第100页。

⑤ 《论语·宪问》,刘宝楠《论语正义》卷十七,见《诸子集成》,中华书局,1954年版,第316页。

⑥ 刘宝楠《论语正义》卷九,见《诸子集成》,中华书局,1954年版,第166页。

同于战国时期的"文学",但战国时期的文学实已包含在其中。

孔子以其好学不倦,而自诩其文,所以他说:

> 文王既没,文不在兹乎! 天之将丧斯文也,后死者不得与于斯文也;天之未丧斯文也,匡人其如予何?①

孔子当处匡之危境,仍深信自身担负的"文"之使命。他修订、整理"六经",正是其"文"的体现。而孔子弟子,也认为孔子之"文章"最为可观,子贡说:

> 夫子之文章,可得而闻也;夫子之言性与天道,不可得而闻也。②

孔子之"文章",基于弸中彪外的表现,最是耀艳深华,而对其弟子之教学,也以"文"为首,所以,其弟子最易闻见。

孔子对"文"的重视,是基于文学对个人及社会有非常重要的意义。孔子在对子弟的教学实践中,多次告诫子弟学诗,并认为学诗是修身齐家治国平天下所不可忽视的手段。孔子说:

> 不学诗,无以言。③

---

① 《论语·子罕》,刘宝楠《论语正义》卷十,见《诸子集成》,中华书局,1954年版,第176页。
② 《论语·公冶长》,刘宝楠《论语正义》,卷六《诸子集成》,中华书局,1954年版,第98页。
③ 《论语·季氏》,刘宝楠《论语正义》卷十九,见《诸子集成》,中华书局,1954年版,第363页。

小子何莫学夫诗,诗可以兴,可以观,可以群,可以怨。迩之事父,远之事君,多识于鸟兽草木之名。①

　　女为周南、召南矣乎? 人而不为周南、召南,其犹正墙面而立也与?②

　　孔子强调学诗的重要性,几乎到了无以复加的地步,认为不学诗,则不足以言,如面壁而立,不知方向。而诗之功用,又有兴、观、群、怨,事父事君,博物之多途。何晏《论语集解》引孔安国注曰,"兴,引譬连类","群居相切磋","怨刺上政"。引郑玄注曰,"观风俗之盛衰"。③ 又朱熹《论语集注》说兴曰"感发志意",说观曰"考见得失"。④ 刘宝楠《论语正义》引焦循《补疏》曰:"案诗之教,温柔敦厚,学之则轻薄嫉忌之习消,故可以群居相切磋。"⑤ 兴是一种启发、鼓舞、感染的作用;观即认识社会现实,考察社会政治制度、民俗风情善恶厚薄的作用;群指相互感染和互相提高,是培养仁心的重要途径;怨指批评和讽刺社会丑恶。兴、观、群、怨的具体化便是事父、事君、博物,所以,孔子又说:

----

① 《论语·阳货》,刘宝楠《论语正义》卷二十,见《诸子集成》,中华书局,1954年版,第374页。

② 《论语·阳货》,刘宝楠《论语正义》卷二十,见《诸子集成》,中华书局,1954年版,第375页。

③ 何晏集解,陆德明音义,邢昺疏《论语注疏》卷十四,《十三经注疏》,中华书局,1980年版,第2525页。

④ 朱熹《四书章句集注·论语集注》卷七,中华书局,1983年版。

⑤ 刘宝楠《论语正义》卷十七,见《诸子集成》,中华书局,1954年版,第375页。

诵诗三百,授之以政,不达;使于四方,不能专对。虽多,亦奚以为?①

通过这句话,我们可以知道,归根结底,孔子认为学诗必须与修身、齐家、治国、平天下的终极目标相结合。

孔子强调文学对个人以及社会发挥积极的实用作用,所以十分重视文学内容的纯粹性,他说:

诗三百,一言以蔽之,曰:思无邪。②

《关雎》乐而不淫,哀而不伤。③

文学的内容,应该是纯正无邪、不过淫、不伤和的。何晏《论语集解》引孔安国注曰:"乐不至淫,哀不至伤,言其正乐之和也。"④朱熹《论语集注》曰:"淫者,乐之过而失其正者也;伤者,哀之过而害于和者也。"⑤即一种合于中庸的和谐之美。

---

① 《论语·子路》,刘宝楠《论语正义》卷十六,见《诸子集成》,中华书局,1954年版,第285页。
② 《论语·为政》,刘宝楠《论语正义》卷二,见《诸子集成》,中华书局,1954年版,第21页。
③ 《论语·八佾》,刘宝楠《论语正义》卷四,见《诸子集成》,中华书局,1954年版,第62页。
④ 何晏集解,陆德明音义,邢昺疏《论语注疏》卷三,《十三经注疏》,中华书局,1980年版,第2468页。
⑤ 朱熹《四书章句集注·论语集注》卷二,中华书局,1983年版。

孔子基于对文学内容的实用目的的考虑,追求一种文质彬彬的审美标准,《论语·雍也》载:

> 子曰:"质胜文则野,文胜质则史,文质彬彬,然后君子。"①

质是文学作品所表达的内容,文是文学作品的表现形式。文与质二者互相补充,互相配合,相得益彰,才为文质彬彬。若其中一胜一劣,即伤斯文。具体说,就是形式足以最充分地表现出善的内容,如果不能充分地表现内容,就是形式未尽其美。

孔子认为文质应相称,并不是说文与质是一种并列关系。写文章的目的,不是为了制造一个没有意义的美丽的符号,而是要表达作者的思想,所以,孔子说:

> 辞达而已矣。②

孔子此言,把文与质的关系说得清清楚楚了。就是文辞永远只能是为表达内容服务,对文辞的要求只有一点,就是要适当地完成它表达内容的使命。

在强调辞达的时候,我们也不要认为孔子认为文辞一点都不重要。孔子所强调的是文辞与内容的相称,而不是文辞喧宾夺主,或者不要文辞。

---

① 何晏集解,陆德明音义,邢昺疏《论语注疏》卷六,《十三经注疏》,中华书局,1980年版,第2479页。

② 《论语·卫灵公》,何晏集解,陆德明音义,邢昺疏《论语注疏》卷十五,《十三经注疏》,中华书局,1980年版,第2519页。

孔子关于文辞与内容的和谐关系,可以证之于《左传·襄公二十五年》孔子的一段话,孔子说:

> 言以足志,文以足言。不言,谁知其志?言之无文,行而不远。……非文辞不为功,慎辞哉。①

《经籍纂诂》曰:"达,通也。"② 通达通畅,而无滞碍。足言足志,则以行远,必然是美丽之文。孔子以"辞达""足言""足志"规范文学形式,认为非文辞则不足以有功用,因而慎重其文辞,这是对文学形式与内容统一的最高要求。

孔子对文辞与内容统一的要求,实际上包含着对文辞的重视,但是,更多的是强调文辞和文辞所要表达的内容之间的末与本、手段与目标的关系。苏轼在许多场合,曾经对孔子的"辞达"进行了合理的发挥,他说:

> "辞达而已矣",辞至于达,止矣,不可以加矣。③

又云:

> 孔子曰:"言之不文,行而不远。"又曰:"辞达而已矣。"夫言止于达意,即疑若不文,是大不然。求物之妙,

---

① 杜预注,孔颖达疏《春秋左传正义》卷三十六,《十三经注疏》,中华书局,1980年版,第1985页。
② 阮元《经籍纂诂》,成都古籍书店影印,1982年版。
③ 苏轼《答王庠书》,《东坡全集》卷七十五,《丛书集成》,商务印书馆,1937年版。

如系风捕影,能使是物了然于心者,盖千万人而不一遇也,而况能使了然于口与手者乎?是之谓辞达。辞至于能达,则文不可胜用矣。①

又说:

孔子曰:"辞达而已矣。"物固有是理。患不知,知之,患不能达之于口与手。所谓文者,能达是而已。②

苏轼指出孔子之辞达而已,不是忽视文学形式的重要性,而是对文学形式表现内容提出的最高要求,这个见解无疑是准确而深刻的。但是,我们不能因此忽略孔子的本意,我们也不能认为苏轼主张文辞不为内容服务的观点。

与孔子强调内容与形式的和谐统一相联系的孔子关于尽善尽美的观点,应该引起我们的高度重视。《论语·八佾》曰:

子谓《韶》,尽美矣,又尽善也。谓《武》,尽美矣,未尽善也。③

《韶》,舜乐名。《武》,武王乐也,又称为《舞》。要了解孔子关

---

① 苏轼《答谢民师书》,《东坡全集》卷七十五,《丛书集成》,商务印书馆,1937年版。
② 苏轼《答虔倅俞括奉议书》,《东坡全集》卷七十六,《丛书集成》,商务印书馆,1937年版。
③ 何晏集解,陆德明音义,邢昺疏《论语注疏》卷三,《十三经注疏》,中华书局,1980年版,第2469页。

于尽善尽美一词的真正含义,我们首先需要对《韶》《武》所代表的文化内涵进行一个说明。

孔子在《礼记·礼运》中提出的大同理想,①所谓大同,就是人人一切平等,就是民主政治,而孔子之赞扬尧、舜、禹的圣治,就是赞赏民主,如《论语·泰伯》之言"巍巍乎舜禹之有天下也,而不与焉","大哉尧之为君也,巍巍乎唯天为大,唯尧则之",②指出原始氏族社会的特点是遵从天的平等公正,而"不与",即"无为",也就是说要给人民以充分的自由。与此相对应,孔子对小康之世存有批判,天下为家是专制主义的特征,与大同背道而驰,所以孔子深为不满。今人多强调孔子欲恢复周礼,周礼所代表为小康政治,与民主政治相反,殊不知孔子的最终理想是实现大同,他希望在礼崩乐坏的环境中,通过恢复周礼,为大同理想的实现积累基础,通过礼制秩序的建立,由德治最终发展为自然之道制。

孔子的大同理想,在后代没有引起足够重视,是源于人们怀疑《礼记》作为先秦典籍的可靠性。近年郭店楚简出土的诸儒家典籍,不仅有《礼记》中的大量篇章,而且,新出土的一些传世文献所不载的儒家文献,使我们清楚地发现了儒家限制君主官吏的权力,倡导君主官吏为人民服务的宗旨,而论述禅让思想的《唐虞之道》更可以作为孔子后学发挥孔子仁爱民主平等思想的纲领。《唐虞之道》对禅让的描述和赞颂非常全面而充分,如曰:

唐虞之道,禅而不传。尧舜之王,利天下而弗利也。

---

① 郑玄注,孔颖达疏《礼记正义》卷二十一,《十三经注疏》,中华书局,1980年版。
② 何晏集解,陆德明音义,邢昺疏《论语注疏》卷八,《十三经注疏》,中华书局,1980年版,第2487页。

禅而不传，圣之盛也。利天下而弗利也，仁之至也。

尧舜之行，爱亲尊贤。爱亲故孝，尊贤故禅。

孝，仁之冕也；禅，义之至也。

爱亲忘贤，仁而未义也；尊贤遗亲，义而未仁也。

方在下位，不以匹夫为轻；及其有天下也，不以天下为重。有天下弗能益，亡天下弗能损，极仁之至，利天下而弗利也。禅也者，上德授贤之谓也。上德则天下有君而世明，授贤则民兴教而化乎道。不禅而化民者，自生民未之有也。①

禅让的核心是天下为公和人人平等，并不因为在下位做匹夫和在上位做天子而有不同，禅让与尊亲并不冲突。孝亲和禅贤都是仁义的体现。在这里，作者把"仁""义""圣"与天下为公的大同"禅让"的理想结合起来，并认为真正的治世的到来必然依赖于建立"禅让"的民主政体，这就使"仁"所具有的自由精神就更加清晰。从而也证明孔子及儒家思想决不是维护政治的专制主义体制的，而是把实现大同看作最后的归宿。

在专制时代开始以后，能准确把握孔子思想精粹的，首先是西汉儒生，其实践就是鼓吹禅让，并最终在王莽时代付诸实施。

---

① 《郭店楚墓竹简》，文物出版社，1998年版，第157-158页。为了方便阅读，引文一律用现代同行文字写出。

不过，西汉的禅让之弊在于缺少禅让制度的逻辑发展过程，因此，虽然有禅让之名，却没有大同之实。今人康有为标榜民主革命，以现代西人民主解释孔子的大同理想，则深得孔子理想之三昧。康有为在他所著《新学伪经考》《孔子改制考》《大同书》等著作，首先标榜"爱"，也即孔子所说"仁"，孟子所说的"不忍人之心"，《大同书》说："不忍人之心，仁也。"《孟子微》说："一切仁政，皆从不忍之心生，为一切根一切源……太平大同，皆从此出。"康有为认为，只要从博爱的立场出发，就可以产生平等、自由、民主诸观念，进而实现世界大同。这与孔子的逻辑线索一致。康有为在《春秋董氏学》卷二中把何休在解说《春秋公羊传》时提到的"公羊三世"与"大同""小康"之说联系起来，认为"三世为孔子非常大义，托之《春秋》以明之。'所传闻世'为据乱，'所闻世'托升平，'所见世'托太平。乱世者，文教未明也；升平者，渐有文教，小康也；太平者，大同之世，远近大小如一，文教全备也。……此为《春秋》第一大义"①。在孔子看来，先有大同，其次小康，其次乱世，这是一个社会自觉退化的必然环节，而要拯救退化的社会，不可能直接由乱世实现太平，而应该以渐变的步骤，通过克己复礼实现小康，再至太平。孔子欲由乱世而至小康，再由小康而至大同，是一种科学的符合人类内心诉求，符合现代人文精神的社会发展理想。康有为正是清楚地体会到了孔子的用心，而认为专制主义必将走向立宪政治，最后走向共和政治，实现人类真正的人权、平等、自由、博爱、独立。

在我们对孔子的思想有了以上的认识以后，我们再来挖掘孔

---

① 康有为《春秋董氏学》卷二，《康有为全集》第2册，上海古籍出版社，1990年版。

子文学艺术观中的人文精神,我们就会有更深入一步的看法。我们发现,孔子把他对大同的渴望,贯彻在他的审美理想中,他对文学艺术的最高要求,既表现为对美的重视,更表现为对善的重视,而善,既有普通意义的善,又以至善为最终追求,而至善就是要体现大同意志。

追求善,戒除不善,是孔子及其门人一向的追求。《论语·述而》孔子曰:

> 德之不修,学之不讲,闻义不能徙,不善不能改,是吾忧也。①

又曰:

> 三人行,必有我师焉:择其善者而从之,其不善者而改之。②

《论语·季氏》孔子曰:

> 见善如不及,见不善如探汤。③

---

① 何晏集解,陆德明音义,邢昺疏《论语注疏》卷七,《十三经注疏》,中华书局,1980年版,第2481页。
② 《论语·述而》,何晏集解,陆德明音义,邢昺疏《论语注疏》卷七,《十三经注疏》,中华书局,1980年版,第2483页。
③ 何晏集解,陆德明音义,邢昺疏《论语注疏》卷十六,《十三经注疏》,中华书局,1980年版,第2522页。

孔子对善的追求,对不善的警惕,在这些论述中已一览无余。正像孟子所说:"鸡鸣而起,孳孳为善者,舜之徒也;鸡鸣而起,孳孳为利者,跖之徒也。欲知舜与跖之分,无他,利与善之间也。"①积极于善,与人为善,必然归结为追求大同;反大同,必然与人为恶,屈服于私利的驱使。所以,孔子赞扬善,与他赞成大同,正体现了一种必然的因果关系。

孔门对善的重视,也体现在《易传》之中,《易传》是孔子及其弟子重要的思想著作,其强调善,也与《论语》无二,《坤文言》曰:

积善之家必有余庆,积不善之家必有余殃。②

《大有》象曰:

君子以遏恶扬善,顺天休命。③

《益》象曰:

君子以见善则迁,有过则改。④

---

① 《孟子·尽心上》,焦循《孟子正义》卷十三,见《诸子集成》,中华书局,1954年版,第539页。
② 王弼、韩康伯注,孔颖达疏《周易正义》卷一,《十三经注疏》,中华书局,1980年版,第19页。
③ 王弼、韩康伯注,孔颖达疏《周易正义》卷二,《十三经注疏》,中华书局,1980年版,第30页。
④ 王弼、韩康伯注,孔颖达疏《周易正义》卷四,《十三经注疏》,中华书局,1980年版,第53页。

《系辞下》云：

> 善不积不足以成名，恶不积不足以灭身。小人以小善为无益而弗为也，以小恶为无伤而弗去也，故恶积而不可掩，罪大而不可解。①

孔子对善的追求，体现在他的审美理想之中，是自然而然的事情。而善，对于文学艺术作品来讲，就是强调文学艺术作品的内容的至高无上地位。一切文学艺术作品，其最终的归结点，绝不仅仅是文采的愉悦、形式的超凡脱俗，而是对人的关怀，只有善，才是符合人文精神的追求。

孔子对内容的善的重视，是所谓尽善。舜以圣德受禅，故《韶》尽善；武王以征伐取天下，故未尽《武》善。在这里，孔子所以强调《韶》的尽善尽美，就在于《韶》体现了大同理想，而《武》却无此精神，所以有美而无能至"尽善"。也就是说，文学艺术作品到达"尽美"的高度，并不是顶点，还应该再向前走，就是达到"尽善"，"尽善"就是文学艺术作品必须体现出大同的精神追求，文学艺术作品只有在内容上体现出"尽善"的高度才是符合孔子审美理想的终极追求。

正因为孔子认为《韶》体现了他的大同的审美理想，所以，孔子对《韶》的赞扬还有不少，《论语·述而》云：

---

① 王弼、韩康伯注，孔颖达疏《周易正义》卷八，《十三经注疏》，中华书局，1980年版，第88页。

子在齐闻《韶》,三月不知肉味,曰:"不图为乐之至于斯也。"①

又《论语·卫灵公》云:

颜渊问为邦。子曰:"行夏之时,乘殷之辂,服周之冕,乐则《韶》《舞》。放郑声,远佞人;郑声淫,佞人殆。"②

又《左传·襄公二十九年》载吴公子札在鲁观乐:

见舞《象箾》《南籥》者,曰:"美哉!犹有憾。"见舞《大武》者,曰:"美哉!周之盛也,其若此乎!"见舞《韶濩》者,曰:"圣人之弘也,而犹有惭德,圣人之难也。"见舞《大夏》者,曰:"美哉!勤而不德,非禹其谁能修之?"见舞《韶箾》者,曰:"德至矣哉!大矣!如天之无不帱也,如地之无不载也,虽甚盛德,其蔑以加于此矣。观止矣!若有他乐,吾不敢请已!"③

《象箾》《南籥》为颂扬文王之乐舞,《大武》为武王之乐舞,《韶濩》为汤之乐舞,《大夏》为夏禹之乐舞,《韶箾》为虞舜之乐舞。季

---

① 何晏集解,陆德明音义,邢昺疏《论语注疏》卷七,《十三经注疏》,中华书局,1980年版,第2482页。
② 何晏集解,陆德明音义,邢昺疏《论语注疏》卷十五,《十三经注疏》,中华书局,1980年版,第2517页。
③ 杜预注,孔颖达疏《春秋左传正义》卷三十九,《十三经注疏》,中华书局,1980年版,第2008页。

札是孔子理想所寄托之人,其审美判断同样折射了孔子作《春秋》的意志。

应该注意到,孔子所赞扬的,并不是《韶》这样的体现大同理想的乐舞等艺术形式本身,而赞赏的是其内容所体现的大同的价值。夏之时,殷之辂,周之冕,不过是器用,则后来者居上,而乐舞则关乎人之精神大局,所谓"兴于诗,立于礼,成于乐",①所以,乐舞则非《韶》《武》不可,而《韶》代表了大同之精神,《武》则代表了实现大同道路上的一个阶段——所谓小康时代的精神追求。

孔子陶醉于《韶》,绝不仅仅缘于其行是"尽美",而在于其内容之"尽善"。而此"尽善",不可以简单化地理解为是相对的善,而应该看作绝对的善,即人类对理想化社会的终极追求,应该认识到它与孔子大同理想的密切联系。如此,我们就知道,孔子的尽善尽美的审美理想,不仅是一种艺术追求,而且体现了他对人的生存状态,生存处境的一种人文关怀。所以,文学艺术活动必须关怀人的生存境遇,没有人文关怀的文学艺术作品,其存在是没有价值的,这是孔子的尽善尽美的审美理想给我们的启示。

孔子的文学艺术观,把人文关怀放在最重要的位置。不仅如此,孔子认为,一切治学,至善才是最后的追求,《礼记·大学》云:"大学之道,在明明德,在亲民,在止于至善。"②此处对"止于至善"的强调,正是对孔子思想的精确把握,而"明德""亲民",正是"止于至善"的最好注脚。孔子在阐发六经内容时,也不背弃这一点,《礼记·经解》云:

---

① 《论语·泰伯》,何晏集解,陆德明音义,邢昺疏《论语注疏》卷八,《十三经注疏》,中华书局,1980年版,第2489页。

② 郑玄注,孔颖达疏《礼记正义》卷六十,《十三经注疏》,中华书局,1980年版,第1673页。

孔子曰:"入其国,其教可知也。其为人也,温柔敦厚,《诗》教也;疏通知远,《书》教也;广博易良,《乐》教也;洁静精微,《易》教也;恭俭庄敬,《礼》教也;属辞比事,《春秋》教也。故《诗》之失愚,《书》之失诬,《乐》之失奢,《易》之失贼,《礼》之失烦,《春秋》之失乱。其为人也温柔敦厚而不愚,则深于《诗》者也;疏通知远而不诬,则深于《书》者也;广博易良而不奢,则深于《乐》者也;洁静精微而不贼,则深于《易》者也;恭俭庄敬而不烦,则深于《礼》者也;属辞比事而不乱,则深于《春秋》者也。"①

《诗》《书》《礼》《乐》《易》《春秋》是中国传统文化的源头,其所标榜,在于培养温柔敦厚、疏通知远、广博易良、洁静精微、恭俭庄敬的人格,欲人之不贼,不诬,不奢,不愚,不烦,不乱,而养志知事,行端性和,明乎阴阳名分。六经为孔子所厘定,孔子是六经精神的最初的最权威的诠释者,其所阐述的六经关怀人的主旨,正是中国后代文化学术发展的方向。

刘勰认为,六经的这种特点既体现为内容的纯正,也表现在形式的清约简丽的典雅方面,是所谓"义既极乎性情,辞亦匠于文理","根柢槃深,枝叶峻茂,辞约而旨丰,事近而喻远",并称"文能宗经,体有六义",具体而言,"一则情深而不诡,二则风清而不杂,三则事信而不诞,四则义直而不回,五则体约而不芜,六则文丽而

---

① 郑玄注,孔颖达疏《礼记正义》卷五十,《十三经注疏》,中华书局,1980年版,第1609页。

不淫",所以能"开学养正,昭明有融"。① 刘勰概括了六经内容的纯正与形式清约简丽,但是,如果不能认识到孔子所谓内容的纯正,就在于强调文学表现善,而此善的最高境界是尽善,尽善就是要体现大同理想,体现天下为公的精神,那也是不准确的。

第三节　孔子及儒家的礼乐思想

春秋战国时期,是中国历史上空前变化的时代,这种变化,主要体现为以成周社会所辛苦建立起来的礼乐文明为代表的传统文化的崩溃。

所谓礼乐文明,是以礼节制,以乐教化,因此,乐对于移风易俗,建立礼乐文化秩序,有着非常的重要性。如此,则诸侯悖乱,破坏礼乐文化,也是情理之中的事情。

礼乐文明的被破坏,首先表现为僭越现象的发生,《论语·八佾》曰:

> 孔子谓:"季氏八佾舞于庭,是可忍也,孰不可忍也。"②

皇侃《论语集解义疏》引马融注曰:

> 天子八佾,诸侯六,卿大夫四,士二。八人为列,八八六十四人也,鲁以周公故,受王者礼乐,有八佾之舞,今季

---

① 《文心雕龙·宗经》,见刘勰撰,吴林伯先生注《文心雕龙义疏》,武汉大学出版社,2002年版,第47-49页。
② 何晏集解,皇侃义疏《论语集解义疏》卷二,见《丛书集成》,商务印书馆,1937年版,第27页。

桓子僭,于其家庙舞之,故孔子讥之也。①

又《论语·八佾》又曰:

三家者以雍彻,子曰:"'相维辟公,天子穆穆矣',奚取于三家之堂。"②

皇侃《论语集解义疏》引马融注曰:

三家者,谓仲孙、叔孙、季孙也。《雍》,《周颂》篇名也,天子祭于宗庙,歌之以彻,祭,今三家亦作此乐者也。③

又引包咸注曰:

辟公,谓诸侯及二王之后也,穆穆,天子之容也,《雍》篇歌此曲者,有诸侯及二王之后来助祭故也。今三家但家臣而已,何取此义而作之于堂耶。④

通过上述例证,我们知道孔子对春秋时期的僭越是非常不满

---

① 何晏集解,皇侃义疏《论语集解义疏》卷二,见《丛书集成》,商务印书馆,1937年版,第27页。
② 何晏集解,皇侃义疏《论语集解义疏》卷二,见《丛书集成》,商务印书馆,1937年版,第28页。
③ 何晏集解,皇侃义疏《论语集解义疏》卷二,见《丛书集成》,商务印书馆,1937年版,第28页。
④ 何晏集解,皇侃义疏《论语集解义疏》卷二,见《丛书集成》,商务印书馆,1937年版,第28页。

的。礼乐的崩溃,不仅是君主权威受到挑战的小问题,而且是关系到民生的重要问题,《论语·子路》曰:

> 子路曰:"卫君待子而为政,子将奚先?"子曰:"必也,正名乎!"子路曰:"有是哉?子之迂也。奚其正?"子曰:"野哉,由也!君子于其所不知,盖阙如也。名不正则言不顺,言不顺则事不成,事不成则礼乐不兴,礼乐不兴则刑罚不中,刑罚不中则民无所措手足。故君子名之必可言也,言之必可行也。"①

正名分关系到社会稳定和成功,一旦没有正名分,就会影响到礼乐文化建设,而礼乐文化与刑罚密切相关联,当礼乐文化崩溃后,带来的是刑罚的失去公平,这个时候,最终受害的是民。所以,礼乐文化是关系到民的生存状态和生活质量的大问题。《诗经》三百篇,"孔子皆弦歌之",②《墨子·公孟》云:

> 诵诗三百,弦诗三百,歌诗三百,舞诗三百。③

《诗经》的问题,不仅仅是文字所揭示的意思,它的影响实际已经延伸到了音乐领域。而作为音乐的《诗经》,发挥着和作为文学

---

① 何晏集解,皇侃义疏《论语集解义疏》卷七,见《丛书集成》,商务印书馆,1937年版,第176页。
② 《史记·孔子世家》,司马迁撰,裴骃集解,司马贞索隐,张守节正义《史记》卷四十七,中华书局,1959年版,第1936页。
③ 孙诒让《墨子间诂》卷十二,见《诸子集成》,中华书局,1954年版,第275页。

的《诗经》同样的作用。《汉书·礼乐志》曰：

> 六经之道同归，而礼乐之用为急。治身者斯须忘礼，则暴嫚入之矣；为国者一朝失礼，则荒乱及之矣。人函天地阴阳之气，有喜怒哀乐之情，天禀其性而不能节也，圣人能为之节而不能绝也。故象天地而制礼乐，所以通神明，立人伦，正情性，节万事者也。人性有男女之情，妒忌之别，为制婚姻之礼；有交接长幼之序，为制乡饮之礼；有哀死思远之情，为制丧祭之礼；有尊尊敬上之心，为制朝觐之礼。哀有哭踊之节，乐有歌舞之容，正人足以副其诚，邪人足以防其失，故婚姻之礼废，则夫妇之道苦，而淫辟之罪多；乡饮之礼废，则长幼之序乱，而争斗之狱蕃；丧祭之礼废，则骨肉之恩薄，而背死忘先者众；朝聘之礼废，则君臣之位失，而侵陵之渐起。故孔子曰："安上治民莫善于礼，移风易俗，莫善于乐。"礼节民心，乐和民声，政以行之，刑以防之。礼乐政刑四达而不悖，则王道备矣。乐以治内而为同，礼以修外而为异；同则和亲，异则畏敬；和亲则无怨，畏敬则不争。揖让而天下治者，礼乐之谓也。二者并行，合为一体。畏敬之意难见，则着之于享献辞受，登降跪拜；和亲之说难形，则发之于诗歌咏言，钟石管弦。盖嘉其敬意而不及其财贿，美其欢心而不流其声音。故孔子曰："礼云，礼云，玉帛云乎哉！乐云，乐云，钟鼓云乎哉！"此礼乐之本也。故曰："知礼乐之情者能作，识礼乐之文者能述；作者之谓圣，述者之谓明。明圣者，述作之谓也。"王者必因前王之礼，顺时施宜，有所损益，即民之心，稍稍制作，至太平而大备。周监于二代，礼文尤具，

事为之制,曲为之防,故称礼经三百,威仪三千。于是教化浃洽,民用和睦,灾害不生,祸乱不作,囹圄空虚,四十余年。孔子美之曰:"郁郁乎文哉,吾从周!"及其衰也,诸侯逾越法度,恶礼制之害己,去其篇籍。遭秦灭学,遂以乱亡。①

这里所说的是礼乐之重要性及礼乐在春秋战国时期的衰亡问题。作者认为"六经之道同归,而礼乐之用为急",准确地概括了乐与《诗经》及其他六经著作的互相补充的关系。

在崇尚礼乐文化的背景下,以乐赠人,对于施赠者和受赠者来说,未尝不是一种风雅的行为,因此,《左传·襄公十一年》载晋侯伐郑,郑人以师悝、师触、师蠲及乐器、女乐贿赂晋侯,晋侯并以赠大臣魏绛:

> 郑人赂晋侯以师悝、师触、师蠲,广车、軘车淳十五乘,甲兵备,凡兵车百乘,歌钟二肆,及其镈磬女乐二八。晋侯以乐之半赐魏绛,曰:"子教寡人和诸戎狄以正诸华,八年之中,九合诸侯,如乐之和,无所不谐,请与子乐之。"辞曰:"夫和戎狄,国之福也。八年之中,九合诸侯,诸侯无慝,君之灵也,二三子之劳也,臣何力之有焉?抑臣愿君安其乐而思其终也,诗曰:'乐只君子,殿天子之邦。乐只君子,福禄攸同。'便蕃左右,亦是师从。夫乐以安德,义以处之,礼以行之,信以守之,仁以厉之,而后可以殿邦

---

① 班固撰,颜师古注《汉书》卷二十二,中华书局,1962年版,第1027－1029页。

国,同福禄,来远人,所谓乐也。书曰:'居安思危。'思则有备,有备无患,敢以此规。"公曰:"子之教,敢不承命。抑微子,寡人无以待戎,不能济河。夫赏,国之典也,藏在盟府,不可废也。子其受之。"魏绛于是乎始有金石之乐,礼也。①

这是为了奖掖的原因而发生的赠予行为。又《左传·襄公二十五年》载晋侯伐齐,齐人则以宗器、乐器贿赂:

> 晋侯济自泮,会于夷仪,伐齐,以报朝歌之役。齐人以庄公说,使隰鉏请成,庆封如师。男女以班,赂晋侯以宗器、乐器。自六正、五吏、三十帅、三军之大夫、百官之正长、师旅及处守者皆有赂。晋侯许之,使叔向告于诸侯。公使子服惠伯对曰:"君舍有罪,以靖小国,君之惠也。寡君闻命矣。"②

这里的两件事情,是诸侯之间的礼乐器皿及女乐之馈赠,本身不存在僭越的可能性,而这个赠送行为本身,既体现了承认错误的道歉行为,又贯彻了弭兵的和平目的,所以,符合礼乐文化的仁义目的。而晋侯以乐赐魏绛,就如鲁周公之国,而有八佾之舞的奖赏,魏绛虽然最终接受了赏赐,但他的辞让行为,就是礼乐文化的

---

① 杜预注,孔颖达疏《春秋左传正义》卷三十一,《十三经注疏》,中华书局,1980年版,第1951页。
② 杜预注,孔颖达疏《春秋左传正义》卷三十六,《十三经注疏》,中华书局,1980年版,第1984页。

体现,所以,这样的赠予行为,应该是没有问题的。①

但是,如果是自己索求自己本来不应该有的礼器、乐器,就是违背礼乐文化的精义,应该受到谴责。孔子反对春秋战国时期发生的这种僭越礼义的赠乐行为,认为这也是一种亡国征兆。《左传·成公二年》载:

> 新筑人仲叔于奚救孙桓子,桓子是以免,既卫人赏之以邑,辞,请曲县、繁缨以朝,许之。仲尼闻之,曰:"惜也!不如多与之邑,唯器与名,不可以假人,君之所司也。名以出信,信以守器,器以藏礼,礼以行义,义以生利,利以平民,政之大节也。若以假人,与人政也,政亡,则国家从之,弗可止也已。"②

曲县,轩悬也,《周礼·春官·小胥》曰:"正乐县之位,王宫县,诸侯轩县,卿大夫判县,士特县,辨其声。"郑众注云,宫县四面县,轩县去其一面,判县又去一面,特县又去一面。四面像宫室四面有墙,故谓之宫县;轩县三面,其形曲,故《春秋传》曰"请曲县、繁缨以朝",诸侯之礼也。郑玄云轩县去南面,辟王也;判县左右之合,又空北面;特县县于东方,或于阶间而已。繁缨,诸侯之马饰。③ 孔子

---

① 参见陈元锋《乐官文化与文学》,该书探讨了先秦乐官文化的形成及解体过程,很有参考价值。不过,对于《春秋左氏传·襄公十一年》和《春秋左氏传·襄公二十五年》之赠乐事,与下文《春秋左氏传·成公二年》索乐之事等同,似有不妥。山东教育出版社,1999年版。

② 杜预注,孔颖达疏《春秋左传正义》卷二十五,《十三经注疏》,中华书局,1980年版,第1893—1894页。

③ 郑玄注,贾公彦疏《周礼注疏》卷二十三,《十三经注疏》,中华书局,1980年版,第795页。

认为,乐之与器,实际关系到政治之大节,不可以随便假人,否则有亡国之祸,不可挽回。

礼乐的崩坏,带来了乐师的失业,《汉书·艺文志·诗赋略》云"春秋之后,周道浸坏,聘问歌咏不行于列国,学《诗》之士逸在布衣,而贤人失志之赋作矣"。① 此言春秋之后,因为列国之间没有聘问歌咏之事,所以乐官及歌诗之人流落民间,而不歌而诵之赋,取代歌诗的创作,则战国之际,歌诗面临衰亡之境遇。

歌诗的衰亡,带来的是歌舞艺人的流失,《论语·微子》曰:"大师挚适齐,亚饭干适楚,三饭缭适蔡,四饭缺适秦,鼓方叔入于河,播鼗武入于汉,少师阳、击磬襄入于海。"②这是春秋后期鲁国乐官的流失状况。鲁国作为礼乐文化的发祥之地,在贵族社会解体之后,作为贵族社会礼乐文化重要组成部分的乐,以及作为礼乐文化的传承者的乐官,其本身处境的风雨飘摇,也是情理之中的事情。

春秋战国时期礼乐文化的消亡或者衰退,并不意味着歌舞的消失,而是孔子及儒家所倡导的礼乐的分离,以及代表礼乐文化精神的雅乐的衰落。我们在讨论孔子的礼乐文化精神的时候,时刻不能忘记孔子所认为的礼乐文化作为实现终极目标的手段和工具的意义。《论语·阳货》载:

> 子曰:"礼云,礼云,玉帛云乎哉!乐云,乐云,钟鼓云乎哉!"③

---

① 班固撰,颜师古注《汉书》卷三十,中华书局,1962年版,第1756页。
② 何晏集解,陆德明音义,邢昺疏《论语注疏》卷十八,《十三经注疏》,中华书局,1980年版,第2530页。
③ 何晏集解,皇侃义疏《论语集解义疏》卷九,见《丛书集成》,商务印书馆,1937年版,第246页。

皇侃《论语集解义疏》引郑玄曰：

> 玉，璋珪之属也；帛，束帛之属也。言礼非但崇此玉帛而已，所贵者乃贵其安上治民也。①

又引马融曰：

> 乐之所贵者，移风易俗也，非谓钟鼓而已也。②

孔子从来不是为了礼乐而推崇礼乐，而是把礼乐看作移风易俗的工具，而这个移风易俗的工具，可以有安上治民的效果。

礼乐文化是孔子实现终极目标的工具，其作为工具的价值，就是礼乐的教化作用，孔子及其弟子非常重视体现礼乐文化的雅乐的教化作用，《论语·阳货》载：

> 子之武城，闻弦歌之声。夫子莞尔而笑，曰："割鸡焉用牛刀。"子游对曰："昔者偃也闻诸夫子曰，君子学道则爱人，小人学道则易使也。"子曰："二三子，偃之言是也，前言戏之耳。"③

---

① 何晏集解，皇侃义疏《论语集解义疏》卷九，见《丛书集成》，中华书局，1980年版，第246页。
② 何晏集解，皇侃义疏《论语集解义疏》卷九，见《丛书集成》，商务印书馆，1937年版，第246页。
③ 何晏集解，陆德明音义，邢昺疏《论语注疏》卷十七，《十三经注疏》，中华书局，1980年版，第2524页。

可以看出,孔子及其弟子,把鼓舞歌诗礼乐文化当作实现社会文明与进步的重要工具。正因为鼓舞歌诗的意义重大,孔子对乐舞的钻研,也是孜孜不倦。而且,把鼓舞歌诗与其政治理想结合在一起,鼓舞歌诗实际上是他追求的仁政的寄托。据《史记·孔子世家》载,孔子学鼓琴师襄子,十日不进。师襄子曰:"可以益矣。"孔子曰:"丘已习其曲矣,未得其数也。"有间,曰:"已习其数,可以益矣。"孔子曰:"丘未得其志也。"有间,曰:"已习其志,可以益矣。"孔子曰:"丘未得其为人也。"有间,有所穆然深思焉,有所怡然高望而远志焉。曰:"丘得其为人,黯然而黑,几然而长,眼如望羊,如王四国,非文王其谁能为此也!"师襄子辟席再拜,曰:"师盖云《文王操》也。"又载孔子击磬,有荷蒉而过门者,曰:"有心哉,击磬乎!硁硁乎,莫己知也夫而已矣!"①

孔子积极挽救礼乐文化的消亡,孔子正乐,这是孔子对礼乐文化的正面建设。同时,如前所述,孔子也极力反对春秋时代僭越礼乐的现象,认为这是社会衰亡的重要体现。但是,孔子所面临的,不仅是一个僭越的问题,还有"新声"的侵袭。新声主要是郑卫之音,而以郑声为孔子所经常提及。

《汉书·艺文志》云:

> 孔子曰:"安上治民,莫善于礼;移风易俗,莫善于乐。"二者相与并行。周衰俱坏,乐犹微眇,以音律为节,

---

① 司马迁撰,裴骃集解,司马贞索隐,张守节正义《史记》卷四十七,中华书局,1959年版,第1925页。

又为郑卫所乱,故无遗法。①

又《论语·卫灵公》曰:

颜渊问为邦,子曰:"行夏之时,乘殷之辂,服周之冕,乐则韶舞。放郑声,远佞人;郑声淫,佞人殆。"②

皇侃《论语集解义疏》引何晏注云:

夏时据见万物之生以为四时之始,取其易知也。③

又引马融注云:

殷车曰大辂。《左传》曰大辂,越席也,昭其俭也。"④

又引包咸注曰:

冕,礼冠也,周之礼文而备也,取其黈纩塞耳,不任视

---

① 班固撰,颜师古注《汉书》卷三十,中华书局,1962 年版,第 1711 – 1712 页。
② 何晏集解,皇侃义疏《论语集解义疏》卷八,见《丛书集成》,商务印书馆,1937 年版,第 217 页。
③ 何晏集解,皇侃义疏《论语集解义疏》卷八,见《丛书集成》,商务印书馆,1937 年版,第 217 页。
④ 何晏集解,皇侃义疏《论语集解义疏》卷八,见《丛书集成》,商务印书馆,1937 年版,第 217 页。

听也。《韶》,舜乐也,尽善尽美,故取之也。①

又引孔安国注曰:

郑声、佞人亦俱能感人心,与雅乐贤人同,而使人淫乱危殆,故当放远之也。②

又《论语·阳货》曰:

子曰:"恶紫之夺朱也,恶郑声之乱雅乐也,恶利口之覆邦家也。"③

皇侃《论语集解义疏》引孔安国注曰:

朱,正色;紫,间色之好者,恶其邪好而夺正色也。④

又引包咸注曰:

---

① 何晏集解,皇侃义疏《论语集解义疏》卷八,见《丛书集成》,商务印书馆,1937年版,第217页。
② 何晏集解,皇侃义疏《论语集解义疏》,见《丛书集成》,商务印书馆,1937年版第217页。
③ 何晏集解,皇侃义疏《论语集解义疏》卷九,见《丛书集成》,商务印书馆,1937年版,第249页。
④ 何晏集解,皇侃义疏《论语集解义疏》,见《丛书集成》,商务印书馆,1937年版,第249页。

> 郑声,淫声之哀者,恶其夺雅乐也。①

又引孔安国注曰:

> 利口之人多言少实,苟能悦媚时君,倾覆其国家也。②

郑卫之音对雅乐的威胁,实在是不能忽视的。孔子把郑声看作如间色利口之祸,对抗郑声的立场是特别坚决的。而孔子之所以如此重视对郑声的防范,是因为以郑声为代表的新声具有强大的感染力,而这种感染力足以颠覆人们对传统礼乐文化的向往,最终丢弃音乐的教化功能,而使君主和人臣陷于私欲之中,忽略民众的苦难,为所欲为。

孔子关于郑声的看法,被《礼记》所忠实体现。《礼记·王制》云:

> 析言破律,乱名改作,执左道以乱政,杀;作淫声、异服、奇技、奇器以疑众,杀;行伪而坚,言伪而辩,学非而博,顺非而泽以疑众,杀;假于鬼神,时日卜筮以疑众,杀。此四诛者不以听。③

---

① 何晏集解,皇侃义疏《论语集解义疏》,见《丛书集成》,商务印书馆,1937年版,第249页。
② 何晏集解,皇侃义疏《论语集解义疏》卷九,见《丛书集成》,商务印书馆,1937年版,第249页。
③ 郑玄注,孔颖达疏《礼记正义》卷十三,《十三经注疏》,中华书局,1980年版,第1344页。

《礼记·王制》把淫声、异服、奇技、奇器看作是与"析言破律，乱名改作，执左道以乱政"，"行伪而坚，言伪而辩，学非而博，顺非而泽以疑众"，"假于鬼神，时日卜筮以疑众"同等程度的危害行为，而郑玄注曰："淫声，郑卫之属也。"①

又《礼记·乐记》曰：

> 郑卫之音，乱世之音也，比于慢矣；桑间濮上之音，亡国之音也，其政散，其民流，诬上行私而不可止也。②

孔颖达《礼记注疏》引郑玄注曰：

> 濮水之上地有桑间者，亡国之音于此之水出也，昔殷纣使师延作靡靡之乐，已而自沈于濮水。后师涓过焉，夜闻而写之，为晋平公鼓之，是之谓也。③

郑声虽然是淫靡亡国之音，但因为其声乐歌舞具有时尚的特点，所以，很容易为一般大众所接受，《礼记·乐记》记载有魏文侯与子夏的一段对话，涉及雅乐与新声的感染力对比问题，子夏认为，雅乐是乐，而郑卫之音是音，不能与乐同日而语。《礼记·乐记》曰：

---

① 郑玄注，孔颖达疏《礼记正义》卷十三，《十三经注疏》，中华书局，1980年版，第1344页。
② 郑玄注，孔颖达疏《礼记正义》卷三十七，《十三经注疏》，中华书局，1980年版，第1528页。
③ 郑玄注，孔颖达疏《礼记正义》卷三十七，《十三经注疏》，中华书局，1980年版，第1528页。

魏文侯问于子夏曰："吾端冕而听古乐,则唯恐卧,听郑卫之音,则不知倦。敢问古乐之如彼,何也?新乐之如此,何也?"

子夏对曰："今夫古乐,进旅退旅,和正以广,弦匏笙簧,会守拊鼓,始奏以文,复乱以武,治乱以相,讯疾以雅。君子于是语,于是道古,修身及家,平均天下。此古乐之发也。今夫新乐,进俯退俯,奸声以滥,溺而不止,及优侏儒,犹杂子女,不知父子。乐终不可以语,不可以道古。此新乐之发也。今君之所问者乐也,所好者音也。夫乐者,与音相近而不同。"

文侯曰："敢问何如?"

子夏对曰："夫古者,天地顺而四时当,民有德而五谷昌,疾疢不作而无妖祥,此之谓大当。然后圣人作,为父子君臣,以为纪纲。纪纲既正,天下大定。天下大定,然后正六律,和五声,弦歌诗颂,此之谓德音,德音之谓乐。诗云:'莫其德音,其德克明。克明克类,克长克君。王此大邦,克顺克俾。俾于文王,其德靡悔。既受帝祉,施于孙子。'此之谓也。今君之所好者,其溺音乎。"

文侯曰："敢问溺音何从出也?"

子夏对曰："郑音好滥淫志,宋音燕女溺志,卫音趣数烦志,齐音敖辟乔志。此四者皆淫于色而害于德,是以祭祀弗用也。诗曰:'肃雍和鸣,先祖是听。'夫肃肃,敬也;雍雍,和也。夫敬以和,何事不行? 为人君者,谨其所好恶而已矣。君好之,则臣为之;上行之,则民从之。诗曰'诱民孔易',此之谓也。然后圣人作为鼗、鼓、椌、楬、埙、篪,此六者,德音之音也。然后钟磬竽瑟以和之,干戚旄狄以舞之。此所以祭先王之庙也,所以献酬酳酢也,所以官序贵贱各得其宜也,所以示后世有尊卑长幼之序也。钟声铿,铿以立号,号以立横,横以立武,君子听钟声则思武臣。石声磬,磬以立辨,辨以致死。君子听磬声则思死封疆之臣。丝声哀,哀以立廉,廉以立志,君子听琴瑟之声则思志义之臣。竹声滥,滥以立会,会以聚众,君子听竽笙箫管之声则思畜聚之臣。鼓鼙之声欢,欢以立动,动以进众,君子听鼓鼙之声则思将帅之臣。君子之听音,非听其铿锵而已也,彼亦有所合之也。"①

魏文侯是有德君主,虽然如此,他还是听古乐而欲眠,听郑卫之音则不知疲倦。子夏分析其中的原因,认为古乐目的在于修身及家,平均天下,新声乐终不可以语,不可以道古,只有声音而已。乐者乐也,乐不同于音,就在于乐有教化的目的。圣人正六律,和五声,弦歌诗颂,谓之德音,故称为乐,可以为父子君臣纪纲,为天下大定,郑卫之音,为溺音。如郑音好滥淫志,宋音燕女溺志,卫音趣数烦志,齐音敖辟乔志,皆淫于色而害于德,君主如果好淫声,必

---

① 郑玄注,孔颖达疏《礼记正义》卷三十九,《十三经注疏》,中华书局,1980年版,第1538—1541页。

然导致上行下效。圣人以雅乐之鼗、鼓、椌、楬、埙、篪此六者为德音之音,以钟磬竽瑟和之,以干戚旄狄舞之,以此祭先王,献酬酳酢,官序贵贱,示后世有尊卑长幼之序。君子之鼓舞歌诗,绝不是为了音律的铿锵动听,而是为了德治的需要。

子夏关于郑声与雅乐的区别,归根结底,就是郑声追求音律的轻柔低靡,引人沉醉于音乐形式之中,追求鼓舞歌诗艺术美的享乐感受;而雅乐所追求的,则是音乐背后所暗示的道德力量,是移风易俗的伟大魅力。司马迁《史记·乐书》刊载《礼记》全文,以《乐记》为先秦礼乐文化的经典,而子夏关于郑声与雅乐的论述,其权威性也就在这里了。

第四节　孟子的文学思想

战国时期的儒家学者都尊师孔子,因此,孔子的文学肯定论,对战国儒家的影响,是决定性的。也就是说,战国时期的儒家学者,都是在孔子学说的基础上,建立自己的文学理论主张。

战国儒家,是文学肯定论者,他们强调文学对社会所起的积极的社会作用。同时,也注意到了文学的内容、文学创作及欣赏等美学问题。

《孟子·告子上》曰:

> 口之于味也,有同耆焉;耳之于声也,有同听焉;目之于色也,有同美焉。至于心,独无所同然乎?心之所同然者何也?谓理也,义也。圣人先得我心之所同然耳!故

第六章 战国诸子的文学思想

理义之悦我心,犹刍豢之悦我口。①

孟子认为理义与味、声、色一样具有审美价值,可以引起人们的普遍必然的愉快,即认为人格精神也能成为审美对象。而《孟子·离娄上》又说"乐之实"为乐仁与义,所谓"乐斯二者,乐则生矣;生则恶可已也;恶可已,则不知足之蹈之手之舞之"。② 这表明孟子以艺术的产生根源在仁、义二者。孟子称"圣人"之得我心,强调仁之与义,表现出了对孔子及其主张的敬重。孟子对心之理义的美感价值的发掘,是对个体人格美的张扬。

孟子在善、美等问题上,表现出了对个体人格美的重视。《孟子·尽心下》云:

  浩生不害问曰:"乐正子何人也?"孟子曰:"善人也,信人也。""何谓善？何谓信？"曰:"可欲之谓善,有诸己之谓信,充实之谓美,充实而有光辉之谓大,大而化之之谓圣,圣而不可知之之谓神。乐正子,二之中,四之下也。"③

孟子在对乐正子之人格进行评价的时候,提到了善、信、美、大、圣、神诸概念。赵岐注谓:"己之可欲,乃使人欲之,是为善人;己所不欲,勿施于人也,有之于己,乃谓人有之,是为信人;不亿不

---

① 焦循《孟子正义》卷十一,见《诸子集成》,中华书局,1954年版,第451页。
② 焦循《孟子正义》卷七,见《诸子集成》,中华书局,1954年版,第313页。
③ 焦循《孟子正义》卷十四,见《诸子集成》,中华书局,1954年版,第585页。

信也,充实善信,使之不虚,是为美人,美德之人也;充实善信而宣扬之,使有光辉,是为大人;大行其道,使天下化之,是为圣人;有圣知之明,其道不可得知,是为神人。人有是六等,乐正子能善能信,在二者之中,四者之下也。"①要而言之,善、信、美、大、圣、神诸人虽有差等,但皆以仁义之原则为根据。在六种等级的递进中,高等级包容低等级,即"美"之中含有"善""信",而美之上的大、圣、神,又表明了孟子更高的审美理想。"大"标志着美的充实,而又比美更具光辉,更具磅礴的气势;"圣"标志着以仁义化人;"神"则意味着个体人格的丰富深厚。孟子的美学观,实际就是由善、信、美、大、圣、神六者结合而成的。孟子虽未专门论及文学之美,而其美学观,必然代表着他对文学美的追求。

孟子强调耳、目、口、心、圣人与我的同一,即肯定美感的共同性、普遍性、绝对性,这代表着一种对一致、和谐、统一的追求。这不同于道家之强调差异、对立、矛盾,而揭示是与非、美与丑、大与小等审美范畴的不确定性、相对性、差异性。正因此,孟子注重审美活动的社会性,《孟子·梁惠王下》孟子说齐宣王,以为"与众乐"比之"与少乐"乐,所以要"与民同乐"。② 这个观点除却其民主精神之外,实也包括了艺术美大众化、社会化的要求。

孟子关于言辞、风格以及读诗、书等文学欣赏活动,也有极精辟之创见。《孟子·公孙丑上》载:

"敢问夫子恶乎长?"曰:"我知言;我善养吾浩然之

---

① 赵岐注,孙奭疏《孟子注疏》卷十四上,《十三经注疏》,中华书局,1980年版,第2775页。
② 焦循《孟子正义》卷二,见《诸子集成》,中华书局,1954年版。

气。""敢问何谓浩然之气?"曰:"难言也。其为气也,至大至刚,以直养而无害,则塞于天地之间。其为气也,配义与道;无是,馁也。是集义所生者,非义袭而取之也。行有不慊于心,则馁矣。……""何谓知言?"曰:"诐辞知其所蔽,淫辞知其所陷,邪辞知其所离,遁辞知其所穷。生于其心,害于其政;发于其政,害于其事。圣人复起,必从吾言矣。"①

孟子以"养气""知言"自许,"气"虽然是一种难以捉摸的存在,但与"言"一样,都是孟子所谓人格修养的内容之一。养浩然之气,即在人格修养中表现出一种善的正气;知言则强调言辞与人格的一种联系,孔子曰:"不知言,无以知人也。"②言辞与人格是紧密相联系的,诐辞、淫辞、邪辞、遁辞,都是不同处境的人个性的体现。孟子认为言辞对于政事影响至大,诐辞、淫辞、邪辞、遁辞生于人心,而害政事,浩然之气可以培养勇气。若有不善之行,则必气馁。孟子"养气""知言"的观点,是孔子"尽善尽美",注重文学功用思想的补充。而关于言辞与个性人格的联系之论点,强调了言辞风格所存在的个性,与孔子之言"有德者必有言,有言者不必有德"③之观点一脉相承,却更见具体化、深入化。

孟子在论及理解诗歌,以及尚友之道理时,提出了"以意逆志"

---

① 焦循《孟子正义》卷三,见《诸子集成》,中华书局,1954年版,第117—125页。
② 《论语·尧曰》,何晏集解,陆德明音义,邢昺疏《论语注疏》卷二十,《十三经注疏》,中华书局,1980年版,第2536页。
③ 《论语·宪问》,何晏集解,陆德明音义,邢昺疏《论语注疏》卷十四,《十三经注疏》,第2510页。

"知人论世"的观点。《孟子·万章上》载:

> 咸丘蒙曰:"舜之不臣尧,则吾既得闻命矣。《诗》云'普天之下,莫非王土;率土之滨,莫非王臣。'而舜既为天子矣,敢问瞽瞍之非臣。如何?"曰:"是诗也,非是之谓也。……故说诗者不以文害辞,不以辞害志。以意逆志,是为得之。如以辞而已矣,《云汉》之诗曰:'周余黎民,靡有孑遗。'信斯言也,是周无遗民也。"①

又《孟子·万章下》曰:

> 颂其诗,读其书,不知其人,可乎?是以论其世也,是尚友也。②

文采与言辞、言辞与意旨,在具体作品中并不见得是统一的,所以,不要望文生义,领会全篇的精神实质。③ 一个作品的创作,渗透作者的个性,以及形成此个性的时代氛围,所以,正确地掌握一个作品,必须联系作者的生平境遇、时代环境。"知人论世"与"以意逆志"是评论文学作品时相辅相成、统一的一个原则,"是故由其

---

① 焦循《孟子正义》卷九,见《诸子集成》,中华书局,1954年版,第376－377页。
② 焦循《孟子正义》卷十,见《诸子集成》,中华书局,1954年版,第428页。
③ 参看顾易生、蒋凡《中国文学批评通史》第一编第三章,上海古籍出版社,1996年版。

世以知其人,由其人以逆其志,则古诗虽有不能解者寡矣"。① 孟子"知人论世""以意逆志"主张的提出,标志着孟子对文学的艺术创作手法的理解,以及对文学之个性及时代风貌的肯定。

孟子把孔子所作之《春秋》与《诗》并列,都视为一种创作。《孟子·离娄下》曰:

> 王者之迹熄而《诗》亡,《诗》亡然后《春秋》作。晋之《乘》,楚之《梼杌》,鲁之《春秋》,一也。其事则齐桓、晋文,其文则史。孔子曰:"其义则丘窃取之矣。"②

《孟子·滕文公下》称孔子作《春秋》是缘于"世衰道微,邪说暴行有作,臣弑其君者有之,子弑其父者有之",因此,"孔子惧,作《春秋》",取古史《乘》《梼杌》《鲁春秋》等"义",继《诗》而起,担负起"天子之事",即维护社会秩序的责任,因此,"孔子成《春秋》,而乱臣贼子惧"。③ 孟子称述孔子作《春秋》所蕴涵的是与《诗经》的作者同样具有的那种社会责任感。而他自己也以天下为己任,有一种强烈的拯救现实社会的使命感。

第五节　荀子的主要文学思想

荀子是战国时期重要的儒家思想家,他的基本思想,仍然和孔

---

① 王国维《玉溪生年谱会笺序》,见《观堂集林》,河北教育出版社,2001年版,第717页。
② 焦循《孟子正义》卷八,见《诸子集成》,中华书局,1954年版,第337－338页。
③ 焦循《孟子正义》卷六,见《诸子集成》,中华书局,1954年版,第266－271页。

子一脉相承。他非常重视文学的作用,极力强调博学与文学的重要性,同时,又强调要注意学习的方法。《荀子·劝学》曰:

> 君子曰:"学不可以已。"青取之于蓝而青于蓝,冰水为之而寒于水。木直中绳,𫐓以为轮,其曲中规,虽有槁暴,不复挺者,𫐓使之然也。故木受绳则直,金就砺则利,君子博学而日参省乎己,则知明而行无过矣。故不登高山,不知天之高也;不临深溪,不知地之厚也;不闻先王之遗言,不知学问之大也。干越夷貉之子,生而同声,长而异俗,教使之然也。诗曰:"嗟尔君子,无恒安息。靖共尔位,好是正直。神之听之,介尔景福。"神莫大于化道,福莫长于无祸。吾尝终日而思矣,不如须臾之所学也;吾尝跂而望矣,不如登高之博见也。登高而招,臂非加长也,而见者远;顺风而呼,声非加疾也,而闻者彰。假舆马者,非利足也,而致千里;假舟楫者,非能水也,而绝江河。君子生非异也,善假于物也。①

又曰:

> 君子之学也,入乎耳,着乎心,布乎四体,形乎动静,端而言,蠕而动,一可以为法则。小人之学也,入乎耳,出乎口。口耳之间,则四寸耳,曷足以美七尺之躯哉?古之学者为己,今之学者为人。君子之学也,以美其身;小人

---

① 王先谦《荀子集解》卷一,见《诸子集成》,中华书局,1954年版,第1—3页。

之学也,以为禽犊。故不问而告谓之傲,问一而告二谓之囋。傲非也,囋非也,君子如响矣。学莫便乎近其人,《礼》《乐》法而不说,《诗》《书》故而不切,《春秋》约而不速。方其人之习君子之说,则尊以徧矣,周于世矣。故曰学莫便乎近其人。学之经,莫速乎好其人,隆礼次之。上不能好其人,下不能隆礼,安特将学杂识志顺《诗》《书》而已耳,则末世穷年,不免为陋儒而已。[①]

荀子用形象而富于说服力的比喻说明学习的重要性,同时,又区分了君子之学和小人之学,提倡君子之学,反对小人之学。《礼》《乐》《诗》《书》《春秋》各有特点,《礼》《乐》就行为规范而言,陈述的是一般性原则,并不阐述建立这些原则的原因,《诗》《书》收录的是过去的文献,并不直接与现实相关联,《春秋》在于通过微言阐述大义,其意义需要仔细体会。所以,要通过师徒传授认真地领会五经意旨。学习又不仅是把握典籍,而且要通过学习典籍,亲近圣人的伟大人格,通过对圣人伟大人格的实践,达到实现对经典的全面灵活把握的学习目的。

荀子认为,学习的目的,是为了修身的需要,而不是为了炫耀才华,所以,学习不仅是学习文献,而且要学习圣人的人格,要把学习看作人生的一个组成部分。所以,《荀子·解蔽》曰:

> 故学也者,固学止之也。恶乎止之? 曰:止诸至足。曷谓至足? 曰:圣也。圣也者,尽伦者也;王也者,尽制者

[①] 王先谦《荀子集解》卷一,见《诸子集成》,中华书局,1954年版,第7—9页。

也。两尽者,足以为天下极矣。故学者以圣王为师。①

又《荀子·大略》曰:

故礼之生,为贤人以下至庶民也,非为成圣也。然而亦所以成圣也。不学不成。尧学于君畴,舜学于务成昭,禹学于西王国。②

又曰:

人之于文学也,犹玉之于琢磨也。《诗》曰:"如切如磋,如琢如磨。"谓学问也。③

荀子这里所说的"学""博学""文学",其内容包括一切学习,其中包括学习今日所言之文学。荀子把文学视为人的修养之重要内容,这正是对孔子重视"文""文学"主张的继承。

荀子是宗经、征圣、明道学说的倡导者,他重视博学、文学,重视诗之言志、风之不逐、雅之文饰光大、颂之美盛德,都是注重在人伦纲纪方面的修习,所以学习的范围、学习的目的是既定的。《荀子·劝学》曰:

---

① 王先谦《荀子集解》卷十五,见《诸子集成》,中华书局,1954年版,第271页。
② 王先谦《荀子集解》卷十九,见《诸子集成》,中华书局,1954年版,第323页。
③ 王先谦《荀子集解》卷十九,见《诸子集成》,中华书局,1954年版,第334页。

学恶乎始？恶乎终？曰：其数则始乎诵经，终乎读礼；其义则始乎为士，终乎为圣人。真积力久则入，学至乎没而后止也。故学数有终，若其义则不可须臾舍也，为之人也，舍之禽兽也。故《书》者，政事之纪也；《诗》者，中声之所止也；《礼》者，法之大分，类之纲纪也，故学至乎礼而止矣。夫是之谓道德之极。《礼》之敬文也，《乐》之中和也，《诗》《书》之博也，《春秋》之微也，在天地之间者毕矣。①

六经皆有其存在的永恒价值，学习六经，是修身的不二法则，因为《尚书》之言政事，《诗》之述情态，《礼》为建立行为纲纪，《乐》主中和，《春秋》具微言大义，可以教导人超凡入圣，成为君子，因此，是学习的最高典范。

荀子是一位博学的学者，他对于《易》《诗》《礼》《春秋》等儒家经典的流传，居功甚伟，他通过对儒家经典的传播，发现圣人孔子是人类智慧的集大成者，五经是圣人智慧所具有情志文采的完善体现，所以学习必须以圣人及圣人创设的经典为根据，学习的目的是成为圣人。

荀子以征圣、宗经、明道的纲领为基石，发表了他对"言""名""乐"等问题的看法。《荀子·非相》曰：

凡言不合先王，不顺礼义，谓之奸言；虽辩，君子不

---

① 王先谦《荀子集解》卷一，见《诸子集成》，中华书局，1954年版，第7页。

听。……故君子之于言也,志好之,行安之,乐言之。故君子必辩。①

又《荀子·正论》曰:

故凡言议期命,是非以圣王为师。②

又《荀子·正名》曰:

今圣王没,天下乱,奸言起,君子无执以临之,无刑以禁之,故辨说也。实不喻然后命,命不喻然后期,期不喻然后说,说不喻然后辨。故期命辨说也者,用之大文也,而王业之始也。名闻而实喻,名之用也。累而成文,名之丽也。用丽俱得,谓之知名。名也者,所以期累实也。辞也者,兼异实之名以论一意也。辨说也者,不异实名以喻动静之道也。期命也者,辨说之用也。辨说也者,心之象道也。心也者道之工宰也。道也者,治之经理也。心合于道,说合于心,辞合于说,正明而期,质请而喻,辨异而不过,推类而不悖;听则合文,辨则尽故。③

---

① 王先谦《荀子集解》卷三,见《诸子集成》,中华书局,1954年版,第53页。

② 王先谦《荀子集解》卷十二,见《诸子集成》,中华书局,1954年版,第228页。

③ 王先谦《荀子集解》卷十六,见《诸子集成》,中华书局,1954年版,第280-281页。

所谓辩,就是一种有说服力的言谈,文以明道,君子好辨说,正名而辩异同,是基于卫道的目的。道关乎治乱人情,心之与言、说、辞、命,必须合于道,而道则以礼义之顺,合于圣人。背离道,名不合实,虽辩丽,也是应抛弃的。言、名的道理,用于文学创作,便是对文学内容明道目的和文章用词命意切实的一种切实反映。"言必当理,事必当务"。①"君子之言,涉然而精,俛然而类,差差然而齐,……名足以指实,辞足以见极"。②欲要名实相称,言理当务,有助于王化大业,若"饰邪说,文奸言,以枭乱天下,矞宇嵬琐,使天下混然不知是非治乱之所存者",③"诱其名,眩其辞,而无深于其志义者"④,违背名辞为"志义之使也"的本分,无疑是有害的。

荀子对于孔子所整理的六经有精深的研究,他在评论《诗》《书》《礼》《乐》《春秋》等时,强调"诗言是其志也"的观点。《荀子·儒效》曰:

> 圣人也者,道之管也。天下之道管是矣,百王之道一是矣,故《诗》《书》《礼》《乐》之归是矣。《诗》言是其志也,《书》言是其事也,《礼》言是其行也。《乐》言是其和也,《春秋》言是其微也。故《风》之所以为不逐者,取是以节之也;《小雅》之所以为小雅者,取是而文之也;《大雅》

---

① 《荀子·儒效》,王先谦《荀子集解》卷四,见《诸子集成》,中华书局,1954年版,第79页。
② 《荀子·正名》,王先谦《荀子集解》卷十六,见《诸子集成》,中华书局,1954年版,第283页。
③ 《荀子·非十二子》,王先谦《荀子集解》卷三,见《诸子集成》,中华书局,1954年版,第57页。
④ 《荀子·正名》,王先谦《荀子集解》卷十六,见《诸子集成》,中华书局,1954年版,第283页。

之所以为大雅者,取是而光之也。《颂》之所以为至者,取是而通之也。天下之道毕是矣。①

荀子之言诗言其志,指的是《诗》为圣人人格之表现,此与《尚书·尧典》说"诗言志"②相比,更见清晰。王先谦《荀子集解》曰:"国风所以不随荒暴之君而流荡者,取圣人之儒道以节之也。"③也即《诗序》之"发乎情,止乎礼义"。④ "文"指文饰;"光"者,广也;"至"指"盛德之极"。而《书》《礼》《乐》《春秋》虽不可称为文学,其言事、言行、言和、微隐,与《诗》之言志相为表里,构成一个圣人人格内容与形式的大系统。文学正是养成圣人人格内容与形式的途径之一。

先秦诗歌,融于乐舞,三百篇《诗》,皆可被之管弦,荀子论乐,近于论诗。《荀子·乐论》曰:

> 夫乐者,乐也,人情之所必不免也。故人不能无乐,乐则必发于声音,形于动静;而人之道,声音动静,性术之变尽是矣。故人不能不乐,乐则不能无形,形而不为道,则不能无乱。先王恶其乱也,故制雅颂之声以道之,使其声足以乐而不流,使其文足以辨而不諰,使其曲直繁省廉

---

① 王先谦《荀子集解》卷四,见《诸子集成》,中华书局,1954年版,第84—85页。

② 孔安国注,孔颖达疏《尚书正义》卷二,见《十三经注疏》,中华书局,1980年版。

③ 王先谦《荀子集解》卷四,见《诸子集成》,中华书局,1954年版,第85页。

④ 毛亨传,郑玄笺,孔颖达疏《毛诗正义》卷一之一,《十三经注疏》,中华书局,1980年版,第272页。

肉节奏足以感动人之善心,使夫邪污之气无由得接焉,是先王立乐之方也。而墨子非之,奈何?故乐在宗庙之中,君臣上下同听之,则莫不和敬;闺门之内,父子兄弟同听之,则莫不和亲;乡里族长之中,长少同听之,则莫不和顺。故乐者,审一以定和者也,比物以饰节者也,合奏以成文者也,足以率一道,足以治万变,是先王立乐之术也。而墨子非之,奈何?故听其《雅》《颂》之声,而志意得广焉;执其干戚,习其俯仰屈伸,而容貌得庄焉;行其缀兆,要其节奏,而行列得正焉,进退得齐焉。故乐者,出,所以征诛也;入,所以揖让也。征诛揖让,其义一也。出所以征诛则莫不听从,入所以揖让则莫不从服。故乐者,天下之大齐也,中和之纪也,人情之所必不免也,是先王立乐之术也。而墨子非之,奈何?且乐者,先王之所以饰喜也;军旅铁钺者,先王之所以饰怒也。先王喜怒皆得其齐焉,是故喜而天下和之,怒而暴乱畏之。先王之道,礼乐正其盛者也,而墨子非之,故曰墨子之于道也,犹瞽之于白黑也,犹聋之于清浊也,犹欲之楚而北求之也。夫声乐之入人也深,其化人也速,故先王谨为之文。乐中平则民和而不流,乐肃庄则民齐而不乱,民和齐则兵劲城固,敌国不敢婴也。如是,则百姓莫不安其处,乐其乡,以至足其上矣。然后名声于是白,光辉于是大,四海之民莫不愿得以为师,是王者之始也。乐姚冶以险,则民流僈鄙贱矣。流僈则乱,鄙贱则争,乱争则兵弱城犯,敌国危之。如是,则百姓不安其处,不乐其乡,不足其上矣。故礼乐废而邪音起者,危削侮辱之本也。故先王贵礼乐而贱邪音,其在序官也。曰:"修宪命,审诛赏,禁淫声,以时顺修,使夷俗邪音不敢乱雅,太师之事也。"墨子曰:"乐者圣王之所非也,而儒者为之过也。"君子以为不然。乐者,圣人之所乐也,而可以善民心。其感人深,其移风易俗。故先王导之以礼乐而民和睦。夫民有好恶之情而无喜怒之应,则乱。先王恶其乱也,故修其行,正其乐,而天下顺焉。①

又曰:

故君子耳不听淫声,目不视女色,口不出恶言。此三者,君子慎之。凡奸声感人而逆气应之,逆气成象而乱生焉。正声感人而顺气应之,顺气成象而治生焉。唱和有应,善恶相象,故君子慎其所去就也。②

荀子针对墨子对乐的批评,全面论述了音乐对于修身、齐家、治国、平天下的伟大意义。可以看出,荀子之《乐论》,与《礼记·乐记》的思想相一致,所强调的仍然是一种修身的持正。他认为音乐的产生是人情所不可免的事情,音乐表现人们的感情波澜,易于感化人心,所以是实现人伦纲纪的好工具,奸声、正声皆可感人,而有不同效果,因此,在欣赏音乐的过程中,要注意选择,区别善恶。乐声必然伴随着相应的诗歌内容,荀子的音乐观,实际上也反映了他为治化服务的文学观,即充分重视文学的社会作用,强调文学导人

---

① 王先谦《荀子集解》卷十四,见《诸子集成》,中华书局,1954年版,第252—254页。
② 《荀子·乐论》,王先谦《荀子集解》卷十四,见《诸子集成》,中华书局,1954年版,第254页。

向善。

第六节 《吕氏春秋》的文学思想

《史记·太史公自序》曰"不韦迁蜀,世传《吕览》",又认为《吕览》表达有"郁结"之情。① 《吕氏春秋》虽未必表达了吕不韦的郁结之情,但却提出了通过言说以解决郁结的创作动机论。《达郁》曰:

> 凡人三百六十节,九窍、五藏、六府。肌肤欲其比也,血脉欲其通也,筋骨欲其固也,心志欲其和也,精气欲其行也。若此,则病无所居,而恶无由生矣。病之留,恶之生也,精气郁也。故水郁则为污,树郁则为蠹,草郁则为蕢。国亦有郁:生德不通,民欲不达,此国之郁也。国郁处久,则百恶并起,而万灾丛至矣。上下之相忍也,由此出矣。故圣王之贵豪士与忠臣也,为其敢直言而决郁塞也。②

"国郁"积聚,将危社稷,而语言可以通上德,达民意,表达作者或说话者的欲念,因而文学等言说,其作用是不可低估的。《贵直》曰:

---

① 司马迁撰,裴骃集解,司马贞索隐,张守节正义《史记》卷一百三十,中华书局,1959年版,第3300页。
② 高诱注曰:"生德",疑"主德"。吕不韦著,高诱注《吕氏春秋》卷二十《恃君览第八》,见《诸子集成》,中华书局,1954年版,第264–265页。

贤主所贵莫如士。所以贵士,为其直言也;言直,则枉者见矣。①

《雍塞》曰:

亡国之主不可以直言,不可以直言则过无道闻。②

直言决"国郁",主要是见枉与过。文学如能尽此政治责任,则无疑是可以肯定的。而君主容许文学之士存在,也正是基于此目的。所以《贵当》云:

故贤主之时见文艺之人也,非特具而已也,所以就大务也。③

《吕氏春秋》贵直言,又贵信言,即言与意合,意与事合。《贵信》曰:

凡人主必信,信而又信,谁人不亲。故《周书》曰:"允哉!允哉!"以言非信则百事不满也。故信之为功大矣。信立则虚言可以赏矣。虚言可以赏,则六合之内皆为己

---

① 吕不韦著,高诱注《吕氏春秋》卷二十三《贵直论第三》,见《诸子集成》,中华书局,1954年版,第296页。
② 吕不韦著,高诱注《吕氏春秋》卷二十三《贵直论第三》,见《诸子集成》,中华书局,1954年版,第303页。
③ 吕不韦著,高诱注《吕氏春秋》卷二十四《不苟论第四》,见《诸子集成》,中华书局,1954年版,第316页。

府矣,信之所及尽制之矣。制之而不用,人之有也。制之而用之,己之有也,己有之,则天地之物毕为用矣。①

贵信与贵直一样,也是出于其功利的目的。信立,则虚言可以览,用之世事,无往而不尽其用。

《吕氏春秋》关于言意关系,文辞与心意相统一的论述,也颇有可取。《离谓》云:

> 言者以谕意也,言意相离,凶也。乱国之俗,甚多流言,而不顾其实,务以相毁,务以相誉,毁誉成党,众口熏天。……夫辞者意之表也,鉴其表而弃其意,悖。故古之人得其意则舍其言矣。听言者,以言观意也,听言而意不可知,其与桥言无择。②

高诱注曰:"桥,戾也;择犹异。"③《吕氏春秋》的作者通过说明创作动机言以喻意与文学欣赏以言观意此规律,以证明言意、辞意的统一为文学的基本要求,而统一关系之中,言、辞服从意理的表述需要,而意理务实,则言辞不脱离喻意,听言辞而可知意。《吕氏春秋》主张得意而舍弃言辞此形式,这与庄子道家的观点是一致的。

---

① 吕不韦著,高诱注《吕氏春秋》卷十九《离俗览第七》,见《诸子集成》,中华书局,1954年版,第250页。
② 吕不韦著,高诱注《吕氏春秋》卷十八《审应览第六》,见《诸子集成》,中华书局,1954年版,第224—226页。
③ 《吕氏春秋·离谓》注,吕不韦著,高诱注《吕氏春秋》卷十八《审应览第六》,见《诸子集成》,中华书局,1954年版,第226页。

《吕氏春秋》也主张劝学,《吕氏春秋·劝学》云:

先王之教,莫荣于孝,莫显于忠。忠孝,人君人亲之所甚欲也;显荣,人子人臣之所甚愿也。然而人君人亲不得其所欲,人子人臣不得其所愿,此生于不知理义,不知义理生于不学。学者师达而有材,吾未知其不为圣人,圣人之所在,则天下理焉。在右则右重,在左则左重。是故古之圣王未有不尊师者也,尊师,则不论其贵贱贫富矣。若此,则名号显矣,德行彰矣。故师之教也,不争轻重尊卑贫富,而争于道。其人苟可,其事无不可,所求尽得,所欲尽成,此生于得圣人,圣人生于疾学。不疾学而能为魁士名人者,未之尝有也。疾学在于尊师,师尊则言信矣,道论矣。故往教者不化,召师者不化,自卑者不听,卑师者不听。师操不化不听之术,而以强教之,欲道之行身之尊也,不亦远乎。学者处不化不听之势,而以自行,欲名之显身之安也,是怀腐而欲香也,是入水而恶濡也。……故为师之务在于胜理,在于行义,理胜义立则位尊矣,王公大人弗敢骄也。上至于天子朝之而不惭。凡遇,合也。合不可必,遗理释义以要不可必,而欲人之尊之也,不亦难乎。故师必胜理行义然后尊。①

又《吕氏春秋·尊师》云:

---

① 吕不韦著,高诱注《吕氏春秋》卷四《孟夏纪第四》,见《诸子集成》,中华书局,1954年版,第36-37页。

神农师悉诸,黄帝师大挠,帝颛顼师伯夷父,帝喾师伯招,帝尧师子州支父,帝舜师许由,禹师大成贽,汤师小臣,文王、武王师吕望、周公旦,齐桓公师管夷吾,晋文公师咎犯、随会,秦穆公师百里奚、公孙枝,楚庄王师孙叔敖、沈尹巫,吴王阖闾师伍子胥、文之仪,越王句践师范蠡、大夫种。此十圣人六贤者,未有不尊师者也。今尊不至于帝,智不至于圣,而欲无尊师,奚由至哉?此五帝之所以绝,三代之所以灭。且天生人也,而使其耳可以闻,不学,其闻不若聋;使其目可以见,不学,其见不若盲;使其口可以言,不学,其言不若爽;使其心可以知,不学,其知不若狂。故凡学非能益也,达天性也。能全天之所生而勿败之,是谓善学。①

《吕氏春秋》强调学习的重要性,认为学习关系到国家的长治久安,而历史上贤明的君主都劝学而尊师。

《吕氏春秋》关于音乐,也有一些独到见解,如《本生》曰:

今有声于此,耳听之必慊,已听之则使人聋,必弗听;有色于此,目视之必慊,已视之则使人盲,必弗视;有味于此,口食之必慊,已食之则使人瘖,必弗食。是故圣人之于声色滋味也,利于性则取之,害于性则舍之,此全性之道也。②

---

① 吕不韦著,高诱注《吕氏春秋》卷四《孟夏纪第四》,见《诸子集成》,中华书局,1954年版,第37-38页。
② 吕不韦著,高诱注《吕氏春秋》卷一《孟春纪第一》,见《诸子集成》,中华书局,1954年版,第4页。

又《孝行》云：

树五色，施五采，列文章，养目之道也。正六律，和五声，杂八音，养耳之道也。①

又《大乐》云：

形体有处，莫不有声，声出于和，和出于适。②

又《适音》云：

耳之情欲声，心不乐，五音在前弗听；目之情欲色，心弗乐，五色在前弗视；鼻之情欲芬香，心弗乐，芬香在前弗嗅；口之情欲滋味，心弗乐，五味在前弗食。欲之者，耳目鼻口也；乐之弗乐者，心也。心必和平然后乐，心必乐然后耳目鼻口有以欲之，故乐之务在于和心，和心在于行适。③

在这里，有三点最值得注意：一是说音乐等艺术必须合于性，

---

① 吕不韦著，高诱注《吕氏春秋》卷十四《孝行览第二》，见《诸子集成》，中华书局，1954年版，第138页。

② 吕不韦著，高诱注《吕氏春秋》卷五《仲夏纪第五》，见《诸子集成》，中华书局，1954年版，第46页。

③ 吕不韦著，高诱注《吕氏春秋》卷五《仲夏纪第五》，见《诸子集成》，中华书局，1954年版，第49页。

利于性,合于心,利于心,养目而养耳,这就充分肯定了音乐等艺术形式所具有的娱乐功能。二是肯定一种和平适度的中庸原则,所以《适音》又强调:

> 夫音亦有适;太巨则志荡,以荡听巨则耳不容,不容则横塞,横塞则振;太小则志嫌,以嫌听小则耳不充,不充则不詹,不詹则窕;太清则志危,以危听清则耳溪极,溪极则不鉴,不鉴则竭;太浊则志下,以下听浊则耳不收,不收则不抟,不抟则怒。故太巨、太小、太清、太浊皆非适也。何谓适? 衷音之适也。何谓衷? 大不出钧,重不过石,小大轻重之衷也。①

这种中和审美观,与孔子及《礼记》的音乐观是一致的。三是主张全性,肯定耳目鼻口之情欲,在艺术欣赏之时,充分地关注到个性及欲念的合理性。《吕氏春秋》关于音乐的上述看法,可以看作《吕氏春秋》的文艺美学观,推及文学,则表明《吕氏春秋》的作者对文学审美娱乐功能的肯定,以及对文学中和之美及个性风格的提倡。

《吕氏春秋》当然也强调音乐的社会功用。《古乐》曰:

> 乐所由来者尚也,必不可废。有节有侈,有正有淫矣。贤者以昌,不肖者以亡。②

---

① 吕不韦著,高诱注《吕氏春秋》卷五《仲夏纪第五》,见《诸子集成》,中华书局,1954年版,第49-50页。
② 吕不韦著,高诱注《吕氏春秋》卷五《仲夏纪第五》,见《诸子集成》,中华书局,1954年版,第50页。

《音初》曰:

> 凡音者,产乎人心者也。感于心则荡乎音,音成于外而化乎内,是故闻其声而知其风,察其风而知其志,观其志而知其德。盛、衰、贤、不肖、君子、小人,皆形于乐,不可隐匿。故曰:乐之为观也深矣。①

音乐此艺术形式,其内容虽有淫侈、节正之不同,但却有很强烈的社会作用,不可以偏废,贤明者可以通过音乐观教化,知得失,从而国运繁兴;不肖者则难免沉溺于靡靡之音中,成为亡国之君。音乐产于人心,其产生缘于心感,因而音乐之中,有风、志、德存在,社会治乱、人品贤否,都表现在音乐之中,音乐实际上是社会大环境与个人个性的表现,其认识作用是不可低估的。

《吕氏春秋》所言音乐,实际是含有歌舞的综合艺术,《古乐》所举"葛天氏之乐",曰:

> 三人操牛尾,投足以歌八阕:一曰载民,二曰玄鸟,三曰遂草木,四曰奋五谷,五曰敬天常,六曰建帝功,七曰依地德,八曰总禽兽之极。②

音乐不仅是一节旋律,更是伴随着具体现实的主题诗歌,以及象征化舞步的诗、舞、乐混合的表演形式。因此,《吕氏春秋》对音

---

① 吕不韦著,高诱注《吕氏春秋》卷六《季夏纪第五》,见《诸子集成》,中华书局,1954年版,第59页。
② 吕不韦著,高诱注《吕氏春秋》卷五《仲夏纪第五》,见《诸子集成》,中华书局,1954年版,第51页。

乐作用的肯定,也包含着一种对诗歌作用的认识。

第七节　道家法家与墨子的文学思想

如果说孔门弟子及儒家,以及杂家著作《吕氏春秋》,呈现出的文学观是文学肯定论,那么,道家、法家则是文学否定论。墨家虽不否定文学存在的权利,但否定文学对美的追求,也就是否定文学审美价值,这也实际上就等于否定了文学。

对于文学否定论的道家、法家来说,有一个有趣的现象,即他们一方面力主消灭文学;另一方面他们又不得不以文学的形式,来表达他们包括否定文学在内的各种思想。而且,为了使他们的著作具有更强的渗透力和说服力,他们总是力求使自己的著作更完善更具美感。这使我们相信,文学否定论本身是行不通的,同时,我们在研究文学观时,不仅应考察他们怎么说,还要研究他们是不是按照他们所说的做了。

大致说来,孔子及其门人的文学肯定论,代表了先秦时文学观念的主流,这也是战国时出现大量文学之士,并使战国文学走向繁荣的原因。而文学否定论,特别是法家的观点,在变成了秦国的政治行为之后,随着秦的强大及统一渐渐成为政府行为,焚书坑儒,即其极端,刘勰称"秦世不文"[①],正是文学否定论泛滥的直接后果。

道家最有文学素养的学者当然是庄子,《庄子》一书,系统地反映了庄子及其后学的文学思想。首先,他们认为,文学等"文明"的成果是社会混乱的根源。《庄子·胠箧》曰:

---

① 刘勰《文心雕龙·诠赋》,见刘勰撰,吴林伯先生注《文心雕龙义疏》,武汉大学出版社,2002年版。

故绝圣弃知,大盗乃止;擿玉毁珠,小盗不起;焚符破玺,而民朴鄙;掊斗折衡,而民不争;殚残天下之圣法,而民始可与论议。擢乱六律,铄绝竽瑟,塞瞽旷之耳,而天下始人含其聪矣。灭文章,散五采,胶离朱之目,而天下始人含其明矣;毁绝钩绳,而弃规矩,攦工倕之指,而天下始人有其巧矣。故曰大巧若拙。削曾史之行,钳杨墨之口,攘弃仁义,而天下之德始玄同矣。彼人含其明,则天下不铄矣。人含其聪,则天下不累矣。人含其知,则天下不惑矣。人含其德,则天下不僻矣。彼曾史杨墨师旷工倕离朱,皆外立其德,而以爚乱天下者也,法之所无用也。①

也就是说,圣知、六律、文章、五采,是引起争竞、奸诈、巧伪等社会丑恶现象的根源。文学作为人类文明的产物,当然也是引起社会混乱,破坏朴素、纯真、宁静的自然氛围的因素之一。

其次,他们认为,文学并不足以表现真正的思想精华,《庄子·天道》曰:

世之所贵道者,书也。书不过语,语有贵也;语之所贵者,意也。意有所随;意之所随者,不可以言传也。而世因贵言传书,世虽贵之,我犹不足贵也,为其贵非其贵也。故视而可见者,形与色也;听而可闻者,名与声也。悲夫!世人以形色名声,为足以得彼之情。夫形色名声,

---

① 王先谦《庄子集解》卷三,见《诸子集成》,中华书局,1954年版,第60-61页。

果不足于得彼之情。则知者不言,言者不知,而世岂识之哉?①

庄子还举轮扁之言以为喻,轮扁斫轮,不疾不徐,"得之于手而应于心,口不能言,有数存焉于其间",②父不能以喻子。而此规律,得之实践的总结,是真正的精华所在,却随着领会了此精髓的人进入坟墓之中。而留传到世间,并被记录下来,为人们所传诵的,不过是"古人之糟魄已夫"。

又《庄子·秋水》曰:

> 可以言论者,物之粗也;可以意致者,物之精也;言之所不能论,意之所不能察致者,不期精粗焉。③

言粗而意精,言意之外,又有无形之物,"数之所不能分也"。④言论虽可记录有形之语言和具体的情态,然而情态的产生,是非常复杂的,有内在、外在诸作用共同推动,我们所能观察的,不过是外在的东西而已。我们认识某现象世界而通过言论表达出来,事实上并没有透过现象的表象而深触根本。加之世界无限丰富,又有难以言论、意致者,这样看来,我们用文学等形式表现某种观念,岂

---

① 王先谦《庄子集解》卷四,见《诸子集成》,中华书局,1954年版,第87页。
② 《庄子·天道》,王先谦《庄子集解》卷四,见《诸子集成》,中华书局,1954年版,第87页。
③ 王先谦《庄子集解》卷四,见《诸子集成》,中华书局,1954年版,第102页。
④ 《庄子·秋水》,王先谦《庄子集解》卷四,见《诸子集成》,中华书局,1954年版,第102页。

不是很徒劳。

庄子及其后学认识到了以文学等语言来表现我们的认知之困难,而强调通过超越语言的局限,以心灵的契悟来洞彻玄旨。《庄子·外物》曰:

> 荃者所以在鱼,得鱼而忘荃;蹄者所以在兔,得兔而忘蹄;言者所以在意,得意而忘言。①

语言犹如捕鱼之荃笱、猎兔之蹄网,只是达意的工具,而不是目的。这种认识,既是一种创作态度,又是一种欣赏原则:创作之时,语言形式必须服从内容的需要;欣赏之时,又不拘泥于语言自身,而应捕捉、感悟言外之旨。

其三,与庄子对社会的批判态度、对文学的否定观点及言不尽意、得意忘言之观点相适应,庄子提倡一种"寓言""荒唐"的文风,《庄子·寓言》曰:

> 寓言十九,重言十七,卮言日出,和以天倪。②

又《庄子·天下》曰:

> 以谬悠之说,荒唐之言,无端崖之辞,时恣纵而不傥,不以觭见之也。以天下为沈浊,不可与庄语,以卮言为曼

---

① 王先谦《庄子集解》卷七,见《诸子集成》,中华书局,1954年版,第181页。
② 王先谦《庄子集解》卷七,见《诸子集成》,中华书局,1954年版,第181页。

衍,以重言为真,以寓言为广,……其书虽瑰玮,而连犿无伤也;其辞虽参差,而諔诡可观。彼其充实,不可以已。①

所谓寓言指寄托之言,借此喻彼,借远喻近,借古喻今,借小喻大,借具象喻抽象;重言指重复之言;卮言指模棱两可之言;和以天倪,指"是不是,然不然"②,调和自然之分,无差别性。这里喻示了文学以形象、隐喻表现其观念的特征,而其谬悠之说,荒唐之言,无端崖之辞,以及非"庄语"的滑稽,放恣而不直言,其辞之觭见多样,曼衍而多变,瑰玮奇诡的风格追求,又与近世西洋文学强调的虚构、夸张、想象、独创性、丰富性、含蓄性相一致。

黄老道家,重在韬略,于文学所论甚少,其基本倾向,同于庄子及其后学的文学否定论。《道德经》曰:

道可道,非常道;名可名,非常名。③

又曰:

知者不言,言者不知。④

即道、名皆具有神秘性,是不可以说明,不可以用名来定义的。

---

① 王先谦《庄子集解》卷八,见《诸子集成》,中华书局,1954年版,第222页。
② 《庄子·齐物论》曰:"何谓和之以天倪?曰:是不是,然不然。"王先谦《庄子集解》卷一,见《诸子集成》,中华书局,1954年版,第17页。
③ 王弼《老子注》,见《诸子集成》,中华书局,1954年版,第1页。
④ 王弼《老子注》,见《诸子集成》,中华书局,1954年版,第34页。

因此，真正具大智慧的人，是不言的，相应地，喜欢表现自己观点的人，表面上看起来很聪明，实际是真正没有智慧的人。

基于对社会现实的不满，《道德经》对人类的一切文明的智慧成果抱持否定态度。《道德经》曰：

> 五色令人目盲，五音令人耳聋，五味令人口爽，驰骋畋猎令人心发狂，难得之货令人行妨。①

又曰：

> 信言不美，美言不信。善者不辩，辩者不善。知者不博，博者不知。②

《道德经》对人类所认可的一切文明都持怀疑之态度，所以，也就当然把文学之美与内容、人格之善对立起来了。这样的观点，与《庄子》的有关论点是完全一致的。

马王堆帛书中，《黄帝四经》作为道家的重要代表，其中也有一些与文学有关的论点，如《经法》曰：

> 事必有言，言有害，曰不信，曰不知畏人，曰自诬，曰虚夸，以不足为有余。③

---

① 王弼《老子注》，见《诸子集成》，中华书局，1954年版，第6页。
② 王弼《老子注》，见《诸子集成》，中华书局，1954年版，第47页。
③ 《马王堆汉墓帛书（一）》，见《老子乙本及卷前古佚书释文》，文物出版社，1980年版，第43页。

又曰：

> 女乐玩好燔材，乱之基也。①

又《十六经》曰：

> 言之壹，行之壹，得而勿失。②

又《称》曰：

> 实谷不华，至言不饰。③

这些话，可以认为是反对文饰而重实用的观点。《黄帝四经》对于人类文明的成果的看法，和庄子、老子的意见是一致的，即认为虚夸修饰以为文华之美，是社会混乱的根源。

法家自商鞅至韩非，都是以文学为害虫的文学否定论者，《商君书·农战》曰：

> 农战之民千人，而有《诗》《书》，辩慧者一人焉，千人

---

① 《马王堆汉墓帛书（一）》，见《老子乙本及卷前古佚书释文》，文物出版社，1980年版，第52页。
② 《马王堆汉墓帛书（一）》，见《老子乙本及卷前古佚书释文》，文物出版社，1980年版，第78页。
③ 《马王堆汉墓帛书（一）》，见《老子乙本及卷前古佚书释文》，文物出版社，1980年版，第82页。

者皆怠于农战矣。①

又说：

《诗》《书》《礼》《乐》，善、修、仁、廉、辩、慧，国有十者，上无使守战。国以十者治，敌至必削，不至必贫；国去此十者，敌不敢至，虽至必却；兴兵而伐，必取；按兵不伐，必富。②

也就是说，文学之士的文学活动，会引导千万个农战之士趋而向风，遂使无人耕战。商鞅显然把包括文学在内的精神文明与国家富强繁荣等物质文明对立起来，认为精神文明有害于物质文明。

在某些场合，他把精神文明的内容称为蠹害国家肌体的"六虱"，《商君书·靳令》曰：

六虱：曰《礼》《乐》，曰《诗》《书》，曰修善，曰孝弟，曰诚信，曰贞廉，曰仁义，曰非兵，曰羞战。国有十二者，上无使农战，必贫至削。③

《礼》《乐》《诗》《书》等传统经典，所宣扬的是修善、孝悌、诚信、贞廉、仁义，因为其好德治，所以非兵而羞战，这与法家的目标显然不一致，这样的精神文明，在法家看来，无疑是一种精神的"污

---

① 严万里校《商君书》，见《诸子集成》，中华书局，1954年版，第6页。
② 《商君书·农战》，严万里校《商君书》，见《诸子集成》，中华书局，1954年版，第6页。
③ 严万里校《商君书》，见《诸子集成》，中华书局，1954年版，第23页。

染",是一种"自由化"的思想倾向,因而可比之虱。

商鞅反对以《诗》《书》《礼》《乐》等为代表的精神"文明",是基于其统一思想、统一认识、统一行动的集权目的。为此目的,必须"去言""言寡",没有反对之声,以达到"治省"之目的。反是而"致言",使异端邪说萌生,则"治烦"而天下大乱。《商君书·靳令》曰:

> 国以功授官予爵,则治省言寡,此谓以法去法,以言去言。国以六虱授官予爵,则治烦言生,此谓以治致治,以言致言。①

以"六虱"授官爵,即一种对包括文学在内的精神文明的重视,在商鞅看来,必定会引发千万个文学之士的涌现,因为文学之士游宦、辩智能,为显私名而驰其辩说,不利于君主权威的建立和政令的畅通。商鞅把文学之士私名显耀看作"淫道",并且强调要使"文学私名不显"②,这表现出一种愚民的动机。

商鞅在大部分时间是否定文学等精神文明的产品的,但这种否定主要是基于缺乏符合法家所需要的主题的文学。如果文学能为法家主张的政治措施服务,则另当别论。《商君书·赏刑》云:

> 起居饮食所歌谣者,战也③。

即以歌颂耕战的诗歌民谣代替宣扬礼乐、仁义、善修等内容的

---

① 严万里校《商君书》,见《诸子集成》,中华书局,1954年版,第23页。
② 《商君书·外内》,严万里校《商君书》,见《诸子集成》,中华书局,1954年版,第37页。
③ 严万里校《商君书》,见《诸子集成》,中华书局,1954年版,第30页。

传统文化。所以,法家的文学否定论不是不要文学,而是不要传统道德的文学,通过对旧的文学内容的否定,建立一种为政治目的服务的耕战文学。

同样是强调文学的使用功能,儒家学者主张文学在引导人向善中发挥作用,所以文学有其独立不可更改的高尚的价值。法家要求文学为君主的政治措施服务,则是要扼杀文学家所可能具有的独立意志,要求文学为领导人的恶歌功颂德,其中的是非曲直,高尚卑劣,自然一目了然。

韩非继承了《商君书》中的文学观,《韩非子·五蠹》云:

> 儒以文乱法,侠以武犯禁,而人主兼礼之,此所以乱也。夫离法者罪,而诸先生以文学取;犯禁者诛,而群侠以私剑养。故法之所非,君之所取;吏之所诛,上之所养也。法趣上下,四相反也,而无所定,虽有十黄帝不能治也。故行仁义者非所誉,誉之则害功;工文学者非所用,用之则乱法。楚之有直躬,其父窃羊,而谒之吏,令尹曰:"杀之。"以为直于君而曲于父,报而罪之。以是观之,夫君之直臣,父之暴子也。鲁人从君战,三战三北,仲尼问其故,对曰:"吾有老父,身死莫之养也。"仲尼以为孝,举而上之。以是观之,夫父之孝子,君之背臣也。故令尹诛而楚奸不上闻,仲尼赏而鲁民易降北,上下之利若是其异也。而人主兼举匹夫之行,而求致社稷之福,必不几矣。古者苍颉之作书也,自环者谓之私,背私谓之公,公私之相背也,乃苍颉固以知之矣。今以为同利者,不察之患也。然则为匹夫计者,莫如修行义而习文学。行义修则见信,见信则受事;文学习则为明师,为明师则显荣。此

匹夫之美也。然则无功而受事,无爵而显荣,有政如此,则国必乱,主必危矣。故不相容之事不两立也。斩敌者受赏,而高慈惠之行;拔城者受爵禄,而信廉爱之说;坚甲厉兵以备难,而美荐绅之饰;富国以农,距敌恃卒,而贵文学之士;废敬上畏法之民,而养游侠私剑之属。举行如此,治强不可得也。国平养儒侠,难至用介士,所利非所用,所用非所利,是故服事者简其业,而游学者日众,是世之所以乱也。且世之所谓贤者,贞信之行也;所谓智者,微妙之言也。微妙之言,上智之所难知也,今为众人法。而以上智之所难知,则民无从识之矣。故糟糠不饱者不务粱肉,短褐不完者不待文绣,夫治世之事,急者不得,则缓者非所务也。今所治之政,民间之事,夫妇所明知者不用,而慕上知之论,则其于治反矣。故微妙之言,非民务也。若夫贤良贞信之行者,必将贵不欺之士。贵不欺之士者,亦无不欺之术也。布衣相与交,无富厚以相利,无威势以相惧也,故求不欺之士。今人主处制人之势,有一国之厚,重赏严诛,得操其柄。以修明术之所烛,虽有田常、子罕之臣,不敢欺也,奚待于不欺之士?今贞信之士不盈于十,而境内之官以百数,必任贞信之士,则人不足官。人不足官,则治者寡而乱者众矣。故明主之道,一法而不求智,固术而不慕信,故法不败而群官无奸诈矣。今人主之于言也,说其辩而不求其当焉;其用于行也,美其声而不责其功焉。是以天下之众,其谈言者务为辩,而不周于用。故举先王言仁义者盈廷,而政不免于乱;行身者竞于为高,而不合于功,故智士退处岩穴,归禄不受,而兵不免于弱,政不免于乱。此其故何也?民之所誉,上之所礼,乱国之术也。①

韩非子的基本立场,是强调君主不要相信臣下,要君主以强势政策控制人民,所以,凡是对君主的权威可能形成挑战的,他都要口诛笔伐之。文学之士以文学而取得声誉,而不是靠君主之赏赐,他们的是非观来自于孔子,而不是来自于法律,所以,文学之士的名声和价值观都具有独立性;侠义之士靠自己的武艺行走于天下,遇见不平,拔刀相助,他们不会等待君主来裁判是非,更不需要等待官吏的保护,其快意恩仇,必然使君主的权威性受到挑战。所以,韩非子对文学和游侠的独立性充满了恐惧,极力主张消除文学与游侠之士,而称之为国家蠹虫,因此,特别强调"息文学而明法度",以为"贵文学以疑法,尊行修以贰功,索国之富强,不可得也"②。

又《韩非子·问辩》指出:

> 或问曰:"辩安生乎?"对曰:"生于上之不明也。"问者曰:"上之不明,因生辩也,何哉?"对曰:"明主之国,令者言最贵者也,法者事最适者也。言无二贵,法不两适,故言行而不轨于法令者必禁。若其无法令,而可以接诈应变,生利揣事者,上必采其言而责其实,言当则有大利,不当则有重罪。是以愚者畏罪而不敢言,智者无以讼,此所以无辩之故也。乱世则不然,主上有令,而民以文学非之;官府有法,民以私行矫之。人主顾渐其法令,而尊学

---

① 王先慎《韩非子集解》卷十九,见《诸子集成》,中华书局,1954年版,第344-347页。

② 《韩非子·八说》,王先慎《韩非子集解》卷十八,见《诸子集成》,中华书局,1954年版,第326页。

者之智行,此世之所以多文学也。夫言行者,以功用为之的彀者也,夫砥砺杀矢,而以妄发,其端未尝不中秋毫也,然而不可谓善射者,无常仪的也。设五寸之的引十步之远非羿、逢蒙不能必中者,有常仪的也。故有常则羿、逢蒙以五寸的为巧,无常则以妄发之中秋毫为拙。今听言观行,不以功用为之的彀,言虽至察,行虽至坚,则妄发之说也。是以乱世之听言也,以难知为察,以博文为辩。其观行也,以离群为贤,以犯上为抗。人主者,说辩察之言,尊贤抗之行,故夫作法术之人,立取舍之行,别辞争之论,而莫为之正。是以儒服带剑者众,而耕战之士寡;坚白无厚之词章,而宪令之法息。故曰:"上不明则辩生焉。"①

韩非子对于文学的厌恶,在这里得到了充分的表现,他主张对言辞治罪,言当则有大利,不当则有重罪,这样,让人畏罪而不敢言。而把文学之士对社会的批评,看作乱世的征兆。

对于韩非子来说,虽然他极力要消灭文学之士,但他自己作为被自己祖国抛弃的贵族,其身份仍然是一个文学之士,他的所有的主张,都只能借助文学的形式体现出来,这可能是他自己也无可奈何的事情。

韩非子自己不能不写文章,但是,他可以对文章的风格进行一些限制。跟他与文学作对的立场一致,他也反对文辞之修饰辩慧。《韩非子·外储说左上》云:

---

① 王先慎《韩非子集解》卷十七,见《诸子集成》,中华书局,1954年版,第301-302页。

范且、虞庆之言皆文辩辞胜而反事之情,人主说而不禁,此所以败也。夫不谋治强之功,而艳乎辩说文丽之声,是却有术之士而任坏屋折弓也。①

韩非主张一切行为的功用原则,息文学,禁辩丽,是缘于文学辩丽无益于用,而有害于世。《韩非子·解老》曰:

礼为情貌者也,文为质饰者也。夫君子取情而去貌,好质而恶饰。夫恃貌而论情者,其情恶也;须饰而论质者,其质衰也。……夫物之待饰而后行者,其质不美也。②

如果违背了功用的目的,一切言论行为不过是所谓"妄发"而已。恃貌饰而论情质,其情质无美,所以,正确的态度是取情好质,去貌恶饰,即文章惟以表达情感与内容,而不在于形式的华美。

墨家的文学观,集中体现在《墨子》一书中。墨家非乐,因而排斥文学之"美",但并不完全否定文学存在之价值。《墨子·非乐上》曰:

且夫仁者之为天下度也,非为其目之所美,耳之所乐,口之所甘,身体之所安;以此亏夺民衣食之财,仁者弗为也。是故子墨子之所以非乐者,非以大钟、鸣鼓、琴瑟、竽笙之声,以为不乐也;非以刻镂华文章之色,以为不美也;非以犓豢煎炙之味,以为不甘也;非以高台厚榭邃野之

---

① 王先慎《韩非子集解》卷十一,见《诸子集成》,中华书局,1954年版,第204页。
② 王先慎《韩非子集解》卷六,见《诸子集成》,中华书局,1954年版,第97页。

居,以为不安也。虽身知其安也,口知其甘也,目知其美也,耳知其乐也,然上考之不中圣王之事,下度之不中万民之利。是故子墨子曰:为乐非也。①

墨家认为目之美、耳之乐、口之甘、身之安,上不合古代圣王之事,而在实践中不利于民生,因而不可以提倡。这是一种实用的观点,这种观点,导致一种实用的文学观。《墨子·非命下》曰:

今天下之君子之为文学出言谈也。非将勤劳其惟舌,而利其唇呡也,中实将欲其国家邑里万民刑政者也。②

也就是说,文学必须为万民利益服务。为实现文学此目的,墨子提出三表之说,即"上本之于古者圣王之事","下原察百姓耳目之实","废以为刑政,观其中国家百姓人民之利"。③ 文学创作之根本在于言必以古圣贤之事为准则;而文学创作之立言,要以百姓的实际体验为依据;文学之用,要贯彻到政治实效之中。不能有本原实用之文学,称为"荡口",《墨子·贵义》曰:"言足以迁行者常之,不足以迁行者勿常。不足以迁行而常之,是荡口也。"④"常"为尚之义,荡口即无根据的言辞。

---

① 孙诒让《墨子间诂》卷八,见《诸子集成》,中华书局,1954年版,第155页。
② 孙诒让《墨子间诂》卷九,见《诸子集成》,中华书局,1954年版,第175页。
③ 《墨子·非命上》,孙诒让《墨子间诂》卷九,见《诸子集成》,中华书局,1954年版,第164页。
④ 孙诒让《墨子间诂》卷十二,见《诸子集成》,中华书局,1954年版,第267页。

第七章　战国诸子的书写技术

一篇好的文章,既需要深刻的思想,也需要与深刻思想相适应的恰当表达,《左传·襄公二十五年》载,仲尼曰:"《志》有之:'言以足志,文以足言。'不言,谁知其志?言之无文,行而不远。晋为伯,郑入陈,非文辞不为功。慎辞也!"①孔子说"言之无文,行而不远",正是说的这个道理。诸子文章能流传数千年,不但在于诸子的思想是深刻的,同样是因为诸子的书写技术是娴熟而经典的。

刘勰《文心雕龙·诸子》云:"诸子者,入道见志之书。"诸子著作,是以表现诸子各自不同的"志",即诸子个人或其学派对自然、社会、人生的观点为其目的的著作,因此,如何最恰当地表现诸子的思想,是诸子著作写作技术所最为关心的。

第一节　表达方式的思辨性特征

战国诸子文章,以《论语》为发端。《论语》一书,作为语录体著作,基本上是以简切的说明方式,直接把孔子及其弟子的观点呈现出来。而《论语》之后的诸子著作,往往以不得已之辩,来建立其论点。

《孟子·滕文公下》曰:"予岂好辩哉,予不得已也。"②孟子以

---

① 杜预注,孔颖达疏《春秋左传正义》卷三十六,《十三经注疏》,中华书局,1980年版,第1985页。

② 赵岐注,孙奭疏《孟子注疏》卷六下,《十三经注疏》,中华书局,1980年版,第2714页。

好辩著名,《孟子》七篇,是所谓辩难体文章,通过对答辩说、驳论、辩难,以及富于战斗性的言辞论辩,在批驳别人的论点中建立自己的观点。具有好辩、善辩的特征,这也是适应孟子所处环境的需要。在"杨朱墨翟之言盈天下,天下之言不归杨则归墨"①之情况下,面对"无父""无君"之时代潮流,惟有"正人心,息邪说,距诐行,放淫辞",才可能使天下归之于正。而归正天下,必须以不得已之"好辩"以抗拒杨墨之言。《孟子·滕文公上》孟子批驳许行之言,可以为其思辩性之代表:

陈相见孟子道许行言曰:"滕君则诚贤君也。虽然,未闻道也。贤者与民并耕而食,饔飧而治,今也滕有仓廪府库,则是厉民而以自养也,恶得贤?"孟子曰:"许子必种粟而后食乎?"曰:"然。""许子必织布然后衣乎?"曰:"否。许子衣褐。""许子冠乎?"曰:"冠。"曰:"奚冠?"曰:"冠素。"曰:"自织之与?"曰:"否,以粟易之。"曰:"许子奚为不自织?"曰:"害于耕。"曰:"许子以釜甑爨,以铁耕乎?"曰:"然。""自为之与?"曰:"否,以粟易之。""以粟易械器者,不为厉陶冶,陶冶亦以其械器易粟者,岂为厉农夫哉?且许子何不为陶冶,舍皆取诸其宫中而用之?何为纷纷然与百工交易?何许子之不惮烦?"曰:"百工之事固不可耕且为也。""然则治天下独可耕且为与?有大人之事,有小人之事。且一人之身而百工之所为备,如必自为而后用之,是率天下而路也。故曰:或劳心,或劳力,劳

---

① 《孟子·滕文公下》,赵岐注,孙奭疏《孟子注疏》卷六下,《十三经注疏》,中华书局,1980年版,第2714页。

心者治人,劳力者治于人,治于人者食人,治人者食于人,天下之通义也。……"①

农家尚耕,而看不到社会分工协作的必要性,孟子正是抓住了农家学说此偏颇,指出许行并未有做到事事躬亲,因而推衍出社会分工的合理性,认为治天下与百工之事一般,皆不可"耕且为"。孟子在这里,运用设问以逐层推论的方法,通过因势利导,由例证而后归纳、演绎,反驳了农家学说,从而建立了"劳心者治人,劳力者治于人,治于人者食人,治人者食于人"的社会分工论。《孟子》文章,感情充沛,气势磅礴,又善于用比喻的方法,其语言明白晓畅,精练准确,生动形象,富于感染力。

《荀子》文章,郭沫若以"宏富""浑厚"称之,②荀子学识博鸿,文风朴实、严谨,其说理注重以理服人,引物连类,设譬说理,不渲染夸张。荀子的文章,每一篇都有明确的意旨,通过概括性的标题来说明。谭家健先生认为,《荀子》著作中,《劝学》篇论学习,《修身》篇论道德修养,《非十二子》评论各家学说,《王制》阐述作者的政治主张,《君道》论述封建君主的作用,《臣道》讲封建大臣应当遵守的原则,《致士》讲招贤纳士,《富国》讨论经济问题,《议兵》讨论军事问题,《解蔽》专谈认识论,《性恶》专谈人性论……在《荀子》之前,《老子》没有标题,《论语》《孟子》仅仅撮取首章首句二三字为题,与全章内容并无关系。《庄子》的一部分标题带有随意性,另一部分标题则难以理解,《墨子》的标题是墨子后学所加,《荀子》全

---

① 赵岐注,孙奭疏《孟子注疏》卷五下,《十三经注疏》,中华书局,1980年版,第2705页。

② 见郭沫若《十批判书》之《荀子的批判》,《郭沫若全集》历史编第二卷,人民出版社,1982年版。

书各篇(语录体除外)都有简括精确的短语作题目。①

《荀子》开以简明标题概括文章内容的文章命名形式,因而其文章中心突出,结构严谨,脉络分明,首尾一贯。其《劝学》篇,系统论述人的后天习养的重要性,文章开首曰:

> 君子曰:学不可以已。青取之于蓝而青于蓝,冰水为之而寒于水。木直中绳,𫐓以为轮,其曲中规,虽有槁暴,不复挺者,𫐓使之然也。故木受绳则直,金就砺则利,君子博学而日参省乎已,则知明而行无过矣。②

荀子先借君子之口,提出学习的重要性,而后以青青于蓝,冰寒于水,来说明不断进步的必要性,又以木之成轮,木受绳则直,金就砺则利,说明后天习养可以改变事物之本性,然后得出结论,认为君子必须"博学"和反省,以求"知明而行无过"。

文章在提出"博学"的中心后,下文接着更进一步论证博学的必要性。曰:

> 故不登高山,不知天之高也;不临深溪,不知地之厚也;不闻先王之遗言,不知学问之大也。干、越、夷貉之子,生而同声,长而异俗,教使之然也。《诗》曰:"嗟尔君子,无恒安息。靖共尔位,好是正直。神之听之,介尔景福。"神莫大于化道,福莫长于无祸。吾尝终日而思矣,不

---

① 谭家健《先秦散文艺术新探(增订本)》第一编《诸子散文研究》之八《荀子的议论散文》,齐鲁书社,2007年版,第133-134页。

② 王先谦《荀子集解》卷一,见《诸子集成》,中华书局,1954年版,第1页。

如须臾之所学也。吾尝跂而望矣,不如登高之博见也。登高而招,臂非加长也,而见者远;顺风而呼,声非加疾也,而闻者彰。假舆马者,非利足也,而致千里;假舟楫者,非能水也,而绝江河。君子生非异也,善假于物也。[①]

学习可知天之高,地之厚,学问之大,可以利用前人认识的成果,而见远彰闻,致千里,绝江河。荀子从现实生活经验出发,把抽象的道理通过日常习见的经验平易地说出,亲切而中肯。接下去,他又针对学习问题,论述了"君子慎其所立"、"结于一",以及学习礼乐圣道,成就为"全""粹"之君子的途径,其思想既富赡,譬喻又切近,同时,文采灿烂,修辞诚恳。

荀子之文,常针锋相对地批判错误的观点,但不是通过辩难的形式,而是具体分析。孟子论人性之善,肯定赤子之心的可贵,肯定人的良知,主张培养善心,扩而充之。荀子以人性原为"恶",其表现出的"善",不过是后天之"伪",所以,人要接受后天的培养。《性恶》篇指出:虽说路途众人可以为禹,但是,"小人可以为君子,而不肯为君子;君子可以为小人,而不肯为小人。小人、君子者,未尝不可以相为也,然而不相为者,可以而不可使也。故途之人可以为禹则然,途之人能为禹,未必然也"。[②] 可能性不是现实性,孟子性善论把可能性当成了现实性,所以强调发扬先天良知;荀子性恶论则区分可能与现实的差距,所以主张以后天的改造使人趋向于善。《性恶》云:

[①] 王先谦《荀子集解》卷一,见《诸子集成》,中华书局,1954年版,第1—3页。

[②] 王先谦《荀子集解》卷十七,见《诸子集成》,中华书局,1954年版,第296页。

孟子曰人之性善,曰:是不然!凡古今天下之所谓善者,正理平治也;所谓恶者,偏险悖乱也,是善恶之分也已。今诚以人之性固正理平治邪?则有恶用圣王、恶用礼义矣哉!今不然,人之性恶。故古者圣人以人之性恶,以为偏险而不正,悖乱而不治,故为之立君上之执以临之,明礼义以化之,起法正以治之,重刑罚以禁之,使天下皆出于治,合于善也,是圣王之治而礼义之化也。①

荀子认为,人性偏险悖乱,圣王因而设立礼法制度以约束民众,所以,礼义法律是适应社会现实的需要而设立的,具体说,则是为了防止乱恶和竞争。荀子没有纵横捭阖、铺张扬厉,甚至没有疾言厉色、高谈阔论,但在儒雅的言辞中,同样表现了他那坚定的道理。

诸子之中,最具雄辩之才的,当属公孙龙子。《公孙龙子·迹府》称公孙龙子"疾名实之散乱,因资材之所长,为守白之论,假物取譬,以守白辨"。其论点最中心的是"白马非马"的观点,《白马论》曰:

马者所以命形也,白者所以命色也;命色非命形也,故曰白马非马。

求马,黄黑马皆可致。求白马,黄黑马不可致。使白马乃马也,是所求一也;所求一者,白马不异马也。所求

---

① 王先谦《荀子集解》卷十七,见《诸子集成》,中华书局,1954年版。

不异,如黄黑马有可有不可,何也? 可与不可,其相非明,故黄黑马一也,而可以应有马,而不可以应有白马,是白马之非马,审矣。

马固有色,故有白马。使马无色,如有马而已耳,安取白马? 故白者非马也。白马者,马与白也。马与白马也,故曰:白马非马也。

白者不定所白,忘之而可也。白马者,言白定所白也。定所白者,非白也。马者,无去取于色,故黄黑皆所以应。白马者,有去取于色,黄黑马皆所以色去,故唯白马独可以应耳。无去者,非有去也,故曰白马非马。①

案《韩非子·外储说左上》记载:"兒说,宋人,善辩者也。持白马非马也,服齐稷下之辩者,乘白马而过关,则顾白马之赋。"②齐稷下盛于齐威、宣王时,当公元前356年至公元前302年,公孙龙为平原君门人,平原君赵胜相赵在赵惠文王与赵孝成王时,惠文、孝成在位时当公元前298年至公元前245年,则公孙龙之"白马非马",或晚于兒说。公孙龙之"白马非马"论,以"马"为名,以"白马"为实,名是抽象的,实是具体的,马的概念包含了各种颜色的马,而白马则是具体颜色的马,即事物的坚质和白色这两种属性,是孤立而分离存在的。所以,认为"白马非马"。

---

① 谭介甫《公孙龙子形名发微》,中华书局,1963年版,第24-30页。
② 王先慎《韩非子集解》卷十一,见《诸子集成》,中华书局,1954年版,第201页。

公孙龙子的这种认识方法,同样贯彻在其他篇章中。《指物》曰:"物莫非指,而指非指。天下无指,物无可以谓物。非指者,天下无物,可谓指乎?"即一切事物,都由指定而来,指此物为树,便被称为树,但若不指定此物为树,则树不为树,所以"物莫非指"。树之名是一种抽象,不是此物之真体,所以"指非指"。《通变》曰:"二无一。"即任何二物,无可单独存在之一方面,譬如左右为二,无单独之左右,所以,"二无右","二无左"。《坚白论》曰:"坚、白、石三,可乎?曰:不可。曰:二,可乎?曰:可。"如果把石头分成坚、白、石三者不可,而可分为坚、白二者,具体说,用眼看,则"无坚得白",用手摸,则"无白得坚","得其所白,不可谓无白,得其所坚,不可谓无坚",而石分别与坚、白相附。因此,坚、白可离,"离也者天下",即天下事物皆有分离,可独立存在。一般的白与具体事物的白,一般的坚与具体事物的坚有差异性,所以,一般的坚、白可以离开具体事物的坚、白而存在。《名实论》区分名实,而主张"审其名实,慎其所谓"。《迹府》说公孙龙这样孜孜不倦地分析名与实之区别,而倡"正其名",是缘于当时社会"名实散乱",欲"以正名实而化天下"。《通变》批评名实混乱之情况,认为"君臣争而两明也,两明者,昏不明"。君臣位不正,俱明而俱昏,而君臣位正,则可强盛,"是正举也,其有君臣之于国焉,故强寿矣"。① 所谓正举,就是君臣名实相副。据此而言,公孙龙子正名实之论,虽呈现出"诡辩"之面貌,却并不是有分析辩说之好奇,而是欲以正名而治世,有着现实目的的。

《墨子》之言兼爱、非攻等主张,说理透彻,言而有据。及《非儒

---

① 以上引文见王琯《公孙龙子悬解》,中华书局,1992年版。

下》①《耕柱》②《公孟》③等批评儒者"必古言服而后仁","君子循而不作","述而已"此观点,通过实证说明古言服曾是新言服,古之人言古言,服古服,而不能尽成圣人;弓甲车舟皆古人所作,后人因袭,若述而不作是君子,则创造弓甲车舟的智者反成小人。通过辩驳,以见荒谬,具有很高的辩驳艺术。而后期墨家,如《墨子》之《经》上下,《经说》上下,④《大取》《小取》六篇,⑤是墨辩学说,体现逻辑理论和自然科学理想,其思辩之致,同于名辩家。

  战国诸子文章之思辩,既依赖于作者敏捷的理性智慧,也与作者对现实的透彻了解,以及善于把握听众及读者心理的技巧分不开。战国纵横家纵横捭阖,游说诸侯,铺陈排比,从容应变,正是战国诸子思辩与应用结合之例证。苏秦、张仪二人可为纵横家之代表。《史记》之《苏秦列传》《张仪列传》说苏秦、张仪长于"权变",⑥《论衡·答佞》谓:"苏秦、张仪从横,习之鬼谷先生,掘地为坑,曰:'下说令我泣出,则耐分人君之地。'苏秦下说,鬼谷先生泣下沾襟。"⑦苏秦、张仪游说诸侯,位极人臣,以三寸不烂之舌,连横合纵,正是缘于其论辩之长,切中要害。战国末年,韩非子著《说难》,以为"凡说之难,非吾知之有以说之之难也,又非吾辩之能明吾意之

---

  ① 孙诒让《墨子间诂》卷九,见《诸子集成》,中华书局,1954年版。
  ② 孙诒让《墨子间诂》卷十一,见《诸子集成》,中华书局,1954年版。
  ③ 孙诒让《墨子间诂》卷十二,见《诸子集成》中华书局,1954年版。
  ④ 以上见孙诒让《墨子间诂》卷十,见《诸子集成》,中华书局,1954年版。
  ⑤ 以上见孙诒让《墨子间诂》卷十一,见《诸子集成》,中华书局,1954年版。
  ⑥ 司马迁撰,裴骃集解,司马贞索隐,张守节正义《史记》卷六十九、卷七十,中华书局,1959年版。
  ⑦ 王充《论衡》,见《诸子集成》,中华书局,1954年版,第117页。

难也,又非吾敢横失而能尽之难也。凡说之难,在知所说之心,可以吾说当之"。① 游说之难,在于因时因势采取相应的措施,知己知彼,有的放矢,才能打中要害,打动对方。韩非眼见法、术、势分离之弊不适应集权专制之需要,而倡导三者合一之说,因而能使秦王政叹曰:"嗟乎!寡人得见此人与之游,死不恨矣。"②

第二节 叙述方式的形象化特征

《庄子·天下》解说庄子文风,提出"寓言"之概念,曰"寓言十九",③而《史记·老子韩非列传》亦称庄子"其著书十余万言,大抵率寓言也"。④《庄子·寓言》云"寓言十九,借外论之",《释文》云:"寓,寄也。以人不信己。故托他人,十言而九见信也。"⑤寓言事实上是一段虚构的故事。《庄子》之文,其说理虽也不乏逻辑思辩,但更多是借助一段形象而生动的故事,或他人之言,以阐述自己的观点。如《逍遥游》云:

> 北冥有鱼,其名为鲲,鲲之大,不知其几千里也。化而为鸟,其名为鹏。鹏之背,不知其几千里也;怒而飞,其翼若垂天之云。是鸟也,海运则将徙于南冥。南冥者,天

---

① 王先慎《韩非子集解》卷四,见《诸子集成》,中华书局,1954年版,第60页。
② 见《史记·老子韩非列传》,司马迁撰,裴骃集解,司马贞索隐,张守节正义《史记》卷六十三,中华书局,1959年版,第2155页。
③ 王先谦《庄子集解》卷八,见《诸子集成》,中华书局,1954年版。
④ 司马迁撰,裴骃集解,司马贞索隐,张守节正义《史记》卷六十三,中华书局,1959年版,第2143页。
⑤ 郭庆藩《庄子集释》杂篇,见《诸子集成》,中华书局,1954年版,第407页。

池也。齐谐者,志怪者也,谐之言曰:"鹏之徙于南冥也,水击三千里,抟扶摇而上者九万里,去以六月息者也。"……蜩与学鸠笑之曰:"我决起而飞,抢榆枋,时则不至而控于地而已矣,奚以之九万里而南为?"……楚之南有冥灵者,以五百岁为春,五百岁为秋;上古有大椿者,以八千岁为春,八千岁为秋。……藐姑射之山有神人居焉,肌肤若冰雪,绰约若处子;不食五谷,吸风饮露;乘云气,御飞龙,而游乎四海之外;其神凝,使物不疵疠而年谷熟。①

我们抛开庄子所要表达的绝对自由之意念不论,仅就其创作手法而言,无疑是以极度夸张的虚构为基础的,也就是那种非"庄语"的形式,所谓"谬悠之说,荒唐之言,无端崖之辞"。② 在庄子笔下,鱼之大不知几千里,鸟之背不知几千里,其大无与伦比,而蜩与学鸠,也有拟人之声气。冥灵、大椿、藐姑射之山的神人,都是作者虚构出的象征物。

由于庄子创作如此"荒唐"而无所约束的"寓言",是缘于对天下"沉浊"的不满,所谓"以天下为沉浊,不可与庄语",③因而庄子寓言,既包含深刻的哲理,又融入了强烈的感情色彩。这种哲理和感情,在大多数时候,是通过叙述一个比较完整的故事来体现的。如《养生主》云:

---

① 郭庆藩《庄子集释》内篇,见《诸子集成》,中华书局,1954年版。
② 《庄子·天下》,郭庆藩《庄子集释》杂篇,见《诸子集成》,中华书局,1954年版,第474页。
③ 《庄子·天下》,郭庆藩《庄子集释》杂篇,见《诸子集成》,中华书局,1954年版,第475页。

第七章 战国诸子的书写技术

庖丁为文惠君解牛,手之所触,肩之所倚,足之所履,膝之所踦,砉然向然,奏刀騞然,莫不中音。合于"桑林"之舞,乃中"经首"之会。文惠君曰:"嘻,善哉!技盖至此乎?"庖丁释刀对曰:"臣之所好者道也,进乎技矣。始臣之解牛之时,所见无非全牛者。三年之后,未尝见全牛也。方今之时,臣以神遇而不以目视,官知止而神欲行。依乎天理,批大郤,导大窾,因其固然。技经肯綮之未尝,而况大軱乎!良庖岁更刀,割也;族庖月更刀,折也;今臣之刀十九年矣,所解数千牛矣,而刀刃若新发于硎。彼节者有间,而刀刃者无厚,以无厚入有间,恢恢乎其于游刃必有余地矣。是以十九年而刀刃若新发于硎。虽然,每至于族,吾见其难为,怵然为戒,视为止,行为迟,动刀甚微。謋然已解,如土委地,提刀而立,为之四顾,为之踌躇满志,善刀而藏之。"文惠君曰:"善哉!吾闻庖丁之言,得养生焉。"①

庖丁通过解牛活动,总结出了一个可以通于养生的道理,为文惠君所认识。文惠君得到的养生之道是什么呢?就是庖丁解牛时"缘督以为经","依乎天理","以神遇而不以目视","以无厚入有间",因而"游刃有余"的明哲全身避害之道理,就是"为善无近名,为恶无近刑。缘督以为经,可以保身,可以全生,可以养亲,可以尽

---

① 郭庆藩《庄子集释》内篇,见《诸子集成》,中华书局,1954年版,第55－58页。

年"。① 这个道理,不是作者直接表述的,而是包含在庖丁解牛此故事之中。

又《庄子·天道》云:

> 桓公读书于堂上,轮扁斲轮于堂下,释椎凿而上,问桓公曰:"敢问公之所读者何言邪?"公曰:"圣人之言也。"曰:"圣人在乎?"公曰:"已死矣。"曰:"然则君之所读者,古人之糟魄已夫!"桓公曰:"寡人读书,轮人安得议乎?有说则可,无说则死?"轮扁曰:"臣也以臣之事观之,斲轮,徐则甘而不固。疾则苦而不入,不徐不疾,得之于手而应于心,口不能言,有数存焉于其间。臣不能以喻臣之子,臣之子亦不能受之于臣,是以行年七十而老斲轮。古之人与其不可传也死矣,然则君之所读者,古人之糟魄已夫!"②

轮扁之言虽含有愤世嫉俗的意味,但却揭示了实践的重要性,以及言不尽意之困惑。刘勰所谓"操千曲而后晓声,观千剑而后识器",③"至精而后阐其妙,至变而后通其数,伊挚不能言鼎,轮扁不能语斤,其微矣乎",④正是这个寓言所要告诉我们的哲理。

---

① 《庄子·养生主》,郭庆藩《庄子集释》内篇,见《诸子集成》,中华书局,1954年版,第55-57页。
② 郭庆藩《庄子集释》外篇,见《诸子集成》,中华书局,1954年版。
③ 刘勰《文心雕龙·知音》,见刘勰撰,吴林伯先生注《文心雕龙义疏》,武汉大学出版社,2002年版,第625页。
④ 刘勰《文心雕龙·神思》,见刘勰撰,吴林伯先生注《文心雕龙义疏》,武汉大学出版社,2002年版,第310页。

庄子是批判现实社会黑暗的,他在寓言中,表达了他对社会丑恶和不公,统治阶级残酷剥削平民、压迫平民的愤慨。《应帝王》云:

> 南海之帝为儵,北海之帝为忽,中央之帝为浑沌,儵与忽时相与遇于混沌之地,浑沌待之甚善。儵与忽谋报浑沌之德,曰:"人皆有七窍以视听食息,此独无有,尝试凿之。"日凿一窍,七日而浑沌死。[①]

庄子虚构一个象征自然的神浑沌,而好事之儵、忽譬如所谓有为之君主,意欲有为,实而害民。

又《则阳》云:

> 有国于蜗之左角者曰触氏,有国于蜗之右角者曰蛮氏,时相与争地而战,伏尸数万,逐北旬有五日而后反。[②]

小小之蜗角,竟也有伏尸数万之战,这是多么夸张的笔法!正是这夸张之笔,表达了庄子对战国诸侯之间发动争霸战争的讽刺。

又《列御寇》云:

> 宋人有曹商者,为宋王使秦。其往也,得车数乘。王说之,益车百乘。反于宋,见庄子曰:"夫处穷闾厄巷,困

[①] 郭庆藩《庄子集释》内篇,见《诸子集成》,中华书局,1954年版,第6页。

[②] 郭庆藩《庄子集释》杂篇,见《诸子集成》,中华书局,1954年版,第385页。

窘织屦,槁项黄馘者,商之所短也。一悟万乘之主而从车百乘者,商之所长也。"庄子曰:"秦王有病召医,破痈溃痤者得车一乘,舐痔者得车五乘,所治愈下,得车愈多,子岂治其痔邪?何得车之多也?子行矣。"①

这里则表现了庄子对趋炎附势、助纣为虐之徒的憎恨。

庄子也通过寓言来表达他对平等、自由的渴望,《至乐》云:

庄子之楚,见空髑髅,髐然有形。撽以马捶,因而问之曰:"夫子贪生失理,而为此乎?将子有亡国之事,斧钺之诛,而为此乎?将子有不善之行,愧遗父母妻子之丑,而为此乎?将子有冻馁之患,而为此乎?将子之春秋,故及此乎?"于是语卒,援髑髅枕而卧。夜半,髑髅见梦曰:"子之谈者似辩士。视子所言,皆生人之累也。死则无此矣。子欲闻死之说乎?"庄子曰:"然。"髑髅曰:"死,无君于上,无臣于下,亦无四时之事,从然以天地为春秋。虽南面王乐,不能过也。"庄子不信,曰:"吾使司命复生子形,为子骨肉肌肤,反子父母、妻子、闾里、知识,子欲之乎?"髑髅深矉蹙頞曰:"吾安能弃南面王乐,而复为人间之劳乎?"②

庄子假髑髅之口,表达了"无君于上,无臣于下,亦无四时之事,从然以天地为春秋"的理想。无君无臣,则没有统治者,因而也

---

① 郭庆藩《庄子集释》杂篇,见《诸子集成》,中华书局,1954年版,第454-455页。

② 郭庆藩《庄子集释》外篇,见《诸子集成》,中华书局,1954年版,第272-273页。

无被统治者,社会平等。无四时之劳,不受寿夭之限,则是自由。庄子以寓言成文,其寓言皆出于虚构,而此虚构又极异想天开,惊心动魄,形象千姿百态,而尤以变形、夸张的人物形象,以及人化的动物形象为主。寓言中的庖丁、轮扁等下层平民,皆具智慧,而统治者则多昏愦虚伪。庄子寓言想象之奇,语言之生动活泼,思想之深刻,足以为诸子文章之极致,正如《庄子·天下》自许的那样,"瑰玮""参差","俶诡可观"。①

在大部分场合,庄子不把抽象的观念用直观的形式直接表达出来,而是通过寓言这种隐晦、曲折的象征说话,具象与抽象结合,现实与虚幻交融,其文雄奇宏伟,气势磅礴,如大鹏之展翅,而有翱翔之致,所述内容虚构荒诞,立意神秘玄妙,语言又含有辛辣冷峻的讽刺意味,态度极夸张,极幽默。李白《大鹏赋》云:"南华老仙发天机于漆园,吐峥嵘之高论,开浩荡之奇言……五岳为之震荡,百川为之崩奔。"②刘熙载《艺概·文概》云:"无端而来,无端而去,殆得'飞'之机者。"③陈子龙《谭子庄骚二学序》更论其"用心恢奇,逞辞荒诞……宕逸变幻"④。庄子之文,"如长江大河滚滚灌注,泛滥乎天下。又如万籁怒号,澎湃汹涌,声沉影灭,不可控搏"⑤。其深其奇,确实当得上"陵轹诸子"⑥之论。

韩非以文学为害虫,但他本人就是一个文学之士。《韩非子》基本上属于政论文,《说难》《孤愤》《五蠹》等,构思宏伟,结构谨

---

① 郭庆藩《庄子集释》杂篇,见《诸子集成》,中华书局,1954年版。
② 安旗主编《李白全集编年注释》,巴蜀书社,1990年版。
③ 刘熙载《艺概》,上海古籍出版社,1978年版,第8页。
④ 陈子龙《陈卧子先生安雅堂稿》卷三,上海时中书局,1910年版。
⑤ 高似孙《子略》,见《四明丛书》及《四部备要》。
⑥ 鲁迅《汉文学史纲要》,见《鲁迅全集》,人民文学出版社,1973年版。

严,标志着政论文章的进一步成熟。大体说来,《韩非子》中不论长文、短文,其辞锋皆犀利,往往走入极端,如《孤愤》批判"当途之人"欺下瞒上,使人主受蒙蔽。分析社会现实可以称精辟透彻,而言辞之中,夹带着热诚的情绪,①《五蠹》之攻击学者、言谈者、带剑者、患御者、商工之民为"五蠹",应予以取缔。② 其分析问题,细致入微,《亡征》③总结可亡之道,竟至于四十七条。《说林》,以及《内储说》及《外储说》,运用寓言以说理。如《内储说上》云:

齐宣王使人吹竽,必三百人,南郭处士请为王吹竽,宣王说之,廪食以数百人。宣王死,湣王立,好一一听之,处士逃。④

齐宣王以好士著名,供养文学之士数千百。其中不乏南郭处士之类滥竽充数的人,韩非以此寓言,以说明重视贤才,应善识贤才。

又《外储说左上》曰:

郑人有欲买履者,先自度其足而置之其坐。至之市,而忘操之。已得履,乃曰:"吾忘持度。"反归取之。及反,市罢,遂不得履。人曰:"何不试之以足?"曰:宁信度,无

---

① 王先慎《韩非子集解》卷四,见《诸子集成》,中华书局,1954年版。
② 王先慎《韩非子集解》卷十九,见《诸子集成》,中华书局,1954年版。
③ 王先慎《韩非子集解》卷五,见《诸子集成》,中华书局,1954年版。
④ 王先慎《韩非子集解》卷九,见《诸子集成》,中华书局,1954年版。

自信也。"①

　　这里,韩非用极度夸张的情节,讽刺了那种不能随时应变的保守者的愚腐。《韩非子》一书寓言故事三百余则,精彩而富于戏剧性,虽不至于如《庄子》之虚诞,但平实的哲理,同样建立在艺术化的构思,形象化、生动的故事情节之基础上。

　　如果说《孟子》以气势取胜,《荀子》以鸿富见长,《老子》饱含哲理,《庄子》富于形象性,《韩非子》则把这些论辩方法结合在一起,灵活地运用,以作为其辩难的有力武器。尽管其气势不如《孟子》博大,说理也比《荀子》偏激,又缺乏如《庄子》那样奇诡的才气,但同样可以看出其集哲理文章大成的痕迹。

　　寓言可以通过形象、生动的故事来阐述哲理,表达劝诫、讽刺、诙谐、幽默之情绪,比之正面论述,有意想不到的效果,所以战国诸子之文除《庄子》《韩非子》之外,其他诸子著作也有寓言,如《墨子·兼爱》之"楚王好细腰"②;《孟子·梁惠王上》之"五十步笑百步"③,《孟子·公孙丑上》之"揠苗助长"④,《孟子·滕文公下》之"攘

----

①　王先慎《韩非子集解》卷十一,见《诸子集成》,中华书局,1954年版,第209页。
②　孙诒让《墨子间诂》卷四,见《诸子集成》,中华书局,1954年版。
③　赵岐注,孙奭疏《孟子注疏》卷一上,《十三经注疏》,中华书局,1980年版。
④　赵岐注,孙奭疏《孟子注疏》卷三上,《十三经注疏》,中华书局,1980年版。

鸡"①,《孟子·离娄下》之"齐人有一妻一妾者"②;《尹文子·大道上》有"齐宣王好射","黄公好谦卑","楚人担山雉者","田父得玉"③;《公孙龙子·迹府》之"楚王遗弓"④;《荀子·劝学》之"蒙鸠为巢"⑤;《吕氏春秋·审己》之"列子学射"⑥,《吕氏春秋·异用》之"网开三面"⑦,《吕氏春秋·当务》之"驳象虎疑"⑧;《晏子春秋·内篇问上》之"社鼠猛狗"⑨,《晏子春秋·内篇杂上》之"晏子之御"⑩,《晏子春秋·内篇杂下》之"晏子使楚"⑪;等等。这些寓言虽不如《庄子》寓言的想象奇特、夸张,其来源虽或根据于传说,或根据于历史故事,但都经过艺术加工,可以认为都是虚构的故事,都是以形象、生动的叙述来说明抽象的道理,意在言外,具有具象与抽象结合、形象性、虚构性、想象性、幽默、机智、哲理之特征。

诸子之寓言,最近于《庄子》寓言的,当推《列子》,《列子·汤问》有愚公移山之寓言,曰:

---

① 赵岐注,孙奭疏《孟子注疏》卷六下,《十三经注疏》,中华书局,1980年版。
② 赵岐注,孙奭疏《孟子注疏》卷八下,《十三经注疏》,中华书局,1980年版。
③ 钱熙祚校《尹文子》,见《诸子集成》,中华书局,1980年版。
④ 谭介甫《公孙龙子形名发微》,中华书局,1963年版。
⑤ 王先谦《荀子集解》卷一,见《诸子集成》,中华书局,1980年版。
⑥ 吕不韦著,高诱注《吕氏春秋》卷九《季秋纪第九》,见《诸子集成》,中华书局,1980年版。
⑦ 吕不韦著,高诱注《吕氏春秋》卷十《孟冬纪第十》,见《诸子集成》,中华书局,1980年版。
⑧ 吕不韦著,高诱注《吕氏春秋》卷十一《仲冬纪第十一》,见《诸子集成》,中华书局,1980年版。
⑨ 张纯一《晏子春秋校注》卷三,见《诸子集成》,中华书局,1980年版。
⑩ 张纯一《晏子春秋校注》卷五,见《诸子集成》,中华书局,1980年版。
⑪ 张纯一《晏子春秋校注》卷六,见《诸子集成》,中华书局,1980年版。

太形、王屋二山,方七百里,高万仞,本在冀州之南,河阳之北。北山愚公者,年且九十,面山而居。惩山北之塞,出入之迂也,聚室而谋曰:"吾与汝毕力平险,指通豫南,达于汉阴,可乎?"杂然相许。其妻献疑曰:"以君之力,曾不能损魁父之丘,如太形、王屋何?且焉置土石?"杂曰:"投诸渤海之尾,隐土之北。"遂率子孙荷担者三夫,叩石垦壤,箕畚运于渤海之尾。邻人京城氏之孀妻,有遗男,始龀,跳往助之。寒暑易节,始一反焉。河曲智叟笑而止之曰:"甚矣,汝之不惠!以残年余力,曾不能毁山之一毛,其如土石何?"北山愚公长息曰:"汝心之固,固不可彻,曾不若孀妻弱子!虽我之死,有子存焉;子又生孙,孙又生子;子又有子,子又有孙;子子孙孙,无穷匮也。而山不加增,何苦而不平?"河曲智叟亡以应。操蛇之神闻之,惧其不已也,告之于帝。帝感其诚,命夸蛾氏二子负二山,一厝朔东,一厝雍南。自此,冀之南,汉之阴,无陇断焉。①

这个寓言有描写,有叙述,故事有始有终,人物形态、举止、神气活灵活现,而杂以人神之力,移山跨海,虚妄无实。想象之奇,正与庄子寓言相类。《列子》之《天瑞》有"杞人忧天"②,《汤问》有"夸父逐日""扁鹊换心"③等,也极尽想象之能,夸张、荒诞,而有深意。

---

① 张湛《列子注》卷五,见《诸子集成》,中华书局,1954年版。
② 张湛《列子注》卷一,见《诸子集成》,中华书局,1954年版。
③ 张湛《列子注》卷五,见《诸子集成》,中华书局,1954年版。

第三节　追求人物个性的形与神

诸子文章,不以塑造人物形象为目的,但诸子文章通过对话、辩难为我们塑造了一大批富于个性的人物形象。孔子、孟子、晏子、庄子、墨子可为其中代表。

《论语》为我们塑造了孔子的光辉形象。孔子是位伟大的"圣人",颜渊叹曰:"仰之弥高,钻之弥坚,瞻之在前,忽焉在后。"[①]他是位伟大的教育家,"学而不厌,诲人不倦"[②],"好古敏以求之"[③],循循然善诱人,亲切而活泼,以言语、政事、德行、文学教授弟子,教学相长,文、行、忠、信。知之为知之,不知为不知,实事求是。仁、义、礼、智,好义而不言利,重视人,爱人而具深情,弟子颜回之死,而"哭之恸"。他严格以道德规范约束自己及门人弟子,"非礼勿视,非礼勿听,非礼勿言,非礼勿动"。[④] 以做君子和培养君子为责任。他把"仁"当作最高责任,强调君子无终食之间违仁,"造次必于是,颠沛必于是"[⑤]。倡导士之"弘毅",以仁为己任,"任重而道

---

① 《论语·子罕》,刘宝楠《论语正义》卷十,见《诸子集成》,中华书局,1954年版,第182页。
② 《论语·述而》,刘宝楠《论语正义》卷八,见《诸子集成》,中华书局,1954年版,第136页。
③ 《论语·述而》,刘宝楠《论语正义》卷八,见《诸子集成》,中华书局,1954年版,第146页。
④ 《论语·颜渊》,刘宝楠《论语正义》卷十五,见《诸子集成》,中华书局,1954年版,第262页。
⑤ 《论语·里仁》,刘宝楠《论语正义》卷五,见《诸子集成》,中华书局,1954年版,第76页。

远","死而后已"①。"杀身以成仁",而"无求生以害仁"。② 他有极强烈的是非之心,以为"惟仁者,能好人,能恶人"③。"以直报怨,以德报德"④,"刚毅、木讷"⑤,恭敬、忠信、宽弘、敏惠谦虚而平易,《乡党》云:"孔子于乡党,恂恂如也,似不能言者;其在宗庙、朝廷,便便言,唯谨尔。朝,与下大夫言,侃侃如也;与上大夫言,訚訚如也;君在,踧踖如也,与与如也。"⑥"齐必变食,居必迁坐,食不厌精,脍不厌细,食饐而餲,鱼馁而肉败不食,色恶,不食。臭恶,不食。失饪,不食。不时,不食。割不正,不食。不得其酱不食。肉虽多,不使胜食气。唯酒无量,不及乱。沽酒市脯不食,不撤姜食,不多食。祭于公,不宿肉。祭肉不出三日,出三日不食之矣。食不语,寝不言。虽疏食、菜羹、瓜,祭必齐如也。""席不正不坐,乡人饮酒,杖者出,斯出矣。""问人于他邦,再拜而送之。"⑦"入太庙,每事问。""朋友死,无所归。曰:于我殡。朋友之馈,虽车马,非祭肉不拜。""寝不尸,居不容。""见齐衰者,虽狎必变;见冕者与瞽者,虽亵

---

① 《论语·泰伯》,刘宝楠《论语正义》卷九,见《诸子集成》,中华书局,1954年版,第159－160页。

② 《论语·卫灵公》,刘宝楠《论语正义》卷十八,见《诸子集成》,中华书局,1954年版,第337页。

③ 《论语·里仁》,刘宝楠《论语正义》卷五,见《诸子集成》,中华书局,1954年版,第75页。

④ 《论语·宪问》,刘宝楠《论语正义》卷十七,见《诸子集成》,中华书局,1954年版,第321页。

⑤ 《论语·子路》,刘宝楠《论语正义》卷十六,见《诸子集成》,中华书局,1954年版。

⑥ 《论语·乡党》,刘宝楠《论语正义》卷十一,见《诸子集成》,中华书局,1954年版,第196－227页。

⑦ 《论语·乡党》,刘宝楠《论语正义》卷十二,见《诸子集成》,中华书局,1954年版,第219－227页。

必以貌。""升车,必正立执绥,车中不内顾,不疾言,不亲指。"①孔子日常行止及斋戒祭祀,文质彬彬,端庄典雅,不卑不亢,不骄不躁。虽以其博大精深,于饮食投足此小事,亦庄严郑重,而透露出文化氛围。他赞扬大同之尧舜禹三代,②周游列国,历尽艰辛,欲恢复礼制秩序。他对自己的才能深信不疑,面对不断的失望,虽时时萌发出世之念,却摆脱不了对社会的一份责任心。孔子的形象,是古代中国优秀知识分子最杰出的代表。

《孟子》一书,通过对孟子游说的记载,为我们塑造了一个勇敢、坚强、高尚而有历史使命感的知识分子形象。孟子有"虽千万人吾往矣"③的勇气,《告子上》孟子曰:"生,亦我所欲也;义,亦我所欲也。二者不可得兼,舍生而取义者也。生亦我所欲,所欲有甚于生者,故不为苟得也;死亦我所恶,所恶有甚于死者,故患有所不辟也。"④大义当前,舍生忘死,慷慨而赴难,这是何等的气概。孟子所要培养的人格是一种坚忍不拔、坚强不屈的正气,是维护正义,不与恶势力妥协的独立人格,所以,《滕文公下》孟子曰:"居天下之广居,立天下之正位,行天下之大道。得志与民由之,不得志独行其道。富贵不能淫,贫贱不能移,威武不能屈,此之谓大丈夫。"⑤所

---

① 《论语正义》卷十三,见《诸子集成》,中华书局,1954年版,第231-234页。

② 《论语·泰伯》曰:"大哉尧之为君也。""巍巍乎舜禹之有天下也"。刘宝楠《论语正义》卷九,见《诸子集成》,中华书局,1954年版。

③ 《孟子·公孙丑上》,焦循《孟子正义》卷三,见《诸子集成》,中华书局,1954年版,第114页。

④ 焦循《孟子正义》卷十一,见《诸子集成》,中华书局,1954年版,第461页。

⑤ 焦循《孟子正义》卷六,见《诸子集成》,中华书局,1954年版,第246页。

谓广居,即仁;正位,即礼;大道,即义。居仁,行义,立于礼,不论贫富穷达,不为富贵所诱惑,不为贫贱所气馁,不为威武所屈服,顶天立地,不可动摇。孟子之所以能有如此气魄,是因为他坚信自己人格之高尚、事业的正义。《尽心上》载:"王子垫问曰:'士何事?'孟子曰:'尚志。'曰:'何谓尚志?'曰:'仁义而已矣……'"①在孟子看来,"穷不失义,达不离道"②之士,要对仁义有一种使命感,因此,士不怕艰难困苦的折磨,并善于在困境中磨炼自己。《告子下》孟子曰:"故天将降大任于是人也,必先苦其心志,劳其筋骨,饿其体肤,空乏其身,行拂乱其所为,所以动心忍性,曾益其所不能。"③孟子游说诸侯,被认为"迂远而阔于事情",④不为世所重,"菜色困穷"⑤而不改其志,是他坚信一个伟大的人物必经过艰难困苦之玉成过程。而他作为一个伟大人物的重任,就是觉悟众生,《万章上》孟子曰:"天之生此民也,使先知觉后知,使先觉觉后觉也。予,天民之先觉者也,予将以斯道觉斯民也。非予觉之而谁也?思天下之民,匹夫

---

① 焦循《孟子正义》卷十三,见《诸子集成》,中华书局,1954年版,第546页。

② 《孟子·尽心上》曰:"士穷不失义,达不离道。"焦循《孟子正义》卷十三,见《诸子集成》,中华书局,1954年版,第525页。

③ 焦循《孟子正义》卷十二,见《诸子集成》,中华书局,1954年版,第510页。

④ 《史记·孟子荀卿列传》,司马迁撰,裴骃集解,司马贞索隐,张守节正义《史记》卷七十四,中华书局,1959年版,第2343页。

⑤ 《史记·孟子荀卿列传》曰:"……仲尼菜色陈蔡,孟轲困于齐梁……"《史记索隐》曰:"仲尼、孟子法先王之道,行仁义之化,且菜色困穷……"司马迁撰,裴骃集解,司马贞索隐,张守节正义《史记》卷七十四,中华书局,1959年版,第2345-2346页。

匹妇有不被尧舜之泽者,若已推而内之沟中,其自任以天下之重如此。"①孟子虽强调"穷则独善其身",②"不得志独行其道",③但在他的处世哲学中,时刻不忘拯救万民,其以天下为己任,然而任重而道远,没有自信心和关心天下百姓的一腔热情,是难以做到的。

《史记·管晏列传》说"晏平仲婴者,莱之夷维人也,事齐灵公、庄公、景公,以节俭力行重于齐。既相齐,食不重肉,妾不衣帛。其在朝,君语及之,即危言;语不及之,即危行。国有道,即顺命;无道,即衡命。以此三世显名于诸侯。"④《晏子》一书,通过对晏婴其人事迹的描述和语言的记录,为我们描绘了重礼尊君爱民恪守职责的贤相形象。《内篇谏上》第二曰:

> 景公饮酒酣,曰:"今日愿与诸大夫为乐饮,请为无礼。"晏子蹴然改容曰:"君之言过矣。群臣固欲君之无礼也,力多足以胜其长,勇多足以弑其君,而礼不使也。禽兽以力为政,强者犯弱,故曰易主。今君去礼,则是禽兽也。群臣以力为政,强者犯弱,而日易主,君将安立矣?凡人所以贵于禽兽者,以有礼也。"⑤

---

① 焦循《孟子正义》卷九,见《诸子集成》,中华书局,1954年版,第387页。
② 《孟子·尽心上》,焦循《孟子正义》卷十三,见《诸子集成》,中华书局,1954年版,第525页。
③ 《孟子·滕文公下》,焦循《孟子正义》卷六,见《诸子集成》,中华书局,1954年版,第246页。
④ 司马迁撰,裴骃集解,司马贞索隐,张守节正义《史记》卷六十二,中华书局,1959年版,第2134页。
⑤ 张纯一《晏子春秋校注》卷一,见《诸子集成》,中华书局,1954年版。

君臣相交之"礼"是维护社会安定、上下关系的最重要的调节器,一旦放弃"礼",就会有犯上作乱之事,所以君主不可一日无"礼"以驭下。晏子之谏君体现他性格中守礼之特征。

晏子既以重礼劝谏君主,也以礼为约束自身的尺度,《内篇杂上》第十三载:

> 晏子侍于景公,朝寒,公曰:"请进暖食。"晏子对曰:"婴非君奉馈之臣也,敢辞。"公曰:"请进服裘。"对曰:"婴非君茵席之臣也,敢辞。"公曰:"然则夫子之于寡人何为者也?"对曰:"婴社稷之臣也。"公曰:"何谓社稷之臣?"对曰:"夫社稷之臣,能立社稷,别上下之义,使当其礼;制百官之序,使得其宜;作为辞令,可分布于四方。"①

晏婴以社稷之臣自许,自以为非君奉馈、茵席之臣,而恪守职责。

礼别上下,对于儒家来说,尊君是臣子的本分,勤政爱民则是君主应行的仁政。《内篇谏上》第二十载晏子谏景公曰:"婴闻古之贤君,饱而知人之饥,温而知人之寒,逸而知人之劳,今君不知也。"②《内篇问上》第十一晏婴说古之贤君之行曰:"薄于身而厚于民,约于身而广于世;其处上也足以明政行教,不以威天下。其取财也,权有无,均贫富,……尽智导民而不伐焉。劳力岁时而不责焉,政尚相利,故下不以相害为行;教尚相爱,故民不以相恶为名……"《内篇问上》第十七曰:"景公问晏子曰:'贤君之治国若

---

① 张纯一《晏子春秋校注》卷五,见《诸子集成》,中华书局,1954年版。
② 张纯一《晏子春秋校注》卷一,见《诸子集成》,中华书局,1954年版。

何?'晏子对曰:'其政任贤,其行爱民,其取下节,其自养俭……'"①晏婴以古之贤君激励君主,劝谏君主关心百姓之饥饱、寒温、劳逸、任贤、爱民、节俭,并以相利、相爱为政教之所崇尚,体现出一种积极的民本意识。这也正是晏子为人民所喜爱的原因。

《晏子》所描写的晏婴,除了具有重礼、尊君、爱民、禁暴等品格外,他同时也是一位预言家,料事如神,预卜祸福,《内篇谏上》第二十二载,晏子释梦,曰景公所梦为商汤、伊尹,并预见齐军之败。②晏子又是一位机智的外交家,《内篇杂下》第十载晏子机智对答楚王之难曰:"婴闻之,橘生淮南则为橘,生于淮北则为枳,叶徒相似,其实味不同。所以然者何?水土异也。今民生长于齐不盗,人楚则盗,得无楚之水土使民善盗耶?"③其机智也表现在二桃杀三士等行为之中。晏婴是齐国人心目中的英雄,当齐之衰落,齐国人希望有一位贤相能使齐国保持昔日霸主的尊严,所以赋予晏婴大量神异,与现实存在过的晏子,却未必是一回事了。

《史记·老子韩非列传》曰:"楚威王闻庄周贤,使使厚币迎之,许以为相。庄周笑谓楚使者曰:'千金,重利;卿相,尊位也。子独不见郊祭之牺牛乎?养食之数岁,衣以文绣,以入大庙。当是之时,虽欲为孤豚,岂可得乎?子亟去,无污我。我宁游戏污渎之中自快,无为有国者所羁,终身不仕,以快吾志焉。'"④庄子是一位见解深刻,具有独立个性,追求绝对自由的愤世嫉俗,而又顺世的隐者,《庄子》一书,正是成功地塑造了这位伟大的隐士形象。他生活

---

① 张纯一《晏子春秋校注》卷三,见《诸子集成》,中华书局,1954年版。
② 张纯一《晏子春秋校注》卷一,见《诸子集成》,中华书局,1954年版。
③ 张纯一《晏子春秋校注》卷六,见《诸子集成》,中华书局,1954年版。
④ 司马迁撰,裴骃集解,司马贞索隐,张守节正义《史记》卷六十三,中华书局,1959年版,第2145页。

贫困,《列御寇》说他处穷巷陋闾,困穷织履,槁项黄馘,但他又极具傲骨,①《山木》云:"庄子衣大布而补之,正緳,系履而过魏王。"②他拒绝出仕,追求上古真诚、直率、朴素、自然的人际关系和社会形态,追求人的平等、自由,反对一切昏上乱相,超越死生、是非,而心中又存在着深沉的痛苦,他以死灰一般的苍颜,槁骸一般的身躯,混同于世人之中,知世界之无可奈何,而安之若命。庄子的形象,是一个胸怀理想,不满现实,孤独而深沉的愤世嫉俗的隐士的形象。

《庄子》一书,还为我们描绘了许多具有神话色彩,超自然神奇,甚至具幽默感的人物及动物形象,如《逍遥游》扶摇直上九万里的大鹏,坐井观天的蜩与学鸠,《养生主》踌躇满志的庖丁,《人间世》中"颐隐于脐,肩高于顶,会撮指天,五管在上,两髀为胁。挫针治□,足以□口;鼓策播精,足以食十人"的支离疏,鲁之兀者王骀、申徒嘉、叔山无趾等,③无不形象鲜明,各具个性。

墨翟出身"贱人",胸怀济世心肠,《备梯》云:"禽滑𠞞子事子墨子三年,手足胼胝,面目黧黑,役身给使,不敢问欲。"④墨子要求学生身体力行,从事体力劳动,而他本人也量体而衣,量腹而食,短褐草鞋,东跑西颠,孔席不暇暖,墨突不得黔。也极具勇敢,《公输》

---

① 郭庆藩《庄子集释》杂篇,见《诸子集成》,中华书局,1954年版。
② 郭庆藩《庄子集释》外篇,见《诸子集成》,中华书局,1954年版,第301页。
③ 郭庆藩《庄子集释》内篇,见《诸子集成》,中华书局,1954年版,第82页。
④ 孙诒让《墨子间诂》卷十四,见《诸子集成》,中华书局,1954年版,第322页。

云墨子为止楚攻宋,"起于齐,行十日十夜,而至于郢"①,游说公输般。《淮南子·泰族》称"墨子服役者百八十人,皆可使赴火蹈刃,死不旋踵",②正是墨子形象本身具有的品质的感召。《孟子·尽心上》说"墨子兼爱,摩顶放踵利天下为之",③"摩顶放踵利天下",正是墨子形象的突出特征。

第四节　语言的简洁性与内容的丰富性相统一

用最俭省的语言,表达了最丰富的意思。这也就是孔子所谓的"辞达而已矣"④的特点。

《老子》文章,短小而精练,富于哲理性,其语言既形象生动,又节奏和谐,合韵悦耳,常用骈偶。如《上篇》云"大道废,有仁义;慧智出,有大伪;六亲不和,有孝慈;国家昏乱,有忠臣。""绝圣弃智,民利百倍;绝仁弃义,民复孝慈;绝巧弃利,盗贼无有"。⑤ 言辞犀利,而又对称、和谐。又《下篇》云:"上德不德,是以有德,下德不失德,是以无德。上德无为而无以为,下德为之而有以为。上仁为之而无以为,上义为之而有以为。上礼为之而莫之应,则攘臂而扔之。故失道而后德,失德而后仁,失仁而后义,失义而后礼。夫礼者,忠信之薄,而乱之首。前识者,道之华,而愚之始。是以大丈夫

---

① 孙诒让《墨子间诂》卷十三,见《诸子集成》,中华书局,1954年版,第293页。
② 刘安著,高诱注《淮南子》卷二十,见《诸子集成》,中华书局,1954年版。
③ 焦循《孟子正义》卷十三,见《诸子集成》,中华书局,1954年版,第540页。
④ 《论语·卫灵公》,刘宝楠《论语正义》卷十八,见《诸子集成》,中华书局,1954年版,第349页。
⑤ 王弼《老子注》,见《诸子集成》,中华书局,1954年版,第10页。

处其厚不居其薄,处其实不居其华,故去彼取此。"①这种分析,具有深层次的内蕴,其思辨的特征是极明显的。不但条理清晰,而且,具有辩证的逻辑联系。其语言散骈结合,有韵、无韵互见,既是哲理诗,又饱含着激情。

《韩非子》中,也有韵文,如《主道》②《扬权》③全篇用韵。《扬权》基本为四言,与《老子》相类。这种用韵文写成的议论文,音节和谐、流畅,语句整齐、排比,因而有一种气吞山河的气势。

《文心雕龙·情采》云:"老子疾伪,故称美言不信;而五千精妙,则非弃美矣。庄周云辩雕万物,谓藻饰也。韩非云艳采辩说,谓绮丽也。绮丽以艳说,藻饰以辩雕,文辞之变,于斯极矣。研味李老,则知文质附乎情性;详览庄、韩,则见华实过乎淫侈。"④《老子》之文,美而文质附乎情性,这不是过誉。以《庄子》《韩非子》辩说艳采,藻饰绮丽,也是不易之论。

《论语》一书,虽为语录体,但也见出辑录者对语言美感的追求,这种美感,既表现在语言的形象性方面,更体现在对语言节奏感的追求方面,使《论语》有散文诗的韵致。而这一特点,也可以类比其余诸子文章。

节奏感就是运用对称、重复、低昂互节的变化来创造一种符合读者欣赏期待的一种波浪式的旋律和和谐感,是文学作品审美感受的主要形式之一。读者对节奏美的感受能力,是根植于人体本身的生理机能的。早在齐梁时代,刘勰就指出:"夫音律所始,本于

---

① 王弼《老子注》,见《诸子集成》,中华书局,1954年版,第23页。
② 王先慎《韩非子集解》卷一,见《诸子集成》,中华书局,1954年版。
③ 王先慎《韩非子集解》卷二,见《诸子集成》,中华书局,1954年版。
④ 吴林伯《文心雕龙义疏》,武汉大学出版社,2002年版,第372-373页。

人声者也,声含宫商,肇自血气。"①美国著名文论家劳·坡林在他所著的《声音和意义——诗学概论》中指出:'我们喜爱音乐重复,我们也喜爱节奏与格律,因为它们植根于更深的基础,这种喜爱和我们心脏的跳动有关,和我们脉搏的波动有关,和我们肺部呼吸有关。"②正由于这种天然的联系,人对于音乐效果有着特殊爱好。

《论语》的编纂者知道语言节奏能引起美感,处在诗乐舞一体的良好传统之中,他们在组织语义结构之时,仅凭直觉感受,就创造了优美的旋律和动人的节奏,主要是重叠重复式、轻重音变化式和对称式。这里首先应提到的是排比句式。

排比是一种修辞格,在《论语》中运用很多,如《学而》曰:

> 学而时习之,不亦说乎?有朋自远方来,不亦乐乎?人不知而不愠,不亦君子乎?③

《为政》曰:

> 吾十有五而志于学,三十而立,四十而不惑,五十而知天命,六十而耳顺,七十而从心所欲不逾矩。④

---

① 刘勰《文心雕龙·声律》,见刘勰撰,吴林伯注《文心雕龙义疏》,武汉大学出版社,2002年版。
② 劳·坡林《怎样欣赏英美诗歌》,北京出版社,1985年版。
③ 刘宝楠《论语正义》卷一,见《诸子集成》,中华书局,1954年版,第1-3页。
④ 刘宝楠《论语正义》卷二,见《诸子集成》,中华书局,1954年版,第23页。

生事之以礼,死葬之以礼,祭之以礼。①

《述而》曰:

德之不修,学之不讲,闻义不能徙,不善不能改,是吾忧也。

志于道,据于德,依于仁,游于艺。②

《颜渊》曰:

非礼勿视,非礼勿听,非礼勿言,非礼勿动。③

排比句式的每一个单句的结构和语音大致相似,这样排列在一起,就能形成一种语气和音节的重复,在增加表达气势的同时,也就形成了一种节奏的和谐感,其效果有些类似音乐乐章中的重复咏叹。

与排比句相近的是对偶句,对偶句是通过两个句子的字数之对称来形成一种对称的变化旋律,如:

---

① 刘宝楠《论语正义》卷二,见《诸子集成》,中华书局,1954年版,第25页。
② 刘宝楠《论语正义》卷八,见《诸子集成》,中华书局,1954年版,第136—137页。
③ 刘宝楠《论语正义》卷十五,见《诸子集成》,中华书局,1954年版,第262页。

学而不思则罔,思而不学则殆。①

乐而不淫,哀而不伤。②

君子坦荡荡,小人长戚戚。③

死生有命,富贵在天。④

不患寡而患不均,不患贫而患不安。⑤

排比与对偶作为修辞格,当然其主要目的在于增强语言的表达能力,在对比或重复中给人以深刻影响,但客观上,这种重复也创造了强烈的节奏感,从音响角度强调了语义特征。这种排比对偶句式,在骈文时代,在作家的认识中已不是单纯意义的需要,《文心雕龙·丽辞》曰:"自扬马张蔡,崇尚丽辞,如宋画吴冶,刻形镂法,丽句与深采并流,偶意共逸韵俱发。"⑥骈对排比同时也是建设

---

① 《论语·为政》,刘宝楠《论语正义》卷二,见《诸子集成》,中华书局,1954年版,第31页。
② 《论语·八佾》,刘宝楠《论语正义》卷四,见《诸子集成》,中华书局,1954年版,第62页。
③ 《论语·述而》,刘宝楠《论语正义》卷八,见《诸子集成》,中华书局,1954年版,第153页。
④ 《论语·颜渊》,刘宝楠《论语正义》卷十五,见《诸子集成》,中华书局,1954年版,第264页。
⑤ 《论语·季氏》,刘宝楠《论语正义》卷十九,见《诸子集成》,中华书局,1954年版,第352页。
⑥ 吴林伯《文心雕龙义疏》,武汉大学出版社,2002年版。

美的形式的手段。

排比与对偶的节奏在于重复之中的对称和谐,《论语》中运用叠音词与双声叠韵的联绵词也能达到一种音节节奏重复的效果。若这种叠音重复缀一轻音语气词,又能引起轻重音的调节变化,形成参差和错落。如:

  天子穆穆。①

  郁郁乎文哉。②

  造次必于是,颠沛必于是。③

  文质彬彬。④

  申申如也,夭夭如也。⑤

---

 ① 《论语·八佾》,刘宝楠《论语正义》卷三,见《诸子集成》,中华书局,1954年版,第43页。

 ② 《论语·八佾》,刘宝楠《论语正义》卷三,见《诸子集成》,中华书局,1954年版,第56页。

 ③ 《论语·里仁》,刘宝楠《论语正义》卷五,见《诸子集成》,中华书局,1954年版,第76页。

 ④ 《论语·雍也》,刘宝楠《论语正义》卷七,见《诸子集成》,中华书局,1954年版,第125页。

 ⑤ 《论语·述而》,刘宝楠《论语正义》卷八,见《诸子集成》,中华书局,1954年版,第137页。

战战兢兢。①

恂恂如也。②

侃侃如也。③

行行如也。④

硜硜乎。⑤

应该说,重言也是一种音节的重复和重叠,在《论语》中,常用重言表示强调或感叹,所以重言的句子多带有语气词,在一个句子之中,就发音论,主谓语的轻重是不同的,而实词与虚词的轻重也不同。这种完全相同的重复所表示的两个具有波动性的音节重复,有一唱三叹、余音缭绕无尽之妙。如表示肯定语气:

---

① 《论语·泰伯》,刘宝楠《论语正义》卷九,见《诸子集成》,中华书局,1954年版,第156页。
② 《论语·乡党》,刘宝楠《论语正义》卷十一,见《诸子集成》,中华书局,1954年版,第196页。
③ 《论语·乡党》,刘宝楠《论语正义》卷十一,见《诸子集成》,中华书局,1954年版,第197页。
④ 《论语·先进》,刘宝楠《论语正义》卷十四,见《诸子集成》,中华书局,1954年版,第243页。
⑤ 《论语·宪问》,刘宝楠《论语正义》卷十七,见《诸子集成》,中华书局,1954年版,第325页。

弗如也,吾与女弗如也。①

如其仁,如其仁。②

又如以反诘语气表示肯定:

人焉廋哉,人焉廋哉。③

又如表示痛惜悲哀之情:

斯人也,而有斯疾也;斯人也,而有斯疾也。④

又如表示愤怒语气:

觚不觚,觚哉觚哉。⑤

又如表示悲伤之情:

---

① 《论语·公冶长》,刘宝楠《论语正义》卷六,见《诸子集成》中华书局,1954年版,,第94页。
② 《论语·宪问》,刘宝楠《论语正义》卷十七,见《诸子集成》,中华书局,1954年版,第311页。
③ 《论语·为政》,刘宝楠《论语正义》卷二,见《诸子集成》,中华书局,1954年版,第29页。
④ 《论语·雍也》,刘宝楠《论语正义》卷七,见《诸子集成》,中华书局,1954年版,第120页。
⑤ 《论语·雍也》,刘宝楠《论语正义》卷七,见《诸子集成》,中华书局,1954年版,第129页。

沽之哉,沽之哉,吾待贾者也。①

天丧予,天丧予。②

又如表示轻视之意：

彼哉！彼哉！③

又如反诘之中有不满：

礼云礼云,玉帛云乎哉？乐云乐云,钟鼓云乎哉！④

因为语气词本身就有表示节奏和旋律的音乐效果,再加上重复,犹如锦上添花。《诗经》民歌常用的三叠式结构或重复咏叹,也不过如此。

另外,诸如为强调谓语的谓语前置句,以及几个语气词的重叠,也能创造一种节奏美,如《八佾》曰：

---

① 《论语·子罕》,刘宝楠《论语正义》卷十,见《诸子集成》,中华书局,1954 年版,第 185 页。
② 《论语·先进》,刘宝楠《论语正义》卷十四,见《诸子集成》,中华书局,1954 年版,第 242 页。
③ 《论语·宪问》,刘宝楠《论语正义》卷十七,见《诸子集成》,中华书局,1954 年版,第 305 页。
④ 《论语·阳货》,刘宝楠《论语正义》卷二十,见《诸子集成》,中华书局,1954 年版,第 375–376 页。

大哉!问。①

《公冶长》曰:

君子哉!若人。②

《先进》曰:

孝哉!闵子骞。③

《雍也》曰:

贤哉!回也。④

《述而》曰:

甚矣!吾衰也。久矣!吾不复梦见周公也。⑤

---

① 刘宝楠《论语正义》卷三,见《诸子集成》,中华书局,1954年版,第44页。
② 刘宝楠《论语正义》卷六,见《诸子集成》,中华书局,1954年版,第88页。
③ 刘宝楠《论语正义》卷十四,见《诸子集成》,中华书局,1954年版,第239页。
④ 刘宝楠《论语正义》卷七,见《诸子集成》,中华书局,1954年版,第121页。
⑤ 刘宝楠《论语正义》卷八,见《诸子集成》,中华书局,1954年版,第137页。

《子路》曰：

野哉！由也。①
诚哉！是言也。②

因为一般是被强调的部分发重音，其余轻读，所以谓语前置句都有一个共同的旋律，就是由高音忽然转到低音，出现大幅度的跌宕。

语助者，助语也。语气是一种旋律和音节节奏的流动，如疑问句、反诘句用升调，陈述句用降调，这本身就是由语助词来表明的——特别是没有标点符号之前，更是如此。

两个语气词的重叠，会使两个纯表语气音节的虚词具有一种不可用实词组合替代的微妙的节奏快感和表意能力，如《雍也》曰：

亡之，命矣夫！③

这句话充分地表达了孔子绝望与无可奈何的情绪，音节由重音到轻音，又从轻音"矣"滑到"夫"，轻到不用心去听就听不清的程度。但正是这种由高入低的音节，就把说话人要表达的语气及神

---

① 刘宝楠《论语正义》卷十六，见《诸子集成》，中华书局，1954年版，第283页。
② 刘宝楠《论语正义》卷十六，见《诸子集成》，中华书局，1954年版，第288页。
③ 刘宝楠《论语正义》卷七，见《诸子集成》，中华书局，1954年版，第120页。

态淋漓尽致地表现了出来。

又如《述而》曰：

仁远乎哉！①

《宪问》曰：

赐也，贤乎哉！②

这两句话的语助词其效果正与"命矣夫"相类，把说话人要表达的仁的难以企及，以及端木赐的贤明之感叹准确地传达出来了。

汉语是单音节词，单个的音节虽有意义，但是很难形成节奏感，所以节奏都是在句子和词组中表现出的。由于四言句式两两相对，比之二言要显得敦厚徐缓，比之三言五言要显得和谐对称，比之六言要精练。所以，中国的成语喜用四言，这种四言句式，有一种波浪式的旋律，又有简洁的力度。《论语》的作者也认识到了这一点，如《述而》曰：

用之则行，舍之则藏。③

---

① 刘宝楠《论语正义》卷八，见《诸子集成》，中华书局，1954年版，第150页。
② 刘宝楠《论语正义》卷十七，见《诸子集成》，中华书局，1954年版，第320页。
③ 刘宝楠《论语正义》卷八，见《诸子集成》，中华书局，1954年版，第140页。

发愤忘食,乐以忘忧。①
述而不作,信而好古。②

《泰伯》曰:

鸟之将死,其鸣也哀;人之将死,其言也善。③

《泰伯》的四句话,其中既有对偶的和谐和重复,又有轻重言的音高起伏,还有四言句式的圆满,读之犹如一曲抒情曲,哀婉之声,隐隐入耳,动人心弦。

第五节　情感的同一性和风格的多样性相统一

诸子文章,其思想内容丰富多彩,而其艺术手法也千姿百态。《文心雕龙·诸子》曰:

研夫孟荀所述,理懿而辞雅;管晏属篇,事核而言练;列御寇之书,气伟而采奇;邹子之说,心奢而辞壮;墨翟随巢,意显而语质;尸佼尉缭,术通而文钝;鹖冠绵绵,亟发深言;鬼谷眇眇,每环奥义;情辨以泽,文子擅其能;辞约而清,尹文得其要;慎到析密理之巧;韩非著博喻之富;吕

---

① 刘宝楠《论语正义》卷八,见《诸子集成》,中华书局,1954年版,第145页。
② 刘宝楠《论语正义》卷八,见《诸子集成》,中华书局,1954年版,第134页。
③ 刘宝楠《论语正义》卷九,见《诸子集成》,中华书局,1954年版,第157页。

氏鉴远而体周;淮南泛采而文丽;此则得百氏之华采,而辞气之大略也。①

《孟子》《荀子》倡导仁义礼智,在后人看,其道理高明,而其文辞,也属雅正。《管子》《晏子》记管、晏言行,所记事实翔核,而言辞精练。《列子》之书,以气伟奇采见长。《邹子》有谈天之好,言辞闳大不经,辞采壮阔。墨子质朴,其著作为下层庶人所习,意思明白,文辞直率。《尸子》《尉缭》,缺少文采;《鹖冠子》常发出世深言。《鬼谷》一书,不见于《汉书·艺文志》,其可靠虽可怀疑,但鬼谷子本人为苏秦、张仪老师,擅长诡道,自不难想象。而《文子》《尹文子》《慎到》《韩非子》《吕氏春秋》,也各有所长,或辨情,或辞约,或理密,或博喻,或远鉴,以各自个性,体现出了战国诸子文章的丰富性。

诸子之中,小说家独树一帜,蒋伯潜《诸子通考·绪论》指出:"据其书名度之,似皆外史、别传、杂纂、笔记之类。"②案《汉书·艺文志》曰:"《宋子》十八篇。"注曰:"孙卿道宋子,其言黄老意。"又注《伊尹说》二十七篇曰:"其语浅薄,似依托也。"注《鬻子说》十九篇曰:"后世所加。"注《周考》七十六篇曰:"考周事也。"注《务成子》五十七篇曰:"称尧问,非古语。"注《天乙》三篇曰:"天乙谓汤,其言非殷时,皆依托也。"注《黄帝说》四十篇曰:"迂诞依托。"③这些著作,大抵产生于战国之时。其内容荒诞神秘,浅薄俚俗,皆伪托成文。侯忠义论汉代人的小说理论说:"一、小说的内容主要来

---

① 吴林伯《文心雕龙义疏》,武汉大学出版社,2002年版,第208页。
② 蒋伯潜《诸子通考》,浙江古籍出版社,1985年版,第19页。
③ 以上见班固撰,颜师古注《汉书》卷三十,中华书局,1962年版,第1744页。

自民间传说,'街谈巷语,道听途说',是不符合大道,不见于经典的杂说和琐闻轶事。既有志怪,也有轶事题材。二、小说的形式是'丛残小语','尺寸短书',即都是短篇。三、小说的性质,具有观赏性(传奇性)、知识性和说教性,对生活有指导作用。四、艺术上富有比喻、夸张、虚构等特点,具有生动和形象的色彩。"①汉初人的小说理论,是对战国"小说"的总结。汉初人对小说的认识也正是战国小说家著作之特征。因而桓谭《新论》曰:"若其小说家,合丛残小语,近取譬论,以作短语,治身理家,有可观之辞。"②应该说,战国小说家的艺术手法,与庄子寓言有相通之处,其内容都有荒诞之特征,而表现手法又与比喻、夸张、虚构联系在一起。

战国诸子文章,无论其写作手法如何千变万化,都是为说明各自的主张。他们或归纳,或演绎,或举例,或比喻,或批驳,或辩难,不过是为了证明各自主张的正确。诸子在证明自己主张的正确性时,都充满了自信心,这种自信来自于欲拯救社会的真感情。

《史记·太史公自序》曰:"不韦迁蜀,世传《吕览》;韩非囚秦,《说难》《孤愤》。"意者《吕氏春秋》《韩非子》中,有"发愤之所为作也"。③《吕氏春秋》虽不成于吕不韦迁蜀之时,但其言"治乱存亡""寿夭吉凶"之结晶,也是有为而发。韩非见韩之弱,数以书谏,而不见听,其作疾治国不务修明法度,执势御下,富国强兵,求人任贤,而以蠹为能,所养非所用,悲廉直不容,邪枉得逞,此其"发愤"

---

① 侯忠义《中国文言小说史稿》上册,北京大学出版社,1990年版,第3页。

② 萧统编《文选》卷三十一,李善注江淹《拟李都尉陵从军》,中华书局,1977年版。

③ 司马迁撰,裴骃集解,司马贞索隐,张守节正义《史记》卷一百三十,中华书局,1959年版,第3300页。

之意。事实上,不独二子为然,战国诸子文章,皆有为而发,贯彻着作者深沉的感情在其中。赵岐《孟子题辞》云:

> 周衰之末,战国纵横,用兵争强,以相侵夺,当世取士,务先权谋以为上贤,先王大道,陵迟堕废,异端并起,若杨朱墨翟放荡之言,以干时惑众者非一。孟子闵悼尧舜汤文周孔之业,将遂湮微,正途壅底,仁义荒怠,佞伪驰骋,红紫乱朱。于是则慕仲尼,周流忧世,遂以儒道游于诸侯,思济斯民。由不肯枉尺直寻,时君咸谓之迂阔于事,终莫能听纳其说。孟子亦自知遭苍姬之讫录,值炎刘之未奋,进不得佐兴唐虞雍熙之和,退不能信三代之余风,耻没世而无闻焉,是故垂宪言以诒后人。[1]

孟子一腔古道热肠,欲上宣圣王之化,下济百万苍生,遂以儒术游说,不为世人所重,因而退而著述,把自己的理想化为卷卷竹帛,字里行间,浸透着感情的热流,因而态度激烈。

诸子之批判社会不平,乐道个人之理想,也正是其激烈感情的流露。《文心雕龙·诸子》云:"太上立德,其次立言。百姓之群居,苦纷杂而莫显;君子之处世,疾名德之不章。唯英才特达,则炳曜垂文,腾其姓氏,悬诸日月焉。"[2]诸子耻没世而名不立,因而发愤著文,成一家之言。他们欲成一家之言,因而善于用自己的触角接触现实。他们的一家之言,不是人云亦云,而是自己衷情所灌注,经验所积累,因而发之内心,情绪激昂而深沉,理气充沛而坚实。

---

[1] 焦循《孟子正义》,见《诸子集成》,中华书局,1954年版,第5-6页。
[2] 吴林伯《文心雕龙义疏》,武汉大学出版社,2002年版,第196页。

即使是以天下为沉浊,不可与庄语的庄子,他那非庄语的形式,以及行为上"知其无可奈何而安之若命"①的处世态度,并不意味他真能达到"形若槁骸,心若死灰"②之境,相反,这种表白本身便是一种愤嫉情绪的流露,胡文英《庄子独见》云:"庄子眼极冷,心肠极热。"又云:"庄子最是深情,人第知三闾之哀怨,而不知漆园之哀怨有甚于三闾也,盖三闾哀怨在一国,而漆园之哀怨在万世。"③屈原不满楚王信谗言,幽愁幽思而作《离骚》,其哀怨产生于一己之遭遇。庄子把不幸看作一个时代的悲剧和人作为"有身"之存在的悲剧。所以,庄子的悲哀更深沉,更博大。庄子嬉笑怒骂,恨、悲、落寞,都蕴涵着悲愤之情,其文章,正如王先谦《庄子集释序》所说,是"求其术而不得,将遂独立于寥阔之野,以幸全其身而乐其生"。④

当然,庄子眼见社会之不可救药,因而一切委之天命,在无可奈何之中唉声叹气;屈原则欲改良楚国政治,表面上存在着出世与入世之差别。明人陈子龙云:

> 庄子、屈子,皆贤人也,而迹其所为绝相反。庄游天地之表,却诸侯之聘,自托于不鸣之禽,不材之木,此无意当世者也;而屈子则自以宗臣受知遇,伤王之不明而国之削弱,悲伤郁陶,沉渊以没,斯甚不忘情者也。以我观之,则二子固有甚同者:夫庄子勤勤焉欲返天下于骊、胥之

---

① 《庄子·人间世》,郭庆藩《庄子集释》内篇,见《诸子集成》,中华书局,1954年版。
② 《庄子·知北游》,郭庆藩《庄子集释》外篇,见《诸子集成》,中华书局,1954年版。
③ 胡文英《庄子独见》,清乾隆十六年三多斋刻本。
④ 郭庆藩《庄子集释》,《诸子集成》,中华书局,1961年版,第1页。

间,岂得为忘情之士;而屈子思谒虞帝而从彭咸,盖于当世之人不数数然也。予尝谓二子皆才高而善怨者,或至于死,或遁于无何有之乡,随其所遇而成耳。①

庄子、屈原皆怀孤独之才,对社会人生有不可排遣之感情,庄子不得意于世俗,放言而不庄语,但正如叶适所言:"庄周者,不得志于当世而放意于狂言,湛浊一世而思以寄之,是以至此,其怨愤之切,所以异于屈原者鲜矣。"②克罗齐指出:"诗是情感的语言,散文是理智的语言,但是理智就其有具体性与实在性而言,仍是情感,所以一切散文都有它的诗的方面。"③诸子文章饱含的感情色彩,使诸子散文具有诗的品质。

---

① 陈子龙《陈卧子先生安雅堂稿》卷三,上海时中书局,1910年版。
② 叶适《水心先生别集》卷六,台湾河洛图书出版社,1974年版。
③ 克罗齐《美学原理》,外国文学出版社,1981年版。

主要参考文献

王弼、韩康伯注,孔颖达正义《周易正义》,《十三经注疏》,中华书局,1980年版。

孔安国传,孔颖达正义《尚书正义》,《十三经注疏》,中华书局,1980年版。

毛公传,郑玄笺,孔颖达正义《毛诗正义》,《十三经注疏》,中华书局,1980年版。

郑玄注,贾公彦疏《周礼注疏》,《十三经注疏》,中华书局,1980年版。

郑玄注,贾公彦疏《仪礼注疏》,《十三经注疏》,中华书局,1980年版。

杜预注,孔颖达正义《春秋左传正义》,《十三经注疏》,中华书局,1980年版。

何休注,徐彦疏《春秋公羊传注疏》,《十三经注疏》,中华书局,1980年版。

范宁注,杨士勋疏《春秋穀梁传注疏》,《十三经注疏》,中华书局,1980年版。

李隆基注,邢昺疏《孝经注疏》,《十三经注疏》,中华书局,1980年版。

郑玄注,孔颖达正义,《礼记正义》,《十三经注疏》,中华书局,1980年版。

何晏注,邢昺疏《论语注疏》,《十三经注疏》,中华书局,1980年版。

赵岐注,孙奭疏《孟子注疏》,《十三经注疏》,中华书局,1980年版。

孙诒让《周礼正义》,中华书局,1979年版。

杨伯峻《春秋左传注》,中华书局,1990年版。

朱彝尊《经义考》,中华书局,1998年版。

朱熹《四书章句集注》,中华书局,1983年出版。

叶梦得《春秋三传谳》,台湾版文渊阁四库全书本,经部五,春秋类。

刘宝楠《论语正义》,《诸子集成》,中华书局,1954年出版。

皇侃《论语集解义疏》,见台湾版文渊阁四库全书本,经部八,四书类。

许慎撰,徐铉校定《说文解字》,中华书局,1963年版。

许慎撰,段玉裁注《说文解字注》,上海古籍出版社,1981年版。

焦循《孟子正义》卷十,见《诸子集成》,中华书局,1954年版。

董增龄《国语正义》,巴蜀书社,1985年出版。

徐元诰《国语集解》,中华书局,2002年版。

戴望《管子校正》,《诸子集成》,中华书局1954年版。

黎翔凤《管子校注》,中华书局,2004年版。

张纯一《晏子春秋校注》,《诸子集成》,中华书局,1954年出版。

王利器《文子疏义》,中华书局,2000年版。

孙诒让《墨子闲诂》,《诸子集成》,中华书局,1954年版。

张湛《列子注》卷七,《诸子集成》,中华书局,1954年版。

严北溟、严捷《列子译注》,上海古籍出版社,1986年版。

杨伯峻《列子集释》,中华书局,1979年版。

严万里校《商君书》,《诸子集成》,中华书局,1954年版。

《尉缭子》,台湾版文渊阁四库全书本,子部二,兵家类。
王先谦《庄子集解》,《诸子集成》,中华书局,1954年版。
郭庆藩《庄子集释》,《诸子集成》,中华书局,1954年版。
王弼《老子注》,《诸子集成》,中华书局,1954年版。
高明《帛书老子校注》,中华书局,1996年版。
王先谦《荀子集解》,《诸子集成》,中华书局,1954年版。
钱熙祚校《尹文子》,见《诸子集成》,中华书局,1954年版。
钱熙祚校《慎子》,《诸子集成》,中华书局,1954年版。
黄怀信《鹖冠子汇校集注》,中华书局,2004年版。
王先慎《韩非子集解》,《诸子集成》,中华书局,1954年版。
吕不韦著,高诱注《吕氏春秋》,《诸子集成》,中华书局,1954年版。
刘安著,高诱注《淮南子》,《诸子集成》,中华书局,1954年版。
马王堆汉墓帛书《战国纵横家书》,文物出版社,1976年出版。
《马王堆汉墓帛书(一)》,《老子乙本卷前古佚书释文》,文物出版社,1980年版。
陈立撰,吴则虞点校《白虎通疏证》,中华书局,1994年版。
朱彝尊《经义考》,中华书局,1998年版。
阮元《经籍纂诂》,中华书局,1982年版。
陈柱《老学八篇》,万有文库本,商务印书馆,1930年版。
陈柱《诸子概论》,万有文库本,商务印书馆,1930年版。
罗根泽《诸子考索》,人民出版社,1958年版。
孙星衍《问字堂集》,中华书局,1996年出版。
司马迁撰,裴骃集解,司马贞索隐,张守节正义《史记》,中华书局,1959年版。
刘向撰,赵善诒疏证《说苑疏证》,华东师范大学出版社,1985

年版。

刘向著,赵善诒疏证《新序疏证》,华东师范大学出版社,1989年版。

刘向《古列女传》,台湾版文渊阁四库全书本,史部七,传记类三。

扬雄《扬子法言》,《诸子集成》,中华书局,1954年版。

扬雄著,汪荣宝注,陈仲夫点校《法言义疏》,中华书局,1987年出版。

桓宽《盐铁论》,诸子集成,中华书局,1954年版。

桓宽著,王利器校注《盐铁论校注》,中华书局,1992年版。

缪文远《战国策新校注》(修订本),巴蜀书社,1998年版。

班固撰,颜师古注《汉书》,中华书局,1962年版。

王充《论衡》,见《诸子集成》,中华书局,1954年版。

刘盼遂《论衡集解》,上海古籍出版社1957年版。

皇甫谧《高士传》,台湾版文渊阁四库全书本,史部七,传记类三。

张华撰,范宁校证《博物志校证》,中华书局,1980年版。

应劭《风俗通义》,中华书局,1981年版。

陆机《陆机集》,中华书局,1982年版。

范晔撰,李贤等注《后汉书》,中华书局,1965年版。

郭璞著,袁珂校注《山海经校注》,上海古籍出版社,1980年版。

余嘉锡《世说新语笺疏》,上海古籍出版社,1993年版。

吴林伯注《文心雕龙义疏》,武汉大学出版社,2002年版。

杨守敬、熊会贞《水经注疏》,上海古籍出版社,1989年版。

萧统编,李善等注《六臣注文选》,中华书局,1987年版。

颜之推《颜氏家训》,《诸子集成》,中华书局,1954年版。

欧阳询撰《艺文类聚》,中华书局,1965年出版。
房玄龄等撰《晋书》,中华书局,1974年版。
魏征等撰《隋书》,中华书局,1973年版。
徐坚《初学记》,中华书局,1962年版。
柳宗元《柳河东全集》,中国书店,1991年版。
《崇文总目》台湾文渊阁四库全书本,史部十四,目录类一。
司马光著,胡三省音注《资治通鉴》,中华书局,1956年版。
晁补之《鸡肋集》,台湾版文渊阁四库全书本,集部三,别集类二。
叶梦得《春秋三传谳》,台湾版文渊阁四库全书本,经部五,春秋类。
郑樵《通志》,中华书局,1987年版。
洪迈《容斋随笔》,上海古籍出版社,1996年版。
晁公武《郡斋读书志》,上海古籍出版社,1990年版。
叶适《水心先生别集》,台湾河洛图书出版社,1974年版。
陈振孙《直斋书录解题》,上海古籍出版社,1987年版。
王应麟《汉书艺文志考证》,台湾版文渊阁四库全书本,史部十四,目录类一。
杨慎《升庵集》,台湾版文渊阁四库全书本,集部六,别集类五。
焦竑《焦氏笔乘》,上海古籍出版社,1986年版。
胡应麟《四部正伪》,上海古籍出版社,1996年版。
董说《七国考》,中华书局,1956年版。
董说著,缪文远订补《七国考订补》,上海古籍出版社,1987年版。
梁玉绳等撰《〈史记〉〈汉书〉诸表订补十种》,中华书局,1982年版。

高士奇《左氏传纪事本末》,中华书局,1979年版。

钱大昕著,方诗铭、周殿杰校点《廿二史考异》,上海古籍出版社,2004年版。

章学诚著,叶瑛校注《文史通义》,中华书局,1985年版。

永瑢等撰《四库全书总目》,中华书局1965年版。

严可均编《全上古三代秦汉三国六朝文》,中华书局,1958年版。

顾炎武著,黄汝成集释《日知录集释》,岳麓书社,1994年版。

顾颉刚《武士与文士之蜕变》,见《史林杂识初编》,中华书局,1963年版。

罗素《西方哲学史》,商务印书馆,1963年版。

余明光《黄帝四经与黄老思想》,黑龙江人民出版社,1983年版。

熊铁基《秦汉新道家略论稿》,上海人民出版社,1984年版。

吕思勉《先秦学术概论》,中国大百科全书出版社,1985年版。

《银雀山汉墓竹简》,文物出版社,1985年版。

蒋伯潜《诸子通考》,浙江古籍出版社,1985年版。

游国恩《游国恩学术论文集》,中华书局,1989年版。

吴林伯《论语发微》,文化艺术出版社,1989年版。

廖名春等《周易研究史》,湖南出版社,1991年版。

陈鼓应主编《道家文化研究》第一辑,上海古籍出版社,1992年版。

陈鼓应主编《道家文化研究》第二辑,上海古籍出版社,1992年版。

吴林伯注《文心雕龙字义疏证》,武汉大学出版社,1994年版。

方铭《战国文学史》,武汉出版社,1996年版。

马一浮《马一浮集》,浙江古籍出版社,1996 年版。

傅杰编校《章太炎学术史论集》,中国社会科学出版社,1997 年版。

蔡仲德《〈乐记〉〈声无哀乐论〉注译与研究》,中国美术学院出版社,1997 年出版。

方铭《人天眼目释译》,台湾佛光文化事业有限公司,1997 年版。

杨宽《战国史》,上海人民出版社,1998 年版。

荆门市博物馆《郭店楚墓竹简》,文物出版社,1998 年版。

陈元锋《乐官文化与文学》,山东教育出版社 1999 年出版。

廖名春《帛书〈易传〉初探》,台湾文史哲出版社,1999 年版。

褚斌杰主编《儒家经典与中国文化》,湖北教育出版社,2000 年版。

方铭《期待与坠落:秦汉文人心态史》,河北教育出版社,2001 年版。

汤一介、张耀南、方铭主编《中国儒学文化大观》,北京大学出版社,2001 年版。

刘绍瑾《复古与复原古》,中国社会科学出版社,2001 年版。

马承源主编,上海博物馆藏《战国楚竹书》,上海古籍出版社 2001 年后陆续出版。

《睡虎地秦墓竹简》,文物出版社,2001 年版。

李零《郭店楚简校读记》(增订本),北京大学出版社,2002 年版。

钱穆《先秦诸子系年》,商务印书馆,2002 年版。

方铭《经典与传统:先秦两汉诗赋考论》,人民文学出版社,2003 年版。

方铭、许欣《秦汉吏治监察举劾知见录》(上)、(下),韩国新星出版社,2003年版。

章必功、方铭等《先秦两汉文学论集》,学苑出版社,2004年版。

顾颉刚《古史辨》,海南出版社,2005年版。

赵雅丽《〈文子〉思想及竹简〈文子〉复原研究》,北京燕山出版社,2005年版。

方铭《战国文学史论》,商务印书馆,2008年版。

方铭主编《春秋三传与经学文化》,长春出版社,2009年版。

方铭主编《儒学与二十世纪文化建设:首善文化的价值阐释与世界传播》,学苑出版社,2010年版。